权威·前沿·原创

皮书系列为
"十二五""十三五""十四五"时期国家重点出版物出版专项规划项目

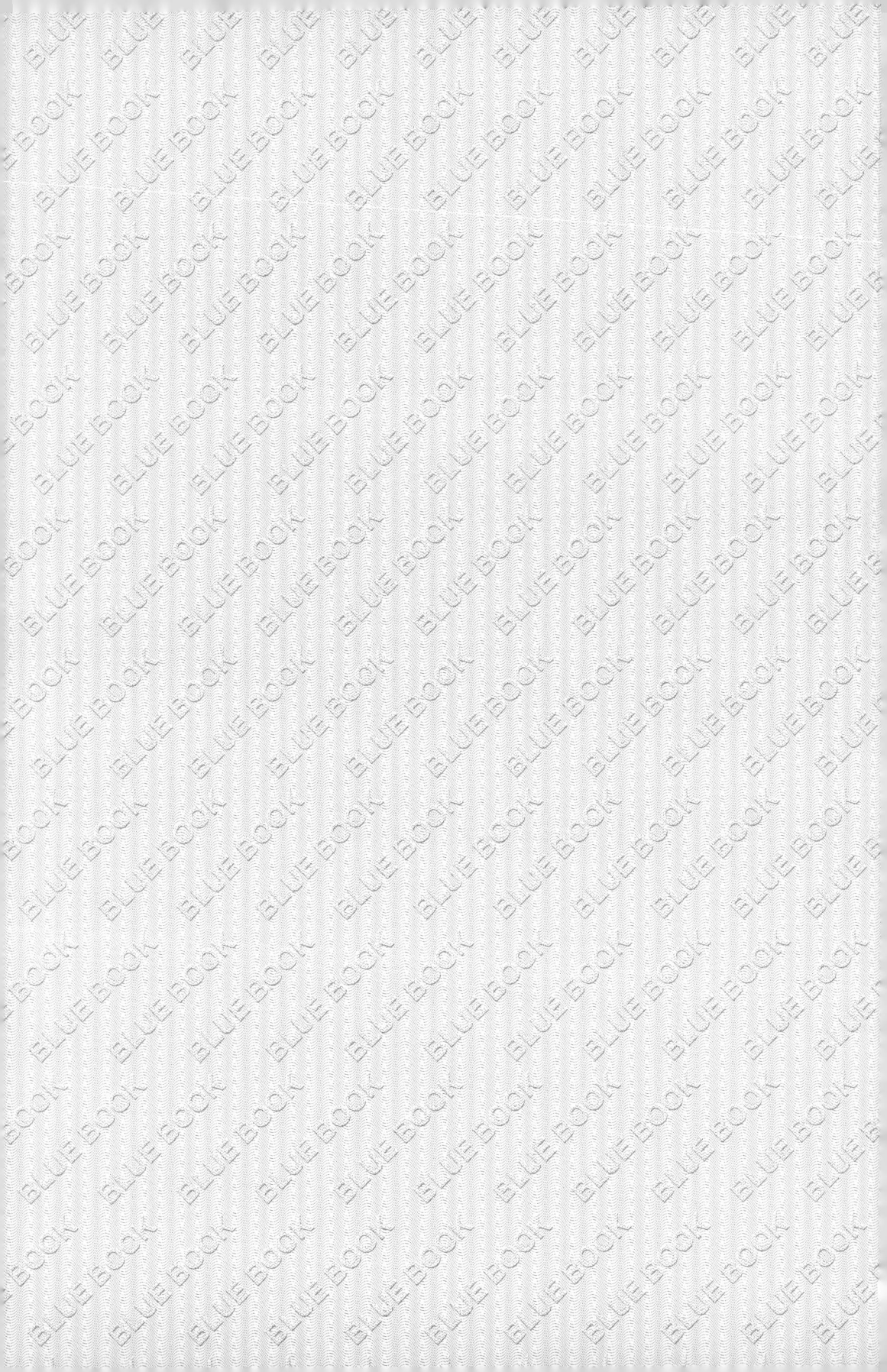

B

BLUE BOOK

智库成果出版与传播平台

体育蓝皮书

BLUE BOOK OF SPORTS

长三角地区体育产业发展报告
（2022~2023）

ANNUAL REPORT ON DEVELOPMENT OF SPORTS INDUSTRY
IN YANGTZE RIVER DELTA (2022-2023)

主　编／黄海燕
副主编／余诗平　赵爱武　姜建成
　　　　朱雪梅　徐开娟

社会科学文献出版社
SOCIAL SCIENCES ACADEMIC PRESS（CHINA）

图书在版编目（CIP）数据

长三角地区体育产业发展报告 . 2022-2023 / 黄海燕
主编；余诗平等副主编 . --北京：社会科学文献出版
社，2024.2
（体育蓝皮书）
ISBN 978-7-5228-3348-4

Ⅰ.①长⋯　Ⅱ.①黄⋯ ②余⋯　Ⅲ.①长江三角洲-
体育产业-产业发展-研究报告-2022-2023　Ⅳ.
①G812.75

中国国家版本馆 CIP 数据核字（2024）第 042708 号

体育蓝皮书
长三角地区体育产业发展报告（2022~2023）

主　　编／黄海燕
副 主 编／余诗平　赵爱武　姜建成　朱雪梅　徐开娟

出 版 人／冀祥德
责任编辑／刘同辉
文稿编辑／白　银
责任印制／王京美

出　　版／社会科学文献出版社（010）59366556
　　　　　地址：北京市北三环中路甲 29 号院华龙大厦　邮编：100029
　　　　　网址：www. ssap. com. cn
发　　行／社会科学文献出版社（010）59367028
印　　装／天津千鹤文化传播有限公司

规　　格／开　本：787mm×1092mm　1/16
　　　　　印　张：25.5　字　数：380 千字
版　　次／2024 年 2 月第 1 版　2024 年 2 月第 1 次印刷
书　　号／ISBN 978-7-5228-3348-4
定　　价／168.00 元

读者服务电话：4008918866

编　委　会

主编简介

黄海燕 教授，博士生导师，上海体育大学体育人文社会学博士，上海财经大学应用经济学博士后，美国佐治亚大学国际体育管理研究中心博士后。现任上海运动与健康产业协同创新中心主任，长三角体育一体化领导小组办公室主任，上海体育科学学会体育产业专委会主任，上海体育国家大学科技园董事长。主要研究方向为体育产业、体育赛事、体育旅游等。主持国家级和省部级项目20余项，发表学术论文150余篇，获霍英东青年教师奖、上海市哲学社会科学优秀成果奖等10余项省部级以上奖项。作为核心成员参与国家和地方多项体育产业政策文件和发展规划制定。

摘　要

　　由最初的地理概念到后来的经济概念，再到上升为国家战略，长三角区域一体化发展迈入新阶段。2018 年，习近平主席在首届中国国际进口博览会开幕式的讲话中指出，"将支持长江三角洲区域一体化发展并上升为国家战略……同'一带一路'建设、京津冀协同发展、长江经济带发展、粤港澳大湾区建设相互配合，完善中国改革开放空间布局"。2019 年 12 月发布的《长江三角洲区域一体化发展规划纲要》明确了长三角区域"一极三区一高地"的战略定位：通过一体化发展，长三角成为全国经济发展强劲活跃的增长极，成为全国经济高质量发展的样板区，率先基本实现现代化的引领区和区域一体化发展的示范区，成为新时代改革开放的新高地。长三角的战略目标、定位布局、发展体系等再次受到全球政商界的共同关注。

　　长三角地区也是国内最早开展体育产业区域合作的地区，至今已经历十一年的发展，区域内集合了职业体育、体育赛事、体育休闲、体育培训、体育装备和电子竞技等丰富的体育产业资源，同时体育总部经济、体育金融市场、体育贸易交易等产业资源流通便利，为体育产业发展提供了重要的要素基础，长三角地区体育产业整体发展水平走在全国前列。2021 年长三角地区体育产业总规模达到 12956.1 亿元，占全国的 41.6%；实现增加值4371.8 亿元，占同期长三角 GDP 的 1.58%，高于全国平均水平。体育产业的发展壮大也带动了市场主体和居民体育消费的快速发展。一方面，2021年长三角地区体育产业市场主体超过 11.5 万个，占全国体育产业市场主体总量的 1/4 以上；长三角地区体育企业的优势不仅体现在"量"上，更体现在"质"上，目前长三角地区已有28家主营体育企业在A股、港股及美股上市，拥有14家体育领域国家级"专精特新"企业，这些企业正在成为整合区域要素资源、重塑地区产业结构、改变产业竞争格局的关键力量。另一方面，2022年长三角地区10个国家体育消费试点城市（区）居民体育消费总规模达到1946.5亿元，有8个城市（区）居民人均体育消费突破3000元大关，居于全国第一梯队。

近年来，长三角地区体育产业协作以"高质量"和"一体化"为核心理念，从把握新发展阶段、贯彻新发展理念、构建新发展格局的高度出发，产业一体化发展取得阶段性成果，同时在稳固建立长效合作机制、实现机制互联互通，以项目实施引领区域合作、实现合作互推互进，建立政产学研合作机制、实现成果互参互鉴，以体育产业为突破口、实现体育要素互享互促，在实践中创新协作方式、推动协作向高质量迈进等方面取得实质性进展。《长三角地区体育产业发展报告（2022~2023）》是长三角地区体育产业协作会组织编写的反映长三角地区体育产业发展情况的年度报告，三省一市体育局、上海体育大学等单位参与了本书部分章节的撰写工作。本书全面梳理长三角地区体育产业发展现状，分析区域体育产业协作实践经验，以及下一步继续推进区域体育产业一体化高质量发展的工作重点，以供借鉴交流。

关键词： 体育产业　长三角地区　高质量发展

目 录 ⟅⟆

Ⅰ 总报告

Ⅱ 地区篇

Ⅲ 行业篇

Ⅳ 经验篇

Ⅴ 案例篇

皮书数据库阅读 **使用指南**

总 报 告

General Report

B.1

2022～2023年长三角地区体育产业
发展报告

黄海燕[*]

摘　要： 实施长三角区域一体化发展国家战略，是党中央着眼新时代改革
开放和现代化建设大局做出的重大部署。长三角地区体育产业一
体化是长三角区域一体化发展的重要内容，对引领全国体育产业
高质量发展、助力体育强国建设具有重大意义。近年来，在
《长三角地区体育产业一体化发展规划（2021—2025年）》等
政策引领下，三省一市积极应对外部环境挑战，推动区域体育产
业发展步入"一体化"和"高质量"的新阶段。未来，长三角
地区体育产业应紧抓恢复和扩大消费、亚运会等重大赛事举办和
一体化协作步入新阶段带来的发展机遇，发力抢占全球体育产业
竞合战略制高点，进一步打造国际领先的现代体育产业集群、体

---

* 黄海燕，博士，教授，博士生导师，上海运动与健康产业协同创新中心主任，研究方向为体
育产业、体育赛事、体育旅游等。

育促进双循环新格局建设引领区、全国体育产业高质量发展先行区和区域体育产业一体化发展示范区。

关键词: 长三角区域一体化 体育产业 高质量发展

党的二十大报告提出以中国式现代化全面推进中华民族伟大复兴的使命任务,把促进区域协调发展作为加快构建新发展格局、推动高质量发展、全面建设社会主义现代化国家以及实现全体人民共同富裕的重要举措,赋予了新时代区域协调发展新的内涵。区域体育产业一体化发展是我国区域协调发展战略的重要组成部分,是推动体育产业高质量发展、解决体育产业发展不平衡不充分问题的重要路径。立足区域发展新形势,如何探索出一条具有中国特色的区域体育产业一体化发展道路,成为实现区域体育产业发展迈向更高质量、推动体育产业融入国家重大区域发展战略的重要课题。

长三角地区是我国综合实力最强的经济中心,是落实国家重大区域战略的核心区,也是国内最早开展区域体育协作的先行区。2012年以来,长三角三省一市一院协作共享、互利共赢,在探索形成区域体育协作长效机制、协同落实区域合作项目、联合搭建一体化发展平台、重点打造区域特色体育产业等方面取得一系列创新成果,成为国内区域体育产业一体化发展的示范样板。本报告通过深刻理解中国式现代化背景下区域协调发展的新理念,结合长三角地区体育产业一体化的现实基础和发展亮点,提出推动长三角地区体育产业一体化高质量发展的新思考,以期为我国区域体育产业发展提供理论指引和实践参考。

一 长三角地区体育产业发展现状

(一)产业规模稳步增长

产业规模是反映产业发展水平的重要指标。2021年长三角地区体育产

业总规模达到12956.1亿元。[①] 同期全国体育产业总规模为31175.0亿元,[②]
长三角地区体育产业总规模占全国比重达到41.56%。2019~2021年,长三
角地区体育产业总规模年均增速达到12.69%,[③] 远高于全国平均水平。从
体育产业增加值来看,2021年,长三角地区体育产业增加值为4371.8亿
元,同期全国体育产业增加值为12245.0亿元,[④] 长三角地区体育产业增加
值占全国的比重为35.7%,稍低于体育产业总规模所占比重。部分省市体
育产业增加值展现强劲的增长势头,如2019~2021年浙江省体育产业增加
值年均增速达到26.92%,[⑤] 远高于全国平均水平。从体育产业增加值对地
方经济的贡献度来看,2021年,长三角地区体育产业增加值占长三角GDP
比重达到1.58%,[⑥] 相比2019年提高了0.14个百分点,其中浙江省体育产
业增加值占本省GDP比重已达到1.85%,[⑦] 江苏省体育产业增加值占本省
GDP比重达到1.65%。[⑧] 体育产业已成为助力区域实现新旧动能转换的重要
引擎(见表1)。

[①] 根据本书地区篇三省一市体育产业分报告数据整理。

[②] 《2021年全国体育产业总规模与增加值数据公告》,国家统计局网站,2022年12月30日,
http://www.stats.gov.cn/sj/zxfb/202302/t20230203_1901698.html。

[③] 根据本书地区篇三省一市体育产业分报告数据整理。

[④] 《2021年全国体育产业总规模与增加值数据公告》,国家统计局网站,2022年12月30日,
http://www.stats.gov.cn/sj/zxfb/202302/t20230203_1901698.html。

[⑤] 《2019年浙江省体育产业公报》,浙江省体育局网站,2021年7月5日,https://
tyj.zj.gov.cn/art/2021/7/5/art_1229251252_4675487.html;《2021年浙江省体育产业公
报》,浙江省体育局网站,2023年1月16日,https://tyj.zj.gov.cn/art/2023/1/16/art_12
29251252_5055902.html。

[⑥] 产业增加值根据本书地区篇三省一市体育产业分报告数据整理;三省一市GDP数据来源为
《长三角三省一市2021年全年GDP数据出炉,沪苏浙皖表现如何?》,"潇湘晨报"百家
号,2022年2月13日,https://baijiahao.baidu.com/s?id=1724633791831574668&wfr=spi
der&for=pc。

[⑦] 《浙江召开2023年全省体育局长会议:高质量完成亚运会竞赛组织和保障工作》,浙江省体
育局网站,2023年1月12日,https://www.sport.gov.cn/n14471/n14482/n14519/c25104
111/content.html。

[⑧] 《江苏:2021年体育产业增加值占GDP比重达1.65%》,"新华社客户端"百家号,2023
年3月4日,https://baijiahao.baidu.com/s?id=1759439565508149734&wfr=spider&for=pc。

表1　2019年、2021年全国和长三角地区体育产业总规模和增加值情况

单位：亿元，%

指标		全国	长三角	上海	江苏	浙江	安徽
体育产业总规模	2019年	29483.4	10202.5	1780.9	4620.4	2614.8	1186.4
	2021年	31175.0	12956.1	1737.8	5652.8	4272.0	1293.5
	年均增速	2.83	12.69	-1.22	10.61	27.82	4.42
体育产业增加值	2019年	11248.1	3413.0	559.0	1570.9	845.5	437.6
	2021年	12245.0	4371.8	596.3	1915.1	1362.0	498.3
	年均增速	4.34	13.18	3.28	10.41	26.92	6.71
体育产业增加值占GDP比重	2019年	1.14	1.44	1.46	1.58	1.35	1.20
	2021年	1.07	1.58	1.38	1.65	1.85	1.16

注：若总量与分量合计尾数不等，是数值修约误差所致。

资料来源：长三角地区三省一市体育产业相关数据根据本书地区篇分报告数据整理；全国体育产业统计数据来源为《2021年全国体育产业总规模与增加值数据公告》，国家统计局网站，2022年12月30日，http://www.stats.gov.cn/sj/zxfb/202302/t20230203_1901698.html。

（二）产业结构趋于优化

产业结构是反映产业成熟度的重要指标之一，根据发达国家经验，体育服务业在体育产业中所占比重越高，产业发展成熟度越高。体育服务业中的生活性服务业，具有需求弹性相对较小、市场需求更稳定的特征，一般不受经济波动的较大影响，[1] 因此提高体育服务业占比是推动体育产业高质量发展的必经之路。2021年长三角地区体育服务业增加值占体育产业增加值比重为64.24%，略低于全国平均水平70.04%。[2] 其中，上海市体育服务业增加值占比为89.15%，基本达到发达国家水平；江苏省与安徽省体育服务业增加值占比略低于全国平均水平，分别为67.26%与64.46%；而浙江省体育服务业增加值占比相对较低，为48.99%（见图1）。[3]

---

① 刘志彪等：《全面深化改革与中国长三角地区的试验》，中国人民大学出版社，2015。
② 根据本书地区篇三省一市体育产业分报告数据整理。
③ 根据本书地区篇三省一市体育产业分报告数据整理。

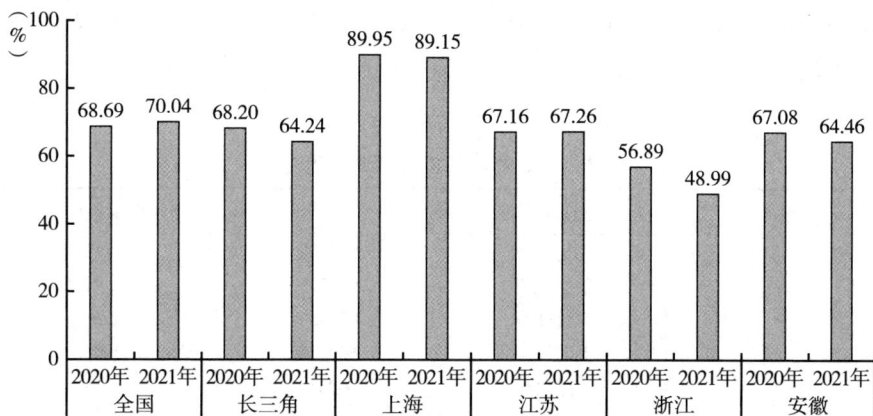

图1 2020~2021年全国和长三角地区体育服务业增加值占比情况

资料来源：根据本书地区篇三省一市体育产业分报告数据整理。

（三）市场主体逐步壮大

市场主体是经济发展的主要参与者，就业机会的主要提供者，以及技术进步的主要推动者。市场主体的数量不仅反映了产业本身的发展水平，也暗示了产业未来的发展潜力。2021年长三角地区体育产业市场主体超过11.5万个[①]，占全国体育产业市场主体总量的1/4以上。长三角地区体育企业的优势不仅体现在"量"上，更体现在"质"上。据不完全统计，截止到2022年，长三角地区共有28家体育产业企业在A股、港股及美股上市[②]，其中浙江独占14席，在长三角三省一市中处于领先位置（见表2）。此外，长三角地区的体育产业上市企业主要分布在体育用品制造与销售领域，达到23家，户外运动板块表现尤其突出，2021年长三角地区新登陆资本市场的5家体育企业中，久祺股份、浙江自然和华生科技3家均属于户外运动板块。同时，从营收与净利润层面看，长三角地区23家体育用品制造业上市企业中20家企业2020~2022年的营收年均增长率呈现上升趋势，2022年23

---

① 数据由上海市、江苏省、浙江省、安徽省体育局提供。
② 根据新浪财经数据库和同花顺财经数据库数据整理。

家体育用品制造业上市企业实现营收总计 1003.80 亿元，比 2021 年（917.81 亿元）高出 85.99 亿元。①

表 2　长三角地区体育产业上市企业

序号	企业名称	代码	所属地区
1	姚记科技	002605	上海
2	荣泰健康	603579	上海
3	力盛体育	002858	上海
4	上海凤凰	600679	上海
5	中路股份	600818	上海
6	嘉麟杰	002486	上海
7	滔搏	06110. HK	上海
8	波司登	03998. HK	江苏
9	金陵体育	300651	江苏
10	共创草坪	605099	江苏
11	泰慕士	001234	江苏
12	康力源	301287	江苏
13	扬州金泉	603307	江苏
14	完美世界	002624	浙江
15	牧高笛	603908	浙江
16	莱茵体育	000558	浙江
17	健盛集团	603558	浙江
18	大丰实业	603081	浙江
19	浙江自然	605080	浙江
20	春风动力	603129	浙江
21	钱江摩托	000913	浙江
22	久祺股份	300994	浙江
23	浙数文化	600633	浙江
24	华生科技	605180	浙江
25	浙江永强	002489	浙江
26	浙江正特	001238	浙江
27	申洲国际	02313. HK	浙江
28	华米科技	ZEPP	安徽

注：依据国家统计局发布的《体育产业统计分类（2019）》，比对相关企业主营业务范围与体育企业分类标准，遴选得到长三角地区主营体育业务领域的上市企业。

---

①　企业营收数据根据同花顺财经数据库和上市公司年报整理。

（四）品牌示范效应快速扩散

体育产业基地是一定区域空间内体育产业加速发展的重要载体。体育产业基地具有集聚各类产业资源、营造良好发展环境、发挥产业集群效应的优势，是我国体育产业发展的重要实践抓手。根据国家体育总局发布的《体育总局办公厅关于开展 2023 年国家体育产业基地申报工作的通知》中未自动撤销资格的国家体育产业示范基地名单，截至 2023 年 10 月，长三角地区共有国家体育产业示范基地 14 个、国家体育产业示范单位 31 个和国家体育产业示范项目 31 个，分别占全国总数的 28.0%、31.6% 和 35.6%（见表 3、表 4、表 5）。

表 3　截至 2023 年 10 月长三角地区国家体育产业示范基地

序号	基地名称
1	北仑国家体育产业示范基地（2019 年 4 月）
2	溧水国家体育产业示范基地（2019 年 4 月）
3	马桥国家体育产业示范基地（2019 年 4 月）
4	柯桥国家体育产业示范基地（2019 年 4 月）
5	界首国家体育产业示范基地（2020 年 7 月）
6	武义国家体育产业示范基地（2020 年 7 月）
7	江山国家体育产业示范基地（2020 年 7 月）
8	三门国家体育产业示范基地（2021 年 4 月）
9	合肥高新区国家体育产业示范基地（2021 年 4 月）
10	安吉国家体育产业示范基地（2021 年 4 月）
11	安亭国家体育产业示范基地（2022 年 5 月）
12	江宁国家体育产业示范基地（2022 年 5 月）
13	鄞州国家体育产业示范基地（2022 年 5 月）
14	海宁国家体育产业示范基地（2023 年 7 月）

资料来源：《体育总局办公厅关于开展 2023 年国家体育产业基地申报工作的通知》，国家体育总局网站，2023 年 9 月 4 日，https：//www. sport. gov. cn/n315/n20001395/c25986984/content. html。

表4　截至2023年10月长三角地区国家体育产业示范单位

序号	单位名称
1	上海红双喜股份有限公司（2019年4月）
2	南通铁人运动用品有限公司（2019年4月）
3	江阴四方游泳康复产业股份有限公司（2019年4月）
4	浙江泰普森实业集团有限公司（2019年4月）
5	上海东方体育中心（2019年4月）
6	五星体育传媒有限公司（2019年4月）
7	南京万德体育产业集团有限公司（2020年7月）
8	南京奥体中心经营管理有限公司（2020年7月）
9	上海力盛赛车文化股份有限公司（2020年7月）
10	万丰航空工业有限公司（2021年4月）
11	安徽华米信息科技有限公司（2021年4月）
12	绍兴上虞大康体育健身设施制造有限公司（2021年4月）
13	常州市钱璟康复股份有限公司（2021年4月）
14	安庆永大体育用品有限公司（2021年4月）
15	牧高笛户外用品股份有限公司（2021年4月）
16	南京体育产业集团有限责任公司（2021年4月）
17	浙江省黄龙体育中心（2021年4月）
18	上海巅峰健康科技股份有限公司（2021年4月）
19	杭州乐刻网络技术有限公司（2021年4月）
20	每步科技（上海）有限公司（2021年4月）
21	杭州孚德品牌管理有限公司（2021年4月）
22	上海洛合体育发展有限公司（2022年5月）
23	江苏天马网络科技集团有限公司（2022年5月）
24	江苏新金菱体育产业集团有限公司（2022年5月）
25	江苏省体育产业集团有限公司（2022年5月）
26	浙江力玄运动科技股份有限公司（2022年5月）
27	浙江金棒运动器材有限公司（2022年5月）
28	安徽鹏翔生态农业集团有限公司（2022年5月）
29	杭州千岛湖培生船艇有限公司（2023年7月）
30	浙江云上草原旅游发展有限公司（2023年7月）
31	安徽波动体育文化股份有限公司（2023年7月）

资料来源：《体育总局办公厅关于开展2023年国家体育产业基地申报工作的通知》，国家体育总局网站，2023年9月4日，https：// www. sport. gov. cn/n315/n20001395/c25986984/content. html。

表5 截至 2023 年 10 月长三角地区国家体育产业示范项目

序号	项目名称
1	尚体乐活空间(2019 年 4 月)
2	曹甸青少年体育装备制造创意产业园(2019 年 4 月)
3	江南环球港体育服务综合体(2019 年 4 月)
4	"三段式"羽毛球推广应用项目(2019 年 4 月)
5	彩虹鱼运动康复项目(2019 年 4 月)
6	跃动跳绳体育培训项目(2019 年 4 月)
7	南京金地体育公园(2019 年 4 月)
8	宏优青少年体育培训项目(2019 年 4 月)
9	黄山奇瑞房车营地(2019 年 4 月)
10	CBSA 海宁斯诺克国际公开赛(2019 年 4 月)
11	华尔运动防护装备研发项目(2020 年 7 月)
12	盐城悦达体育服务综合体(2020 年 7 月)
13	上海优体青少年足球推广项目(2020 年 7 月)
14	翔立方体育服务综合体(2020 年 7 月)
15	宁波国际赛车场(2020 年 7 月)
16	环崇明岛国际自盟女子公路世界巡回赛(2020 年 7 月)
17	不止骑自行车认证系列赛(2020 年 7 月)
18	健盛之家功能性运动面料研发(2021 年 4 月)
19	海绵校园绿色运动场系统(2021 年 4 月)
20	马仁奇峰森林高空体育旅游(2021 年 4 月)
21	盐城大纵湖体育旅游(2021 年 4 月)
22	莫干山郡安里体旅综合体(2021 年 4 月)
23	中国(上海)国际健身、康体休闲展览会(2021 年 4 月)
24	上海"我要运动"学校体育场地托管服务(2021 年 4 月)
25	弈客围棋(2021 年 4 月)
26	马鞍山郑蒲港启迪乔波冰雪世界(2021 年 4 月)
27	"午间一小时"运动健康巡回赛(2021 年 4 月)
28	台州柴古唐斯·括苍越野赛(2021 年 4 月)
29	绍兴马拉松(2022 年 5 月)
30	宁海越野挑战赛(2022 年 5 月)
31	Umay 智能运动健身器材研发项目(2023 年 7 月)

资料来源:《体育总局办公厅关于开展 2023 年国家体育产业基地申报工作的通知》,国家体育总局网站,2023 年 9 月 4 日,https://www.sport.gov.cn/n315/n20001395/c25986984/content.html。

（五）体育消费水平进一步提高

体育人口是体育消费市场和体育产业发展的基石。得益于长三角地区发达的经济水平、开放的思想观念和良好的体育文化氛围，全域经常参加体育锻炼的人口数量占总人口比重显著高于全国平均水平，2022年上海市经常参与体育锻炼人数比例达 50.1%[①]，江苏省、浙江省该比例分别达到 40.6%[②]、43.4%[③]，均高于全国 37.2%[④]的水平。同时，从长三角地区各城市居民经常参与的运动项目情况来看，除了跑步/健步走外，自行车、羽毛球、篮球、登山/户外/徒步、游泳、跳绳/踢毽、乒乓球等均是居民经常参与的运动项目。同时，长三角地区居民人均体育消费也在全国保持领先地位，从 2022年长三角地区国家体育消费试点城市（区）居民人均体育消费情况来看，有 8 个试点城市（区）居民人均体育消费均超过 3000 元，安徽合肥、黄山居民人均体育消费均超过 2000 元，高于 2021 年我国居民人均体育消费近 1400 元的水平（见表6）。[⑤]

[①] 《〈2022 年上海市全民健身发展报告〉发布》，"中国体育报"百家号，2023 年 6 月 29 日，https：//baijiahao. baidu. com/s？id＝1770020870619840979&wfr＝spider&for＝pc。

[②] 《江苏省人均体育消费及经常锻炼的人数占比情况》，江苏省体育局网站，2023 年 7 月 18 日，http：//www. jiangsu. gov. cn/jact/front/mailpubdetail. do？transactId＝360930&sysid＝99。

[③] 《全民健身，浙江做得怎么样 省人大常委会审议〈浙江省全民健身条例〉实施情况报告》，杭州网，2023 年 5 月 26 日，https：//news. hangzhou. com. cn/zjnews/content/2023-05/26/content_8542728. htm。

[④] 《国家卫健委：健康中国行动 2022 年主要目标提前实现 经常参加体育锻炼的人数比例达到 37.2%》，"人民融媒体"百家号，2022 年 9 月 7 日，https：//baijiahao. baidu. com/s？id＝1743296902990794142&wfr＝spider&for＝pc。

[⑤] 按照我国居民体育消费总规模和全国人口测算，体育消费总规模数据来源为《全国居民体育消费总规模突破 2 万亿元 体旅融合渐入佳境》，"新浪财经"百家号，2022 年 2 月 23 日，https：//baijiahao. baidu. com/s？id＝1725510251826586654&wfr＝spider&for＝pc；全国人口数量数据来源为《国家统计局：2021 年年末全国人口 141260 万人 比上年末增加 48 万人》，"环球网"百家号，2022 年 1 月 17 日，https：//baijiahao. baidu. com/s？id＝1722186474892576473&wfr＝spider&for＝pc。

表6 2021~2022年长三角地区国家体育消费试点城市（区）居民人均体育消费情况

单位：元

城市（区）	居民人均体育消费	
	2021 年	2022 年
上海市徐汇区	4254.8	4266.1
上海市杨浦区	3336.1	3411.3
南京市	3064.5	3121.5
苏州市	3038.8	3117.7
常州市	3033.8	3116.6
宁波市	3006.0	3030.9
绍兴市	2859.4	3053.8
金华市	3096.9	3244.5
合肥市	2531.0	2624.2
黄山市	2171.4	2235.0

资料来源：长三角地区各国家体育消费试点城市（区）居民体育消费调查报告。

（六）体育新空间加快布局

体育新空间是吸引潜在消费者、创新体育供给模式、释放体育与相关业态集聚效应的重要载体。2023年7月国家体育总局印发《关于恢复和扩大体育消费的工作方案》，明确指出通过提升场地设施质量、打造体育消费新业态等举措丰富体育消费场景，长三角地区三省一市积极推进体育服务综合体（都市运动中心）、体育公园等新空间建设，取得一定成效。

一是群众身边的体育新空间建设稳步推进。三省一市均陆续开展健身设施建设补短板工程，"10分钟/15分钟体育生活圈"建设稳步推进。在城市体育服务综合体建设方面，上海市自2021年起推进都市运动中心新型体育服务综合体建设，至2022年末先后认定包括徐家汇体育公园、虹桥·冠军汇、嘉亭荟动感天地、东江文体公园运动中心等在内的17个都市运动中心。这些体育新空间中既有传统工业遗存改造的黄浦滨江滑板极限公园、乐业LOFT创意中心、祥铭城市运动中心等项目，也有嵌入商业综合体的南翔印象城 MEGA 运动中心、嘉亭荟动感天地等项目。2023年3月开业的 Young's

新东里都市运动中心成为全市首个嵌入社区市民健身中心的都市运动中心，为上海营造"处处可健身、天天想健身、人人会健身"的全民健身城市环境提供坚实助力。江苏省自 2018 年起在全国率先推出体育服务综合体评定，分为体育中心型、全民健身中心型、商业内嵌型、其他型四种类型，至 2023 年已连续认定并发布六批体育服务综合体，共认定各类体育服务综合体 102 个，① 树立了一批业态融合叠加、体育特色鲜明、服务功能完善的体育服务综合体典型。

二是体绿融合的体育公园体系逐步建成。2022 年至今，三省一市体育局先后出台支持体育公园建设的具体实施方案，就至 2025 年建成兼具普惠性和特色化、运行可持续的体育公园体系提出目标。江苏紧紧围绕"健康江苏"建设目标任务，将推进体育公园建设作为倡导健康文明生活方式、发展健身休闲产业、提升城乡精神文明风貌的重要举措，并于 2023 年评定 27 个体育公园为"江苏省示范体育公园"，将体育与自然生态环境相融合，为传统公园带来新的消费增长点。杭州运河亚运公园是杭州第 19 届亚运会筹办过程中新建的亚运配套项目，也是浙江省首座集体育馆、公园绿地、运动场、商业配套于一体的综合性城市体育公园，数据显示，公园在高峰时期每天吸引入园人数达 5 万人次。②

二 长三角地区体育产业发展亮点

（一）巩固深化长效合作机制

长三角地区体育产业一体化协作经过十余年发展，形成了由政府主导推进、自上而下的区域一体化发展模式，主要体现为"三个一"，即"一个协

① 《江苏第五批体育服务综合体出炉》，"人民融媒体"百家号，2022 年 9 月 27 日，https：//baijiahao. baidu. com/s? id=1745075961474195563&wfr=spider&for=pc；《13 家！江苏省第六批体育服务综合体认定！》，东方体育网，2023 年 7 月 7 日，https：//sports. eastday. com/a/230707143823879522105. html。
② 《杭州拱墅运河体育公园高峰时一天可吸引游人 5 万人次》，浙江在线，2023 年 9 月 19 日，http：//cs. zjol. com. cn/kzl/202309/t20230919_26233559. shtml。

012

作制度"、"一个协调机构"和"一个统筹规划"。"一个协作制度"为联席会议制度，长三角地区三省一市成立了由苏浙沪皖体育局领导轮流担任专职组长，相应职能部门负责人为成员的协调领导小组，并引入上海体育大学参与，共同组成长三角地区体育产业协作会，共同探讨各阶段区域体育产业一体化工作的主要任务、协作事项，明确工作分工，以及审议决定一体化协作中的其他重大事项。"一个协调机构"为长三角地区体育产业协作会秘书处，秘书处依托上海体育大学上海运动与健康产业协同创新中心组建，负责制定年度工作计划，发挥统筹日常工作、协调合作事项、信息对接、组织重要会议的作用。"一个统筹规划"为《长三角地区体育产业一体化发展规划（2021—2025年）》，该文件由三省一市体育局及上海体育大学联合编制并发布，是国内首部关于区域体育产业一体化发展的指导性文件，围绕长三角地区体育产业体系、体育产业空间布局等八大方面提出了具体的任务和要求，为区域体育产业"一体化""高质量"发展擘画蓝图。与此同时，长三角地区体育产业一体化协作通过完善多层次多领域产业合作机制，持续深化长三角体育产业联盟建设，鼓励各级政府、体育协会、体育企业、产学研机构等开展多领域跨区域合作，形成协同推进长三角体育产业发展合力。2023年，上海市体育局、市场监督管理局联合江苏省、浙江省、安徽省相关部门共同制定并印发《长三角区域体育健身服务合同示范文本（2023版）》，进一步促进区域体育健身行业健康有序发展。

（二）以人民为中心深化体卫融合

党的二十大报告明确了新征程上必须牢牢把握的五个重大原则，其中"坚持以人民为中心的发展思想"是重要基本原则之一。"人民性"也是体育特别是体育产业改革发展的根本属性，我国始终坚持把满足人民美好生活需要、促进人的全面发展作为体育产业高质量发展的出发点和落脚点。长三角地区积极践行"人民至上、生命至上、健康至上"大体育观，在推动体育产业发展过程中将满足人民对美好生活的向往和日益多元的休闲需求以及促进人的全面健康发展作为根本使命。长三角地区三省一市早在2016年就开始探索通过"体育"+"医疗"手段改善居民健康水平，并在多年的实践探索中形成了符合各地方实际的发展模式。上海主要采取市场化模式，依托各类市场机构提供体医融合服务；江苏省则以体育医院作为体医融合实践的主要抓手；浙江省、安徽省也纷纷通过设立社区体质健康监测站、体育局与卫健委共建运动医学中心、举办运动处方业务培训班、开展慢性病干预治疗项目等形式全方位推动健康关口前移，实现"体育"与"医疗"的深度融合。在三省一市的共同努力下，长三角各地体医融合实践创新做法不断涌现，并形成各具特色的体医融合经验（见表7）。运动健康促进中心是三省一市通过市场化手段探索运动促进健康、体卫融合发展、产学研用一体化新模式的重要成果，如2023年开业的上海市嘉定区全嘉社区运动健康中心依托嘉定区、上海体育大学、上海体育国家大学科技园的人才、技术、资源优势，通过运动评估、运动指导、运动干预和运动康复四大板块功能设置，为市民提供一站式运动健康服务。[①]

表7　长三角地区推动运动促进健康的创新做法

	以医疗机构为主体	以社区为主体	以市场机构为主体
合作模式	体育医院模式、运动康复门诊模式	政府主导模式、政企合作模式	运动康复中心、工作室、诊所
主要做法	依托医疗机构场地、专业设施设备、专业人员等强大医疗力量，开设包括康复科、运动医学科的特色科室，提供体能测试、运动康复评定、运动治疗、康复训练等特色诊疗服务	进驻机关企事业单位、产业园区、商务楼宇、学校、养老机构等功能社区，为不同人群提供专业化的体质健康服务	通常借助物理手段和运动手段，针对不同人群，提供疾病预防和运动损伤康复等服务
经验试点	常州市体育医院、扬州市体育康复医院、上海华山医院的运动医学科	上海市智慧健康驿站、上海市长者运动健康之家、芜湖市健康教育与科学健身指导中心	上海邦能康复医学门诊部、上体运动健康促进中心

资料来源：根据公开资料整理。

---

① 《全嘉社区运动健康中心，等你来打卡!》，上观新闻，2023年7月2日，https://sghexport.shobserver.com/html/baijiahao/2023/07/02/1064738.html。

（三）拓展优质体育产品和服务供给

优质体育产品与服务供给是体育产业推动扩大内需的重要手段，长三角地区体育产业协作起步较早、步伐扎实，经过十余年的积累沉淀，形成了一系列以满足人民多元体育需求为宗旨、具有明显区域特征的体育产品和服务。首先，协同打造区域性自主品牌赛事。近年来，长三角地区以路跑、自行车、水上运动、汽车运动等运动项目为重点，加强区域合作办赛能力，打破行政区划壁垒，提升长三角定向越野巡回赛、长三角职业篮球俱乐部挑战赛等区域性赛事的赛事能级，做大做强了一批长三角自主品牌赛事。其次，深入开展富有区域特色的群众体育活动。长三角地区持续打造"长三角运动休闲体验季""长三角体育节"等跨区域、高标准、准入统一、运营专业、产业融合度高、辐射带动力强的综合性体育节庆活动，形成资源共享、优势互补、合作多赢的发展格局。最后，推动区域性体育基础设施成片结网。长三角地区逐步呈现以登山徒步、汽车自驾为代表的户外线路沟通串联趋势，如浙江省宁海国家登山健身步道作为第一个符合国家标准的登山健身步道，近年逐步向浙江全省辐射，围绕全省建成了9条1300公里国家登山健身步道，并在徽杭古道、沿大运河等特色路段与安徽、江苏对接，未来将进一步形成长三角地区户外运动产业基础设施网络和共享机制。

（四）做强户外运动项目产业

新时代，我国区域协调发展要坚持绿色发展的新理念，体育产业是典型的健康绿色产业，特别是健身休闲业、体育培训业等生活性体育服务业具有低能耗、低排放、可持续的绿色发展特征，户外运动产业、体育旅游等同样是资源环境利用率高、高度吻合生态经济特征的绿色业态。长三角地区三省一市在推动户外运动产业发展过程中积极践行"绿水青山就是金山银山"理念，形成一系列典型成果。

一方面是多样化布局户外运动项目。经过多年的发展，长三角地区已初步形成"山水陆空"全覆盖的户外运动业态体系，以登山、徒步、骑行、露营、皮划艇、滑翔、滑雪、赛车、高尔夫、马术为代表的户外运动项目逐渐普及，山地户外营地、滑雪场、航空飞行营地、汽车自驾运动营地、公共船艇码头、攀岩场地等户外运动消费场景不断涌现，线上线下户外运动产品和服务供给日益丰富，为人民群众提供了丰富多样的户外项目选择。在"2022年长三角地区体育旅游精品项目"中，苏浙沪皖三省一市的17个体育旅游精品目的地、9个体育旅游精品线路、16项体育旅游精品赛事和33个汽车自驾运动营地上榜。[①] 浙江省深入践行"绿水青山就是金山银山"理念，逐渐构建了覆盖全域的"两带（滨海户外运动带、水上户外运动带）三区（大都市区时尚户外运动区、浙西南山地户外运动区、浙北精品户外运动示范区）四网（步道、骑行、汽车自驾和航空运动飞行网络）"户外运动总体布局。此外，精致露营作为微度假的一种形式，兼具运动、休闲、旅游和社交等多重属性，逐渐成为消费者周末娱乐、短途旅游的最佳选择。2022年，浙江省湖州市全市户外营地接待游客约35万人次，营收达7000多万元，拉动旅游消费近2亿元，[②] 露营已逐渐成为湖州旅游的一张金名片。

另一方面是做强户外运动项目产业。发展户外运动项目产业是保护和发展绿色生产力的有效途径，长三角地区户外运动产业化、品牌化发展趋势显著，成为发展区域生态经济的重要潜力产业，各地涌现牧高笛、泰普森、华鹰船艇、飞神房车、共创草坪、四方游泳、扬州金泉、阿珂姆野营、泰州润元户外等一批代表性较强的户外运动企业。浙江省高度重视户外运动产业发展，持续完善全域户外产业发展格局，目前已建设各类专项户外运动休闲乡镇30个、航空运动飞行营地32个、运动船艇码头82个、滑雪（冰）场24个、汽车自驾运动营地20多家。[③] 其中，鄞州以"千里云道"为纽带，串

---

① 《2022年长三角地区体育旅游精品项目榜单揭晓 江阴飞马水城入选》，"江南晚报"紫牛新闻号，2022年10月20日，https://m.yangtse.com/wap/news/2525582.html。

② 《2022首届长三角露营大会于湖州安吉举行 倡导绿色无痕露营》，"中国新闻网"百家号，2022年6月22日，https://baijiahao.baidu.com/s?id=1736341252512925747&wfr=spider&for=pc。

③ 《发展户外运动产业 助力人与自然和谐共生》，"休闲体旅台"百家号，2022年11月17日，https://baijiahao.baidu.com/s?id=1749714362767408520&wfr=spider&for=pc。

联全区的体育设施、休闲公园、旅游景区、美丽乡村，打造十大文旅体融合特色线路，重点培育咸祥科技体育小镇、云龙龙舟小镇等发展载体，摘得国家体育旅游示范基地、浙江省运动休闲旅游示范基地等荣誉称号。近年来，安徽省潜山市围绕"文旅+体育+商业"多元融合发展模式，积极展现文化旅游城市的软实力和影响力，水吼镇入选安徽省第四批"户外休闲运动小镇"，源潭镇成功创建"安徽省滑板运动特色小镇"，永大体育公园、天柱山露营地入选安徽省"省级体育生态公园"。

（五）充分激活县域经济发展活力

实施乡村振兴战略，是以习近平同志为核心的党中央着眼党和国家事业全局，推动全面建设社会主义现代化国家的重大历史任务。体育产业发展不仅在改善乡村宜居基础设施、体育公共服务设施、城镇乡村环境等方面提供硬件支持，同时在培育区域特色产业新生态、打造乡村文化旅游特色品牌、拉动经济与就业等方面发挥巨大的综合效益。2023 年，"村超""村 BA"等体育赛事兴起并呈现巨大的社会和经济效益，国家体育总局会同中央文明办、国家发展改革委等部门印发《关于推进体育助力乡村振兴工作的指导意见》，为更好发挥体育产业在促进乡村振兴中的重要作用做出指引。长三角地区体育产业在增强县域经济动能、助力乡村振兴中也发挥了重要作用。江苏作为县域体育经济的发达省份，2021 年苏南县域（昆山、江阴、溧阳）以及武进、宜兴、张家港、建邺、溧水、江宁等 9 个国家体育产业示范基地体育产业增加值合计达 420.9 亿元，占全省体育产业增加值的 21.98%。[①]浙江在体育助力乡村振兴中走在全国前列，2016 年至 2023 年 10 月金华市已建成"体育+"特色村（居）73 个，数据显示，截至 2022 年底特色村（居）共吸引社会资本 15 亿元，直接带动乡村增收超 3 亿元，[②]"体育+"特色村（居）逐渐成为引领乡村振兴发展的有效抓手（见表8）。此外，

---

① 《踔厉奋发，运享通"体育+"激发体育产业新动力》，中国日报网，2023 年 3 月 7 日，http://cn.chinadaily.com.cn/a/202303/07/WS6406f75ba3102ada8b2325fd.html。

② 数据来源于金华市体育局。

浙江山区 26 县之一的三门县因体育制造业的亮眼表现被新华社报道，全县共有 300 多家生产销售冲锋衣的中小微协会会员企业，培育了百余个自主品牌。截至 2022 年 7 月，三门县具备每年生产 3000 万件左右冲锋衣的能力，年产值 50 多亿元，直接带动 3 万人创业增收，从业人员 8 万人以上。①

表 8　金华部分"体育+"特色村（居）特色项目一览

行政区	特色村（居）名称	特色项目	带动产业、项目
婺城区	莘畈乡大立元村	户外露营基地	步道、农家乐、民宿
	琅琊镇上盛村	气排球馆、滑翔伞	彩色水稻景观带、水果采摘
	安地镇喻斯村	水库垂钓、户外拓展	民宿、农家乐
	竹马乡下方店村	门球场、篮球场	民宿、杜鹃花种植基地
	新狮街道沙溪村	水库垂钓	千亩花海、国学文化
金东区	塘雅镇竹村	赛马场、门球场	竹园景区、步道
	澧浦镇蒲塘村	五经拳、武术大师工作室	王氏宗祠
开发区	罗埠镇后张村	航模基地	航模研学基地
	罗埠镇罗埠一村	灯光体育场	文化广场、古村落
	汤溪镇越溪白鹤村	水上运动、卡丁车	青少年研学
兰溪市	水亭畲族乡上朱民族行政村	丛林穿越、跑马场、卡丁车	农耕文化园、花海
	永昌街道百凤林村	越野赛道	中药基地
东阳市	歌山镇王村光村	垂钓	望湖公园、青枣采摘
	南马镇联合村	越野赛车基地、水上运动等	古窑遗址、湿地公园

资料来源：根据公开资料整理。

（六）培育壮大区域体育创新主体

长三角地区体育龙头企业一直是区域体育产业自主创新的主力军，在体育领域关键技术突破和形成完全自主可控的产业链方面发挥重要引领作用。同时，培育和壮大"专精特新"、"瞪羚"和"隐形冠军"体育企业也是三

---

① 《三门借体育制造业发展"富民产业"，为全省山区县树立样板》，"三门体育"微信公众号，2022 年 8 月 12 日，https：//mp. weixin. qq. com/s。

省一市近年工作的重点。2019 年以来，长三角三省一市推进四个批次国家级"专精特新"企业的培育和统计工作，培植了体育领域国家级"专精特新"企业 14 家（见表9），在全国范围内位于前列，占总量的 28.57%，多于京津冀地区的 7 家、珠三角地区的 6 家。① 目前，该类企业依托成长速度快、创新能力强、专业领域新、发展潜力大、人才密集、技术密集等优势特征，已在多个体育科技创新链条的具体环节开展攻关创新，为大企业、大项目和产业链提供零部件、配套产品和配套服务。

表9 2022 年长三角地区体育领域国家级"专精特新"企业名单

序号	企业名称	所在地	体育业务领域
1	上海傅利叶智能科技有限公司	上海市	智能康复设备的技术研发与生产制造
2	上海荣泰健康科技股份有限公司	上海市	运动康复设备研发、按摩/健身器材开发与制造
3	南京东润特种橡塑有限公司	江苏省	特种橡塑用品生产制造
4	泰州润元户外用品股份有限公司	江苏省	户外运动用品生产制造（冰上钓具）
5	常州市钱璟康复股份有限公司	江苏省	运动康复设备研发制造
6	浙江千禧龙纤特种纤维股份有限公司	浙江省	钓鱼防割手套、防割服制造
7	浙江涛涛车业股份有限公司	浙江省	自行车配件制造
8	宁波恒隆车业有限公司	浙江省	自行车配件制造
9	兰溪轮峰车料有限公司	浙江省	自行车链轮曲柄制造
10	宁波巨隆机械股份有限公司	浙江省	自行车脚踏制造
11	浙江东进新材料有限公司	浙江省	户外运动功能性服装面料生产
12	开化瑞达塑胶科技有限公司	浙江省	地掷球制造
13	安庆永大体育用品有限公司	安徽省	户外运动产品生产（滑板、冲浪板）
14	安徽华米信息科技有限公司	安徽省	智能穿戴设备研发制造

资料来源：根据国家体育总局办公厅公布的体育领域国家级"专精特新"企业名单整理。

---

① 《体育总局办公厅关于公布体育领域国家级"专精特新"企业及制造业单项冠军企业名单的通知》，国家体育总局网站，2023 年 4 月 26 日，https：//www.sport.gov.cn/n315/n2000 1395/c25512359/content.html。

（七）促进区域间要素优化配置

区域创新要素的合理配置和自由流动是推动体育产业高质量发展的重要环境支撑，长三角地区充分发挥金融资本在体育产业发展中的作用，促进区域体育产业资源要素有序自由流动。上海体育产业私募投资基金（有限合伙）于 2022 年正式完成相关工商注册手续，作为首只拥有国有资本背景的体育产业投资私募基金，上海体育产业私募投资基金将主要投向"体育+"领域的成熟企业，如体育+科技、消费、文旅、材料、制造等；部分投向符合体育产业发展方向、拥有广阔市场空间、团队能力突出的成长期项目。江苏省是长三角乃至全国范围内较早设立体育产业发展引导专项资金的省份，江苏省体育局公布的数据显示，仅江苏省体育产业引导资金设立的前 5 年就投入 4 亿元，支持 570 个体育产业项目，拉动社会投资近 240 亿元，① 成为促进江苏省体育产业发展的重要力量。除省级引导资金外，南京、苏州、无锡、常州等江苏省内城市也设立了当地的体育产业发展引导资金，助推当地体育产业发展。同时，区域创新要素的合理配置和自由流动是打造区域创新体系的重要支撑。截至 2021 年，长三角体育资源交易平台各类体育项目挂牌近 130 宗，交易额超过 10 亿元。其中上海市的市民运动会、上海半程马拉松、黄兴体育公园等 50 宗项目挂牌交易，挂牌交易额约 5.5 亿元，竞价增值率 10%。②

三 长三角地区体育产业一体化发展展望

（一）坚持人民至上，推进体育产业助力健康中国建设

1. 推动实施运动促进健康长三角行动方案

未来，长三角将吸纳国内外先进经验和做法，围绕体卫融合、运动促进

---

① 数据来源于江苏省体育局。

② 数据来源于上海市体育局。

健康继续深入开展多层次、多维度的先行先试探索。一是探索构建多部门协同的多元治理机制框架。如由三省一市体育和卫生部门各自抽调人员组成工作专班，率先试点建立汇集体育、卫生两大行政部门，以及包含其他相关社会力量、行业协会等多元主体的协同治理框架，整体负责区域体卫融合项目的实施。二是试点建立体卫融合制度体系。构建包含准入标准、服务标准、运动处方库、人才培养和认定、监督管理等内容的体卫融合区域一体化制度体系，填补体卫融合交叉领域的制度建设空白。三是鼓励社会力量积极参与体卫融合实践。利用长三角地区市场经济发达优势，通过给予企业优惠融资利率、资金补助、税费减免等优惠政策，鼓励市场主体进入体医融合行业，以更好地满足居民健康服务需求。

2. 构建健康有序的区域体育发展环境

党的二十大报告多次提及"安全"，统筹发展与安全、维护人民合法权益、维护社会公平正义是站在坚持以人民为中心的价值立场所必须遵循的基本原则。加快构建合理、健康、有序、统一的区域体育发展环境，是践行"人民至上"区域体育发展观的重要内容。一是加快区域体育标准化建设。标准化建设是优化产业营商环境的重要内容，尤其对于快速发展的体育产业而言，标准化能有效保障各类新兴业态市场有序竞争。未来，长三角地区应加强重点领域标准的制修订，率先在部分地方开展标准化试点工作，从点到面，逐步形成区域共同认定的标准。如近年来，针对部分新兴体育运动项目、体育旅游项目，长三角部分地方先行先试，率先制定、出台涉及体育旅游新业态项目的安全管理规范，为新兴行业发展保驾护航，该类标准未来可以为三省一市探索标准的跨省域共享互认奠定基础，实现区域体育市场的规范化运营。二是按照"整体智治"理念，构建互联互通、普惠便捷、高效协同的智慧体育赛事服务和管理体系，未来可以以长三角政府服务"一网通办"平台为基础，整合上海、江苏、浙江、安徽各地体育赛事电子政务事项，为组织举办区域性大型体育赛事活动创造更加优越的条件和安全保障，尤其是对高危险性区域体育赛事活动开展有效监管。三是建构线上区域体育监管体系。长三角地区应提升区域体育赛事检索能力，充分借鉴会展等领域相关经验，构建体育赛事关键词库，定期通过互联网平台、搜索引擎、社交媒体等渠道搜索体育赛事相关信息，主动对接知晓度低、举办风险高的体育赛事及其办赛主体，降低各类体育赛事办赛风险。

（二）充分发挥体育在实现区域共同富裕中的独特作用

1. 扩大体育产业外部效应，推动体育产业助力乡村振兴

未来，长三角体育产业将为县域经济和乡村振兴做出更大贡献。一是在具有良好区位优势和产业基础的县城加强产业导入。吸纳江苏县域体育经济发展经验，强化县域与邻近城市发展的衔接配合，适当引入体育用品制造等集聚性产业，吸纳农村剩余劳动力，增强对乡村的辐射带动能力。二是在具有鲜明资源禀赋特征的乡村发展特色体育产业。产业振兴是乡村振兴的重中之重，体育产业助力乡村振兴不是一项程式化的工作，而是要在充分考虑城乡关系、区域差异和人文自然资源禀赋差异的基础上，鼓励长三角农村地区盘活当地资源，以体育为支点，以山地户外、水上、垂钓、汽摩等运动项目为支撑，提供运动休闲和参与体验等相关产品和服务，形成公共配套导入、体育产业延伸、村庄富民宜居的体育产业新发展空间。结合自身优势资源和独特的历史文化，有序开发优势特色资源，形成"体育场馆+民宿"、"体育赛事+休闲旅游"、"户外拓展+田园观赏"、"传统体育+古村落"、"休闲体育+影视基地"和"休闲体育+农业体验"等特色融合发展模式。三是加强区域间多元利益主体的协同参与。在推进体育产业助力乡村振兴的过程中，通过制定产业发展规划、协调提供产业导入资金等形式吸引社会组织、企业以及其他利益主体共同参与。同时，在协同共治的过程中充分利用区域间的资源互补优势，结合乡村自身资源特点，鼓励区域间多主体合作，适当引入区域性体育赛事、体育旅游和社会资源，形成区域内优势互补、资源共享、责任共担的发展新格局。

2. 依托重大体育赛事，释放联合办赛综合效应

长三角体育产业高质量发展将更加重视重大体育赛事在建设人民城市、促进区域均衡发展中的重要价值。一是以2023年杭州亚运会为重要契机，

继续引进综合性国际重大赛事，同时培育一批影响力大、体系完善的区域职业联赛，逐步构建完善区域赛事体系，持续提升区域联合办赛的能力和合作效力。二是发挥重大赛事区域联动效应，发挥核心城市的赛事引领和辐射作用，强化重大体育赛事的区域联动效应。优化体育赛事跨区域联动机制，加强赛事相关基础设施建设、关联产业发展、公共服务配套、城市品牌宣传、生态联防联治、医疗紧急救护、体育活动交流等梳理与统筹。

（三）促进人与自然和谐共生，推动体育融入生态文明建设

1. 践行绿色发展理念，推进区域体育产业低碳绿色发展

长三角地区将以提供更多优质户外运动产品和服务为目标，将良好生态环境资源优势转化为生态价值增值优势，形成人与自然和谐共生的户外运动发展新局面。一是加快推动体育制造业绿色转型升级。长三角地区体育制造业高度集中，在形成规模化生产格局的同时易触发生态红线。要加强对长三角体育制造业企业的绿色化改造，以数字化技术赋能企业绿色创新，鼓励区域内体育制造业企业协同内外部利益相关者共同参与绿色价值共创，充分利用上海、杭州等科技创新城市的技术研发优势，指导企业清洁生产技术研发和绿色供应链管理，形成跨区域体育产业绿色合作机制。二是鼓励长三角城市建设资源节约、环境友好的低碳场馆。体育场馆作为体育领域碳排放的主要来源之一，是体育产业"脱碳"发展的重要改造领域。应积极总结杭州亚运场馆、北京冬奥场馆的建设经验，加快推动长三角体育场馆的绿色化、标准化建设，在绿色规划、绿色设计、绿色施工等场馆建设周期中的关键环节，形成统一的区域行动方案和标准。同时，在场馆选址的前期规划中，要充分考虑与周边环境的和谐融洽，尽可能减少对原生自然环境的破坏。三是联合举办区域低碳赛事，共同倡导绿色低碳健康生活。以杭州亚运会为契机，大力倡导绿色办赛的理念和经验，推动区域内体育企业加强环境责任意识，形成绿色办赛的社会风尚。以区域性、大型体育赛事为主要先行先试载体，整合区域内技术优势，共建长三角重点赛事的碳排放足迹模型。充分利用数字技术优势，加快对区域内重点赛事的减碳空间评估和效果评价。充分

发挥区域性赛事的宣传引导作用，通过联办低碳赛事，向赛事参与者和观众传递绿色环保理念，发挥赛事的综合社会价值。

2. 推动长三角生态绿色一体化发展示范区先行先试

长三角生态绿色一体化发展示范区的战略定位是打造生态优势转化新标杆、绿色创新发展新高地、一体化创新试验田、人与自然和谐宜居新典范，最终目标是成为示范引领长三角更高质量一体化发展的标杆。在未来，一是充分发挥示范区水域资源优势。紧扣"资源要素无障碍自由流动"和"地区间全方位开放合作"的核心，结合示范区内的资源要素禀赋特征，从水上运动和自行车运动两个维度切入，联通示范区内江、河、湖、海等水系资源，以及山地、人文等陆地景观，加快资源要素在更大范围内的优化配置，促进市场合理分工和各地比较优势的充分发挥。二是聚焦跨区域协作体制创新。未来应推动区域体育产业发展清单化和项目化，重大项目清单立足长三角地区现实情况和国家战略需要，解决政府合作、商业模式、资源开放等难点问题，聚焦先行先试、差别试点，探索形成突破性、颠覆性创新举措。探索在示范区内成立长三角体育产业联盟办公室，作为长三角体育产业合作的协调机构、资源配置中心、数据中心和议事中心，并逐步形成常态化的合作机制。三是探索建立体育生态产品价值实现机制。紧密对接示范区生态产品价值评价机制的建立流程，针对生态产品价值实现的不同路径，探索构建示范区内体育生态产品总值和生态产品价值评价体系，定量化、具体化体育实现生态产品价值增值的效果，为建立示范区体育工作考核评价体系和激励方案提供数据支持。

（四）坚持守正创新，打造区域体育科创高地

1. 建设长三角体育产业孵化器，培育壮大区域体育创新主体

随着长三角地区体育产业一体化发展走向纵深，长三角地区体育企业将迎来新的发展机遇和区域支撑平台。一是加快培育长三角体育龙头企业。龙头企业凭借自身产业链、资金链和人才链的组合优势，成为提升行业自主创新水平的主力军。未来要积极整合长三角体育企业资源，通过跨区域兼并重组等方式，打造一批具有较强竞争力、行业带动性大、资源整理能力强的龙头企业，在体育领域关键技术突破和形成完全自主可控的产业链方面发挥重要引领作用。二是加快培育和壮大长三角地区"专精特新"、"瞪羚"和"隐形冠军"体育企业。目前长三角地区体育企业依然以中小企业为主，未来要加快建设区域体育企业培育库，培育一批以科技创新或商业模式创新为支撑进入高成长期的中小企业。三是推动建设区域体育产业孵化平台。目前长三角地区仅有上海体育国家大学科技园一个国家级体育科技园，未来应加快推进长三角其他地区体育科技园的创建工作，创设一批众创空间，构建集众创空间、孵化器、加速器于一体的体育企业孵化链条。

2. 加快区域体育数字化转型，促进体育创新要素自由流动

形成具有高互动性、高协同度的区域创新网络是区域创新体系走向成熟、发挥整体效能的关键标志，未来应继续紧紧围绕创新发展的核心要素，加快形成长三角体育创新要素自由流动的新格局。一是加大体育产业核心资源的开放力度。做强做实长三角体育资源交易平台，建立长三角体育数据和信息定期发布机制，在原有体育赛事、体育场馆挂牌交易的基础上，继续探索运动队、俱乐部领域商务开发，探索自主品牌赛事、群众赛事权益开发，推动空置场地和低效运作场馆资源整合，进一步释放体育创新资源要素。二是着力解决科技成果转化中存在的区域流动性障碍。探索构建一体化体育科技成果转移转化体系，推动体育企业技术需求、成果、服务项目等信息通过数字平台公开发布，允许和鼓励技术要素参与分配。推动体育企业主动接入长三角科技创新券服务平台，鼓励各地区因地制宜为体育企业发放专项科技创新券，有序提高长三角科技资源一体化的影响力和辐射力。三是优化区域体育金融普惠服务。对接《上海市、南京市、杭州市、合肥市、嘉兴市建设科创金融改革试验区总体方案》，发挥长三角中心节点城市的金融枢纽作用，探索推进试验区内体育科创金融信息互联互通，打破试验区政务信息壁垒，实现体育科创企业信用信息、金融服务共享共用。加强长三角上市后备体育科创企业资源库建设，对优质体育科创企业进行孵化培育和分类支持。四是创新人才交流培养协同机制。以长三角体育产业人才培训基地为主要节点，联合搭建体育产业创新人才培育、孵化、发展和服务平台，促进长三角高层次体育产业人才有效集聚协同，推动"长三角体育产业一体化专家智库"建设，打造区域体育产业人才创新高地。对接政府部门、区域产业布局及市场主体发展需求，打造一批产教融合、产城融合基地，壮大体育产业高水平经营管理人才和高技能应用型人才队伍。

参考文献

黄海燕、曾鑫峰：《以中国式现代化推进区域体育一体化：长三角的理念与实践》，《天津体育学院学报》2022年第6期。

曾鑫峰、黄海燕：《长三角体育产业集聚的经济溢出效应——基于空间杜宾模型的实证分析》，《上海体育学院学报》2023年第8期。

罗守贵：《协同治理视角下长三角一体化的理论与实践》，《上海交通大学学报》（哲学社会科学版）2022年第2期。

黄海燕：《新阶段、新形势：我国体育产业发展战略前瞻》，《上海体育学院学报》2022年第1期。

廉涛、黄海燕：《长三角体育产业高质量一体化发展研究》，《中国体育科技》2020年第1期。

地 区 篇
Regional Reports

B.2

2022～2023年上海市体育产业
发展报告

余诗平　钱若冰*

摘　要： 本报告系统梳理了2022～2023年上海市体育产业发展基本情况，总体来看，上海市体育产业恢复增长态势，在产业规模、市场主体、产业基础、体育消费等方面成效显著。在构建现代体育产业体系、增强市场主体竞争力、丰富产品服务供给、突出体育融合功能以及提升管理效能等产业工作领域取得一系列标志性成果。为更好发挥体育产业在上海推动高质量发展和创造高品质生活中的积极作用，应着力增强体育产业政策支撑，充分释放体育需求潜力，支持体育企业创新发展，加快体育产业能级跃升，完善体育产业空间格局，为建设全球著名体育城市贡献应有力量。

* 余诗平，上海市体育局规划产业（法规）处处长，研究方向为体育产业、体育政策；钱若冰，硕士，上海体育大学上海运动与健康产业协同创新中心研究助理，研究方向为体育产业、体育消费。

关键词： 体育产业　高质量发展　现代体育产业体系

体育产业是绿色产业、朝阳产业和幸福产业，是国民经济的新增长点。近年来，上海市体育局认真贯彻落实党中央、国务院和市委、市政府部署，围绕体育在上海推动高质量发展中新的增长点和在创造高品质生活中重要风向标的定位，全面实施《上海市体育产业发展"十四五"规划》，在优化产业环境、释放发展效益、推动产业高质量发展等方面取得显著成果，为加快形成与全球著名体育城市相匹配的体育产业格局，助力上海建设具有世界影响力的社会主义现代化国际大都市等做出积极贡献。

一　上海体育产业发展基本情况

（一）产业规模总量稳步提升

2021年上海市体育产业总产出1737.80亿元，同比增长7.2%；增加值596.31亿元，同比增长6.4%（按现价计算，下同）。从产业结构来看，体育服务业占主体地位，总产出为1393.54亿元，同比增长7.9%，增加值为531.63亿元，同比增长5.5%，占上海市体育产业总产出和增加值的比重分别为80.2%和89.2%；体育制造业总产出319.61亿元，同比增长4.8%，增加值59.03亿元，同比增长13.6%；体育建筑业总产出24.65亿元，同比下降0.2%，增加值5.67亿元，同比增长30.9%（见表1）。其中，以体育健身休闲活动，体育传媒与信息服务，体育用品及相关产品销售、出租与贸易代理等为代表的体育服务业成为引领上海体育产业高质量发展的重要动力（见表2）。

表1　2020~2021年上海体育产业总产出、增加值一览

单位：亿元，%

产业类别	2020 年		2021 年		增幅	
	总产出	增加值	总产出	增加值	总产出	增加值
体育服务业	1292.07	503.90	1393.54	531.63	7.9	5.5
体育制造业	304.84	51.96	319.61	59.03	4.8	13.6
体育建筑业	24.70	4.33	24.65	5.67	-0.2	30.9
总计	1621.62	560.19	1737.80	596.31	7.2	6.4

注：若总量与分量合计尾数不等，是数值修约误差所致；表中增加值增幅按现价计算。

资料来源：《2020 年度上海市体育产业统计公告》，上海市体育局网站，2021 年 11 月 16 日，https：//www.shanghai.gov.cn/gwk/search/content/1a5f928cbcdc4b839e4be34f367e61ee；《2021 年度上海市体育产业统计公告》，上海市体育局网站，2022 年 12 月 21 日，http：//tyj.sh.gov.cn/mlghcyfg/20221221/7b1dafda0dd9475f9e2d197e882c3be3.html。

表2　2020~2021年上海体育产业分类别总产出、增加值一览

单位：亿元

产业类别	2020 年		2021 年	
	总产出	增加值	总产出	增加值
上海市体育产业	1621.62	560.19	1737.80	596.31
体育管理活动	39.73	22.99	41.70	25.29
体育竞赛表演活动	48.47	29.70	28.99	15.27
体育健身休闲活动	123.44	40.51	173.62	45.08
体育场地和设施管理	15.72	2.13	17.67	4.77
体育经纪与代理、广告与会展、表演与设计服务	39.99	4.97	47.85	9.16
体育教育与培训	26.69	8.25	27.06	9.64
体育传媒与信息服务	192.89	87.13	196.94	101.28
其他体育服务	183.14	27.43	101.56	25.92
体育用品及相关产品制造	304.84	51.96	319.61	59.03
体育用品及相关产品销售、出租与贸易代理	622.00	280.79	758.15	295.22
体育场地设施建设	24.70	4.33	24.65	5.67

资料来源：《2020 年度上海市体育产业统计公告》，上海市体育局网站，2021 年 11 月 16 日，https：//www.shanghai.gov.cn/gwk/search/content/1a5f928cbcdc4b839e4be34f367e61ee；《2021 年度上海市体育产业统计公告》，上海市体育局网站，2022 年 12 月 21 日，http：//tyj.sh.gov.cn/mlghcyfg/20221221/7b1dafda0dd9475f9e2d197e882c3be3.html。

（二）产业市场主体蓬勃发展

上海市大力支持体育企业发展，2021年上海市主营体育产业机构数量持续增长，达到29936家，同比增长5.31%；营业收入为2390.95亿元，同比增长13.43%（见表3）。2021年上海体育产业500强企业营业收入达2130.29亿元，相较2020年增加了362.21亿元，增长率为20.5%；体育产业500强企业营业收入占当年体育产业主营企业营业收入的比重为89.1%。其中，体育服务业企业有410家，营业收入为1865.62亿元，占上海市体育产业500强企业营业收入的比重为87.6%。① 体育产业各类市场主体充分发育成长，领军型的新模式、新业态企业明显增多，涌现了力盛云动、网映文化、洛合体育、英士博、巅峰减重、跃动跳绳、每步科技等一批创新创业企业。同时，久事、东浩、上港等一批大型国有企业纷纷围绕体育产业加码加力，成为培育体育产业链、推动市场发展的重要力量。

表3 2020~2021年上海市主营体育产业机构发展状况一览

产业类别	2020年		2021年		增幅（%）	
	机构数（家）	营业收入（亿元）	机构数（家）	营业收入（亿元）	机构数	营业收入
体育服务业	27362	1882.80	28985	2105.51	5.93	11.83
体育制造业	633	210.78	539	269.56	-14.85	27.89
体育建筑业	431	14.28	412	15.89	-4.41	11.27
总计	28426	2107.85	29936	2390.95	5.31	13.43

注：若总量与分量合计尾数不等，是数值修约误差所致。
资料来源：上海市体育局、上海运动与健康产业协同创新中心《2020、2021年度上海市体育产业统计材料汇编》。

体育产业示范效应不断增强，2021年上海获评国家级体育产业示范基地1家（安亭国家体育产业示范基地）、示范单位1家（上海洛合体育发展

---

① 上海市体育市场主体相关数据来源为上海市体育局、上海运动与健康产业协同创新中心《2020、2021年度上海市体育产业统计材料汇编》。

有限公司）；① 2021 年评定市级体育产业示范基地 1 家（安亭镇体育产业示范基地）、示范单位 5 家［上海久事国际体育中心有限公司、上海回力鞋业有限公司、上海宝山体育中心管理有限公司、圣巴（上海）文化传播有限公司、上海久事体育装备有限公司］、示范项目 5 个（体汇+合川体育休闲娱乐综合体、上海竞达青少年足球推广项目、邹市明拳击体育文化综合体、新艇赛艇联盟、三邻桥体育文化园）；② 2022 年评定市级体育产业示范单位 5 家（上海和汇安全用品有限公司、咪咕视讯科技有限公司、橙狮体育有限公司、上海长兴岛郊野公园、上海博信体育设备有限公司）、示范项目 7 个（上海体育国家大学科技园、中国坐标·上海城市定向户外挑战赛、韵颖青少年排球运动专项人才培育项目、北极星团建、世博后滩体育公园、冠博体育足球培训及赛事项目、黑桃户外一站式运动平台）。③

（三）产业发展基础愈发坚实

群众体育活动参与水平全面提升，上海市体育局发布的《2022 年上海市全民健身发展报告》显示，2022 年，上海市各级体育部门牵头举办各级各类赛事活动 15013 场，901 万人次参与，其中上海城市业余联赛共举办赛事活动 6320 场，共有 830 万人次参与；每万人拥有体育健身组织 30 个，相较上年增加 3.1 个；上海市经常参与体育锻炼人数比例达到 50.1%，较 2021 年增加 1.1 个百分点，④ 健步走、跑步、自行车、羽毛球、游泳是市民经常参加的体育锻炼项目。《2022 年中国健身行业数据报告》显示，上海市的健身

---

① 《体育总局关于命名、认定 2021 年国家体育产业基地的通知》，国家体育总局网站，2022 年 5 月 16 日，https：//www. sport. gov. cn/n315/n20001395/c24287304/content. html。
② 《2021 上海市体育产业基地正式授牌 开启体育产业"荣耀新征程"》，"首席体育官"百家号，2022 年 1 月 20 日，https：//baijiahao. baidu. com/s？id = 1722451019533550386&wfr = spider&for = pc。
③ 《上海市体育产业基地名单公布！杨浦这些企业上榜》，上观新闻，2023 年 2 月 22 日，https：//sghexport. shobserver. com/html/baijiahao/2023/02/22/967553. html。
④ 《〈2022 年上海市全民健身发展报告〉发布》，"中国体育报"百家号，2023 年 6 月 29 日，https：//baijiahao. baidu. com/s？id = 1770020870619840979&wfr = spider&for = pc。

消费者数量以 19.63% 的比例大幅领先全国其他城市。① 同时数据显示,截至 2021 年 12 月底,上海市健身人口为 278.9 万人,健身人口的渗透率高于全国平均水平,达到 11.21%,健身人口数量居全国首位。②

截至 2022 年底,上海市人均体育场地面积达到 2.51 平方米,较 2021 年人均 2.44 平方米增加了 0.07 平方米,全市累计建有社区市民健身中心 112 个,街镇覆盖率为 52.1%;市民健身步道(绿道)1963 条,居村委覆盖率为 30.6%;市民球场 2874 片,居村委覆盖率为 44.9%;市民益智健身苑点 18498 个,平均每个居村委 2.9 个;③ 都市运动中心新型体育服务综合体达到 17 个。④ 体育健身设施基本实现了城乡社区全覆盖。

(四)体育消费市场展现强劲韧性

2023 年,上海市体育局委托第三方公司通过电话调查形式开展 2022 年度居民体育消费调查工作,调查接触量总计 248897 份样本,共回收分析有效居民样本 9706 份,覆盖上海市全部街镇。2022 年上海市居民人均体育消费为 3435.6 元,相较 2021 年的 3673.1 元有所下滑(见表 4),占当年全市居民人均可支配收入的比重为 4.32%,占当年全市人均消费支出的比重为 7.46%,与 2021 年结果基本持平;根据上海市常住人口推算,2022 年上海市体育消费总规模约为 850.62 亿元。⑤

---

① 《〈2022 中国健身行业报告〉:2559 亿市场 7145 万会员,女性消费主力》,"体育大生意"百家号,2023 年 5 月 9 日,https://baijiahao.baidu.com/s? id = 1765381082311279270&wfr = spider&for=pc。
② 《主流城市健身会员渗透率超全国均值达 7.23%,上海、深圳的会员人均消费最高 | 2021 中国健身行业数据报告解读》,三体云动,2022 年 7 月 15 日,https://blog.styd.cn/big_data/6531.html。
③ 《〈2022 年上海市全民健身发展报告〉发布》,"中国体育报"百家号,2023 年 6 月 29 日,https://baijiahao.baidu.com/s? id=1770020870619840979&wfr=spider&for=pc。
④ 《2022 年上海市体育局工作总结》,上海市体育局网站,2023 年 2 月 8 日,http://tyj.sh.gov.cn/styles/img/index/2022%E5%B9%B4%E4%B8%8A%E6%B5%B7%E5%B8%82%E4%BD%93%E8%82%B2%E5%B1%80%E5%B7%A5%E4%BD%9C%E6%80%BB%E7%BB%93.pdf? eqid = 9422d16600000bbe0000000664918cac。
⑤ 《2022 年上海市居民体育消费调查报告出炉!》,"上海体育 SHTY"百家号,2023 年 7 月 12 日,https://baijiahao.baidu.com/s? id=1771204939849877809&wfr=spider&for=pc。

表4　2021～2022年上海市体育消费部分项目人均支出情况

单位：元

消费类别	消费细项	2022年人均消费	2021年人均消费
实物型	运动服装和鞋帽	1268.9	1300.9
	运动装备器材	312	300.0
	智能体育设备	215.3	213.1
	户外运动装备	145.1	73.0
	运动代餐、补剂、饮品等	104.3	79.6
	体育纪念商品、文化创意和体育收藏品	44.8	32.4
服务型	购买赛事现场门票	12.4	2.7
	购买赛事节目	23.8	15.0
	健身会费及指导费	633.2	766.1
	线上健身指导和咨询	5.6	3.3
	打赏线上健身直播、跟练视频等	2.9	10.8
	运动保健康复	17.8	97.1
	体育培训和教育	227.8	379.3
	参赛费和报名费	15.2	8.8
	场地和相关器材用品租金	104.6	180.5
	订购线上电竞服务、虚拟电竞衍生品	8.5	19.8
体育旅游、体育彩票及其他	体育旅游	142.1	116.6
	体育彩票	78.1	41.2
	其他与体育相关	73.2	32.8
合　计		3435.6	3673.1

注：数据合计数或相对数由于单位取舍不同产生的计算误差均未做调整。

资料来源：《2022年上海市居民体育消费调查报告出炉！》，"上海体育SHTY"百家号，2023年7月12日，https：//baijiahao. baidu. com/s? id＝1771204939849877809&wfr＝spider&for＝pc。

　　上海市居民体育消费结构趋于优化。2022年上海市居民依赖线下体育活动开展的服务型体育消费占比为30.6%（不含体育旅游、体育彩票和其他与体育相关消费），较2021年的40.4%有所下降；2022年实物型体育消费占比为60.8%，其中运动服装和鞋帽、运动装备器材、智能体育设备等项目的居民人均消费及消费发生率均较高。① 同时，上海市居民年龄结构对体育消费结构的影响也愈发突出，表现出越年轻体育消费能力越强，服务型体育消费比例越高，消费结构更加均衡的特点，如"00后"及以后的群体人均体育消费最高，远超其他代际，服务型体育消费比例最高（49.2%），"体育培训和教育"等项目的消费也远高于其他代际。此外调查显示，计划2023年增加体育消费领域投入的受访者占32.03%，较上年增加了13.4个百分点，体育消费市场发展趋势预期向好。②

二 上海体育产业工作开展情况及主要成果

（一）构建现代体育产业体系，推动产业高质量发展

《上海市体育产业发展"十四五"规划》提出，"进一步完善以健身休闲业和竞赛表演业为引领，以体育智能制造业为亮点，以场馆运营、体育培训、体育中介、体育传媒等业态为支撑，具有上海城市特点的现代体育产业体系"。近年来，上海市体育局突出发展重点，颁布一系列政策措施，在优化产业结构、提升质量效益、激发要素创新活力等方面精准发力，加快打造现代体育产业体系，推动上海市体育产业高质量发展。

体育服务业发展质量持续提升。近年来，上海市体育服务业表现出强劲的发展韧性，除体育竞赛表演业外，主要业态都表现出增长态势，发展质量不断提升，有效引领了现代体育产业体系的建设。2021年、2022年，上海市分别举办了国内国际重大体育赛事46项、24项，随着2023年经济社会发展整体进入新常态，上海市拟举办121项国内国际体育赛事（全国比赛83项、国际赛事38项），其中既包括上海网球大师赛等世界顶级赛事，也

---

① 《2022年上海市居民体育消费调查报告出炉！》，"上海体育SHTY"百家号，2023年7月12日，https：//baijiahao.baidu.com/s？id=1771204939849877809&wfr=spider&for=pc。
② 《2022年上海市居民体育消费调查报告出炉！》，"上海体育SHTY"百家号，2023年7月12日，https：//baijiahao.baidu.com/s？id=1771204939849877809&wfr=spider&for=pc。

有上海马拉松、上海赛艇公开赛、上海超级杯、上海明日之星冠军杯、"上海杯"象棋大师公开赛等自主品牌赛事,① 上海体育竞赛表演业进入新的发展周期。同时,上海市顶级体育赛事能级不断提升,上海邮轮港国际帆船赛、国际雪联城市越野滑雪中国巡回赛上海站等一系列世界级体育赛事落户,2024 年四大洲花样滑冰锦标赛、2025 年世界赛艇锦标赛、2026 年国际自盟场地自行车世界锦标赛即将在沪举办。此外,上海赛事品质和等级持续提升,体育竞赛表演供给愈发丰富。"上海市民运动会"和"上海城市业余联赛"等全民健身赛事活动品牌影响力逐步提升,上海市第十七届运动会成功举办,群众性赛事获得快速发展。上海杯象棋大师公开赛、上海国际大众体育节、"双城杯"围棋交流赛、上海"明日之星"冠军杯足球赛等赛事节庆活动精彩纷呈。上海赛艇公开赛成为串联苏州河两岸历史文化、展示苏州河水清岸绿治理成果的新载体。

专栏 1　以高水平打造青少年自主品牌赛事:"明日之星"冠军杯

"明日之星"系列赛是上海市体育局在"十四五"期间重点打造的一项自主品牌赛事,是上海着眼建设国际体育赛事之都的重要抓手。"明日之星"系列赛由上海市体育局主办,上海久事体育产业发展(集团)有限公司、上海市篮球协会、上海市足球协会等体育社会组织联合承办,涵盖足球、篮球、排球、滑雪等多项运动。上海"明日之星"冠军杯是"明日之星"系列赛的明珠,聚焦青少年足球发展。"明日之星"冠军杯对标欧美等发达国家赛事体系,以国际顶级青少年足球赛事承办标准为参照,旨在打造亚洲最高水平、具有国际影响力的青少年足球自主品牌赛事。

在竞赛组织方面,"明日之星"冠军杯赛事选址为亚洲杯标准的比赛场地——浦东足球场,并配备专业竞赛软件,由国际级裁判领衔执裁,按国际顶尖标准举办开幕式。同时,赛事邀请顶级青少年队伍参赛,包括中国足协

---

① 《上海推进国际重大赛事筹办与传统品牌赛事回归　今年拟举办 120 余项国际国内体育赛事》,上海市人民政府网站,2023 年 4 月 2 日,https://www.shanghai.gov.cn/nw4411/20230402/d8130add13ae485faa71f4bef03ac70c.html。

精英训练营集训队、国际俱乐部（多特蒙德学院队、尤文图斯学院队）在沪梯队、浙江省代表队、山东省代表队和上海市代表队。

在赛事运营方面，"明日之星"冠军杯通过文化展示、明星互动、专业论坛等多样化方式，展现赛事专业化运营水平，传播青少年足球文化。"2022明日之星冠军杯教练员论坛"邀请了徐根宝、高洪波、范志毅等中国足坛资深教练，围绕足球青训话题开展深入探讨，为国内教练人才学习先进足球经验和理念、推动国内外足球青训体系交流互动提供了优质平台。

资料来源：《上海明日之星冠军杯足球赛10月开赛　申城品牌赛事体系再添新锐》，上海市人民政府网站，2022年8月24日，https：//www.shanghai.gov.cn/nw31406/20220824/6f035e24032e4e18a2ec77fda8080b84.html。

2021年上海市体育健身休闲活动产业总产出173.62亿元，同比增长40.7%；增加值45.08亿元，同比增长11.3%。① 基于线下场景的健身休闲活动产业通过线上互动，实现多元化的经营模式，以"云健身"、智慧体育App、智能健身装备等为代表的新产品、新业态、新服务，进一步推动行业要素创新。巅峰减重旗下减肥小秘书App累计注册用户已达570万人，成功孵化减肥励志网红20余个，全网粉丝量累计突破3000万人，已成为全国运动减肥领域粉丝矩阵最大的MCN机构。② "云健身"也逐渐由简单记录健身活动发展到线上健身"全服务"，并带动健康监测、运动音乐、体育购物、健康饮食等多元场景，形成集运动指导、实训教练、健身顾问、运动营养、运动社交于一体的智能健身生态圈。

2021年，上海市体育传媒与信息服务业总产出196.94亿元，同比增长2.1%；增加值101.28亿元，同比增长16.2%。③ 上海市以推进体育传媒和

---

① 《2021年度上海市体育产业统计公告》，上海市体育局网站，2022年12月21日，http：//tyj.sh.gov.cn/mlghcyfg/20221221/7b1dafda0dd9475f9e2d197e882c3be3.html。
② 《厉害了！杨浦3家企业入选体育产业"国家队"》，上观新闻，2021年9月29日，https：//sghexport.shobserver.com/html/baijiahao/2021/09/29/550028.html。
③ 《2021年度上海市体育产业统计公告》，上海市体育局网站，2022年12月21日，http：//tyj.sh.gov.cn/mlghcyfg/20221221/7b1dafda0dd9475f9e2d197e882c3be3.html。

信息服务业升级为抓手，支持市场主体开发体育内容创作和资源传播平台，支持直播、短视频、游戏等在线体育产品创作与生产。2021 年，上海市出台的游戏相关政策中，电竞、创新、企业、人才、原创等领域的政策占比均超 10%。2022 年，上海电竞产业收入预计达到 268.9 亿元，上海电竞赛事收入预计占全国电竞赛事收入的比例达到 45.9%，① 成为全国电竞赛事收入最高的城市。据统计，上海集聚了全国 80% 以上的电竞企业、俱乐部、战队和直播平台，全国每年 500 多项具有影响力的电竞赛事中，逾 40% 在上海举办。围绕虚拟体育赛事，上海开创性地打造了国内首个虚拟体育综合性赛事——上海虚拟体育公开赛，2022 年首届赛事共设赛艇、骑行、滑雪、赛车、高尔夫五大虚拟运动项目，无论是体育爱好者还是"运动圈外人"都能参与，享受"云端运动场"的热血与激情。数据显示，2022 年首届赛事总参赛人数达到 2.7 万人次，总决赛直播观看人数超过 750 万人次。②

体育用品及相关产品销售、出租与贸易代理一直是上海体育服务业的核心环节，2021 年该业态总产出 758.15 亿元，同比增长 21.9%；增加值 295.22 亿元，同比增长 5.1%。③ 从企业营收来看，耐克、滔搏、少昊体育、莘威、李宁、宝原、迪脉、彪马等体育用品贸易企业营收贡献突出。④ 上海以体育用品贸易业为核心推动总部经济发展，继 2019 年安踏集团全球零售总部落户上海之后，2021 年特步集团国际总部和李宁集团长三角全球业务总部也纷纷落户上海，体育总部的集聚将推动上海深度参与体育产业全球化合作，促进资源高效利用，带动新一批相关市场主体的集聚发展，实现产业经济社会效益的最大化释放。

① 《上海电竞赛事收入全国第一，游戏开发者最"吃香"》，"第一财经"百家号，2022 年 9 月 7 日，https://baijiahao.baidu.com/s? id = 1743300667834913700&wfr = spider&for = pc。
② 《虚拟体育赛事的举办，能改变电竞生态环境吗？》，澎湃新闻，2023 年 5 月 25 日，https://m.thepaper.cn/newsDetail_forward_23225400。
③ 《2021 年度上海市体育产业统计公告》，上海市体育局网站，2022 年 12 月 21 日，http://tyj.sh.gov.cn/mlghcyfg/20221221/7b1dafda0dd9475f9e2d197e882c3be3.html。
④ 相关数据来源于上海市体育局、上海运动与健康产业协同创新中心《2020、2021 年度上海市体育产业统计材料汇编》。

创新驱动成效逐步凸显。体育产业领域的科技创新有效强化了上海核心竞争力。从体育科技创新市场主体来看，2021年上海市拥有体育科技企业1449家，比2020年增长了12.9%。① 从体育科技创新成果来看，依托AI、物联网、5G、大数据、云计算、区块链等技术，科技创新引领赛事、场馆、健身休闲、体育制造等多领域转型升级，形成了数据支撑、智能互联、协同应用的数字技术支撑群组，推动上海成为全国体育科技创新高地。

专栏2 "一网通办—来沪动丨健身地图"助推体育服务数字化升级

"一网通办—来沪动丨健身地图"是上海市为进一步完善全民健身服务、提升公共体育服务效能、整合全市体育服务资源，打造而成的集场馆运动、日常健身、赛事报名、体育配送服务等于一体的数字化综合服务平台。平台汇集市区两级体育场馆70余家、社会经营性场馆800余家，涉及公共体育设施1.8万余个，居民可通过平台检索健身场地、预定体育场馆和领取体育消费券，截至2022年底，已累积用户240余万人。此外，平台还推动经营主体主动报送经营信息，通过线上平台实现体育、卫监、文化执法等多部门协同监管，为体育场馆进一步实现远程监管、移动监管、实时监管创造了空间。

资料来源：《一码在手，运动无忧，"一码健身"破解全民健身痛点》，"申城论数"微信公众号，2022年11月29日，https://mp.weixin.qq.com/s。

高端要素配置效率不断提高。一是创新打造产业协同发展平台。2022年7月，上海市体育局联合近100家主营体育企业建立体育产业联合会，成为上海历史上首个在体育领域由产业链上下游不同企业代表组成的联合性、非营利性社会组织。联合会以促进发展和提供服务为核心，依托自身的公信力和资源储备，为体育企业搭建项目对接平台和政企沟通平台。同时，联合会通过整合系统内外部资源，实现资源的合理配置，消除各业态企业交流阻

① 黄海燕主编《上海体育产业发展报告（2021~2022）》，社会科学文献出版社，2023。

碍，为企业提供"搭平台、配资源、提建议、促交流"服务，促进上海市优势资源互补和产业良性发展。在产业联合会成立大会同期，上海体育产业投资基金揭牌，该基金由久事集团联合上海文化产业发展投资基金、陆家嘴集团、力盛体育、五星体育等共同发起，由久事金浦担任基金管理人，定位为"赋能体育产业，创造投资收益"，将专注于"体育+科技"、"体育+消费"、"体育+新材料"、"体育+先进制造"和"体育+文教旅"等"体育+"赛道进行投资布局，重点投向体育龙头企业和"独角兽"企业，并吸引国内外体育行业优秀机构来沪投资落地。此外，上海市体育局联合上海联合产权交易所，合作建设文体旅资源交易平台，以优化长三角体育资源配置、创新交易产品、推动产融结合，并促进赛事举办权、场馆运营权、无形资产开发权等资源公开流转，有效提升上海市体育资源配置效率，进一步推动体育资源引流集聚，助力上海市全球著名体育城市建设。近年来，长三角体育资源交易平台各类体育项目挂牌近130宗，交易额超过10亿元，其中上海市市民运动会、上海半程马拉松、黄兴体育公园等50宗项目挂牌交易，挂牌交易额约5.5亿元，竞价增值率达10%。[①]

专栏3　体育产业联合会推动资源要素畅通流动

上海市体育产业联合会是上海首个覆盖体育领域多业态、串联体育产业链上下游企业的体育社会组织，是联结政府机构、市场主体、消费者的桥梁。其由服务体育产业的专业机构、体育业态代表性企业和领域内声望较高或专业能力较强的个人自愿组织而成。

上海市体育产业联合会通过搭平台、提建议、配资源、促交流等方式消除产业内部信息不对称，推动人才、资本、信息等要素双向流通，助力上海市体育产业健康高效发展。

搭平台：上海市体育产业联合会依托公信力和资源储备，促进体育企业间、政企间密切互动，精准开展产业项目对接、需求对接，为市场主体发展

---

① 数据来源于上海市体育局。

拓展空间。

提建议：上海市体育产业联合会通过企业进行走访调研，汇总梳理企业诉求并向政府部门反映，协同解决企业的问题和诉求，助企纾困，并就产业发展的共性问题与政府部门共同开展顶层设计工作。

配资源：上海市体育产业联合会通过整合系统内外资源，实现资源的合理配置，以推动上海体育产业发展。

促交流：上海市体育产业联合会发挥沟通交流的平台作用，清除目前上海体育企业经营业态比较单一而导致的产业内各业态交流有限的阻碍，进一步促进体育资源的配置和体育产业链的形成与发展。

资料来源：《上海市体育产业联合会成立》，人民网，2022 年 7 月 12 日，http：//ent. people. com. cn/n1/2022/0712/c1012-32472369. html。

二是搭建高能级展会平台。上海市体育局配合中国体育用品业联合会顺利举办"2021 中国体育产业峰会"和第 39 届中国国际体育用品博览会（以下简称"体博会"），其中体博会参展企业近 1300 家，展览面积达到 150000 平方米，全球体育产业核心资源源源不断向上海汇聚。2022 年在上海举办的第五届中国国际进口博览会（以下简称"进博会"）再次设立体育用品及赛事专区，展区规模持续扩大，展览面积达 10000 平方米，同时市体育局协助进博会体育产业专业委员会围绕"体育科技赋能健康可持续生活"的主题，首次设立创新孵化体验区，为境内外优质初创科技企业提供孵化平台，推动体育科技资源集聚。此外，上海市体育局还组织开展了世界人工智能大会智慧体育高峰论坛、2021 年 IWF 中国（上海）国际健身/康体休闲展览会、"ISPO Shanghai 2021 亚洲（夏季）运动用品与时尚展"、上海体育产业产教融合发展峰会、"2022 上海运动促进健康高峰论坛"等展会活动，为推动上海体育产业创新发展夯实基础。

（二）着力打造品牌标杆，增强市场主体竞争力

一是品牌企业规模持续扩大。以"专精特新"、"瞪羚"和"隐形冠

军"企业为代表的创新型企业是上海市体育产业高质量发展的重要动力。自《关于促进中小企业"专精特新"发展的指导意见》和《关于开展专精特新"小巨人"企业培育工作的通知》发布以来，上海市体育局结合本地实际与战略导向进行"专精特新"企业布局，在《上海市体育产业发展"十四五"规划》中明确提出了"瞪羚"企业和"专精特新"企业培育的原则与目标，为上海"专精特新"等中小企业的高质量发展确定了主线。同时，引导上海市中小微体育企业向着"专、精、特、新"方向发展，鼓励企业研发行业核心技术，形成上海市体育产业领域的优势企业、优势品牌和优势项目。上海支持"瞪羚""隐形冠军"企业融资，强化科技赋能，鼓励企业通过技术研发、服务升级和商业模式创新等实现提质增效。完善创新型体育企业培养机制，实现上海市中小微体育企业技术与制度创新的"双轮驱动"。截至2021年底，上海市各级体育行业"专精特新"、"瞪羚"和"隐形冠军"企业共34家，其中国家级体育领域"专精特新"企业3家（含专精特新"小巨人"企业）、国家级体育领域"瞪羚"企业4家（见表5）。

表5　截至2021年底上海市体育行业"专精特新"、"瞪羚"
和"隐形冠军"企业名单

序号	企业名称	体育产业类别	类型
1	阿里体育有限公司	体育传媒与信息服务	2020年省级"瞪羚"企业
2	波克科技股份有限公司	体育传媒与信息服务	2017/2018年国家级"瞪羚"企业、2019年国家级"专精特新"企业、2020年省级"瞪羚"企业
3	虎扑（上海）文化传播股份有限公司	体育传媒与信息服务	2017年国家级"瞪羚"企业、2020年省级"专精特新"企业、2021年省级"隐形冠军"企业
4	每步科技（上海）有限公司	体育竞赛表演活动	2020年省级"专精特新"企业、2021年省级"隐形冠军"企业

序号	企业名称	体育产业类别	类型
5	乔山健康科技（上海）有限公司	体育用品及相关产品制造	2020 年省级"专精特新"企业、2021 年省级"隐形冠军"企业
6	瑞德尔建筑科技（上海）有限公司	体育用品及相关产品制造	2020 年省级"专精特新"企业、2021 年省级"隐形冠军"企业
7	三体云智能科技有限公司	体育传媒与信息服务	2020 年省级"瞪羚"企业
8	上海邦文电子科技有限公司	体育用品及相关产品制造	2020 年省级"瞪羚"企业
9	上海薄荷健康科技股份有限公司	体育传媒与信息服务	2019 年国家级"瞪羚"企业、2020 年省级"专精特新"企业、2021 年省级"隐形冠军"企业
10	上海菜猫健康管理有限公司	体育传媒与信息服务	2018 年省级"瞪羚"企业
11	上海巅峰健康科技股份有限公司	其他体育服务	2020 年省级"专精特新"企业、2020 年省级"瞪羚"企业
12	上海珧伊复合材料科技有限公司	体育用品及相关产品制造	2020 年省级"专精特新"企业、2021 年省级"隐形冠军"企业
13	上海凤凰自行车有限公司	体育用品及相关产品制造	2021 年省级专精特新"小巨人"企业
14	上海复娱文化传播股份有限公司	其他体育服务	2020 年省级"专精特新"企业、2020 年省级"隐形冠军"企业
15	上海傅利叶智能科技有限公司	体育用品及相关产品制造	2021 年国家级专精特新"小巨人"企业、2019 年省级"瞪羚"企业
16	上海浩方在线信息技术有限公司	体育传媒与信息服务	2019 年省级"瞪羚"企业
17	上海红双喜游艇有限公司	体育用品及相关产品制造	2015/2017 年省级"瞪羚"企业
18	上海季高游乐设备集团有限公司	其他体育服务	2021 年省级"专精特新"企业
19	上海乐丘游乐设备有限公司	体育用品及相关产品销售、出租与贸易代理	2021 年省级"专精特新"企业
20	上海镭激健身有限公司	体育健身休闲活动	2015/2017 年省级"瞪羚"企业

续表

序号	企业名称	体育产业类别	类型
21	上海纳纳科技有限公司	体育传媒与信息服务	2021 年省级"专精特新"企业
22	上海荣泰健康科技股份有限公司	体育用品及相关产品制造	2020 年国家级"专精特新"企业、2020 年省级"专精特新"企业、2015/2017/2019 年省级"瞪羚"企业
23	上海识装信息科技有限公司	体育用品及相关产品销售、出租与贸易代理	2019 年省级"瞪羚"企业
24	上海钛度智能科技有限公司	体育用品及相关产品制造	2018 年省级"瞪羚"企业
25	上海天健体育科技发展有限公司	体育传媒与信息服务	2019 年省级"专精特新"企业、2019 年省级"瞪羚"企业
26	上海天路弹性材料集团股份有限公司	体育用品及相关产品制造	2021 年省级"专精特新"企业
27	上海天游软件有限公司	体育健身休闲活动	2016 年国家级"瞪羚"企业
28	上海网映文化传播股份有限公司	体育传媒与信息服务	2021 年省级"专精特新"企业
29	上海一谈网络科技有限公司	体育传媒与信息服务	2021 年省级"专精特新"企业
30	上海逸动医学科技有限公司	其他体育服务	2019 年省级"专精特新"企业
31	上海跃动文化传播有限公司	体育教育与培训	2019 年省级"专精特新"企业
32	尚体健康科技（上海）有限公司	其他体育服务	2021 年省级"专精特新"企业
33	爽客智能设备（上海）有限公司	体育用品及相关产品制造	2020 年省级"专精特新"企业、2021 年省级"隐形冠军"企业
34	完美世界游戏有限责任公司	体育传媒与信息服务	2020 年省级"专精特新"企业、2020 年省级"隐形冠军"企业

资料来源：根据 2021 年上海市体育产业单位名录库整理。

专栏4　多元支持，助力傅利叶快速发展

　　傅利叶于2019年被认定为上海市"专精特新"企业，又于2021年入选国家级专精特新"小巨人"企业名单。傅利叶成立之初，上海市各级行政机构、地区产业孵化器等主体为企业提供了多元支持。

　　在企业实体组建层面，张江产业孵化器和加速器为其提供办公场地和科研场所，解决场地不足问题。

　　在资金筹集层面，张江科投作为天使轮投资人为公司注入了第一笔启动资金，张江科学城等机构也为其提供科技创新人工智能项目的专项支持资金，同时提供技术指导，推动企业研发方向更加符合产业发展趋势和产品技术发展需求。

　　在资源流通、渠道搭建层面，张江科投联合普华永道×张江数字医疗健康加速营，为企业链接了浦东机器人产业链上下游诸多人才资源、市场资源、品牌资源和资金资源，助力公司产品实现了从0到1的突破。

资料来源：《傅利叶智能成功入选国家级专精特新重点"小巨人"企业》，傅利叶公司网站，https：//www.fftai.cn/innovate/xiangqing.php？id＝577。

　　二是标杆项目优势凸显。标杆项目是指具有行业代表性和先进示范性的企业所承担的知名度高、效益较优、有发展潜力和市场反馈良好的项目。2021年7月，国务院国资委办公厅印发了国有重点标杆企业和标杆项目名单，名单中标杆项目主要集中在电子信息技术、生物医药技术、新材料技术、海洋工程以及能源工程等国家重点产业领域，体育行业标杆项目较少，有着较大的立项空间和发展潜力。上海市体育行业标杆项目分布于体育场馆建筑、世界顶级体育赛事和公共体育服务设施等各个领域。如瑞德尔仅用20天就完成了斯格威美式足球学院的安装改造，并适配水平玻璃系统和中央HVAC等主要功能；橙狮体育与国际奥委会等国际体育组织签订框架协议，获得各项世界大赛冠名赞助、媒体播映和商业运营权益；上海邦文和每步科技等体育科技企业则承接了上海市与长三角地区的公共体育服务设施项目，提供了健康小屋、健康驿站、智能步道等基础设施以及体育场馆的智慧管理运营系统（见表6）。

表6 部分上海市体育行业企业标杆项目

企业名称	主打产品	标杆项目
橙狮体育有限公司	体育赛事运营、体育版权交易、商业开发、体育媒体资讯等体育综合服务	独家运营 CUBA、杭州马拉松、"运动银行"、"运动码"、"AI 运动"、"乐动力体育中心"和阿里体育中心，是国家体育场(鸟巢)、国家游泳中心(水立方)、国际奥委会、国际雪联、国际泳联、世界橄榄球联合会的合作伙伴
上海傅利叶智能科技有限公司	智能康复机器人制造	ArmMotus EMU 三维上肢康复机器人、ExoMotus 下肢外骨骼康复机器人
瑞德尔建筑科技(上海)有限公司	装配式结构和篷房系统设计与制造	斯格威美式足球学院、惠灵顿国际学校；为雅典奥运会、德国世界杯、北京奥运会、2008 年瑞士欧洲杯等提供篷房系统
三体云智能科技有限公司	健身管理系统开发	SaaS 管理 & 营销系统、AIoT 智能健身场馆整体解决方案
上海珐伊复合材料科技有限公司	运动船艇研发、生产、销售和服务	为北京奥运会、上海世博会、广州亚运会、中国杯帆船赛、帆船世界锦标赛等提供产品和服务
上海红双喜游艇有限公司	豪华游艇设计、建造和营销	获得意大利 RINA 船级社、英国劳氏船级社、法国 BV 等相关的 CE、RCD、MCA 认证
上海邦文电子科技有限公司	高科技大健康解决方案	扬州体医融合健康小屋、漕河泾沿街社区服务中心健康驿站、张家港智能步道、常熟尚湖国民体质监测站、金桥为老服务中心、金山亭林智慧健康驿站、徐汇龙华滨江健康小屋
每步科技(上海)有限公司	科技体育服务	江湾体育场馆智能管理系统、上海市浦东游泳馆智能化安全管理平台、上海市民体育公园智慧服务系统、MCloud 智慧健康管理系统、MCloud 智能营销云平台

资料来源：根据各企业网站资料整理。

（三）丰富产品服务供给，促进体育消费提质升级

优化群众体育健身载体空间。2021 年 7 月，国务院批准上海市率先开展国际消费中心城市培育建设，规划建设成为消费资源的集聚地和国内国际消费市场的制高点。其后，上海市政府办公厅印发《上海市建设国际消费中心城市实施方案》。近年来，上海体育产业围绕国际消费中心城市建设任

务从需求侧和供给侧共同发力，推动整体消费提质增量，促进消费结构和消费环境优化，有效强化了消费的基础性引导作用。上海市积极推进健身设施建设补短板，制定了《关于推进全民健身工程加强体育场地设施建设的意见》等一批文件和五年行动计划。一是"15分钟社区体育生活圈"日益完善，市级重大体育设施项目加快推进，浦东足球场顺利竣工，徐家汇体育公园、上海自行车馆、久事国际马术中心等项目持续推进，其中徐家汇体育公园新建"万体汇"体育综合体、海上王冠户外运动中心、仙霞网球中心东区、嘉定北水湾体育公园，目前已开放试运营。二是体育消费新空间不断构建。2022年上海市体育局开展年度都市运动中心试点项目认定工作，确定徐家汇体育公园、虹桥·冠军汇、嘉亭荟动感天地、东江文体公园运动中心、南翔印象城MEGA运动中心等17个项目为2022年上海市都市运动中心，[①] 这些体育新空间将体育、健康、文化、旅游、休闲、娱乐、商业等功能有机组合，为体育消费提供了新颖的载体空间。三是加强"嵌入式"体育健身设施建设。依托桥路郊野公园、建筑屋顶等片状区域建立普陀区中环篮球公园、长宁区北翟路中环桥下动物主题运动场、黄浦区滨江滑板极限公园、徐汇区美罗城屋顶足球场等运动场地，并利用外环绿带、江河沿岸等带状区域建立黄浦滨江健身步道（绿道）、苏州河沿岸亲水健身步道、杨浦滨江景观步道带状健身休闲场地，还在市区公园边角、居民社区中心、桥下边角等面积较小且不规则的空闲区域分散设计多样化的健身器材。

积极出台体育消费鼓励政策。2022年，上海市体育局围绕市民的运动与健康需求，着力推动体育消费券配送升级，通过升级完善"一网通办—来沪动丨健身地图"服务平台，通过微信、支付宝、云闪付、随申办同时发券，全年累计配送体育消费券2000多万元，领券市民超过200万人次，支持700多家定点场馆优惠开放，推出游泳、冰雪运动、羽毛球、助老等针对特定运动项目、特定人群的专项体育消费券，满足市民多样化健身需求。同时，支

---

① 《上海市体育局关于认定2022年度都市运动中心试点项目的通知》，上海市体育局网站，2022年12月16日，https://www.shanghai.gov.cn/gwk/search/content/dfc068507ef14c41a829af84a921301e。

持定点场馆享受上海体育领域有关助企纾困政策和每月防疫物资补贴。为进一步推动体育消费数字化发展，上海市建立了统一的体育消费券配送信息化平台，做到发券管理统一、用户信息认证统一、消费券领用规则统一，领用券方式实现从单一渠道向多渠道的全方位拓展，参与方式更多样、更便捷，扩大了体育消费券便民服务的覆盖面和受益面。此外，2022年上海体育消费券还通过提供聚合支付服务，优化了场馆结算方式，加强了资金监管。

国家体育消费试点城市（区）建设有序推进。2020年8月，上海市徐汇区、杨浦区入围国家体育消费试点城市（区）建设序列，为促进上海体育消费提质扩容做出了积极努力。徐汇区国家体育消费试点城市（区）建设深入推进，成功举办了首届上海运动之夜暨徐汇区体育消费嘉年华活动，融入上海"五五购物节""六六夜生活节"的总体活动安排，并有3个知名品牌推出新品首发活动，20余家知名体育企业带来品牌展示、培训推介和项目体验活动，辐射公众120万人次，[1] 打响城市消费节庆品牌。杨浦区人民政府印发《杨浦区人民政府关于加快本区体育产业创新发展的实施意见》《2021年杨浦区体育消费试点工作总结和2022年工作要点》等文件，做好体育消费发展的顶层设计。杨浦区推出全市首个共青森林体育嘉年华活动，通过"体育+生态+消费"的体育消费新模式与赛事相结合，汇集16家产业基地内优质体育企业，展示七大类50多种近500余款体育产品。在合生汇、太平洋森活天地、五角场下沉式广场等重点商业载体的夜生活节期间，开发亲子类、时尚潮流类深受亲子家庭和青年人欢迎的夜间体育赛事，融入夜游、夜秀、夜市等专题活动，打造商业、娱乐和体育联动发展的繁荣夜间经济消费业态。2022年徐汇区、杨浦区居民人均体育消费分别达到4266.1元和3411.3元。[2]

---

[1] 《以"绣花针功夫"打造"生活盒子"里的体育绣带！徐汇区打造卓越体育金名片》，澎湃新闻，2022年1月20日，https：//m.thepaper.cn/baijiahao_16379043。

[2] 《2022年徐汇区居民体育消费调查报告》；《杨浦体育产业 正在做大做强》，上海市杨浦区人民政府网站，2023年9月25日，https：//www.shyp.gov.cn/shypq/xwzx-tpyw/20230925/437537.html。

（四）突出体育融合功能，释放产业发展效益

体育与卫生融合。"运动促进健康"是新时期体育与卫生深度融合的主要切入口，2021年上海市出台《上海市运动促进健康三年行动计划（2021—2023年）》，成为全国首个探索运动促进健康新模式的专项计划。2022年，上海完成市级社区体育配送课程共7162场次（其中线下5372场次，服务市民近12万人次；线上1790场次，受益市民达1900多万人次）；完成区级社区体育配送课程10074场次。[①]上海组织国家级社会体育指导员和运动健康师培训，开展"体医交叉培训"，16个区全部开展了"运动干预"项目，就老年人功能性体适能、高血压、糖尿病、体质改善等进行运动干预。全国首创面向老年人的社区多功能健身场所"长者运动健康之家"，突出"社区体育+社区健康+社区养老+社区康复"的创新服务模式，截至2022年6月，已建成40家，累计服务超过100万人次，[②]满足社区老年人日益增长的运动健康需求。启动基于健康医保理念的社区（运动）健康师项目，将上海体育大学"社区（运动）健康师"服务引入社区，构建慢性病运动干预体系，探索从"以治病为中心"向"以健康为中心"的转变，在健康医保理念指导下构建全社会共同参与的运动促进健康新模式。截至2022年初，社区（运动）健康师共开展了1800人次的持续性健康干预，全年提供线下服务50场次，[③]项目社会反响良好，已入围2022年第五届"上海医改十大创新举措"。

体育与旅游融合。上海推动本土运动品牌向高端化转型，打造多个高端体育旅游消费目的地，缓解高端体育旅游消费如冰雪消费外流现象，促进体

---

① 《〈2022年上海市全民健身发展报告〉发布》，"中国体育报"百家号，2023年6月29日，https：//baijiahao. baidu. com/s? id=1770020870619840979&wfr=spider&for=pc。

② 《上海这个长者"专属健身空间"服务已超百万人次》，"上海体育SHTY"百家号，2022年6月10日，https：//baijiahao. baidu. com/s? id=1735237823714400127&wfr=spider&for=pc。

③ 《杨浦在全市率先探索"运动处方"进医保，体医融合试点人群近半年医保支出下降可达9成》，"新民晚报"百家号，2022年1月8日，https：//baijiahao. baidu. com/s? id=172135 4557817511800&wfr=spider&for=pc。

育旅游发展。入选"2022 中国体育旅游精品项目"4 项，分别为精品景区（长兴岛郊野公园、上海海湾国家森林公园）、精品线路（崇明东滩骑旅线路）、精品赛事（环崇明岛国际自盟女子公路世界巡回赛）；入选"2022 中华体育文化优秀项目"3 项，分别为节庆项目（端午节罗店划龙船）、民俗民间项目（上海三林舞狮、老弄堂民俗九子大赛）；入选 2022 年长三角地区体育旅游精品项目 6 项，分别为精品目的地（上海奉贤海湾旅游区、上海月浦镇月狮顽酷乡村）、精品线路（上海"漫游沪上游侠骑客"精品线路）、精品赛事（一球致胜网球大师赛——上海劳力士大师系列赛、环法中国系列赛全民绕圈赛——上海临港新片区站、凯迪拉克长三角马术青少年联赛——上海嘉定站）。众多体育旅游目的地、线路、赛事的打造，有效丰富了居民节假日体育健身和休闲旅游的选择，提升了体育旅游产品和服务的供给水平，推动体育与旅游迈向高质量深度融合发展阶段。

助力"五个新城"功能优化升级。"五个新城"于 2021 年首次写入上海市政府工作报告，是上海实现高质量发展空间格局的重要发力点，已成为上海市政府要重点做好的项目之一。为有效强化"五个新城"的核心功能，推动相关现代服务业能级提升，推进体育领域向"五个新城"导入功能，上海市体育局制定了《关于加快推进本市体育领域向"五个新城"导入功能的实施方案（2022—2025 年）》，提出推动"五个新城"体育场馆、体育公园等重大体育设施项目的建设与发展；助力"上海杯"象棋大师公开赛、环意 RIDE LIKE A PRO 长三角公开赛等新城品牌赛事能级提升；探索"五个新城"专属赛事品牌的建立等任务。该方案有效增加了新城优质体育资源供给，推动了新城功能优化升级，使新城定位与上海城市副中心相匹配。

（五）全面提升管理效能，优化产业发展环境

不断提升政府服务能级。上海市体育局不断简政放权，创新优化服务，持续营造良好的营商环境。一是加强行政审批制度建设。2021 年，制定《上海市体育局关于规范全市体育领域"一网通办"平台行政权力事项推进

行政许可标准化建设的通知》。二是优化事项网上办理流程。选取经营高危险性体育项目许可业务推行"好办"服务，通过优化流程和改造系统，为企业和群众提供"个性指南+智能申报"服务，高危体育项目的申请表单预填率达到64%，材料预审比例达到90%，申请人填报花费的时间减少了50%，申报的一次性通过率提升了30%。[1] 三是分类推进"证照分离"改革，制定《上海市体育局贯彻落实"证照分离"改革全覆盖工作的实施方案》，在上海自贸区推进"经营高危险性体育项目许可"告知承诺方式改革，在全市范围内推进"设立健身气功站点审批"告知承诺方式改革，以优化服务的方式推进从事射击竞技体育运动单位审批改革。四是积极应对环境多变挑战，为进一步降低疫情对企业的影响，助力企业复工复产，上海市体育局于2022年6月发布《关于支持体育企业抗击疫情加快恢复发展的实施细则》，从减免承租公共体育场馆租金、持续配送体育消费券、鼓励体育企业发展线上模式、支持社会资本扩大体育投资、加强金融信贷支持、加大政府采购支持中小体育企业力度和推动政策措施落地见效等十个方面入手，全力支持和帮助全市体育企业恢复生产经营活动，重回常态发展轨道；2023年4月，上海市体育局印发《关于创新体育供给进一步促进和扩大消费的实施方案》，积极落实中央经济工作会议"把恢复和扩大消费摆在优先位置"的重要精神，提出节庆活动促消费、赛事活动促消费、培育体育消费新场景、创建体育消费示范区等一系列工作举措，推动体育消费成为经济转型发展的新动能。

健全体育领域制度供给。一是加强规范性文件的管理，制定了《上海市体育产业基地管理办法》，进一步加强对体育产业基地的规划和管理，发挥体育产业基地示范引领作用，提升体育产业基地的社会影响力。根据《上海市体育设施管理办法》《上海市人民政府关于加强本市培训机构管理促进培训市场健康发展的意见》《上海市培训机构监督管理办法》等规

---

[1] 《上海市体育局2021年法治政府建设年度报告》，上海市体育局网站，2022年9月22日，http://tyj. sh. gov. cn/fzzfjs/20220922/48b50e5053574c1db4e4a820e1b4f37c. html。

定，制定《上海市从事体育指导的经营性体育设施经营者专业指导人员配备暂行规定》，为规范体育培训市场经营性体育设施经营者的服务行为提供法治保障。二是协同开展体育消费市场监管工作。为营造让消费者安全放心的消费环境，畅通消费维权渠道，保障消费者合法权益，上海市体育局协同有关部门共同开展体育消费市场监管工作。上海市制定体育行业市场规范文件，2021年上海市体育局联合市市场监管局等部门印发了《上海市体育健身行业会员服务合同示范文本（2021版）》，成为全国首个由行业部门、行业协会联合市场监管、消保委制定的健身行业会员服务合同示范文本，该举措有效维护了消费者的合法权益，提升健身行业服务规范。2021年全市共有15个健身品牌、652家门店使用了该合同示范文本，共签订合同482903份，依据合同中的"7天冷静期"条款，为6863名消费者妥善解决了退款诉求。① 2022年上海市体育局联合相关部门，指导上海市健身健美协会发布《上海市体育健身行业投诉分析报告（2021年度）》，对2021年度"12345"市民服务热线受理投诉情况、各级消保委受理投诉情况等进行全面分析，有效提升管理决策效率。

形成体育赛事科学管理体系。上海市体育部门详细梳理体育赛事科学管理工具，构建"3A"体育赛事管理循环体系作为上海体育赛事科学管理体系的顶层设计。"3A"体育赛事管理循环体系是由赛事认证（Award）、赛事评估（Assessment）和赛事扶持（Assistant）三项核心体育赛事管理工具组成的闭环系统。首先，符合条件的赛事通过申请和审核，进行体育赛事认证，目前"上海赛事"品牌认定体系已正式发布，上海ATP1000大师赛、上海马拉松、F1中国大奖赛、世锦赛—汇丰冠军赛等18项赛事获得首批"上海赛事"品牌认定。其次，当年纳入《上海市国际国内体育赛事计划》的所有赛事将在举办过程中接受第三方评估，分析其为上海城市发展带来的切实利益。基于赛事评估，将向社会发布《上海赛事影响力评估报告》等

---

① 《健身需要热情，付费也得冷静，上海健身行业进一步推广合同示范文本》，上观新闻，2022年3月15日，https://export.shobserver.com/baijiahao/html/461593.html。

一系列评估报告，从影响力、民生、经济、旅游等多个视角对上海大型赛事的综合效应进行呈现。最后，根据评估结果，认证赛事将获得政府提供或主导的、不同程度的支持和帮助，如现阶段的赛事发展专项资金及未来其他形式的配套支持措施。"3A"体育赛事管理循环体系可使赛事认证、赛事评估、赛事扶持等各项工作相互联系，提升各项工作的有效性，使体育赛事管理的行政、财政等相关资源得到更加合理的配置，是上海体育赛事科学管理体系的核心所在。

完善体育产业统计制度。自2016年起，上海市体育局牵头成立由市体育局、市统计局、市发展改革委、市经济信息化委、市国税局、市地税局、上海体育大学组成的"上海市体育产业统计工作小组"，即"6+1"常态化工作小组。2018年经上海市国税与地税机构调整之后，演变为"5+1"体育产业统计工作机制。上海市体育局切实履行工作职责，全面组织实施全市体育产业统计工作，发挥了牵头部门的作用；市统计局全面指导体育产业统计工作，认真核查并提供制造、销售等兼营体育行业的规模数据；市经济信息化委认真筛查和补充完善主营体育产业机构名录信息；市税务局比对并提供主营体育产业机构财务数据；市发展改革委积极指导相关区的统计调查工作；上海体育大学积极发挥资源和人才优势，对相关数据进行整理和分析，在人、财、物各方面都做出积极贡献。

在上述各方的共同努力下，上海市体育产业统计工作成果丰富，已顺利完成2015~2021年度主营体育产业机构名录库、2015~2021年度主营体育产业单位相关统计数据核算、2016~2021年度居民体育消费统计调查等工作。如今，上海市体育产业统计工作小组已摸索形成一套有效、稳定的协作机制，形成全市体育产业发展动态监测体系，各区已在机构财务数据汇总、名录库筛查、消费问卷调查等方面形成稳定的工作队伍和有效的工作方法，相关统计数据亦形成各区版本，实现了市区联动、数据共享，为上海体育产业发展持续提供全面系统、真实可靠的统计信息。

三 推进上海市体育产业高质量发展的建议

（一）增强体育产业政策支撑

持续推进体育领域制度建设，细化相关政策制度的具体措施和执行办法，落实监督考核机制，不断强化制度执行，提升体育产业管理工作效率。理顺工作机制，优化体育主管部门与各级政府部门的沟通协调机制，增强协同治理能力，促进体育产业资源高效配置。加强体育产业要素支撑保障，推动优质资源向体育领域汇集，针对资金不足、数字化转型难、人才短缺等产业发展的难点、堵点，进一步优化政策供给，实施有效引导和支持。持续营造良好的营商环境，激发体育行业各类市场主体活力，为实现体育产业高质量发展提供保障。

（二）充分释放体育需求潜力

持续推进体育产业供给侧结构性改革，提升体育产品与服务供给质量，着力扩大优质供给、增加有效供给，满足人民群众日益多样的体育需求，推动供需适配。通过丰富体育运动项目供给、创新体育产品供给等方式，提升经常参加体育锻炼人口数量，培育居民体育消费习惯，有序推进体育场地设施向社会开放，进一步拓展体育健身、体育培训、体育旅游、体育用品等消费新空间，培育体育消费新业态新模式，激发体育消费市场动力。推动体育产业由现有的双业态融合向多业态融合发展，强化内容上、技术上的关联，以多元复合的供给体系匹配当今需求结构，充分释放体育需求活力。

（三）支持体育企业创新发展

增强体育企业自主创新能力，鼓励体育企业对标国际标准，围绕未来发展的关键领域和关键环节，提升核心技术创新能力。打造产学研深度融合的企业创新体系，支持新技术、新产品的市场推广和应用，组织创新成果产业化对接，提高科技成果转化率。加快培育体育龙头企业，提升体育龙头企业的品牌价值，提高企业在国际市场中的影响力和话语权，鼓励小微体育企业专注细分领域，聚焦主业精耕细作，向"专、精、特、新"方向发展，提高专业化水平和能力，建立体育领域"专精特新"企业、"瞪羚"企业和"隐形冠军"企业培育库。通过搭建体育产业创新创业平台，激发各类创新资源活力，缩短创新进程，提高创新效率。

（四）加快体育产业能级跃升

加快发展健身休闲业，增加优质产品与服务供给，规范健身休闲业市场秩序，加强健身休闲企业规范化、标准化建设。大力发展竞赛表演业，坚持国际化、专业化、品牌化、融合化发展方向，不断优化体育赛事结构布局，促进体育赛事集聚发展，创新体育赛事管理方式。培育场馆运营、体育培训、体育中介、体育传媒等新兴体育服务业，建设辐射全球的体育资源配置中心，打造体育服务新亮点。支持体育智能制造业做大做强，鼓励企业开发科技含量高、拥有自主知识产权的体育产品，大力发展体育智能制造、体育新材料产业，加快建成体育用品器材和高端智能制造装备集聚地。着力推进体育与文化、旅游、健康、教育等产业融合发展。

（五）完善体育产业空间格局

积极融入重大战略，充分发挥上海全球著名体育城市和区域龙头的核心引领作用，深化长三角地区体育产业协作，推进长三角体育产业一体化，推动"五个新城"体育产业差异化布局，助力"五个新城"综合性节点城市建设。建设一批功能特色鲜明、事业产业联动、综合效益显著的都市运动中心，打造健身新去处、消费新载体、城市更新新空间、健康上海新地标。因地制宜打造一批各具特色的体育产业集聚区、体育服务综合体等，构建层次分明、特色突出、功能完善、布局合理的体育产业空间体系，推动产业集聚发展。

参考文献

康露、黄海燕：《体育产业高质量发展指数测度与综合评价——以上海市为例》，《成都体育学院学报》2022年第1期。

黄海燕：《上海建设国际体育赛事之都的思路和举措》，《体育科研》2021年第1期。

任波、黄海燕：《体育产业与城市化耦合协调发展的实证研究——以上海市为例》，《河北体育学院学报》2021年第1期。

曾鑫峰、黄海燕：《体育服务业集聚、区域经济增长及其空间溢出效应——以上海市为例》，第十一届全国体育科学大会论文，江苏南京，2019年11月1日。

B.3
2022~2023年江苏省体育产业发展报告

赵爱武　孙海燕　王丽丽*

摘　要： 近年来，随着全民健身战略和健康中国战略的深入实施，我国体育产业展现巨大市场潜力和强劲发展动力。江苏省体育产业发展水平一直处于全国前列，在体育产业高质量发展、繁荣体育文化和深化体育改革等方面打造了一批江苏样板，对长三角地区体育产业一体化发展具有较好参考价值。本报告从体育产业统计数据、体育消费现状、产业创新情况和产业发展环境四个层面，展现江苏省体育产业发展现状，围绕助企纾困、推动消费、提升产业链竞争力、深化体旅融合、强化数字赋能等八个方面阐述江苏省体育产业工作开展情况，并提出未来江苏省将在优化服务体育企业营商环境、推动体育消费场景升级创新和大力培育发展数字体育经济等三个层面持续发力，推动江苏省体育产业向高质量发展迈进。

关键词： 体育产业　体育消费　体育市场主体　体育服务业

近年来，我国体育产业呈现全面、融合、创新等特点，体育产业与医疗、文化、旅游休闲等产业加速融合，体育产品与服务品质不断提升。体育

---

* 赵爱武，江苏省体育产业指导中心副主任，研究方向为体育产业；孙海燕，江苏省体育产业指导中心（江苏省体育产业研究院）副主任，经济师，研究方向为体育产业；王丽丽，江苏省体育产业指导中心（江苏省体育产业研究院）部长，研究方向为体育产业政策。

产业融合发展能够带动相关产业的发展，促进体育文化的传播和人民身心健康水平的提升，是未来体育产业发展的重点任务，是推动体育产业高质量发展的必经之路。江苏体育产业发展态势强劲，2020 年，全省体育产业总规模达 4881.80 亿元，约占全国的 1/6。江苏省在体育产业融合创新发展方面也处于领先水平，"体育+"融合发展布局已成为拓展体育产业发展空间、推动体育消费升级的重要方式。江苏省在体旅融合、体卫融合和体教融合各板块都有自己的成果与经验。

为贯彻落实《体育强国建设纲要》精神，遵循体育强省建设统一部署，近年来江苏省已围绕优化公共体育服务、提升竞技体育综合实力、加快体育产业高质量发展、繁荣体育文化和深化体育改革等方面开展了系列工作，为江苏省体育产业高质量发展的实现进一步奠定坚实的基础。

一　江苏省体育产业发展状况

（一）体育产业总量规模稳步提升

近年来，江苏体育产业坚持市场主导，注重从供给、需求两端发力，发挥政策引领作用，不断优化体育产业结构布局，激发体育市场活力。2021年，全省体育产业总规模为 5652.78 亿元，占全国的份额为 18.1%（接近1/5），规模较 2020 年增长了 15.79%；体育产业增加值 1915.14 亿元，较2020 年增长了 16.65%，增加值占同期全省 GDP 的 1.65%（见图 1），体育服务业增加值占体育产业增加值比重达 67.3%。

（二）体育消费进一步扩容提质

全省城乡居民体育消费总规模从 2017 年的 1628 亿元提高到 2021 年的 2233 亿元，增长了 37.1%；人均体育消费支出从 2017 年的 2028 元提高到 2021 年的 2626 元，增加了 598 元，占 2021 年全省居民人均可支配

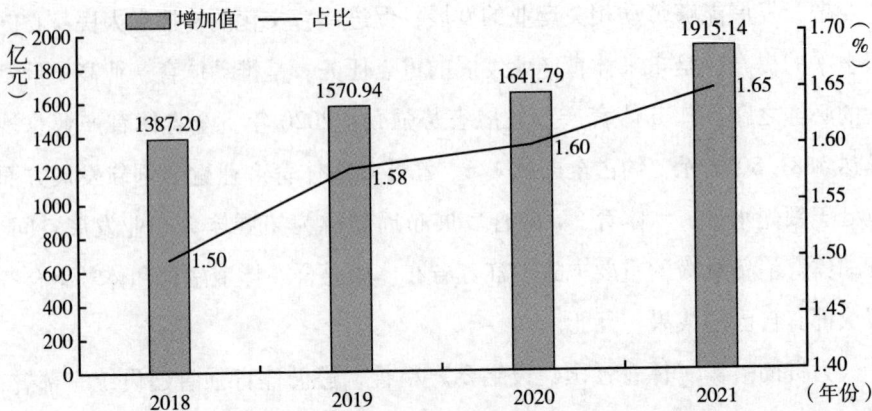

图1　2018~2021年江苏省体育产业增加值及其占比

资料来源：《2018年江苏省体育产业总规模与增加值》，江苏省体育局网站，2023年2月14日，http://jsstyj.jiangsu.gov.cn/art/2023/2/14/art_88193_10749158.html；《江苏体育产业统计数据发布》，国家体育总局网站，2020年10月26日，https://www.sport.gov.cn/n20001280/n20067608/n20067635/c20227419/content.html；《2020年江苏省体育产业总规模与增加值数据公告》，江苏省体育局网站，2021年11月17日，http://jsstyj.jiangsu.gov.cn/art/2021/11/17/art_79626_10116356.html；《2021年江苏省体育产业统计数据》，江苏省体育局网站，2023年2月14日，http://jsstyj.jiangsu.gov.cn/art/2023/2/14/art_88193_10749164.html。

收入的5.5%。南京、苏州、常州3个国家体育消费试点城市和28个省级体育消费城市试点单位，持续推进体育消费机制创新、政策创新、模式创新、产品创新，2021年3个国家试点城市体育消费总规模合计达到841.5亿元，约占全省体育消费总规模的37.7%，人均体育消费支出均超过3000元。①

（三）体育产业创新动能持续增强

江苏高质量培育打造多样化体育产业发展载体，截至2022年底成功创建31个国家体育产业基地、3个国家体育旅游示范基地，动态创建107个省级体育产业基地，认定102个体育服务综合体、20个体旅融合发展示范基地、17个体育场馆示范项目［含6个体育场馆自主品牌赛事（活动）、7

---

① 数据来源于江苏省体育局《2021年江苏省城乡居民体育消费调查报告》。

个体育培训示范项目、4个智慧体育场馆示范项目]。体育市场主体持续壮大，全省拥有各类体育产业法人单位及产业活动单位41851家，金陵体育、共创人造草坪、江苏康力源、扬州金泉户外装备4家企业在主板上市，3家企业进入体育领域国家级"专精特新"企业名单。

（四）体育产业发展不断向好

江苏省将体育产业工作纳入省全民健身工作部门联席会议部署推动，先后出台各类体育产业政策20余项，每年安排1亿元体育产业发展专项资金支持优质产业项目。[①] 2020年以来，江苏省体育局陆续出台一系列助企纾困政策措施，从供需两侧发力支持体育企业稳发展，较好地激发了市场主体活力。南京、苏州、常州、徐州、盐城等地也出台助企纾困措施，采取多种方式服务企业稳发展。

二　江苏体育产业工作开展情况

（一）持续助企纾困，加力稳市场主体提振体育行业信心

一是善用"加法"强服务。以政策为引领，2021年3月，江苏省体育局印发《2021年服务体育企业"十个一"行动计划》；2022年6月，江苏省体育局印发《关于进一步帮助体育市场主体纾困解难促进体育产业稳步发展若干措施的通知》，针对企业存在的成本上升、营业收入下降、现金流断裂、经营成本上升等突出问题，采取一系列精准化、便利化服务措施，努力打通体育产业政策落地"最后一公里"。推出"助企纾困政策工具包"，直达快享惠及更多体育市场主体。南京、苏州也相应出台了助力体育企业纾困的实施细则，主要县级市则积极落实纾困政策。以平台焕活力，江苏体育产业大会是政企学研交流互动的大平台，也是服务体育企

---

① 数据由江苏省体育局提供。

业的重点举措之一。平台带动一批源自江苏的体育品牌发展，激发企业持续释放"超级引力"。为加强与体育企业的常态化联系，省及各设区市体育局重点选择一批骨干体育企业作为常态化政企沟通联系点，建立健全挂钩联系制度，实行点对点跟踪服务。目前，全省已建立74家体育产业政企沟通联系点。成功举办全省体育企业家高级研修班，体育产业政企沟通联系点单位负责人、体育产业管理干部等100多人参加培训，政企沟通有了"连心桥"。以产品促发展，加大全民健身器材采购专项经费市县转移支付力度，年度全民健身器材采购计划全部下放市县，督促各地加快组织实施政府采购工作，及时向体育市场主体提供更多订单。开通汇集150余条体育及相关行业政策和全文搜索功能的"江苏体育企业发展服务政策库"微信小程序；开通"江苏体育产业系列政策面对面"专栏，每周三向体育企业推送政策信息，实现政策线上直通、精准滴灌，为企业提供精准便捷的政策信息服务。

二是活用"减法"提效率。流程减负，优化办事流程、简化办事手续。优化完善省体育产业发展专项资金立项直报平台系统，项目申报与审核业务实现"一网通办"，推动资金申报、评审和立项全流程实现"在线监管"，全省已有300多家单位通过直报平台申报项目。为给广大体育企业提供快捷优质的金融服务，省体育局支持中国建设银行江苏省分行推出"阳光体育贷"金融服务方案，开通"建设银行江苏体育企业金融贷绿色通道"，银行线上线下累计向373家体育企业发放贷款33604万元。成本降低，2020~2022年累计提供不少于100亿元人民币的授信总额度，并安排专项信贷规模满足体育行业企业融资需求，支持全省体育产业复工复产和健康发展。"苏州外企运动会"创新了"企企合作"模式，通过购买服务方式支持体育企业制定发展计划，每年安排800万元，向社会购买体育服务。税费减免，根据实际生产经营状况、复工复产进展等因素，对符合条件的体育行业客户让利，在现行利率基础上再下降30个基点（BP）。① 同时注重减免业务手续

---

① 数据由江苏省体育局提供。

费用,加强对体育行业企业的关怀和支持,严格执行相关规定,进一步减免相关业务手续费。

(二)注重先行先试,着力打造促进体育消费"江苏样板"

以夯实基础为先。2020年8月,国家体育总局公布了国家体育消费试点城市名单,江苏省南京市、苏州市、常州市入选。2021年5月,江苏省体育局公布了省级体育消费城市试点单位名单,28个县(市、区)正式跨入"省队"行列。近年来,各试点城市按照国家和省有关体育消费试点工作的部署要求,先行先试,从供需两侧协同发力,推进体育消费机制创新、政策创新、模式创新、产品创新、服务创新,各项工作取得了阶段性成效,体育产业快速发展、质效提升,体育消费供需两旺、政企两乐,人民群众满意度、获得感大幅提升。2021年全省居民人均体育消费达2626元,体育产业总规模达5652.78亿元,体育产业增加值占全省GDP的1.65%。[①]

以提升能力为先。当前,体育产品和服务有效供给不足,制约了体育消费持续扩大。如体制机制不健全造成了体育场馆运营管理不畅,商业预付卡监管不到位影响了体育培训市场健康发展,户外运动安全保障不落实让人们不敢参与、不敢消费。针对这些薄弱环节,江苏省认真贯彻落实《户外运动产业发展规划(2022—2025年)》,推动自然资源向户外运动开放,促进户外运动产品创新和服务升级。围绕体育服务业强链补链,延伸体育用品制造、体育竞赛表演、体育培训等产业链。深化体育场馆运营管理改革,改革机制,改造功能,努力寻找公益性和市场化的有效平衡点。支持各地依托金融机构建立监管服务平台,为体育领域单用途商业预付卡套上"紧箍"。切实落实赛事举办方安全主体责任,严格赛事安全监管责任,建立跨部门的体育赛事活动综合服务机制。进一步加强责任彩票建设,优化体育彩票品种结

---

① 《2021年江苏省城乡居民体育消费调查数据》,江苏省体育局网站,2023年4月3日,
http://jsstyj.jiangsu.gov.cn/art/2023/4/3/art_88193_10852806.html;《2021年江苏省体育产业统计数据》,江苏省体育局网站,2023年2月14日,http://jsstyj.jiangsu.gov.cn/art/2023/2/14/art_88193_10749164.html。

构、品牌营销和渠道建设，促进江苏体育彩票销量继续保持全国领先。

以提高质量为先。一是改善体育消费市场生态环境。坚持深化"放管服"改革，持续优化营商环境，深入实施服务体育企业行动计划，打好促进体育消费政策的"组合拳"。全面推行"双随机、一公开"监管制度，进一步营造公平竞争的体育市场环境和便利化的营商环境。围绕市场主体关心的"痛点"，从全民健身、竞技体育和体育文化等各个领域，协同创新体育消费政策措施。鼓励各地发行体育消费券，更好发挥体育消费券在扩大体育人口、提升健身服务质量、促进体育消费方面的积极作用。引导职业体育改革发展，支持"三大球"、乒乓球、羽毛球和围棋等职业体育俱乐部做大做强，在全国顶级职业体育联赛中取得好成绩。二是高质量建设体育消费试点。统筹推进南京、苏州、常州国家体育消费试点城市建设。确定江阴市等 11 个县（市、区）以及国家体育消费试点城市所辖 17 个县（市、区）为首批省级体育消费城市试点单位，以基层消费创新策应国家体育消费试点城市建设。各试点单位均按要求建立了工作协调机制，制定了试点工作方案，明确了试点目标、工作举措、各部门任务分工和完成时间，并确定了一批试点工作支撑性重点项目，以促进体育消费的硬招、实招引领推动体育产业高质量发展。其中，2021 年南京、苏州、常州三市体育消费总规模合计达 841.5 亿元，占全省体育消费总规模的 37.7%；体育产业总规模合计达 2714.15 亿元，占全省体育产业总规模的 48.01%，六成以上的试点城市人均体育消费超过了 3000 元。[①] 三是注重体育消费工作特色创新。江苏体育产业大会品牌效应逐渐凸显，汇聚各方资源，积极搭建各类供需对接、服务企业平台。长三角体育产业区域合作进一步强化，长三角运动休闲体验季活动常态化进行，发布时尚体育好去处。体育赛事跨区域联动进一步深化，大运河

---

① 《2021 年江苏省城乡居民体育消费调查数据》，江苏省体育局网站，2023 年 4 月 3 日，http：//jsstyj. jiangsu. gov. cn/art/2023/4/3/art_88193_10852806. html；《2021 年江苏省体育产业统计数据》，江苏省体育局网站，2023 年 2 月 14 日，http：//jsstyj. jiangsu. gov. cn/art/2023/2/14/art_88193_10749164. html。

文化带系列赛已成为老百姓喜欢的品牌赛事。此外，江苏省还积极组织企业参加中国国际体育用品博览会、中国体育文化博览会·中国体育旅游博览会，帮助市场主体扩大体育产品和服务供给的品牌影响。

专栏1 率先出台《全省体育消费试点城市建设工作指标体系（试行）》

近年来，江苏从供需两侧发力，推动体育产业和体育消费质效双提升。全面推动3个国家体育消费试点城市和28个省级体育消费城市试点单位建设，在全国率先制定了《全省体育消费试点城市建设工作指标体系（试行）》。

体育消费试点城市建设，不是简单开会搞活动，更不是热热闹闹要个名、挂个牌，而是要探索促进体育消费的新举措、推动体育产业高质量发展的新路子，以实实在在的工作成效，加快推动体育强省建设，不断满足人民对美好生活的向往。该指标体系分别从试点工作推进机制、试点政策支撑与保障、体育场地设施供给、体育产品和服务供给创新、试点建设成效、特色创新指标六个方面设置评估要点。各试点城市和单位对照指标和本地区试点工作实施方案要求，开展全面自评估，针对薄弱环节和重点领域持续改进提高，进一步加强体育消费机制创新、政策创新、模式创新、产品创新，不断扩大试点成果，并做好典型经验总结，建立可复制推广的促进体育消费模式，充分发挥试点建设促进体育消费、引领带动全省体育产业高质量发展的重要作用。

资料来源：《省体育局关于印发〈全省体育消费试点城市建设工作指标体系（试行）〉的通知》，江苏省体育局网站，2022年9月15日，http://jsstyj.jiangsu.gov.cn/art/2022/9/15/art_79491_10606015.html。

专栏2 大力推动国家体育消费试点城市建设

江苏省十分重视国家体育消费试点城市建设工作，2021年、2022年分别将其纳入省体育局年度十大重点工作，并列为省政府年度重点工作、省高质量考核的督查内容。建立完善全省体育产业统计和体育消费调查制度，统计调查结果成为动态完善指导试点工作的重要依据。2022 年，省体育局又在全国率先制定了《全省体育消费试点城市建设工作指标体系（试行）》。各试点城市和单位均成立领导小组，出台试点意见，发挥智库作用，定期研究工作、上下部门联动、左右协同分工，建立了统筹协调、系统高效的工作推进机制。

通过政策创新，体育消费政策支持的重点方向更加精准，项目绩效评价效果更加凸显；加快产品创新，推动体育与教育、卫生、旅游等行业融合发展；加快模式创新，鼓励引导市场主体建立线上线下结合的消费新模式，创新体育消费应用场景。

当前，体育消费试点工作还存在一些不足，少数城市试点工作重视程度不够，区域不平衡性问题突出，体育产品和服务有效供给不足难题有待进一步破解。对此，必须准确分析研判，通过深化改革、加强创新突破这些薄弱环节，激发体育消费潜力。

资料来源：《全省体育消费试点城市建设工作推进会在南京召开》，江苏省体育局网站，2022 年 11 月 26 日，https：//jsstyj. jiangsu. gov. cn/art/2022/11/26/art_ 79371_ 10685393. html。

（三）聚焦强链补链，大力促进体育服务业提质增效

一是聚焦体育公共服务供给，实施全民健身设施"补短板"工程。截至 2021 年底，全省人均体育场地面积达 3.48 平方米，[①] 城乡体育场地条件有了很大改善。但是，体育场地总量不够多和利用不够好的双重矛盾，仍是当前全民健身工作的最大"痛点"，也是促进体育消费的突出"难点"。2022 年，省委办公厅、省政府办公厅发布的《关于构建更高水平的全民健身公共服务体系实施意见》，为解决这一"痛点"和"难点"定出了"任务书"和"路线图"。一方面，支持各地新建更多的体育公

---

① 《到 2025 年全省人均场地面积将达 3.6 平方米》，江苏省人民政府网站，2022 年 9 月 25 日，http：//www. jiangsu. gov. cn/art/2022/9/25/art_60095_10614230. html。

园、健身步道、全民健身中心等，引导社会力量建设更多户外运动营地，补齐补足体育场地设施建设短板，提升城市社区"10分钟体育健身圈"质效，把城市的边角地块改造成群众健身的"金角银边"。另一方面，进一步盘活现有体育设施，实现体育资源社会共建共享。继续支持公共体育场馆免费/低收费向社会开放，加大新建改建学校体育设施向社会开放力度，不仅要解决"健身去哪儿"的问题，更要解决"体育消费去哪儿"的困惑。

二是关注体育竞赛表演产业，大力发展竞赛表演产业链。打造一批竞争力强的体育竞赛表演骨干企业，推进中小体育赛事企业专业化发展，培育体育赛事中介服务机构，构建赛事策划、开发、运营、服务、营销和推广全产业链。完善体育竞赛专项资金实施细则。鼓励各地将体育赛事表演、运动达人示范、体育明星互动等引入城市热门商业中心、商业街区，为激活体育消费引流。常州市天宁区、扬州市江都区、泰州市海陵区加强规划引领，从参赛到观赛，电子竞技燃起了体育消费热潮。苏州市"姑苏八点半，中超来相伴"体育消费节开启了促进体育消费新模式。支持企业研发智能骑行、智能划船、模拟飞行、智能可穿戴设备等线上产品和提供居家健身、线上观赛、线上参赛等服务。推动体育赛事跨区域联动，着力办好大运河文化带系列赛。

三是着眼体育场馆产业，补强拉长体育场馆服务产业链。近年来，江苏在大力完善体育场馆设施建设的同时，积极推进体育场馆运营管理改革创新，相继承担了国家体育总局体育场馆"两权分离"改革试点、公共体育场馆开放使用综合试点等试点任务，并率先以存量体育场馆设施为基础培育打造体育服务综合体，全省体育场馆发展活力、运营服务水平和发展质效显著提升。2022年9月，江苏省体育局公布了一批体育场馆领域示范项目，包含6个体育场馆自主品牌赛事（活动）、7个体育场馆体育培训示范项目、4个智慧体育场馆示范项目。[①] 此次开展的体育

---

① 数据由江苏省体育局提供。

场馆示范项目认定工作，是省体育局进一步深化体育场馆运营管理改革、打造体育消费应用场景、促进体育服务业强链补链的重点举措。这次认定的项目在场馆运营管理创新、产业链服务链打造、智慧化数字化建设等方面进行了成功探索，对于引领带动全省体育场馆产业发展和消费升级、推动体育产业高质量发展、满足人民群众高品质体育需求等具有积极作用。

四是重视产业融合，发展"体育+"融合发展产业链。一方面，推进体旅融合发展。落实省体育局、省文化和旅游厅关于深化体旅融合发展的战略合作协议，联合开展省级体旅融合发展示范基地认定工作，推荐苏州太湖体育运动休闲小镇等3个基地申报新一批国家体育旅游示范基地。盐城绿野植物迷宫体育旅游线路入选国家体育总局与文化和旅游部共同发布的"2022年国庆假期体育旅游精品线路"，10个项目入选"2022中国体育旅游精品项目"。2022年春节及国庆假期，江苏省体育局分6期推荐64个"江苏时尚体育好去处"。另一方面，推进体卫、体教融合发展。江苏省体育局与省卫生健康委签署了《体卫融合战略合作协议》，联合举办第七届国际运动康复大会，建立了12个省级运动促进健康中心试点；① 会同省教育厅印发了《关于深化体教融合促进青少年健康发展的实施意见》，引入社会力量规范青少年体育培训，培育发展青少年体育俱乐部。在要素整合上下功夫，在产品包装上花心思，真正推动体育产业和其他相关产业联动发展、双向升级，形成"1+1>2"的放大效应。

专栏3　无锡马拉松：以品牌赛事助力城市体育消费升级

2014年首届无锡马拉松开赛，自此江苏省拥有了自己的全马赛事。此后，锡马不断强化品牌特点，提升自我竞争力。具有竞技特色的粉背心、具有交互特色的粉手套、具有归属特色的名牌徽章等专属锡马的记忆点，以及屡次在马拉松圈开创先河的锡马奖牌，共同形成了难以复制的锡马赛事

---

① 数据由江苏省体育局提供。

品牌。

无锡马拉松始终围绕品牌、科技、创新，不断强化自身特色，再加上无锡江南人文特色和山水自然禀赋，形成了独树一帜的赛事魅力。2014～2022年，赛事期间累计吸引约200万名参赛选手和观众，累计拉动无锡市旅游、交通、餐饮、酒店等行业经济约11亿元，且经济效益带动作用呈逐年增长趋势。赛事举办初期每年仅带动1亿元经济增长，而2020年达到了1.98亿元，接近实现翻倍。

无锡马拉松利用"跑马+旅游"的新型运动休闲理念，将江南水乡的温婉秀美、工商名城的气魄涵养，推介给全国数十万计的跑友，产生涟漪效应，帮助无锡文旅休闲消费扩容提质升级。全民参与的欢乐跑项目，在城市全民健身中也起到了极大推动作用。可以直观感受到，在办赛的8年中，无锡的跑步人口数量实现大幅增长，相关日常健身消费需求也在持续增长，这是通过对全民健身事业的推动实现了持续有效提升居民消费能力。

资料来源：《市体育局2020年度重点工作总结》，无锡市人民政府网站，2021年2月2日，https：//www.wuxi.gov.cn/doc/2021/02/02/3182659.shtml。

（四）坚持品牌引领，不断培大育强体育市场主体

为深入实施江苏体育品牌战略，不断培大育强体育市场主体，江苏省体育局先后设立体育产业发展专项资金（2011年）和体育产业投资基金（2016年），通过系统谋划、整体推进，在理论研究、政策制定、工作实施、指导服务等方面加大力度，形成系统完整的立项评审管理、实施过程管理和项目绩效管理工作机制。省体育产业专项引导资金通过资助、贷款贴息和奖励三种形式，重点支持体育场地设施建设、体育场馆运营管理与健身服务、体育培训服务、体育赛事活动、职业体育、体育装备科技创新、智能产品开发和体育装备品牌打造、体育融合创新等领域优质项目。如促进了以金陵体育、共创人造草坪、南通铁人、江苏康力源等为代表的企业品牌创新力、竞

争力提升，扩大了环太湖自行车赛、扬州（鉴真）半程马拉松、大运河文化带系列赛等代表性品牌赛事活动影响力、带动力，12 年内累计资助 1350个项目，投入 10.95 亿元，带动社会投资 337.4 亿元，财政投入乘数达 1：30.8。省体育产业投资基金积极支持符合条件的体育企业在主板、新三板、区域股权交易中心挂牌开展股权债权融资，推动体育企业进一步做优做强，累计完成投资额约 2.5 亿元，助力 3 家企业成功上市、1 家企业提交创业板上市申请，截至 2022 年 6 月江苏 1 家体育健身类企业在主板上市，首发募集资金 2.6 亿元，35 家企业在新三板挂牌上市，其中 12 家企业实现增发募集资金 7.53 亿元。① 在两大政策举措的强劲助推下，江苏省不断强化体育企业创新主体地位，促进各类创新要素向企业集聚，壮大以骨干体育企业为主体的创新型体育企业集群，培育了一批创新水平高、品牌影响大、辐射带动强、具有国际竞争力的领军体育企业、独角兽体育企业、体育类上市企业，同时积极推动中小微体育企业技术创新、管理提升、市场开拓，支持体育企业申报专精特新"小巨人"企业、"瞪羚"企业、"隐形冠军"企业等。

（五）强化示范带动，努力打造高质量体育产业发展载体

在经济高质量发展背景下，体育产业创新驱动发展战略在实现体育产业规模与质效全面提升中起着举足轻重的作用。近年来，江苏为贯彻落实《省政府关于加快发展体育产业的实施意见》，做大做强江苏体育产业，提升区域竞争力，促进产业深度融合，一直致力于加快体育产业基地、体育服务综合体和体育特色小镇建设，努力打造高质量体育产业发展载体。通过打造高质量体育产业发展载体，加快体育产业服务平台建设，着力提升体育产业创新能力和优化体育产业资源配置效率等。从体育产业创新演化过程来看，高质量体育产业载体无疑是体育产业创新活动的重要组成部分。在体育产业智能化转型的背景下，高质量体育产业载体越来越多地成为体育产业创新主体实现技术研究、转化和应用的关键场所和重要平台。从体育产业发展

---

① 数据由江苏省体育局提供。

的现实来看，高质量体育产业载体的建立健全与动态匹配对推进体育产业创新活动的开展、促进体育产业创新成果的转化与落地、提高体育产业核心创新能力等有重要意义。

江苏省在打造高质量体育产业发展载体方面，始终利用全省的资源优势和体育特色，准确把握体育产业发展的功能定位，合理规划发展方向，在体育产业基地、体育服务综合体、体育特色小镇建设等方面以体育强国和体育强省建设为契机，挖掘和放大不同类型体育产业载体在区位、产业等方面的特色，促进体育产业载体在产业、文化、旅游等方面的聚合发展。同时，重视区域内的协调发展，完善空间布局，充分发挥体育产业政策的引导和支撑作用，建立不同类型体育产业载体之间的有机联系，准确把握各地区、各类型体育产业载体的特征，实现差异化和特色化发展。

目前，江苏已成功创建31个国家体育产业基地（含7个国家体育产业示范基地、14个国家体育产业示范单位、10个国家体育产业示范项目）。[①]同时，认定的体育服务综合体已有102个，主要类型包括体育中心型、全民健身中心型、商业中心内嵌型、其他型（含体育旅游景区等）四种，呈现业态融合叠加、体育特色鲜明、服务功能完善的特征，在拉动潜在消费、创新服务方式、释放集聚效应等方面发挥强大动能。经过多年培育打造，江苏各类体育产业载体的品牌示范效应、集聚效应、规模效应、辐射效应持续显现，对全省体育产业高质量发展的赋能支撑作用显著增强。

调查显示，2020年苏南县域（昆山、江阴、溧阳）、武进、宜兴、张家港、建邺、溧水、江宁等9个县（市、区）体育产业增加值共计372.11亿元，占当年全省体育产业增加值（1641.79亿元）的比重达到22.7%；2020年14个国家体育产业示范单位营业收入总和达108亿元，作为体育制造、体育服务领域领军企业的龙头带动作用逐步显现，金陵体育、共创人造草坪在主板上市；10个国家体育产业示范项目经济社会效益显著，投资拉动、产业融合和消费带动效果

---

① 《江苏新一批体育产业基地"国家队"出炉》，江苏省体育局网站，2022年5月18日，http：//jsstyj.jiangsu.gov.cn/art/2022/5/18/art_79371_10453962.html。

明显，2020 年示范项目带动就业 1.03 万人，示范项目公众参与（带动游客）人数约 500 万人次。[1]

专栏4　加强梯度培育高质量打造体育产业"国家队"

国家体育产业基地是我国体育产业领域的"国家队"和"排头兵"，在实现体育产业规模与质效全面提升中起着举足轻重的作用，已成为国家体育总局推动全国体育产业高质量发展的重要平台和载体。近年来，江苏高度重视体育产业基地建设，按照"筑精品、强示范、创品牌"的发展思路，坚持培育创建和管理服务并重，高标准、高质量培育打造国家体育产业基地。

一是合理规划布局，加强梯度培育。按照有利于创新体育产业发展模式，有利于带动体育产业全面发展，有利于兼顾区域分布和产业结构升级的原则，在全省范围内合理规划、因地制宜培育打造具有区域特色、符合市场规律、竞争力较强的体育产业基地。构建国家级、省级有机衔接的梯度培育发展体系，自 2009 年起截至 2022 年 3 月动态认定了 102 个省级体育产业基地，为创建国家体育产业基地打好基础、储备力量。二是加强政策支持，优化发展服务，积极助推基地创新发展。在政策支持方面，省体育产业发展专项资金将国家体育产业基地作为支持重点；同时在基地发展服务方面，将国家体育产业示范单位有关企业纳入体育产业政企沟通联系点，在基地发展规划、业态升级、项目策划、政策落实、培训交流等方面加强指导与服务，引导和推动基地打造增量、创新发展。三是借助中国国际体育用品博览会、中国体育文化博览会·中国体育旅游博览会、江苏体育产业大会等平台，加大对基地的宣传推介力度，扩大基地品牌影响力。

资料来源：《筑精品、强示范、创品牌 江苏高质量打造体育产业"国家队"》，江苏省体育局网站，2022 年 3 月 18 日，http://jsstyj.jiangsu.gov.cn/art/2022/3/28/art_79371_10394592.html。

---

[1]　数据由江苏省体育局提供。

（六）深化体旅融合，进一步丰富特色体育产品供给

深化体旅融合、发展体育旅游，顺应人民群众对"诗、远方、健康"高品质生活的需求与期盼，是促进旅游业转型升级的必然要求，也是推动体育产业提质增效的必然选择。

聚焦部门协作，出台体旅融合行动计划和重点工作任务清单。2021年，省体育局与省文化和旅游厅在完成《江苏省体育旅游发展三年行动计划（2018—2020）》基础上，签署了深化体旅融合发展战略合作协议，共同发布了《江苏省深化体旅融合发展行动计划》，建立了定期会商机制，进一步打造体旅融合赛事和活动品牌，认定一批体旅融合示范基地和项目，不断拓展体旅融合空间载体；制定16项重点工作任务，切实推动体育旅游高质量融合发展。

聚焦特色发展，高标准打造体旅融合载体和品牌。积极打造体旅融合空间载体，推动南京青奥中心等体育场馆、悦动·新门西体育产业文化园等体育产业基地以及各类体育载体空间融入旅游休闲功能，打造综合性体育运动与旅游休闲空间；推动旅游景区、度假区、旅游小镇等增加体育设施、丰富体育内容，拓展时尚运动项目，成功创建了无锡海澜飞马水城、南京汤山温泉旅游度假区、苏州太湖体育运动休闲小镇3个国家体育旅游示范基地，培育认定了南京聚宝山、盐城梦幻迷宫、徐州大龙湖等一批特色鲜明、优势突出的体旅融合发展示范基地，认证了苏州三山岛、常州太湖湾露营谷、南京野趣国际营地数家融体育、健康、文旅、休闲等多种服务功能为一体的体育旅游服务综合体。其中，无锡海澜飞马水城等10个体育旅游精品项目入选中国体育旅游精品项目，江苏姜堰湿地等12个项目分别入选长三角精品体育旅游目的地、线路和赛事，充分发挥了示范引领作用，促进了体育与旅游的深度融合发展。①

---

① 数据由江苏省体育局提供。

聚焦供需协同，着力丰富体育旅游消费供给。开发引领性强的时尚运动特色项目，推出以南京奥体中心和徐州启迪乔波为代表的冰雪运动、以南京艇进赛艇和徐州风之曲为代表的水上运动、以南京华飞和徐州督公山为代表的户外航空飞行、以徐州风之谷为代表的户外攀岩运动等时尚体育旅游消费新场景，并完善山地户外营地、徒步骑行服务站、自驾车房车营地、运动船艇码头、航空飞行营地等体育旅游设施建设。运营以 24 小时南京城市体育街区"西城·夜未央"为代表的夜间特色体育旅游消费项目，串联"运动+生活+商业"的开放式运动空间，培育定制消费、智能消费、互动消费等体育旅游消费新业态新模式。

聚焦品牌塑造，打造运动休闲新引擎。借助"国庆假期体育旅游精品线路"和"大运河文化旅游博览会"平台，传播体育旅游文化，盐城绿野植物迷宫体育旅游线路入选国家体育总局与文化和旅游部共同发布的"2022 年国庆假期体育旅游精品线路"；创新打造大运河体旅融合活动品牌，开展"全球运河城市赛艇穿越"体旅融合主题活动，丰富体育旅游体验；利用江苏体育产业大会、"水韵江苏·有你会更美"文旅消费推广季活动等，推介体旅融合精品项目；举办江苏运动休闲体验季活动，在春节及国庆假期，分别推荐 64 个"江苏时尚体育好去处"和 114 个江苏户外休闲营地攻略；31 个国家和省级体育消费试点城市、试点单位通过政府购买和发放体育惠民消费券，对市民体育旅游消费进行惠民补贴，提升人民群众满意度和获得感，彰显江苏体育旅游的"民生情怀"；通过虚拟现实、增强现实等技术在体育旅游领域的应用，推出数字化江苏体育旅游地图，对全省 13 个设区市四大类 61 个点位的山地户外运动、水上运动、冰雪运动、航空运动等项目进行生动立体的归集梳理，进行数字化展现。①

---

① 《国家体育总局　文化和旅游部关于发布"2022 年国庆假期体育旅游精品线路"的公告》，国家体育总局网站，2022 年 9 月 24 日，https：//www.sport.gov.cn/n315/n20001395/c24729186/content.html；《江苏省体育旅游电子地图正式上线运行》，江苏省人民政府网站，2023 年 1 月 18 日，http：//www.jiangsu.gov.cn/art/2023/1/18/art_60085_10745622.html。

专栏5　国家体育旅游示范基地——无锡海澜飞马水城

无锡海澜飞马水城是江苏海澜集团打造的集训练、表演、赛事、马文化展示于一体的体育旅游综合体，为游客提供"吃、住、行、游、购、娱、休闲运动"的一站式体验。

水城位于无锡江阴新桥镇，占地1000亩，总规划面积65万平方米。拥有马术表演馆、马文化博物馆、马术训练馆、游客码头、美术馆5个体育旅游场馆，以及马术骑乘、马文化体验、马车游园、盛装舞步马术表演、马术研学、贡多拉观光、环城游艇夜游、太极表演、武术研学、海澜艺术、水城购物等体育旅游体验项目，同时配备3家配套酒店以及2家商业综合体、1处游客中心。其中，水城购物中心以水廊步行街与风情水街为特色，内有奥特莱斯、餐饮、零售与影视娱乐；飞马商城则以服装和餐饮为主。每周六晚（节假日除外）的"盛装舞步马术表演"，保持着"最大规模的团体盛装舞步表演"的吉尼斯世界纪录。

海澜飞马水城于2009年吸引江苏省马术队落户，2010年创立了海澜国际马术俱乐部，目前已建成国际化标准的马术综合训练馆、马术比赛馆、马术表演馆和马术三项赛场地，是集马术训练、表演于一体的运动场所。2020水城成立了江苏省武术队新桥集训基地、江苏省摔跤柔道队新桥集训基地，推广武术等体育运动，承接转训队伍，举办高规格体育赛事。2021年，海澜飞马水城入选国家体育旅游示范基地。

资料来源：《国家首批体育旅游示范基地公布！江阴一地入选》，凤凰网，2021年12月2日，https：//js.ifeng.com/c/8Bc8KrVmb1H。

专栏6　国家体育旅游示范基地——南京汤山温泉旅游度假区

南京汤山温泉旅游度假区积极推动温泉旅游与体育游乐等产业融合互动，构建多链条、成体系的新型体育旅游产业圈，实现由温泉旅游"一枝独秀"，向体育、旅游"双轮驱动"的快速转变。南京汤山温泉旅游度假区位于南京江宁汤山，规划面积29.74平方公里，是融人文景观与自然风光为一体的国家级旅游度假区，也是著名温泉疗养区，2021年入选国家体育旅游示范基地。南京汤山温泉旅游度假区打造温泉+文旅+体育康养+赛事等新业态，建成了全国首个世界级沙滩排球体育公园，以及汤山矿坑公园、汤山欢乐水世界、金乌温泉公园、汤山温泉房车露营地、紫清湖旅游综合体、金陵马汇马术俱乐部、舞马者马术俱乐部、育仁瑜伽学院、汤山足球公园、江苏省园博园、汤泉湖体育公园、南京汤山电子竞技示范区（已签约落户）等体育旅游产业载体。围绕山体公园、河道水系，共建成亲水步道18.7公里、自行车骑行道15公里、登山道3.5公里。其中，金乌温泉公园是国内首个免费对市民开放的温泉康养公园，环湖跑道总长1327米，方便大众慢跑健身。汤山矿坑公园建成六大主题运动场地和10余种体育健身项目。汤山沙滩排球体育公园自2017年以来举办了国际排联沙滩排球U19和U21世界锦标赛、"一带一路"沙滩排球世界巡回赛等一系列国际大型沙排赛事，打造"沙滩+体育+旅游"的全新产业链。南京汤山温泉旅游度假区还承办了世界速度轮滑锦标赛、国际青少年定向越野赛、全国沙滩排球大满贯赛、中国南京马术公开赛、全国瑜伽公开赛、不止骑环南京自行车赛、微马健步走等一系列体育赛事，吸引了国内一批户外运动俱乐部陆续签约落户。

资料来源：《打出"体育牌"南京汤山温泉节以赛事引客流》，新华报业网，2023年10月16日，https：//jres2023. xhby. net/ly/gdft/202310/t20231016_ 8120122. shtml。

专栏7　国家体育旅游示范基地——苏州太湖体育运动休闲小镇

苏州太湖体育运动休闲小镇位于苏州太湖国家旅游度假区中心区，依托太湖山水和苏作工艺资源优势，以体育+旅游+文化产业为导向，形成了以足球运动为主要体育门类、以太湖山水为主要旅游吸引物、以酒店集群为主要旅游载体、以舟山核雕为主要文化产业的发展模式。2021年苏州太湖体育运动休闲小镇入选中国特色小镇50强，2022年入选国家体育旅游示范基地。

苏州太湖体育运动休闲小镇特色丰富，体育设施健全，拥有太湖足球运动中心、太湖高尔夫俱乐部、水星游艇俱乐部、渔洋山太湖户外运动中心、渔洋山山地自行车赛道、渔洋湾水上运动中心、铃兰潜水俱乐部、太湖蓝马拉松赛道、香谷里体育公园等体育设施、场所，常态化提供足球青训教学培训、篮球培训、高尔夫球培训、潜水培训、皮划艇培训等体育技能培训。先后成为中国足协女足青训中心、中国足协男足青训中心。还建成投用香山国际、太湖万丽＆万豪等星级酒店集群，提供多种菜系餐饮服务，签约太湖运动康复中心，完成环太湖智能跑道和足球博物馆设计，交通设施和标识系统完备。苏州太湖体育运动休闲小镇积极探索"体育+"创新发展路径，成功举办了2022年苏州"环太湖1号公路"马拉松、"2034杯"第二届全国小学生足球大会、第一届中国青少年足球联赛、2022年中国足协女足青训中心"希望杯"足球赛、江苏省第二十届运动会青少年部足球赛、2022年剑客争霸·长三角击剑赛、首届中国高尔夫球巡回赛等体育赛事。

资料来源：《体育旅游正当时！苏州太湖体育运动休闲小镇入选国家体育旅游示范基地》，中国江苏网，2022年12月9日，https：//jsnews.jschina.com.cn/sz/a/202212/t20221209_3126687.shtml。

（七）强化数字赋能，激发体育产业创新活力

一是夯实新基础，以数字化驱动体育产业基础设施"新基建"。"新基建"是指以新一代信息技术为基础的社会基础设施的升级改造和重建，具有智能化与数字化的特征。自2018年中央层面首次提出"新型基础设施"概念以来，党中央高度重视以技术创新为驱动的新型基础设施建设。2020年国家发展改革委首次明确，信息基础设施、融合基础设施和创新基础设施是"十四五"新型基础设施建设的三个重点方向。

为夯实数字时代产业发展新基础，谋求产业竞争新优势，释放产业变革新动能，江苏省着力将5G、物联网、大数据、人工智能、云计算、区块链、AR/VR等前沿性科技要素导入体育产业，夯实江苏省体育产业信息基础设施。《江苏体育信息化发展"十四五"规划》将"数字体育基础设施基本完善"作为5个总体目标之一，并要求在2025年前实现。该规划还指出夯实数字体育基础支撑体系建设，结合5G、物联网等新一代信息技术，构建覆盖全省的融合性体育数据传输网，实现全省体育资源高效传输、互联互通，建设"公共体育云""竞技体育云""青少年体育云""体育产业云""政务管理云"五

朵云，加快体育应用"上云用数赋智"，推进全省体育场馆智慧化改造升级，打造集信息化、智能化、数据化于一体的数字体育基础设施新高地。

近年来，江苏省主要从两方面进行体育产业数字化新基建工作。一方面，由"实"向"虚"进行数字化基础设施投资改造。主要围绕现有体育产业基础设施布局及要素分布情况，加大对现有体育场馆场地、全民健身中心、公共体育健身场所及步道、体育公园等体育产业基础设施的数字化新建、改造投资力度，初步形成了数字化、智能化的全省数字体育基础设施生态格局。比如南京、苏州、无锡、盐城、徐州、南通等市智慧体育场馆、智慧健身步道的打造。另一方面，由"虚"向"实"进行数字化基础设施投资新建，特别是以数据要素为核心展开的投资建设。通过积极打造线上、云端、虚拟化的体育产业新平台、新数据中心、新型智能终端及应用载体，夯实江苏省体育产业数字化建设基础。比如，江苏省体育科学研究所推出的体质健康大数据平台、苏州体育大数据中心等。

二是革新全链路，引领消费互联网和产业互联网风口，贯通体育经济活动各环节。根据马克思主义政治经济学理论，经济活动分为生产、分配、交换、消费四个环节，历经企业决策、设计、生产、加工、物流、仓储、销售、使用、维修保养、消费反馈等机制链条。传统体育经济发展每经过一个环节都会出现运转损耗和成本增加，压缩企业利润空间。数字技术作为变革性要素导入体育产业生产、分配、交换、消费各个环节，可以有效畅通原有产业活动链，真正实现降本、提质与增效。近年来，江苏省紧抓互联网时代上半场——已经形成的消费互联网风口，和即将形成的互联网下半场——产业互联网风口，着力解决企业决策—设计—生产—加工乃至消费—反馈的全链条智能管理、流程优化问题。

在上半场消费互联网方面，主要在需求侧发力，面向主体为消费者。企业主动利用新型数字网络及信息技术，紧抓数字技术红利，通过创新体育商业模式、运营流程、分销手段、产品服务供给，改善用户体验、刺激消费需求、扩大消费市场。在新产品与服务的供给方面，研发智慧体育用品和服务。智慧体育用品是包含高科技成分的新型体育终端，它在传统体育产品的基础上，增加了网络社交功能、娱乐交互功能、数据监测与分析功能，是前沿性、高端化的体育用品，是未来高端制造业的重要风向标。江苏现已形成一批能够生产智能产品的领军企业，包括南京万德、江苏康力源、南通铁人等。其中，江苏康力源已成功研发并量产多款带有自适应感应、人脸识别、数据共享、娱乐交互功能的智能产品，如智能体能教室引领了行业智能产品研发的新标准。在流通环节，江苏省多家企业通过自建或"借壳"等形式进行线上销售，拓展体育新零售的市场版图。比如，中国产业互联网独角兽企业、中国产业互联网百强企业、国内运动品电商龙头企业江苏天马网络科技集团有限公司，打通了线上线下零售渠道，自营网上店铺 20 余家、实体专卖店 10 余家、网上分销店铺 2000 余家，[①] 成为全国体育电商龙头企业，以较低的成本享受了网络经济的边际效益递增红利。

需要指出的是，消费互联网贯通的仅是整个产业链中以消费者为核心的后半程链条，难以解决实体产业优化、产品服务附加值提高、生产效率提高等核心问题。[②] 马化腾、周鸿祎、王兴等互联网企业家曾多次指出，产业互联网是互联网时代下半场的主旋律。产业互联网主要围绕企业内部生产活动，企业之间、产业之间的生产流通链条进路进行升级改造。当前江苏省相关企业积极吸纳互联网、大数据、云计算、5G、区块链、人工智能等新一代科学技术，全方位渗透、融合、应用于企业的管理决策、生产、加工、仓储物流等诸多环节，激发企业流程再造与生产变革活力，并逐步外溢至整个产业，形成自动化、智能化、高效化、集约化、敏捷化的高端产业形态。比如，江苏省相关龙头企业借助各类智能芯片、传感器、机器人、AI 等技术，将线下生产工艺、生产数据、生产流程逐步数字化，推动产品上"云"、车间上"云"、企业上"云"，生成生产过程的数字孪生镜像，有效推动流程工艺优化、人力成本节约、生产精准监控、个性化定制等。

三是探索新道路，以"体育+"驱动重点领域迭代更新与跨界融合。数

---

① 数据由江苏省体育局提供。
② 王玉荣、葛新红：《产业互联网：全产业链的数字化转型升级》，《经济展望》2020 年第 S1 期。

字化赋能体育竞赛表演业、休闲健身业等体育产业重点领域与核心业态将更多的数字技术、智能技术应用于新产品、新服务、新消费场景，建构新的商业模式、盈利模式，推动业态加速数字化、智能化更新迭代，进而提升经济效率和价值回报，带动企业向价值链高端攀升。

一方面，数字化赋能体育产业主链更新迭代，以新产品、新服务、新体验引领市场发展，重点表现在竞赛表演业，健身休闲业，竞技体育、群众体育和校园体育事业三个领域以及电子竞技这一新兴经济业态。

竞赛表演业不断推动赛事服务数字化升级。第一，创新赛事发展空间，打造线上虚拟赛事、"云上赛事"。比如，在全省范围内开展的江苏省第三届网络全民健身运动会线上马拉松竞赛，取得了良好的社会效果，优化了群众赛事参与体验。第二，借助网络科技优化赛事供给服务，积极开辟网络赛事服务平台、网络票务系统等并进行业态更新。比如，以网络科技为基础的南京畅游体育公司，创新体育赛事供给服务模式，面向全国 30 多万用户提供线上线下融合的赛事和俱乐部相关服务及延伸业态。①

健身休闲业通过数字化、智慧化设施改善优化用户健身休闲体验。全省各地涌现了一大批数字智能体育场馆场地，为场馆装上了数字化、智能化的"智慧大脑"，极大地优化了消费者服务体验。比如，苏州湾体育中心智慧场馆、南京青奥体育公园"云享动"智慧球场、泰州体育公园智慧升级改造、无锡社区体育场馆—共享健身房，以及盐城、徐州、扬州、南通等地全年无休的智慧社区健身中心等。再如，阿里体育城市版"运动银行"在江苏落地，居民可以通过其中的"运动码"功能，实现体育场馆的提前预订、刷码快速入场，规范入馆管理的同时简化了入馆流程。

江苏省加速竞技体育、群众体育和校园体育事业的数字化、智能化技术应用，积极开发基于动作捕捉、图像分析、实时数据分析、智慧化运动方案提供及运动指导等功能的服务。比如，入选"2022 全国智能体育典型案例"的江苏省项目"竞技体育训练数字化应用平台"、"基于 AI 技术的智能模拟

---

① 数据由江苏省体育局提供。

训练服务系统"、"基于全民健身场景的体育公共服务智能治理和智慧应用服务平台"和"凤凰龙猫智慧校园体育综合解决方案"等，起到了良好的业内示范效应，有力地支持了竞技体育、群众体育以及校园体育的数字化、智慧化发展。

同时，电子竞技作为重要的新兴经济形态，是数字体育产业的重要增长极。江苏电子竞技产业发展基础较好，产业生态布局较为全面，电竞核心赛事具有影响力，各项指标居全国前列。根据相关统计，江苏省电子竞技产业产值约150亿元、占全国的8%，有各类电竞企业5000多家。《2022年中国电竞产业报告》指出，江苏省电子竞技企业数量占全国总数的8%以上，位列全国前三。[1] 目前，江苏已经形成无锡智慧体育产业园数字体育项目集群、南京游戏谷游戏产品开发企业群等，拥有苏州LNG战队、苏州KSG战队、南京Hero久竞战队等电竞队伍以及一批品牌赛事。特别是苏州全国电子竞技中心城市的地位不断加强，接连举办了世界电子竞技大赛总决赛、世界电子竞技运动会亚太区总决赛等重点赛事。快手电竞总部落户苏州吴中，苏州成为腾讯LPL和KPL两项职业联赛的双主场城市，带动苏州电竞氛围日益浓厚，电竞周边企业近500家，电竞全行业年产值超30亿元，拉动体育消费超1亿元。[2]

另一方面，数字化助力体育产业与其他产业跨界融合，开拓新领域、新模式与新业态。以数字化、智能化为动能，驱动体育产业与相关产业的渗透交融、协同创新，探索"体育+数字/智能+X"新模式，不断延伸产业链、创新链、价值链，基本形成体育与旅游产业、体育与文化产业、体育与医疗健康产业的双向数字化融合路径。

在体育与文化产业数字化融合方面，江苏省注重对现有体育文化资源的数字化保存、开发与利用。比如苏州运用数字化手段，保护重塑开发船拳，采用三维动漫的动作捕捉技术复制船拳的拳术套路，利用数字摄影、高保真全息存储技术对船拳的文史资料、兵器、理论研究成果进行保存、保护和再

---

① 数据由江苏省体育局提供。
② 数据由苏州市体育局提供。

提升，利用数字音频技术对乐器伴奏等声音信息进行采集，建立江南船拳数据库、数字博物馆。携手苏州体育博物馆、苏州非遗馆等文化主体，通过AR、VR技术打造船拳的文化视听盛宴；建设数字化船拳特色景区，打造7D投影技术，制作船拳舞台剧并进行水幕投影；通过全息影像的光影特效，让游客体验船拳的习练感；通过卡通动漫、大型船拳电竞游戏、体感互动游戏，争得游客的喜爱。

在体育与旅游产业数字化融合方面，利用数字化技术改造原有体育旅游服务供给。比如江苏省体育旅游电子地图对分布在全省13个设区市的山地户外运动、水上运动、冰雪运动、航空运动等项目进行生动立体的归集梳理，首批对四大类61个点位进行生动形象的数字化展现，方便旅游爱好者、体育爱好者更好地参与体育旅游，开展体育消费。[①]

在体育与医疗健康产业数字化融合方面，"体育+医疗"和"体育+健康"的数字化、智能化融合发展处于新时代体育强国战略与健康中国战略的重要交汇点。江苏省积极推动体育运动健康大数据与现有医疗健康数据的共享、共通和共促。在推动体育数据平台与医疗、健康行业融合方面，江苏省体育科学研究所开发的体质健康大数据平台有效衔接江苏省国民体质监测中心、全省大数据中心，围绕健身场地设施、全民健身组织、全民健身活动、健身指南和志愿服务、科学健身指导五个方面的核心内容提供全民健身科技服务。

四是践行新治理理念，以"智改数转"一揽子支持方案发挥高效有为政府职能。抢占全球体育数字产业发展先机，锻造新时代体育产业发展核心竞争力，离不开党中央的战略指引、战略安排以及地方各级政府的积极响应与配套支持。在推动江苏省体育产业数字化发展方面，省委、省政府及地方各县（市、区）严格遵照党中央的战略部署，高度重视、积极参与，推出了"智改数转"一揽子支持方案，有力地推动了江苏数字体育产业发展，发挥了高效、有为、亲清的政府职能。概括而言，主要做了以下几个方面的工作。

---

① 《江苏省体育旅游电子地图正式上线运行》，江苏省人民政府网站，2023年1月18日，http://www.jiangsu.gov.cn/art/2023/1/18/art_60085_10745622.html。

第一，加快构建完善的数字体育产业发展政策支撑体系。江苏各层面先后出台了多项政策，在政策保障方面走在全国前列（见表1）。在省级层面，《江苏省"十四五"体育产业发展规划》《江苏体育信息化发展"十四五"规划》等多项规划均提到相关内容。比如，将"加快数字体育、智慧体育建设"作为"十四五"期间深化体育产业改革发展的重要举措之一。在地方层面，苏州市、无锡市配套落地了多项支持本地体育产业数字化、智能化转型的相关政策，如《苏州市数字体育建设三年行动计划（2023~2025年）》、无锡市《体育强市建设三年行动计划》（2021~2023）等。

表1　江苏省不同层面支撑数字体育产业发展的政策（不完全统计）

类别	发布时间	名称
综合性政策	2021年7月	《江苏省"十四五"现代服务业发展规划》
	2021年12月	《江苏省制造业智能化改造和数字化转型三年行动计划（2022—2024年）》
	2022年4月	《关于全面提升江苏数字经济发展水平的指导意见》
	2022年12月	《江苏省生产性服务业十年倍增计划实施方案》
专项政策	2021年7月	《体育强市建设三年行动计划》（2021~2023）（无锡市）
	2021年12月	《江苏省"十四五"体育产业发展规划》
	2022年12月	《苏州市数字体育建设三年行动计划（2023~2025年）》

资料来源：江苏省体育局。

第二，持续发挥专项基金的引导作用。体育产业数字化企业、智慧化企业成为江苏省体育事业发展专项资金重点支持对象。同时，推动5G、物联网、云计算、大数据等新一代信息技术在体育领域应用，大力发展数字体育产业，提高体育产业数字化水平。2022年，省体育产业发展专项资金将数字体育产业作为重点支持领域，支持数字体育产业项目14个，支持额度达1420万元。[①] 例如，徐州市将专项资金重点布局于数字化智能制造和全沉浸式虚拟现实体育交互项目。

———————
① 数据由江苏省体育局提供。

第三，进一步加强数字平台建设，贯通体育产业与数字政府框架及与关联行业之间的数据通路。在自身数字平台建设方面，各地开发了"运动苏州""苏体通""宁体汇"等网站、App 或小程序，聚合了体育场地查询预订、体育赛事活动报名、体育消费惠民行动、体育培训信息发布、科学健身在线指导等功能；在对接、融入数字政府平台方面，部分地方尝试将自身数字平台接入数字政府的集成系统。比如，南京在城市级公众服务移动应用软件"我的南京"中增添"体育场馆"数字化应用板块，拓宽了体育服务的流量入口。

专栏 8　江苏省智慧体育场馆示范项目——苏州湾体育中心

作为 2022 年江苏省智慧体育场馆示范项目，阿里集团旗下的橙狮体育运营的苏州湾体育中心，从场馆智慧化建设、打造智慧服务生态和提供数字化体育消费场景三个方面进行了智慧化场馆建设。

一是场馆智慧化建设。苏州湾体育中心依托阿里集团自主研发的智慧场馆运营管理系统，在日常运营方面可以一站式达成会员、场地、订单、报表等各项需求，以数字化管理、智能化服务为核心，链接场馆运营各个环节。同时可以监测客流、智能安防，以及报告运动数据、商家优惠券等营销增值方面信息。

二是打造智慧服务生态。体育场馆在运营方面可以较为准确地获得用户画像，例如运动爱好和消费偏好等，再借助数字化营销方式，依托支付宝、高德等平台按需给顾客提供专属运动推荐，打造丰富多样的体育生态。同时，橙狮体育通过全民健身服务平台——"乐动力"打破线上线下界限，联合手机 App、淘宝、支付宝、钉钉三端同名小程序以及线下智慧场馆，为用户提供场馆服务。

三是提供数字化体育消费场景。橙狮体育推出了运动积分体系"运动银行"——参与者运动达标后即可获得被称为"卡路里币"的相应点数，使用卡路里币可兑换各式各样的权益，例如电商、文娱、场馆优惠券和实物装备等奖品，阿里的生态系统给这些权益的落实提供了保障。

资料来源：《苏州湾体育中心试运营!》，中国江苏网，2021 年 6 月 21 日，https：//jsnews.jschina.com.cn/sz/a/202106/t20210621_2802866.shtml；《江苏首个大型智慧运动场馆来了　橙狮悦动苏州湾体育中心黑科技让运动好玩又酷》，搜狐网，2021 年 6 月 21 日，https：//www.sohu.com/a/473283111_267489。

（八）加强供需对接，优化提升体育企业政务服务水平

以精准服务为企业纾困解难，为政企对接打通"快速路"，助推体育产业高质量发展，采取一系列精准化、便利化服务措施，努力打通体育产业政策落地"最后一公里"。推出"助企纾困政策工具包"，开发"体育产业发展服务政策库"微信小程序，设立"体育产业系列政策面对面"专栏，编印体育产业政策汇编和服务政策指引等。出台《关于进一步帮助体育市场主体纾困解难促进体育产业稳步发展若干措施》（"江苏体育产业9条"）、《关于2022年深化实施服务体育企业行动计划的通知》，多措并举助企纾困稳体育市场主体。全省建立了219个体育产业政企沟通联系点，编制推出4期江苏体育产业"助企纾困政策工具包"，联合中国建设银行江苏省分行推出"阳光体育贷"融资服务方案2.0，继续设立"体育企业金融贷绿色通道"，2022年1~10月，共给予90家体育企业信贷支持2.3亿元。充分发挥专项资金政策作用，以政策赋能体育企业稳健发展。完善江苏省体育产业发展专项资金立项直报平台系统，实行项目申报与审核业务"一网通办"，推动资金申报、评审和立项全流程实现"在线监管"。2011年以来，截至2022年累计安排10.95亿元专项资金支持1350个项目，带动社会投资337.4亿元，财政投入乘数达1：30.8。[①]

打造江苏体育产业大会，构建政、产、学、研、商互动交流平台，自2015年起成功连续举办七届，参会人员主要来自体育行政部门、企事业单位、产业载体、高校智库等。大会主要围绕谋划体育产业发展、发布重点产业政策、推介体育行业标杆、优化体育企业发展服务等内容，为促进体育产业高质量发展凝聚智慧和力量，形成了较强的品牌效应和影响力，带动了一批源自江苏的体育品牌发展。

积极参与体育产业区域一体化工作。江苏省联合上海市、浙江省、安徽省成立长三角体育一体化联席会议，制定长三角地区体育一体化高质量发展

---

① 数据由江苏省体育局提供。

若干意见，编制长三角地区体育产业发展规划，发布体育产业发展报告，协同打造长三角运动休闲体验季、长三角体育节等一批品牌活动。

专栏9　江苏体育产业大会——打造供需对接服务企业平台

一是坚持需求导向。江苏体育产业大会始终秉承以需求牵引供给、供给创造需求，激发体育产业活力的初衷。江苏体育产业大会所搭建的平台，为江苏体育产业相关领域提供供需对接机会，既开阔了各地相关部门的眼界，也为相关企业提供了机遇，助力全省体育产业又好又快发展。二是聚焦特色发展。江苏体育产业大会聚焦体育产业发展特色，始终围绕打造综合性体育运动与旅游休闲空间、发展体旅融合发展示范基地和创新项目、聚焦体育消费新需求、培育体育消费新场景等，开设主旨演讲、政策发布、品牌引领、精品发布等板块；通过交流经验、分析研讨，加快推动体育产业基地、体育服务综合体、体育旅游示范基地等各类载体提档升级；逐步培育形成了一批优势明显、具有国际竞争力的领军体育企业、专精特新企业和品牌体育产品。三是拓展产业融合。江苏体育产业大会促进了体育产业与相关产业以及体育产业内部业态间的渗透交融、协同创新，大力促进体育服务业强链补链，打造体育制造业强链，拓展"体育+"融合发展产业链。推进体教融合，深化体医融合、体旅融合，加强群众体育、竞技体育和体育产业互联互通，拓展体育发展新空间。四是影响辐射全国。江苏体育产业大会所产生的连锁效应已经遍及全国。通过连续七届江苏体育产业大会的举办，人们从不同层面了解了江苏体育产业，也提高了体育产业大会举办地关注度。江苏体育产业大会参会者来自国家体育总局、全省体育系统、相关企事业单位和社会组织，还有部分外省市体育局、省有关部门、高等学校及专家学者代表。包括人民网、新华网、中国日报网及中新网等在内的超30家新闻媒体全程关注和报道，江苏体育产业大会的影响力日益扩大。

资料来源：江苏省体育局。

三　未来江苏省体育产业高质量发展的构想

江苏省体育产业将全面落实党的二十大精神，聚焦推动体育产业高质量发展走在前列，把实施扩大内需战略同深化供给侧结构性改革有机结合，通过高质量供给创造有效需求，依靠创新培育壮大发展新动能，积极助力稳经济促消费激活力。

（一）优化服务体育企业营商环境

实施深化服务体育企业优化营商环境三年行动计划，健全体育产业支持政策协同落实机制，深化体育产业政企沟通联系点建设，依托"苏企通"平台促进惠企政策直达体育市场主体。发挥体育产业发展等专项资金导向作用，促进竞赛表演、户外运动等体育服务业强链补链以及智慧体育产业加快发展。持续用好惠企税收、设备购置与更新改造、贷款贴息等帮扶政策，支持金融机构优化升级体育企业服务，助力体育企业纾困发展。加强优质体育企业梯度培育，大力培育一批领军体育企业和"专精特新"体育企业。依托各类展会、体育产业大会等平台，强化供需对接与资源推介。

（二）推动体育消费场景升级创新

进一步推动建设国家体育消费试点城市和省级体育消费城市试点单位。加快推动体育产业载体提档升级，到2025年，动态创建100个以上体育产业基地，新增30个以上体育服务综合体，拓展建设一批业态复合、特色鲜明、功能完善的高质量载体。[①]促进体育旅游深度融合发展，推动自然资源向户外运动开放，认定一批旅融合发展示范基地，举办运动休闲体验季活动，发布"时尚体育好去处"，向公众推介一批高品质体育旅游攻略。推广

[①] 《聚焦高质量发展走在前列——江苏省体育局发布〈体育强省建设三年行动计划（2023—2025年）〉》，江苏省体育局网站，2023年9月5日，http：//jsstyj.jiangsu.gov.cn/art/2023/9/5/art_40686_11005984.html。

一批体育消费创新场景典型案例，鼓励各地举办体育嘉年华、体育消费节、体育大卖场等活动拉动体育消费。支持有条件的地区发放数字人民币红包和体育消费券，推动数字人民币在体育消费领域的应用。

（三）大力培育发展数字体育经济

推动5G、大数据、人工智能、云计算等新一代信息技术与体育实体经济深度融合，加快体育产业全产业链数字化转型。鼓励支持体育市场主体推进"智改数转"，促进企业生产过程柔性化、系统服务集成化，培育服务型制造新模式，认定一批体育企业智能车间、智慧体育场馆示范项目。推动体育服务业数字化升级，发展"互联网+体育"服务新模式，支持各类市场主体发展云健身、线上赛事、线上培训等新业态。支持无锡市开展智慧体育产业城市建设试点工作，探索数字体育经济发展新模式，努力打造全国领先的智慧体育产业创新发展先行区和体育产业数字化转型新高地。

参考文献

黄海燕、康露：《新时代体育产业高质量发展的理论逻辑与实施路径》，《体育科学》2022年第1期。

姚利松、葛翠柏：《中国式现代化、数字体育、体育强国的关系逻辑与实践思考》，《南京体育学院学报》2023年第7期。

孙侃然、柳舒扬、曾鑫峰：《新发展格局下体育消费如何影响城市经济发展——基于江苏省重点城市面板数据的实证分析》，《西安体育学院学报》2023年第2期。

刘家韵、吴香芝、王明伟：《建设全国统一大市场背景下体育服务业的高质量发展》，《体育教育学刊》2023年第4期。

B.4
2022~2023年浙江省体育产业
发展报告

庄舒敏 舒登攀*

摘 要： 当前，浙江省打造现代化体育强省的动能奔竞不息，全省体育产业正处于转向高质量发展的重要节点。党的二十大以来，全省体育产业工作锚定打造万亿体育产业新高地，精准实施"五大工程"、大力促进体育消费、加强供给创新，在推动体育产业高质量发展过程中成效显著、亮点纷呈。本报告系统梳理了近年来浙江省体育产业发展现状，总结了浙江省在建设体育产业发展载体、推进发展水平评估、打造体育消费中心等领域的工作举措，进一步厘清浙江省体育产业发展思路，并对数字体育、智能体育制造、体育场地设施建设、品牌赛事培育和户外运动发展等领域进行发展展望。

关键词： 体育产业 高质量发展 户外运动 浙江省

    体育被视为"幸福产业"，在迭代经济增长方式、扩大消费需求、保障改善民生等方面有着不可比拟的经济效益与社会效益。浙江高度重视体育产业发展，坚持以习近平新时代中国特色社会主义思想为指导，全力推动体育产业高质量发展。近年来，浙江运动休闲消费迅猛增长，本土体育品牌迅速崛起，体育产业获得长足发展。展望未来，体育产业将与相关产业进一步融

---

* 庄舒敏，浙江省体育局体育经济处，研究方向为体育产业、产业统计；舒登攀，浙江省体育局体育经济处，研究方向为体育产业、体育旅游。

合，在引导群众健康生活、扩大内需、拉动消费等方面进行积极探索，为全省高质量发展建设共同富裕示范区积极贡献体育力量。

一　浙江省体育产业发展现状

（一）体育产业规模持续扩大

全省体育产业总规模从2015年的约1508亿元增长到2022年的4648.28亿元，增加值从2015年的约464亿元增长到2022年的1444.11亿元（见表1），增速远高于同期全省GDP增速，增加值占全省GDP比重从2015年的1.08%上升到2022年的1.86%。[①]

表1　2022年浙江体育产业总规模和增加值及占比

单位：亿元，%

体育产业类别名称	总量		占比	
	总规模	增加值	总规模	增加值
体育管理活动	48.77	23.40	1.0	1.6
体育竞赛表演活动	8.29	3.80	0.2	0.3
体育健身休闲活动	153.52	97.12	3.3	6.7
体育场地和设施管理	37.78	17.14	0.8	1.2
体育经纪与代理、广告与会展、表演与设计服务	176.40	57.66	3.8	4.0
体育培训与教育	122.43	89.91	2.6	6.2
体育传媒与信息服务	173.86	76.22	3.7	5.3
其他体育服务	214.96	86.94	4.6	6.0
体育用品及相关产品制造	2978.48	693.00	64.1	48.0
体育用品及相关产品销售、出租与贸易代理	604.15	273.91	13.0	19.0
体育场地设施建设	129.65	25.02	2.8	1.7
全省体育产业合计	4648.28	1444.11	100	100

注：若总量与分量合计不等，是数值修约误差所致。

资料来源：《浙江省体育局2022年工作总结》，浙江省体育局网站，2023年2月28日，https：//tyj. zj. gov. cn/art/2023/2/28/art_ 1229262682_ 5073549. html。

---

① 数据来源于浙江省体育局。

（二）体育产品供给更加丰富

以健身休闲和竞赛表演为引领，以体育用品制造为支柱，体育场馆服务、体育教育培训、体育中介、体育传媒与信息服务共同发展的供给体系基本形成。浙江省体育局出台《浙江省户外运动发展纲要（2019—2025年）》，明确重点发展山地户外运动、水上运动、冰雪运动等6类户外运动，着力构建"两带三区四网"的户外运动总体布局。全域户外智慧信息服务平台和"政采云"体育装备馆等具有浙江标志的成果不断涌现。多地创新体育供地形式，不断提高体育场地设施建设水平和服务质量。冰雪运动广泛开展，2022年全省共有冰雪运动场所40家，其中滑雪场18家、滑冰场22家；2022~2023年雪季，全省冰雪运动场所参与运动人数近170万人次，营收超过4.5亿元。[1]

（三）体育市场活力不断增强

社会力量办体育取得突破性进展，民间投资体育产业热情高涨。2021年，浙江省共有体育产业法人单位4.1万家，其中企业36550家，占比88.7%；[2]浙江隐形冠军和行业"小巨人"企业层见叠出，以水上运动器材、户外运动装备、家庭健身设备为代表的体育用品市场竞争力明显增强。2023年国家体育总局公布体育领域国家级"专精特新"企业及制造业单项冠军企业名单，全省分别有7家、3家单位入选。[3]

专栏1　社会力量办体育的"温州模式"

温州作为社会力量办体育全国试点，承担为中国体育改革发展探路的重要使命。温州搭乘体育改革东风，在群众体育、竞技体育、体育产业等方面大胆探索、精准发力，率先走出了举国体制与市场机制相结合的新路子，打

---

① 《2022年浙江省体育场地统计调查主要数据》，浙江体育科学研究所网站，2023年4月24日，http://zjtks.tyj.zj.gov.cn/art/2023/4/24/art_1373454_58697294.html。
② 数据来源于浙江省体育局。
③ 根据国家体育总局公布的体育领域国家级"专精特新"企业名单和国家级制造业单项冠军企业名单整理。

造了中国体育改革的"温州模式"。

以前政府有多大力，体育就办多少事；现在是体育部门"放、破、扶、立"，释放社会活力。例如，奇特冰雪世界就是温州"社会力量办体育"改革的重要成果，它位于鹿城区滨江街道的污水处理厂屋顶东侧，占地面积40亩，建筑面积22000平方米，总投资额约2.2亿元，是华东地区规模较大的室内气膜冰雪场，也是温州探索城市土地空间分层供地的创新举措。该项目首创了市政公用设施上盖开发二次利用、社会资本投资建设运营的新模式。该项目正在着力打造华东地区唯一的集"滑雪、滑冰、冰壶、冰球、射击、射箭、攀岩、蹦床、地掷球"九大竞技体育项目于一体的体育综合体，形成以冰雪运动为主，涵盖室内冰雪运动项目及室外七彩滑道、冰雪研习中心、冰雪主题儿童娱乐中心等的城市冰雪世界。

资料来源：《勇立潮头 "社会力量办体育"之温州样本》，国家体育总局网站，2018 年 9 月 13 日，https：//www. sport. gov. cn/n20001280/n20745751/n20767239/c21615542/content. html。

（四）体育产业空间拓展，基础愈发夯实

为保障体育场馆设施建设，做好项目储备，打造体育产业空间，浙江省体育局靠前谋划、合理规划，率全国之先，出台《浙江省重大体育设施建设规划（2023—2027 年）》，为建设重大体育场地设施提供路径保障。近年来，浙江省体育场地空间稳步扩大。

截至 2022 年底，全省累计建成基层体育场地设施 7790 个，人均体育场地面积由 2017 年的 1.97 平方米增加到 2.79 平方米，经常参加体育锻炼人数占比由 2017 年的 38.1%增加到 43.4%，国民体质合格率由 2017 年的 92.2%增加到 94.2%；每万人拥有体育社会组织数量由 2017 年的 2.16 个增加到 2.93 个，体育社会团体获得民政部门 3A 及以上评级占比从 2017 年的 8%跃升到 55%。[1]

---

[1] 《浙江全民健身数据来了：最爱健身走，人均运动面积舟山最多》，"浙江日报"百家号，2018 年 3 月 2 日，https：//baijiahao. baidu. com/s? id = 1593800365226070570&wfr = spider&for = pc；《2022 年浙江省体育场地统计调查主要数据》，浙江体育科学研究所网站，2023 年 4 月 24 日，http：//zjtks. tyj. zj. gov. cn/art/2023/4/24/art_1373454_58697294. html。

专栏2 精细化布局公共体育设施，"嵌入式"体育场地盘活城市"边角料"

近年来，浙江城市化进程明显加快、群众生活水平明显提高，群众对美好生活的向往日益强烈。受制于土地要素紧缺，全省体育场地设施面临供给不足、功能不全、便捷不够、普惠不强等突出问题。对此，杭州于2022年印发《杭州市嵌入式体育场地设施建设三年行动计划（2022—2024年）》和《杭州市嵌入式体育场地设施建设导则（试行）》，创新推动嵌入式体育场地设施建设，盘活"金角银边"闲散资源、"见缝插针"加强设施供给、"变废为宝"优化资源配置，以嵌入式体育场地建设的"关键小事"，撬动全民健康的"头等要事"。力争经过三年努力，形成供给丰富、布局合理、功能完善的"10分钟健身圈"，切实为杭州争当浙江高质量发展建设共同富裕示范区城市范例提供共富样本。

通过创新空间布局、审批流程、技术规范，实施共商、共建、共治，引入数字赋能，杭州探索了体育公共服务供给的新模式。2022年，新建成以"三大球"、"三小球"和门球为重点的嵌入式体育场地设施2243片、78.9万平方米，覆盖全市所有乡镇街道。建成石德立交桥下篮球公园等数十个功能多样、广受欢迎的标志性项目。更多群众感受到身边的运动场馆这一"健康福利"。未来两年，杭州市计划新增嵌入式体育场地设施面积120万平方米以上，形成全域均衡、全龄友好、全民共享的嵌入式体育场地设施体系。

资料来源：杭州市体育局。

（五）体育消费日益增长

2022年全省人均体育消费支出达2834.82元，比2021年增长6.8%。[①] 宁波、绍兴、金华三地积极推进国家体育消费试点城市建设，2022年宁波市居

---

① 《释放全民健身活力，促进体育消费升级丨学习新思想 体育建新功》，"浙江融媒"微信公众号，2023年7月5日，https：//mp.weixin.qq.com/s?__biz＝MjM5NTA5NzgxOQ＝＝&mid＝2650 761592&idx＝2&sn＝3dd187100ef3232b9876be047050ebbd&chksm＝bef674cc8981fdda0d2c8815f590da045 42d8307691934bfb1c1760c8926f380990e8bea4173&scene＝27。

民体育消费总规模达 291.51 亿元，人均体育消费支出 3030.87 元，占全市居民人均可支配收入的 4.44%；[1] 绍兴市居民体育消费总规模达 163.47 亿元，人均体育消费支出 3053.76 元，占全市居民人均可支配收入的 4.6%；金华市居民体育消费总规模达 253.6 亿元，人均体育消费支出 3244.5 元，占全市居民人均可支配收入的 5.6%。[2]

专栏 3　大力发展赛事经济，做强亚运体育消费

体育消费是居民生活服务消费的重要组成部分，随着杭州亚运会的举办，浙江省体育消费步入发展快车道。2023 年以来，全省体育消费市场快速回暖。体育赛事火热，常常"一票难求"。全省各地掀起的滑雪热潮，持续为冰雪产业引流；义乌、诸暨、龙港、苍南等地的"村 BA""村超"座无虚席，基层运动迎来了办赛高峰；更多社会人士参与办赛，相继涌现不少老百姓喜爱的品牌赛事，让赛事经济走上了新发展道路。

2023 年 3 月，浙江省发布的《关于进一步扩大消费促进高质量发展若干举措》明确要求，发展赛事经济，鼓励发放亚运消费券，做强亚运体育消费。浙江鼓励各地发展赛事经济，全力办好杭州亚运会。推进马拉松、徒步、露营等新兴户外运动消费，发展帆船帆板、尾波冲浪、飞盘等时尚运动项目。浙江省把恢复和扩大体育消费摆在优先位置，增强体育消费能力，创新消费场景，释放消费潜力，更好满足人民群众对高品质生活的需要，推动社会高质量发展。

资料来源：浙江省体育局。

（六）体育产业综合贡献日渐凸显

亚运城市行动持续推进，体育赋能城市卓有成效。长三角地区体育一体

---

[1] 《人均消费 3030.87 元！2020 宁波居民体育消费调查报告出炉》，中国宁波网，2023 年 8 月 2 日，http://news.cnnb.com.cn/system/2023/08/02/030511170.shtml。

[2] 《我市居民体育消费最新调查报告出炉》，金华市人民政府网站，2023 年 8 月 24 日，http://www.jinhua.gov.cn/art/2023/8/24/art_1229160442_60254513.html。

化发展有序推进，浙江牵头举办长三角运动休闲体验季、中国·长三角国际体育休闲博览会和长三角体育产业高峰论坛，为长三角地区体育一体化发展贡献力量。运动振兴乡村稳步推进，打造登山、骑行、户外拓展、冰雪、水上、极限运动等主题明确的核心项目，先后培育省级运动休闲乡镇 42 个，其中正式认定 11 个。[①] 据不完全统计，2022 年浙江乡镇运动休闲收入达到 28.13 亿元，吸引运动休闲体验者 2218.66 万人次，累计带动就业 12.89 万余人。

专栏4　浙江省运动休闲乡镇创建工作成效显著

2017 年 8 月，浙江省体育局首次印发《关于开展省级运动休闲小镇认定工作的通知》，浙江开展运动休闲乡镇培育工作迄今已 6 年有余。截至 2023 年 8 月，全省已分 6 批遴选了 42 个乡镇纳入省级运动休闲乡镇培育体系。6 年来，"慢生活　快运动""有味道　有风情""领域细分　特色彰显"的运动休闲乡镇集群培育初显成效。分地市看，杭州与宁波数量领先，各有 10 个；湖州、金华各有 4 个；温州、嘉兴、绍兴、衢州、舟山、台州、丽水各有 2 个。

历经 6 年的持续投入，浙江省的运动休闲乡镇培育与创建走出了一条特色鲜明的产城融合之路，运动休闲乡镇之于新型城镇化、乡村振兴、共同富裕等顶层战略的落地价值日趋显现。当下，全省各地创建运动休闲乡镇热情高涨，"运动振兴乡村"已成为之江大地的标配。

资料来源：浙江省体育局。

二　浙江省体育产业工作举措

（一）扎实推进体育产业发展载体建设

争创国家体育产业基地，浙江省共有国家体育产业基地 42 个、国家体

[①] 《浙江运动休闲乡镇掌门人共话乡村振兴》，浙江省体育局网站，2023 年 6 月 26 日，https：//www.sport.gov.cn/n14471/n14482/n14519/c25733660/content.html。

育旅游示范基地 3 个。浙江省体育局联合省内高校、体育产业协会共同筹建体育产业创新创业协同中心，做大做强体育产业新型智库平台；联合省教育厅、团省委、省学联共同主办浙江省大学生体育产业创新创业大赛，联合省科技厅办好浙江省体育科技创新大赛。

（二）率先开展体育产业发展水平评估

浙江省体育局组织开展年度体育产业机构名录库核查和体育产业专项调查，进一步摸排体育产业行业范围。遵循科学性、全面性、可操作性等原则，构建体育产业发展评价指标体系，发布《浙江省体育产业发展指数报告》，从产业规模、产业效率、产业活力、产业贡献、产业基础 5 个维度评估各地市体育产业发展水平。

专栏 5　浙江省率先推出体育产业发展指数

2022 年 10 月，浙江省体育局发布《浙江省体育产业发展指数报告》，以评估各地体育产业发展水平。体育产业发展评价指标体系包含产业规模、产业效率、产业活力、产业贡献、产业基础 5 个一级指标，下设 15 个二级指标、24 个三级指标。指数来源为已公开数据，以浙江省 11 个地市 2018~2020 年相关统计数据为基础，构建浙江省体育产业发展指标体系，设计体育产业发展指数测量模型。

该指数能够全面体现浙江省体育产业发展质量，推动各地市体育产业高质量发展；通过该指数，可以发现本地区体育产业发展存在的问题短板，加快新旧动能转换，提高产业效能，激发产业活力。浙江省率先推出的体育产业发展指数，能够全面摸家底、查问题、找差距、对标杆、定措施，以有效识别、量化、测度体育产业发展水平，为打响"运动浙江"品牌，打造万亿体育产业金名片，继续发挥探路者作用，勇当改革排头兵。

资料来源：《浙江省体育局关于印发〈浙江省体育产业发展指数报告〉的通知》，浙江省体育局网站，2022 年 10 月 18 日，https://tyj. zj. gov. cn/art/2022/10/18/art_ 1229262678_ 5013622. html。

（三）扎实推进体育消费中心打造

浙江省消费专班办公室制定出台《关于培育和发展体育消费的实施意见》，即促体育消费"23 条"，通过培养运动健身习惯、打造各类体育综合体、加强青少年体育技能培训、举办赛事展会等措施，积极扩大体育消费和服务供给，激发体育消费潜力，扩大体育消费需求，提振体育消费信心。同时，深化"浙体云贷"金融产品创新，切实保障产业用地，加强权益保障，加大考评激励力度。浙江省鼓励各地发放消费券，体育类消费券发放总金额不少于 5000 万元。浙江省持续做好体育领域设备购置贷款贴息工作，加强金融机构对体育企业授信工作，2022 年共完成授信 37 亿元。① 深化"体育+互联网"融合发展，支持金华持续推进"运动银行"建设。指导宁波、绍兴、金华三地做好国家体育消费试点城市建设相关工作，发布居民体育消费调查报告。

（四）扎实推进"运动浙江、户外天堂"品牌建设

浙江省按照"以人为本、以找代建、最少干预、勾连成网"的建设思路，推进环浙步道建设。省级主环线约 2300 公里已全线建成，包括东线、西线、南线、北线，以及舟山、温州洞头两条海岛支线，共途经 10 个地级市 39 个县（市、区）。② 浙江省先后制定发布《"环浙步道"技术导则》、"环浙步道"导示系统、《公共健身步道技术要求》，形成一批步道建设成果；组织举办"环浙步道"·英雄帖活动，遴选 10 支队伍挑战 2300 公里"环浙步道"，最快完赛的杭州跑协战队历时 27 天顺利完成挑战。同时，浙江省组织开展"百村万帐"、十佳户外露营地评选系列活动，不断发掘户外运动潜力。

专栏6 浙江省 2300 公里"环浙步道"主线贯通

浙江省聚焦浙江"山道"自然资源，率先启动"环浙步道"建设工程，

---

① 数据来源于浙江省体育局。
② 《全民健身新场景 生态文明新画卷 建设"环浙步道" 助力乡村共富》，绍兴市人民政府网站，2022 年 11 月 1 日，http：//www.sx.gov.cn/art/2022/11/1/art_1462938_59386740.html。

编制《"环浙步道"总体规划》，以"体育+生态"为核心串联浙江域内原有的各种山水景观、古道村落及人文历史步道资源，为户外运动爱好者打造"山水间的运动之道"。2300公里主线的贯通标志着"环浙步道"建设取得了重要的阶段性成果，体育融合步道沿线的文化、休闲、娱乐等资源，打造出提升旅游特色、带动社会消费、营造产业场景、促进文旅体融合的新载体。"体育+"的经济模式，正逐渐成为拉动内需的新动力，这些山间"小道"将勾连四方，为浙江大花园建设添光增色。

浙江省绿水青山的自然资源非常丰富，群众体育运动、全民健身活动也如火如荼地开展，通过2300公里"环浙步道"主线，以户外运动这一形式将体育与自然结合起来，既体现了人与自然共鸣共生的健康和谐之美，也是对"绿水青山就是金山银山"这一重要理念的创新探索。

资料来源：《一场联动大直播，如何贯通2300公里环浙步道主线？》，浙江省体育局网站，2022年12月1日，https：//tyj. zj. gov. cn/art/2022/12/1/art_ 1347259_ 59062025. html。

专栏7 "百村万帐"——运动振兴乡村，体育助力共富

在露营消费供需两旺的环境下，"百村万帐"活动依靠自然资源禀赋发展户外休闲体育，将时下热门的休闲露营与户外运动、赛事、品牌深度融合。将乡村林地、荒坡、矿坑等闲置自然资源变为户外运动的新资产，把广大乡村变成天然运动场，在有风景的地方嵌入新经济，给都市人带来健康和快乐，给乡村带去人气和消费，打开运动振兴乡村的突破口，助力美丽乡村建设，实现"体育共富"。

"体育+露营"让户外运动从业者积极拓展露营形式、打造户外文化，让露营由休闲变运动、由打卡变生活、由度日变过夜、由活动变经济、由虚火变真火。通过"百村万帐"活动引入户外运动项目、俱乐部、冠军厨房、穿越乡村赛事等新业态，结合弓箭、棒垒球、足球、飞盘、智能骑行、蹦床、航模等多项赛事活动，以及悬崖速降、乡村市集等精彩内容，通过多方合作的形式落地一个点、激活一个村、打造一个产业，让矿山重现价值。"百村万帐"活动是乡村业态引流的新利器，是"两山"价值转化的新探索。

举办"百村万帐"活动的目的是带动浙江省户外运动产业链的上下游企业，通过这个 IP 探索经济复苏的新方式。未来，"体育+""露营+"的跨行业、跨领域融合方式将逐渐成为户外产业链发展的主流态势，"露营+户外运动""露营+赛事""露营+俱乐部"等共融的经济发展模式都将为乡村振兴、体育共富提供发展样本。

资料来源：《百村万帐首站在杭州余杭中泰街道紫荆村开帐》，浙江省体育局网站，2022 年 6 月 28 日，https：//tyj. zj. gov. cn/art/2022/6/28/art_ 1229560424_ 59055385. html。

（五）扎实推进数字体育产业工作

体育数字化是体育强省建设的核心动能和体育领域改革的核心载体，2021 年，浙江省体育局研究制定《浙江省体育数字化改革行动方案》，提出打造数字体育 2.0 版"三步走"工作目标，明确体育系统"1+4+X"数字化改革总体框架，全面推进体育数字化改革。随着一系列政策意见的出台，浙江省体育数字化改革取得长足进步，在政府采购、体育培训、高危项目安全监管等领域推行数字化改革。

专栏 8　浙江省"数字体育"工程——政采云体育装备馆

为进一步推进浙江省"数字体育"建设，打造"阳光体育"和网上体育商城，省体育局与省财政厅、省政府采购中心及政采云公司协同，依托政采云平台搭建体育装备馆。

一是通过政采云平台开放入围机制，打破市场壁垒，各体育装备生产企业都能平等进入政府采购和国企采购市场。借力政采云平台公开价格、良好质量和服务监管机制及真实诚信评价体系，营造公平的市场竞争环境。二是平台"单位直购""场内竞价"等创新交易机制提高了采购效率，节约采购成本。网上公开供应商及产品技术参数、价格和服务等内容，及价格比照监管等工具，让采购人有更多选择。标准商品库建设和大数据功能，让采购人可快速提取采购项目业务需求和产品技术参数，选择起来更方便自由。三是加强政府部门服务和监管。技术手段和平台各类规则配置，将原事前审批事项向事中、事后监管转变，有效落实"放、管、服""最多跑一次"的改革政策。平台各采购当事人的评价机制及信用数据让诚信产生价值，促进供采双方平等交易，引导各相关当事人诚实守信。平台预警体系对效能、价格、行为等异常事项进行事前预警和事中警示及事后追踪监管，加大监管力度，提高政府效能。四是搭建体育企业线上销售新渠道。"体育装备馆"专馆专用、工厂直采的模式，使得将全国乃至全球最优质的体育装备生产企业齐聚一馆成为可能，相当于为国内外优质体育装备生产企业提供了与采购单位"零距离"对接的平台，为体育装备生产企业搭建线上销售新渠道，有效减轻企业负担。五是探索数字体育采购的可行性。在浙江省体育装备馆的有益探索和经验积累下，后续开设了专为第19届杭州亚运会专项采购服务的"亚运馆"。在体育装备馆的基础上，以政府采购框架协议的运营思路规范场馆运营，为杭州亚运装备和服务采购的阳光、高效、便捷提供了良好的技术支撑和平台支撑，是数字体育采购为单一大型赛事服务的又一个成功案例。

目前，体育装备馆已覆盖浙江省全区划，其中包含125个政采区划和91个企采区划。上线商品类目600多个，覆盖70多个体育项目器材和体育行业服务（包含保险服务），涉及供应商106家，覆盖品牌300多个，商品数量4100多个，实现交易金额超4.5亿元（含亚运馆）。

资料来源：浙江省体育局。

专栏9 "浙里体培"浙江省体育培训监管服务平台

为响应国家"双减"政策，加强体育培训行业监管，2022年浙江省体育局建立了面向体育培训行业的一体化数字管理服务平台——"浙里体培"。"浙里体培"有三大功能。一是面向培训行业的"准入审核"平台。利用数字化手段，该平台可筛选出符合从业要求的机构和人员，确保整个行业的合法依规发展与基础服务水平提升。二是面向主管部门的"日常监管"手段。通过平台实现对机构、人员、办学场地、资金等要素的全方位监管，真正实现数字加持、数字赋能。三是面向企业和百姓的"服务发展"体系。用服务促发展，在平台上切实解决培训机构的经营难题，也让消费者获得完全真实、透明的行业信息，为推进"两个先行"、实现共同富裕贡献体育力量。

"浙里体培"数字平台创新亮点：一核心、二配套、四保障。一核心是以资金监管为核心。设立体培资金监管账户，按照"一课一销"的办法，有效实行体育类校外培训预收费监管。二配套分别是以"浙体云贷"和以"浙体云险"为配套，提升企业的金融运营能力和抗风险能力。四保障：一是以"机构白名单"为保障，做好"平稳转登"和"规范准入"工作；二是以"教练员从业证"为保障，通过统一换取"从业证"对全省体育教练员实现入库监管；三是以"体培合同范本"为保障，联合市场监督部门统一浙江省体育类校外培训服务合同范本，避免了霸王条款和以后的投诉合同纠纷；四是以"机构信用评价体系"为保障，结合白名单对机构进行信用评价，与监管平台进行信用功能叠加，处理好强规范与促发展的关系，进一步推进体育教培行业有序规范发展。

"浙里体培"系统架构：一舱、五库、三端、六场景。一舱就是"数字驾驶舱"，通过这个"驾驶舱"，可以非常直观地掌握了解培训机构、教学点、教练员、开设资金等有效数据，并根据这些数据使用云计算和大数据分析手段帮助改进管理方式，提供决策依据。五库包括四个数据库（机构库、教练库、场馆库和课程库）和一个评价库，这些"库"构成了为"驾驶舱"和应用平台服务的数据底层。三端是指政府端拥有全行业的完整数据库并对授课资金严格把控；企业端拥有各种合法线上申报体系，并可以通过平台实现自身展示和线上获客，同时享受一系列专项服务；消费者和从业者端则获得完全透明的信息和申诉通道，资金安全得到保障，并且可以通过自己的评价影响机构和教练员的评级评星。基于消费者和从业者的使用需求，"浙里体培"衍生出机构监管场景、教练员监管场景、体培课程场景、资金监管场景、场馆监管场景、反馈评价场景6个小切口场景。

资料来源：《"浙里体培"数字化平台提升体育类校外培训治理与监管水平》，国家体育总局网站，2023年11月7日，https：//www.sport.gov.cn/n20001280/n20067626/n20067861/c26937786/content.html。

专栏 10　浙江省游泳场所安全监管平台

浙江省游泳场所安全监管平台是浙江省级针对高危游泳运动项目进行的一次数字化改革管理提升的成果。该平台能够链接省、市、区不同管理行政区域范围互联互通的游泳场所安全管理数据。平台数据以游泳人员人身安全为核心，还囊括了游泳场地情况、泳客数据情况、泳池环境监测、安全员监管、告警事件统计等实时数据。不仅能够动态管理游泳场所安全情况，还能够基于此开展浙江省内各地市对于游泳安全管理的量化指标竞赛，加强各地市对于高危游泳项目安全的重视。在出现告警事件时，平台将通过自动化推送的方式触达游泳馆管理方以及区主管部门，加强事件处理有效性，形成游泳场所安全保护的数字化闭环。

该平台采用"AI 安全眼"防溺水创新系统，依托浙江省内体育科技企业在 AI 领域的自主创新能力进行创新研发。目前该系统已经在浙江省黄龙体育中心包玉刚游泳馆、西湖文体中心游泳馆、人大附中游泳馆、莱茵游泳馆、大关游泳馆、上城文体中心、阿里中心游泳馆落地试点，后辐射至省外，如成都猛追湾游泳中心、成都锦江公园水井坊游泳馆、日照体育中心游泳馆（原世锦赛场馆）陆续完成部署并使用。

该系统作为我国在"AI+体育领域"的一大创新应用，在防溺水领域实现了全球领跑，已经获得美国发明专利，证明了浙江体育科技产品在全球范围内的引领性。

资料来源：浙江省体育局。

三　未来浙江省体育产业发展思路

（一）提升体育产业竞争力，打造现代化产业体系

促进体育制造业转型升级，加快探索智能制造、大数据、人工智能等新兴技术在体育制造领域的应用，加快培育 2 家国家级体育制造业单项冠军、5 家国家级"专精特新"企业，打造一批 10 亿级先进体育制造业集群。加大水

上运动器材、户外运动装备、家庭健身设备等浙江明星产品的宣传销售力度，做大做强浙江省体育制造业品牌。鼓励社会力量投资、建设和运营体育公园等设施，出台创建体育服务综合体指引，建设10个以上体育特色鲜明、经济效益良好的体育服务综合体。推进体育服务业集聚发展，打造具有文化内涵的体育服务品牌，鼓励体育服务企业发展平台经济、分享经济、体验经济。

（二）支持培育体育企业，激发产业主体新活力

着力培育优势体育企业，持续跟进体育领域设备购置贷款贴息工作，用足用好省级体育产业发展资金，鼓励各地设立体育产业发展资金，规范省级产业资金的使用，做好金融机构对体育企业授信工作。规范壮大体育培训产业，编制出台《浙江省体育类校外培训机构管理办法》《关于加快推进体育类校外培训机构"白名单"评估工作的通知》等政策文件。加快推广"浙里体培"监管平台，开展全省体育类校外培训监管与服务平台推广部署；加快体培机构规范准入审核，利用"浙体云贷"支持体育培训行业纾困解难。进一步完善政府采购云服务商圈，推广"政采云"体育装备馆。充分发挥省体育产业联合会服务企业的"领头羊"作用，举办"百村万帐"、浙体产业沙龙、百家体育企业走进地方等活动，办好浙江省体育产业精英培训班，定期发布《浙体产业周刊》，开展浙江省体育产业领军人物评选。

（三）加强产业平台建设，打造产业发展新高地

支持符合条件的地区、单位、项目争创国家体育产业基地，加强国家体育产业基地的日常监管，发挥好国家基地示范引领带动作用。推进国家体育消费试点城市建设，认定一批省级运动休闲基地，开展体育服务综合体等级认定。提升运动休闲乡镇建设质量，认定一批省级运动休闲乡镇，举办运动振兴乡村高峰论坛，推动体育元素更好融入乡村，建成一批体育特色鲜明、产业融合、产村融合、城乡融合的体育特色村庄，形成体育助力共富的小镇经验。组织参展中国国际体育用品博览会、中国体育文化博览会·中国体育旅游博览会等。

（四）深挖户外运动潜力，聚焦产业发展新未来

持续推进"运动浙江、户外天堂"品牌建设，构建具有浙江特色的"两带三区四网"户外运动发展新格局。加快推进"环浙步道"建设，落实省政府为民办实事举措，谋划"环浙步道"系列赛。重点推动"体育+旅游""体育+科技""体育+会展"项目发展，办好浙江省户外运动大会、浙江省运动休闲旅游节、长三角运动休闲体验季、长三角国际体育休闲博览会等活动、展会。积极争创国家体育旅游示范基地，开展省级运动休闲旅游示范基地、精品路线和优秀项目评选。推进山地户外运动、水上运动、航空运动、冰雪运动等时尚体育项目产业化，支持露营、飞盘、橄榄球等新兴项目发展，鼓励各地建设汽车摩托车运动场地、汽车自驾运动营地和房车露营地。

（五）夯实体育产业基础，增强产业发展新动能

建立完善体育产业统计体系，联合省统计局发布体育产业统计公报。构建动态更新的体育产业机构名录库，开展体育产业重点行业监测。强化体育产业人才培养，与在浙高校共建高水平体育产业学院。鼓励龙头企业联合高校、科研院所成立体育职业技能提升机构，培育一批产教融合型试点企业，创建一批体育实验实习实训基地，认定一批体育人才培养示范机构，做大做强体育产业新型智库平台。加强高危体育项目经营场所监管，组织开展全省夏季游泳场所、冬季冰雪运动场所安全专项检查，全面推进游泳场馆智能安全服务平台应用。坚决打赢重大安全生产风险防范化解主动仗，实现"遏重大、降较大、保安全"目标。

四 浙江省体育产业未来展望

（一）发展理念

补短板与锻长板齐头并进。破解长期制约全省体育产业发展的瓶颈问

题，着力补齐影响产业高质量发展的关键短板。充分发挥比较优势，加快布局面向未来的要素资源，围绕重点体育产业链、龙头企业、重大投资项目等，寻求关键突破，推动重点领域形成规模效应和比较优势。

强供给与扩需求共同发力。充分发挥政府的重要作用，进一步放权力、建规范、搭平台，激发体育产业发展活力与潜力。推进需求侧改革，把握社会、市场、居民体育需求的新变化，引领、创造、满足新需求。

重创新与立标杆相辅相成。继续探索体育体制机制创新，推动体育产业创新驱动、结构调整、动能转换。加快推动体育产业转型升级，提升产业整体竞争力、辐射力、影响力，为全国乃至全球体育产业发展提供浙江经验、浙江样板和浙江方案。

惠民生与促发展相得益彰。牢固树立以人民为中心的发展思想，完善体育产业为民生服务的长效机制，最大限度满足人民日益增长的体育健康需求。高质量促进体育产业发展，充分发挥产业对社会进步和城市发展的持续催化作用，培育经济发展新动能。

（二）发展愿景

形成更多具有浙江辨识度的发展成果，建设数字体育创新发展示范区、全域户外运动示范区、亚运遗产综合利用示范区、时尚体育消费中心和智能体育制造中心，形成"三区两中心"体育产业发展格局，打造全国体育产业高质量发展标杆省。

产业规模跃上新高度。体育产业总规模和增加值年均增长 12% 以上，到 2025 年体育产业总规模达到 5000 亿元，体育产业增加值在 GDP 中的占比超过 2%，体育服务业增加值占体育产业增加值比重达到 60% 以上。[①]

体育消费迈入新阶段。到 2025 年，全省体育消费总规模超过 2000 亿元，人均体育消费支出超过 3000 元；体育消费基础更加扎实，全省经常参加体育

---

① 《"十四五"浙江省体育产业发展规划（征求意见稿）》，浙江省体育局网站，2021 年 4 月 24 日，https://zjjcmspublic.oss-cn-hangzhou-zwynet-d01-a.internet.cloud.zj.gov.cn/jcms_files/jcms1/web2485/site/attach/0/29e4bdd81fed432686 e4d79a21105c3f.pdf.

锻炼的人数比例达到 43.5% 以上，人均体育场地面积达到 2.8 平方米。[①]

产业品牌形成新典范。到 2025 年，每年举办 10 项以上国际高水平体育赛事，累计培育 100 项品牌赛事。共获评 30 个以上国家体育产业基地、项目或单位，培育体育上市公司、省级运动休闲基地和体育示范企业 120 家以上。[②]

到 2035 年，体育产业的辐射和带动效应更加显著，体育产业总规模突破 1 万亿元，增加值占全省 GDP 比重达到 3% 以上，成为全省经济中的支柱产业。

（三）重点工程

1. 数字体育创新发展工程

加强智能技术应用，深化数字科技类企业和体育行业合作，实现运动场景感知化、运动体验数据化、运动展示互动化、运动社交情境化。建立浙江省体育产业数据统计分析中心。搭建体育产业单位名录库、品牌赛事库、人才管理库、重大项目库和国外体育产业动态信息库。优化服务平台，完善浙江省体育公共服务管理应用系统和"政采云"体育装备馆。梳理形成体育数字化改革的重大需求清单、跨场景应用清单、重大改革清单，率先探索体育数字化改革标准规范体系。

2. 智能体育制造平台建设工程

建立智能体育装备公共技术服务平台，提供传统制造业智能化改造"问询"服务，满足家用健身产品、户外用品、可穿戴式智能设备、运动鞋服等领域的中小微体育企业智能研发需求。支持行业龙头企业牵头组建企业共同体，打通从基础技术研究、应用研究到孵化中试和产业化的创新链条，

---

① 《"十四五"浙江省体育产业发展规划（征求意见稿）》，浙江省体育局网站，2021 年 4 月 24 日，https：//zjjcmspublic. oss-cn-hangzhou-zwynet-d01-a. internet. cloud. zj. gov. cn/jcms_files/jcms1/web2485/site/attach/0/29e4bdd81fed432686 e4d79a21105c3f. pdf。
② 《"十四五"浙江省体育产业发展规划（征求意见稿）》，浙江省体育局网站，2021 年 4 月 24 日，https：//zjjcmspublic. oss-cn-hangzhou-zwynet-d01-a. internet. cloud. zj. gov. cn/jcms_files/jcms1/web2485/site/attach/0/29e4bdd81fed432686 e4d79a21105c3f. pdf。

培育1～2家"体育装备+工业互联网"标杆企业。

3. 体育场地设施提升工程

完善村（社区）、乡镇（街道）、县（市、区）和市级各类体育场地设施建设标准，提高人均体育场地面积。在杭州每个县（市、区）建成1个以上亚运主题公园，每个乡镇（街道）建成1公里以上亚运慢行道。统筹规划社区体育场地设施布局，鼓励通过非标准场地建设或集中建设的方式，打造城市社区"10分钟健身圈"。加快农村健身设施提档升级，梯次推进体育进农村文化礼堂，高质量实现行政村体育设施全覆盖。开展足球场地建设专项行动，支持浙江绿城足球学校、浙江毅腾足球俱乐部等训练基地的改扩建和新建工程，加快桐庐女足训练基地扩建工程。推进社区配建足球场地设施，形成多层次足球场地供给体系。

4. 品牌赛事培植工程

培育品牌体育赛事，发挥《浙江省重点培育品牌体育赛事名录库》示范引领作用，加强赛事文化挖掘与宣传推广，编制示范案例，2025年品牌赛事达到100项。建立体育赛事品牌认证制度，通过优化赛事服务保障、赛事营销推广、优先给予赛事专项资金补助等形式提供相应支持。制定年度赛事活动计划，公布赛事活动资源，通过市场交易方式确定办赛主体。建立多部门一站式赛事活动综合服务机制。建立品牌体育赛事评估体系，开发赛事引进决策评估系统，搭建赛事管理、评估、支持和赛事权益交易平台。

5. 户外运动提质工程

促进更多自然资源投入户外运动，分类制定浙江省允许开展的体育赛事活动目录。出台户外运动设施建设标准文件，规范建设要求，发布浙江省户外运动标识标牌。改进户外运动基础设施，统筹安排资金建设"环浙步道"系统，充分整合山路古道、绿道、健身步道、林道、防火道、户外穿越线路等资源，联通山上运动之道，实现省内闭环、省际畅通，到2025年建成1万公里步道；规划建设2000个户外运动点，建成向社会开放的航空运动场地100个、汽车自驾运动营地30个。发挥户外运动在拓展全域旅游中的作用，打造3～5个具有国际知名度的体育旅游目的地、10条国家级体育旅游精品线路、100条省级体育旅游精品线路。完善全域户外智慧信息服务平台,推动浙江省户外体育资源的整合与联动,强化平台运营和开源导流,与旅游、文化等相关行业数据联通共享。

参考文献

钟华梅、王兆红:《长三角区域体育产业分工与合作研究》,《中国体育科技》2021年第3期。

王钟云、张剑利:《健康中国背景下浙江体育产业高质量发展研究》,《浙江体育科学》2019年第3期。

沈克印等:《体育服务业数字化的价值维度、场景样板与方略举措》,《体育学研究》2020年第3期。

赵剑缘、赵轶龙、赵晚晴:《国家体育消费试点城市发展现状与推进策略——基于政策工具视角》,《体育文化导刊》2023年第1期。

《浙江省体育局关于印发〈浙江省户外运动发展纲要(2019—2025年)〉的通知》,浙江省体育局网站,2019年4月29日,https://tyj.zj.gov.cn/art/2019/4/29/art_1229134883_618511.html。

B.5
2022~2023年安徽省体育产业发展报告

朱雪梅　姜同仁　潘浩*

摘　要： 近年来，安徽省体育产业整体发展态势向好，体育产业持续助力经济发展。目前，安徽省体育产业规模持续扩大、结构趋于合理，产业融合向纵深推进；同时，各细分行业欣欣向荣，体育用品制造业再创新高、体育健身休闲业平稳增长、体育用品销售业势头强劲、体育场馆服务业稳步提升、体育传媒与信息服务业快速发展；此外，省内体育产业区域一体化发展趋势日趋明显，已形成较好的集聚和辐射效应。下一阶段，安徽省体育产业将主要围绕壮大市场主体、深化产业融合、优化产业布局、健全人才培养体系等方面破局，稳步推动体育强省建设，助力全省体育产业高质量发展。

关键词： 体育产业　区域发展　产业融合

　　2021年是"十四五"开局之年，安徽省继续深入贯彻落实《国务院办公厅关于促进全民健身和体育消费推动体育产业高质量发展的意见》《安徽省人民政府办公厅关于加快发展健身休闲产业的实施意见》《安徽省体育产业"十四五"发展规划》等文件精神，稳步推进"品牌引领、融合发展"

---

* 朱雪梅，安徽省体育局体育产业发展处副处长，研究方向为体育产业；姜同仁，清华大学博士在读，安徽财经大学教授，体育教学部主任，体育产业管理与发展研究院执行院长，研究方向为体育产业；潘浩，安徽省体育局体育产业发展处主任科员，研究方向为体育产业。

战略,逐步满足人民群众日益增长的体育消费多元需求,体育产业持续助力经济发展。

一 安徽省体育产业发展概况

安徽省多元主体主动作为,积极创新产业工作机制、高效利用互联网科技、推动产业协作发展、建设载体平台、加速供给侧结构性改革、激发体育消费,为体育产业发展提供强大动力,基本实现"量质同升"的预期目标。

(一)产业规模持续扩大

2021年安徽省体育产业危中求变、革新进程,全省大力开展"双招双引",建立体育领域投资调度机制,投入体育强省建设专项资金6000万元,全年完成体育领域投资54.8亿元。体育产业运行核心指标处于稳步回暖态势,产业加速转型、规模不断壮大。2021年全省体育产业总规模为1293.5亿元,与上年相比增长7.7%,占全国体育产业总规模的比重为4.1%;体育产业增加值为498.3亿元,同比增长8.0%。从行业构成看,2021年全省体育服务业总规模达668.5亿元,同比增长1.5%;体育制造业总规模为577.0亿元,同比增长16.3%;体育建筑业总规模为48.0亿元,同比增长3.2%(见表1)。①

表1 2020~2021年安徽省体育产业总规模

单位:亿元,%

细分领域	2020年	2021年	2021年同比增长
体育服务业	658.7	668.5	1.5
体育制造业	496.3	577.0	16.3
体育建筑业	46.5	48.0	3.2
全省体育产业	1201.5	1293.5	7.7

资料来源:国家体育总局、安徽省体育局、安徽省统计局。

---

① 数据来源于安徽省体育局、安徽省统计局。

（二）产业结构趋于优化

2021年"线上+"体育产业服务新模式获得新生，居家运动模式一定程度上激发了全省体育制造业的发展活力，呈现较快的恢复态势。2021年全省体育服务业增加值为321.2亿元，同比增长4.1%，占全省体育产业增加值比重为64.5%；体育制造业增加值为166.2亿元，同比增长16.5%，占全省体育产业增加值比重为33.4%；体育建筑业增加值为10.9亿元，同比增长6.9%，占全省体育产业增加值比重为2.2%（见表2）。整体来看，体育服务业与体育制造业均呈现一定上升态势，有力驱动体育产业高质量发展。

表2　2021年安徽省体育产业增加值结构

单位：亿元，%

细分领域	增加值	同比增长	占比
体育服务业	321.2	4.1	64.5
体育制造业	166.2	16.5	33.4
体育建筑业	10.9	6.9	2.2
全省体育产业	498.3	8.0	100

资料来源：国家体育总局、安徽省体育局、安徽省统计局。

（三）产业融合向纵深推进

近年来，安徽省深入推进"体育+"和"+体育"战略，依托资源禀赋，持续引入新技术、新模式、新手段，不断促进产业融合发展。一是"体育+旅游"激发新活力。安徽省体育局与省文旅厅密切配合，组织申报全国体育旅游产业基地，绩溪徽杭古道、滁州大墅龙山进入国家体育旅游示范基地大家庭，居长三角地区前列；黄山、安庆等地凭借深厚的体育旅游资源禀赋底蕴，积极打造山地户外、水上等各具特色的体旅项目，"体育+旅游"模式较成熟。二是"体育+健康"培育新动能。安徽省体育局配合省卫健委，参加生命健康产业专班工作，参与编制生命健康产业规划；重点支持中国科学院合肥物质科学研究院智能机械研究所编制《运动处方服务通用技术要求》，已通过国家体育总局组织的全国体育行业标准立项审查，在全国处于领先地位。三是"体育+文化"展现新气象。建成"奥运主题厅·许海峰"展厅，加大省体育博物馆开放力度，接待团队86个、3500余人次。省体育局加强与安徽广播电视台战略合作，安徽综艺·体育频道影响力不断扩大。四是"体育+冰雪"实现新发展。省体育局开展"迎接北京冬奥会—冰雪知识宣传进校园"活动，制作《冰雪知识宣传手册》，深入40所国家级冰雪特色学校，广泛开展冰雪运动宣传，营造热爱冬奥、参与冬奥、支持冬奥的校园氛围。广泛开展群众性冰雪活动，举办庆祝北京冬奥会倒计时100天系列活动和2022年安徽省全民健身欢乐冰雪季等活动，2021年共开展各类冰雪赛事活动180场，实现205万人次上冰雪，累计实现1000万人次上冰雪。[①]

（四）品牌建设已见成效

安徽省坚持品牌引领发展战略，坚持高站位谋划大发展，统筹加强体育产业品牌建设，持续扩大品牌影响力，不断提升品牌竞争力。一是推动区域品牌上质量。完善长三角体育全领域一体化协作机制，创新社会力量参与体育赛事的方式，协同沪苏浙体育行政部门，积极打造具有长三角地域特点、融合新技术的原创品牌赛事，培育长三角体育节、长三角绿水青山运动会、长三角武术网络邀请赛、长三角全民健身欢乐冰雪季等区域品牌赛事活动。牵头推动长三角体育产业一体化发展，谋划汽车自驾运动线路，培育汽车赛事品牌，打造全国一流汽车自驾营地集群。二是推进省级品牌上水平。以"健康安徽"为主题，深入开展全民健身进社区、进机关、进企业、进学校"四进"活动，培育"三山三江两湖"骑行赛、第八届茉莉花全民健身展示大

[①] 《安徽多举措推动冰雪运动进校园》，国家体育总局网站，2022年4月6日，https：// www. sport. gov. cn/n20001280/n20001265/n20067533/c24155636/content. html；《2022安徽省全民健身欢乐冰雪季正式启动》，安徽省人民政府网站，2022年1月21日，https：// www. ah. gov. cn/zwyw/jryw/554091681. html。

赛等品牌赛事，推动"四球一舞"业余联赛向基层延伸，广泛开展社区运动会。三是加快培育地方品牌上特色。天长全民健身"一镇（街）一品"活动、芜湖马灯、全椒"正月十六走太平"、桐城福塘三合龙舟会等一批健身品牌活动持续发力。把握全民健身新需求，利用智慧体育平台，打造线上与线下比赛相结合、全社会参与、多项目覆盖、多层级联动的群众体育赛事体系。

二 全省体育产业主要行业发展情况

全省体育产业发展态势总体向好，体育用品制造业再创新高、体育健身休闲业平稳增长、体育用品销售业势头强劲、体育场馆服务业稳步提升、体育传媒与信息服务业快速发展，行业发展呈现蓬勃态势。

（一）体育用品制造业发展持续向好

随着多重经济因素的推动，全省体育用品制造业不断向服务化延伸、"智能化"转型升级，产品品牌向多品类方向转型发展，体育骨干企业持续发力，呈现良好发展势头。企业营商环境不断优化，加快从生产制造向品牌营销、研发设计转型，个性化定制与柔性化生产等新模式不断涌现，有力促进体育用品制造业向服务化延伸与拓展。企业"智能化"转型升级趋势明显，一批发展较好的"皖字号"运动智能穿戴设备生产企业持续成长。体育用品品牌纷纷向多品类转型，抢占行业细分市场，产业集聚特征显著，涌现了无为、舒城羽毛球、界首渔具、定远球类等一批年产值过10亿元的体育生产企业园区，合肥华米、和县三才、潜山永大、望江申洲等一批产值过亿元的体育生产企业不断发展壮大。骨干体育企业激发制造业活力、塑造品牌形象、适应市场需求，持续提升技术装备水平，加快融合发展、创新发展步伐。2021年，全省体育制造业总规模达到577.0亿元，同比增长16.3%，增加值达到166.2亿元，同比增长16.5%，增势强劲。[①]

[①] 数据来源于安徽省体育局。

（二）体育健身休闲业稳步提升

近年来，体育健身休闲业作为直接对接广大群众体育需求的关键性产业，在新兴数字化技术的加持下，不断完善服务供给，激发全民健身新活力，满足人民群众日常追求美好生活的需要。2021年，安徽省成功举办中国黄山绿水青山运动会，创新设置绿水类和青山类比赛项目，涵盖龙舟、桨板、龙板、公开水域游泳、登山、徒步、越野、定向等9项户外比赛，吸引5000余人参赛；[①] 开展全民健身赛事活动，创新举办各级社区运动会，持续开展足球、篮球、乒乓球、羽毛球、广场舞等项目业余联赛；举办安徽省庆祝北京冬奥会倒计时100天系列活动和大众冰雪季活动，开展各类冰雪赛事活动180场，实现205万人次上冰雪；建成5个科学健身指导中心，在全国率先建设省级运动促进健康中心。2021年全省体育健身休闲业实现总规模91.7亿元，创造增加值47.4亿元，同比增长8.5%，体育健身休闲业呈现稳步增长的发展态势。[②]

（三）体育用品销售业表现强劲

全省体育产业政策红利释放、大众健身需求旺盛、信息化驱动等，催生销售方式朝全渠道、线上线下结合方向发展，体育用品销售业发展势头强劲。合肥、黄山积极做好国家体育消费试点城市建设工作，正式印发实施方案，合肥市发放体育消费券1000万元，有效激发体育消费市场活力。更多的人认识到健康、健身的重要性，对运动健身产生多元化需求，对体育消费也产生多样化诉求，有力促进体育用品销售方式融合创新，扩增销售平台；数字经济促进体育用品销售转型发展，大数据、云计算、物联网等新一代信息技术持续向体育用品销售领域渗透，企业集品牌、研发、设计、生产、经销于一体，加快布局全渠道融合发展赛道，体育用品销售业表现强劲。2021

---

① 《2022长三角绿水青山运动会在安徽黄山闭幕》，国家体育总局网站，2022年11月25日，https：//www.sport.gov.cn/n20001280/n20001265/n20067706/c24946934/content.html。
② 数据来源于安徽省体育局。

年安徽省体育用品销售业总规模和增加值分别达到 235.1 亿元和 115.7 亿元，占全省体育产业总规模和增加值的比重分别达到 18.2%和 23.2%。[①]

（四）体育场馆服务业平稳增长

近年来，安徽省体育基础设施规模不断扩大、公共服务水平不断提升，2021 年印发《安徽省全民健身设施补短板五年行动计划（2021—2025 年）》，切实扩大基础设施建设规模、推进体育场馆便捷服务全民健身需求，促进体育场馆服务业健康发展。截至 2021 年底，全省体育场地达到 19.22 万个，体育场地面积 1.44 亿平方米，人均体育场地面积 2.36 平方米[②]，同比增长 7.27%。芜湖繁昌区游泳馆、马鞍山花山区全民健身中心、宿州灵璧县体育馆、宿州萧县体育场、阜阳界首市体育公园等一批公共体育设施陆续建成，不断提升安徽省全民健身设施供给水平。2021 年，全省投入体育强省建设专项资金 6000 万元，有力引导体育场地设施项目发展。全省已有 62 个县（市、区）建成县（市）级"五个一"和市辖区"二个一"公共体育设施，农民体育健身工程实现行政村全覆盖。数据显示，2021 年全省体育场馆服务业总规模达到 25.5 亿元，同比增长 7.1%，呈现平稳增长态势。

（五）体育传媒与信息服务业持续发展

随着全民健身和体育强省战略持续推进，互联网技术赋能体育媒体，体育传媒与信息服务业保持良好发展势头。近年来，安徽省高度重视体育传媒与信息服务产业，强化平台建设、信息资源和赛事线上线下融合等，形成全媒体宣传大格局。随着大众消费方式的变化，全省云平台实现线上和线下的融合发展，"互联网+体育"迅速推进；充分开发信息技术，创建体育健康信息管理系统，推动多元化健康产业融合健全发展；创新利用平台开展广场

[①] 数据来源于安徽省体育局。

[②] 《2021 年安徽省体育场地统计调查数据》，安徽省体育局网站，2022 年 7 月 29 日，http://tiyu.ah.gov.cn/tyzh/tycy/tytj/121114951.html。

舞等各类体育线上比赛，形成线上线下融合发展的群众体育赛事活动组织模式；运用智慧体育服务平台，为群众提供便捷高效的体育场馆预订、健身场所查询、健身指导、赛事报名等服务；加强与安徽广播电视台、安徽新媒体集团战略合作，打造体育宣传新媒体阵地。2021年，全省体育传媒与信息服务业总规模和增加值分别达到46.1亿元和29.8亿元，占全省体育产业总规模和增加值的比重分别为3.6%和6.0%，展现新兴业态良好的发展潜力。①

三 安徽各地级市体育产业发展情况

（一）产业规模发展情况

2021年全省各市采取多元政策措施刺激体育产业发展，总体呈现良好的发展态势。2021年合肥、芜湖、阜阳、安庆的体育产业总规模均在百亿元以上，合肥市以298.0亿元稳居第一位，芜湖市和阜阳市分别以135.2亿元和105.8亿元位列第二、第三（见表3）。从增速看，2021年，亳州市、黄山市、淮南市体育产业总规模同比增速分别达到15.1%、13.2%、12.0%，位列前三，发展速度较快，产业活力不断增强。

表3　2020~2021年安徽省体育产业总规模排名前5地市

单位：亿元，%

地市	产业规模		2021年同比增长
	2020年	2021年	
合肥	266.5	298.0	11.8
芜湖	134.1	135.2	0.8
阜阳	98.4	105.8	7.5
安庆	102.9	103.0	0.1
滁州	78.5	85.9	9.4

资料来源：安徽省体育局、安徽省统计局。

---

① 数据来源于安徽省体育局。

（二）产业空间分布情况

全省三大区域体育产业均保持上涨趋势，皖中地区仍是全省最大基本盘，总规模占全省的42.1%，表现稳健。统计数据显示，2021年皖北地区体育产业总规模为391.6亿元，同比增长9.1%，增速最快；皖中地区体育产业总规模为544.9亿元，同比增长8.8%，规模位列第一；皖南地区体育产业总规模为357.0亿元，同比增长4.5%（见表4）。总体来看，皖中地区依然是安徽省体育产业高度集聚区，皖北地区呈快速追赶态势，皖南地区相对表现为低速发展状态。

表4　2020~2021年安徽省体育产业总规模空间分布情况

单位：亿元，%

区域	产业规模		2021年同比增长
	2020年	2021年	
皖北地区	359.1	391.6	9.1
皖中地区	500.9	544.9	8.8
皖南地区	341.5	357.0	4.5

注：皖北地区包括宿州、淮北、蚌埠、阜阳、淮南、亳州6市；皖中地区包括合肥、六安、滁州、安庆4市；皖南地区包括黄山、芜湖、马鞍山、铜陵、宣城、池州6市。

资料来源：安徽省体育局、安徽省统计局。

（三）热点区域发展情况

安徽省依托地域特点，积极响应国家区域经济一体化战略要求，充分调动体育产业发展资源，三大热点区域重点突出、特色鲜明，发挥了较好的集聚和辐射效应。安徽省依托区域特点和资源禀赋，积极对接国家发展战略和重点区域部署，推动三大热点区域体育产业集聚发展、特色发展。2021年，皖江城市带体育产业总规模达到847.8亿元，占全省体育产业总规模的65.5%；合肥都市圈体育产业总规模为838.4亿元，占全省体育产业总规模的64.8%；淮河生态经济带（安徽段）体育产业总规模为535.4亿元，占全省体育产业总规模的 41.4%。从增速看，2021 年皖江城市带体育产业总规模同比增长 6.7%，合肥都市圈同比增长 6.9%，皖江城市带和合肥都市圈呈现比翼齐飞的喜人形势；淮河生态经济带（安徽段）增速达到 9.1%，呈现较大的发展潜力（见表 5）。三大热点区域的体育产业总规模持续扩大，经济总量均呈上涨趋势。

表 5　2020~2021 年安徽省热点区域体育产业总规模

单位：亿元，%

区域	产业规模		2021 年同比增长
	2020 年	2021 年	
皖江城市带	794.7	847.8	6.7
合肥都市圈	784.3	838.4	6.9
淮河生态经济带（安徽段）	490.6	535.4	9.1

注：合肥都市圈包括合肥、淮南、六安、安庆（桐城）、芜湖、马鞍山、蚌埠、滁州；皖江城市带包括合肥、芜湖、马鞍山、安庆、滁州、池州、铜陵、宣城、六安的金安区和舒城县；淮河生态经济带（安徽段）包括蚌埠、淮南、阜阳、六安、亳州、宿州、淮北、滁州。

资料来源：安徽省体育局、安徽省统计局。

四　安徽省体育产业面临的发展困境

在国家政策和省政策支持下，安徽省体育产业的发展得到了社会的显著关注，"互联网+体育"的融合发展业态发展迅速，产业水平进一步提升。但由于区域体育产业发展环境、资源配置、融资渠道等多重因素的限制和影响，全省体育产业规模、产业布局、资源配置等仍有待提高与优化。

（一）产业经济贡献有待提升

由于安徽省体育产业发展起步较晚，产业整体规模相对较小，产业水平相对较低，空间布局有所失衡，制约了安徽省体育产业向支柱性产业迈进的步伐，产业经济贡献水平尚需进一步提升。数据显示，2021 年安徽省体育产业增加值占全省 GDP 的比重为 1.2%，与体育强省建设目标的实现还有不小的差距。《体育强国建设纲要》提出，到 2035 年体育产业成为国民经济支柱性产业。经过科学测算，预计到 2035 年，我国体育产业总规模占 GDP 的比重将达到 4% 左右。[①] 对比全国目标和规模，安徽省体育产业仍有较大的发展空间，更有较高的经济潜力需要激发。

（二）产业布局有待优化调整

国际体育产业发展经验显示，合理的产业布局是体育产业高质量发展的重要表征。总体而言，尽管安徽省体育产业布局有所优化，但仍存在一定的差异化问题。一是核心产业发展相对较弱。一般而言，体育竞赛表演业、健身休闲业等核心业态所占比重越大，则表明体育产业越发达。统计数据显示，全省本应处于体育产业核心位置的竞赛表演业增加值仅占 0.6%，健身休闲业仅占 9.5%，差距仍较为明显。二是行业高级化程度相对较低。2021 年，安徽省体育产业 11 个大类布局尚处于不平衡状态，其中体育用品制造业的增加值占全省体育产业增加值的 55.6%，与体育产业高级化的差距仍然较大。[②] 同时，体育用品制造业高端供给不足，缺乏核心竞争力，自主研发能力有待提升。

（三）产业资源有待合理配置

体育产业资源是体育产业发展的基础和条件，目前全省体育产业资源配置不合理问题较为突出。一是人力资本供应不足。人力资本是体育产业发展的根本保障，也是产业发展的重要推动力。经过多年的发展，尽管安徽省已经集聚了一定数量的高素质、复合型人才，但由于现实中人才流失、机构重组转型、历练成长慢等因素，体育产业高水平专业人才仍较为紧缺，产业整体发展水平不高、核心竞争力不强，体育服务业劳动生产力低下。二是专项资本引导不给力。资本之于产业，犹如血液之于人体，在产业发展中具有重

[①] 《体育产业力争成为国民经济支柱性产业》，中国政府网，2019 年 9 月 3 日，https://www.gov.cn/zhengce/2019-09/03/content_5426712.htm。

[②] 数据来源于安徽省体育局。

要作用。现阶段,安徽省尚没有稳定的体育产业引导资金,引导体育产业发展的资本支持较为薄弱。安徽省体育局出台的《关于促进社会资本投资发展体育产业的若干意见》等政策,鼓励社会资本投资体育产业,但社会资本投资热情仍不高,融资渠道相对较窄,与体育相关的民间组织、社会资本承办赛事、参与公共场馆运营还相对较少。如何在投资主体与产业间打通融资渠道、加大融资力度,形成供需流畅的资金链,让资本赋能体育产业健康发展,是安徽省体育产业发展面临的客观现实问题。

五　安徽省体育产业持续发展的建议

"十四五"时期,持续推动体育产业高质量发展、助力经济发展,已是时代使命。随着消费潜力持续释放,加快模式创新、产业融合、机制创新,构建现代化体育产业体系,夯实产业基础,将成为未来发展的新施力方向。

(一)壮大市场主体,充分释放产业发展活力

以体育产业高质量发展为目标,加快建立"一核引领、多元协同治理"发展模式,形成政府引导,市场企业、社会组织及居民大众协同的新局面。一是强化政府引领作用,激发市场主体活力。政府是影响体育产业发展的关键因素,在发展过程中扮演着维护秩序的规范者、产业健康发展所需政策的保驾护航者等角色,做好统筹协调及监管工作,将部分体育产业资源分配职能下放,激发市场主体的参与积极性和主动性,从而实现政府引导、市场决定、社会参与的协同治理发展模式。二是培育多元市场主体。支持壮大骨干企业,支持优秀企业上市融资;培育中小微体育企业,不断拓展与扩大体育市场,满足大众体育消费需求,形成规模庞大、不容忽视的整体合力,推动体育产业发展;发挥体育社会组织作用,承接政府公共体育服务事项,实现"基层自治"功能,更好发挥政府的服务职能。

（二）深化产业融合，打造产业发展新业态

随着数字经济深入发展，体育产业与相关产业融合催生众多新业态，已成为拉动经济增长、推动体育产业向前发展的新增长极。一是充分利用区域体育产业资源，促进体育产业多业态融合发展，挖掘自然地理优势资源、地方特色文化资源、健身娱乐资源等，形成"体育+文化""体育+旅游""体育+休闲"等多种形式，释放区域产业活力，形成产业间集聚发展格局，增强体育产业发展动力。二是加强政产学研用一体化发展，提高融合深度和黏度。政产学研用一条龙是推进产业融合发展的重要协同力量，政府、企业、高校、科研院所等各类主体加强沟通合作，实现多种资源的互通共享，从而为产业深度融合提供政策和智力等多领域的有效支持。三是跨域融合发展，抓住"融入长三角"战略机遇，充分利用区域体育产业资源，鼓励体育企业引入先进技术、设备，加强自主创新，研发出新的体育产品。不断探索和融入区域合作机制，激发市场主体活力，有效扩大内需，从而增强全省体育产业发展实力。

（三）优化产业布局，构建现代化体育产业体系

全面摸清体育产业布局特点，构建现代化体育产业体系，推动体育产业协调发展。一是提升体育产业全要素生产率，促进产业协调发展。体育竞赛表演业和体育健身休闲业作为体育本体产业的核心，需放在重点提升的位置，应着力壮大体育本体产业核心部门，重点关注体育产业 11 个大类中处于低发展水平的类别，提升体育产业全要素生产率，为体育产业高质量发展贡献"结构"红利。二是高质量发展体育服务业，促进体育用品制造业提质增效。体育服务业仍是"十四五"期间的发展重点，但并不意味着要一味提升服务业的比重，更不是用缩小制造业规模来凸显服务业发展的迅速。体育用品制造业产值比重的下降是创新带来的结果。体育用品制造业是整个体育产业的基石，要积极引入新材料、新技术，主动融入新功能，促进体育用品制造业转型升级，从而为体育服务业加速发展提供坚实后盾。

（四）健全人才培养体系，增加体育产业资源供给

人才是发展的根本，功以才成，业由才广。基于当前安徽省体育产业专业人才匮乏的现实，可以积极采取多重措施，引进、培养、吸引更多产业专业人才，弥补全省体育产业高质量发展的人才短缺现状。一是健全人才培养综合体系。依托传统特色学校、各级各类体校、专业化运动训练中心等，逐步完善人才"一条龙"培养体系，为体育产业发展提供人才基础。二是提高专业人才培养能力。依托财经类、综合类高校专业优势，建立更加多元的层次化人才培养体系，提升专业人才培养水平。三是加快推进核心业态人才支撑工程。重点开展对竞赛表演和健身休闲业管理人员、一线服务人员、专业技能人员和行业领军人才的培养培训，设立专项培养基金，搭建人才培养平台。吸引专业教练员投身核心业态，最大限度实现体育产业人才的供需均衡。

参考文献

吕风勇、邹琳华主编《中国县域经济发展报告（2020）》，中国社会科学出版社，2021。

黄海燕、康露：《新时代体育产业高质量发展的理论逻辑与实施路径》，《体育科学》2022年第1期。

姜同仁等：《中国体育产业发展回顾与"十四五"前景展望》，《天津体育学院学报》2022年第1期。

张瑞林、李凌、王恒利：《区域异质性视角下体育产业高质量发展的动力研究》，《武汉体育学院学报》2021年第2期。

王凯：《新时代体育治理体系与治理能力现代化建设的政府责任——基于元治理理论和体育改革实践的分析》，《体育科学》2019年第1期。

行 业 篇
Industry Reports

B.6

2022～2023年长三角地区户外运动
产业发展报告

李 刚*

摘 要： 当前，长三角地区户外运动产业蓬勃发展，户外运动业态体系日
臻完善，户外运动产业集聚效应日益显著，户外运动旅游持续开
发，户外运动品牌赛事更加成熟，户外运动市场主体不断壮大，
户外运动基础设施逐渐完善，山地户外运动产业、水上运动产
业、汽摩运动产业等户外运动产业加快发展。同时，长三角地区
户外运动产业在快速发展中也暴露出一些问题：户外运动设施短
缺，服务有效供给不足；自然资源开放有限，政策性瓶颈难突
破；户外救援有待完善，行业监管亟须强化；标准体系有待健
全，法律保障亟须加强。面对这些问题，长三角地区户外运动产
业亟须加强户外运动场地设施建设，加快户外用品制造业转型升
级，推动户外运动与其他行业融合发展，丰富户外运动产品供

---
* 李刚，博士，讲师，上海体育大学上海运动与健康产业协同创新中心，研究方向为体育产业。

给，培育户外运动市场主体，释放户外运动消费潜力，强化户外
运动服务支持。

关键词： 户外运动产业　体育旅游　户外项目

2022年11月7日，国家体育总局、国家发展改革委、工业和信息化
部等八部委联合印发《户外运动产业发展规划（2022—2025年）》，提
出"到2025年户外运动产业总规模超过3万亿元"的发展目标，户外运
动产业迎来新的发展机遇。户外运动产业是提供相关运动产品和服务的一
系列经济活动，是体育产业的重要组成部分。发展户外运动产业，对于激
发自然资源活力、践行"两山"理念、促进体育消费、满足人民日益增
长的美好生活需要具有重要意义。长三角地区作为中国经济发展最为活跃
的区域之一，具备丰富的自然资源和较发达的经济条件，并拥有大量户外
运动爱好者和参与者。户外运动业态涉及户外运动设备制造、户外活动组
织和俱乐部、户外运动培训教育等多个领域，可以拉动旅游、餐饮、住宿
等相关产业发展，户外运动的附加值为当地经济发展注入活力。本报告采
用文献资料、数理统计等研究方法，对长三角地区户外运动产业进行研
究，通过梳理户外运动产业发展成就，分析户外运动产业存在的问题，提
出针对性的路径建议，为长三角地区户外运动产业高质量发展提供政策
参考。

一　长三角地区户外运动产业发展现状

近年来，长三角地区户外运动产业蓬勃发展，户外运动项目不断向山水
陆空全域拓展，户外运动产业体系、产品体系不断完善，集聚效应和融合效
应日益增强，市场主体不断壮大，场地基础设施不断完善，逐渐成为长三角
地区经济增长的新引擎。

（一）户外运动业态体系日臻完善

在户外运动产业利好政策引导和市场力量创新驱动下，长三角地区户外运动产业增长迅速，业态体系不断丰富。经过多年的发展，长三角地区已初步形成山水陆空全覆盖的户外运动业态体系，以登山、徒步、骑行、露营、皮划艇、滑翔、滑雪、赛车、高尔夫、马术为代表的户外运动项目逐渐普及，山地户外营地、滑雪场、航空飞行营地、汽车自驾运动营地、公共船艇码头、攀岩场地等户外运动消费场景不断涌现，线上线下户外运动产品和服务供给日益丰富，为人民群众提供了丰富多样的户外项目选择。从具体项目来看，以骑行、徒步、登山为代表的传统户外运动项目参与人数最多，以飞盘、桨板、陆冲、腰旗橄榄球为代表的新兴小众项目增速更快。值得一提的是，精致露营作为微度假的一种形式，兼具运动、休闲、旅游和社交等多重属性，逐渐成为消费者周末娱乐、短途旅游的最佳选择，呈现需求旺盛、空间广阔、潜力巨大的市场态势，在户外运动中迅速兴起。

从业态来看，一方面，长三角地区户外运动会展业快速发展，上海慕尼黑体育及户外用品展览会、上海国际户外及运动用品展、COSP上海国际户外展、中国（上海）房车露营休闲运动产业博览会、"2022南京亚太户外用品展览会"、中国（合肥）房车露营大会暨休闲旅游装备展览会、长三角国际体育休闲博览会暨金华国际运动休闲博览会等户外运动大型展会相继举办，为国内外户外运动企业搭建了成果展示平台、项目服务平台、市场交易平台、资源共享平台，引领构建户外运动产业发展新格局。另一方面，户外运动与旅游、文化、健康、医疗、康养等产业的融合发展也不断加深，通过创新运用"体育赛事+休闲旅游""户外拓展+田园观赏""休闲体育+农业体验""户外+康养"等多种融合发展模式，衍生出户外康养类、户外旅游类、户外研学类、海洋运动旅游类和户外文化体验类等一系列户外休闲新业态。其中，宁波象山充分发挥"岛、礁、滩、湾、渔"等海洋资源，依托亚运会帆船中心、浙江省帆船帆板训练基地、

"阿拉的海"水上乐园和松兰山旅游度假区，以海洋时尚运动、滨海休闲度假、海上品牌赛事等为特色，着力打造船艇体验型、海岛度假型、户外运动型、海空联动型、滩地娱乐型等多款海洋运动产品，大力发展海洋运动旅游业。

专栏1 户外运动展览会

2023年6月30日至7月2日，ISPO Shanghai 2023第九届亚洲（夏季）运动用品与时尚展成功举办。展览会从露营生活、水上运动、城市运动、骑行、攀岩、车旅等运动生活方式出发，展览展示前沿潮流风尚、新品牌、新产品、新技术，将体育+旅游、运动时尚流行趋势、产业国际交流、品牌出海等热门话题以论坛、分享等形式呈现。全新打造的"ISPO体育公园"更是点燃了大众参与、全民运动的热情，为行业发展注入更多活力。展览会共吸引了来自395家参展商的511个国内外品牌，品牌数较上年增长50%；共计迎来40174名行业观众和运动爱好者，较上年增长100%。

资料来源：《圆满落幕！ISPO SHANGHAI 2023期待与君共谱新篇章》，ISPO，https：//www.ispo.com.cn/news/detail/9a6M2DM.html。

（二）户外运动产业集聚效应日益显著

以产业示范基地为代表的户外运动集聚区日益壮大，户外运动细分领域的市场份额不断扩大，户外用品制造与户外体验服务不断融合，呈现强大的规模集聚效应。一方面，体育产业示范基地建设是促进长三角地区户外运动产业集聚发展的重要抓手。2022年，国家体育总局认定7家国家体育产业基地、11家国家体育产业示范单位，以户外运动产业为特色的浙江省海宁市、安徽省青阳县入选国家体育产业基地，杭州千岛湖培生船艇有限公司、浙江云上草原旅游发展有限公司、安徽波动体育文化股份有限公司等主营户外运动业务的企业入选国家体育产业示范单位。另一方面，长三角地区户外运动产业在细分领域中占据龙头地位，呈现较强的规模效应。在赛车领域，力盛赛车拥有 18 项汽车运动赛事的运营权，承揽了世界房车锦标赛（WTCC）中国站和中国房车锦标赛（CTCC），成为汽车赛事资源垄断者之一；上海国际赛车场作为国内唯一 FIA 认证的 F1 规格赛道，先后引进 F1 大奖赛、WEC 世界耐力锦标赛、Moto GP、CTCC、China GT 等国内外一流汽车赛事，引进包括行业龙头企业——保时捷亚太赛车贸易（上海）有限公司在内的 20 家赛车企业入驻，成为赛车产业的集聚区。在户外运动用品制造与销售领域，牧高笛主营业务包括品牌运营与露营帐篷 OEM/ODM，帐篷及装备收入占总收入的八成以上，2021 年牧高笛的户外帐篷领域已经拥有 50%的市场份额，营收增速高达 90.03%。① 富阳—淳安户外产品制造区的皮划艇、赛艇、龙舟产销量占全国的 95%以上，永康户外用品制造区平衡车出口量占全国的 70%以上，宁海深甽镇享有"中国运动杖之乡"美誉，年产值占到全国同类产品总产值的 80%以上；② 共创草坪是全球生产和销售规模最大的人造草坪企业，专业从事人造草坪的研发、制造和销售，2022 年全球市场份额达 18%，产品畅销 140 多个国家和地区，产品铺设面积超过 4 亿平方米，是国际足联（FIFA）、国际曲棍球联合会（FIH）、世界橄榄球联合会（World Rugby）推荐的全球优选供应商。③

（三）户外运动旅游持续开发

户外运动旅游是融旅游、休闲、娱乐、文化为一体的新型服务产业，也是加快长三角地区体育产业互联互通、资源共享的有效途径。近年来，长三角地区积极打造体育旅游目的地和精品线路，向社会大众推广特色体育旅游

---

① 《露营还能火多久？》，东方财富网，2022 年 7 月 25 日，http://guba.eastmoney.com/news，002780，1209931151.html。
② 《浙江省户外运动发展的实践与路径研究》，浙江省体育局网站，2019 年 2 月 13 日，https://tyj.zj.gov.cn/art/2019/2/13/art_1622485_30206751.html。
③ 《共创草坪（605099）深度报告：海外需求逐步修复　全球龙头成长正当时》，新浪财经，2023 年 7 月 31 日，http://stock.finance.sina.com.cn/stock/go.php/vReport_Show/kind/company/rptid/744105780016/index.phtm。

项目，吸引更多游客参与户外运动，促进长三角地区户外旅游高品质发展。上海市松江区佘山国家旅游度假区、无锡市海澜飞马水城、南京市汤山温泉旅游度假区、苏州市太湖体育运动休闲小镇、宁波市东钱湖旅游度假区、湖州市莫干山国际旅游度假区、宣城市徽杭古道景区、滁州市大墅龙山旅游度假区、杭州市千岛湖景区先后入选国家体育旅游示范基地。沪苏浙皖三省一市的17个体育旅游精品目的地、9个体育旅游精品线路、16项体育旅游精品赛事和33个汽车自驾运动营地入选"2022年长三角地区体育旅游精品项目"。其中，安徽省黄山市共15个项目入选，占安徽省入选项目的56%，占长三角地区总入选项目的20%。上海海湾镇、佘山国家旅游度假区等作为精品旅游目的地，滴水湖、铁马生活城市骑行、金山城市沙滩等作为精品旅游线路被广泛推介。江苏省体育局与文旅部门密切协作，开发体育旅游资源，推出了赛事型、观赏型、休闲型、节庆型、数字型等众多体育旅游产品，拓展了一批水上、山地户外、冰雪、航空、汽摩等时尚运动项目，上线运行了江苏省体育旅游电子地图，推出了一批体育旅游示范基地、体育服务综合体、体育特色小镇。浙江省围绕"运动浙江、户外天堂"，制定了"户外+旅游"推进计划，将有条件的城市大型商场、景区、开发区闲置空间、体育场馆、美丽乡村连片建设成为体育旅游综合体，打造具有国际知名度的体育旅游目的地、体育旅游精品路线。安徽省建设了宣城徽杭古道、滁州大墅龙山体育旅游精品景区，打造了安徽徽州"一山一水一城"端午节自驾游线路、安徽皖南"川藏线"自驾游线路、安徽道源问道—中华传统文化研学之旅自驾游线路、安徽芜湖自驾体育旅游线路等一批体育旅游精品线路。其中，徽州"一山一水一城"端午节自驾游线路是集安徽地域文化、宗教历史、自然风光、自驾运动营地于一体的自驾游线路，途经齐云山风景区—自由家营地—徽州古城—新安江山水画廊—途居黄山露营地，串联安徽丰富旅游资源，成为促进安徽省体育旅游争强创优的重要内容。

专栏2　体育旅游电子地图

2023年，江苏省体育旅游电子地图正式上线运行。该地图较为系统地梳理了全省13个设区市的山地户外运动、水上运动、冰雪运动、航空运动等项目，对四大类61个点位进行了数字化展现，并重点介绍了江苏省21条体育旅游精品线路，为外地游客来苏"畅享体旅"提供一站式解决方案。江苏省体育旅游电子地图主要有三大核心亮点功能。一是智能搜索查找功能。根据用户输入的模糊/精准关键词，电子地图智能展示所在区域的体育旅游资源列表并进行准确定位，同时直接与用户手机自带地图关联，规划导航方便的出行路线。二是点位查阅分享功能。每个点位均配有情况介绍，让游客能够快速阅览点位信息，并可以分享给好友或朋友圈，方便结伴出游时规划行程。三是集中展示体育旅游资源功能。电子地图实现了全省体育旅游资源的"可看性"，提高了江苏体育旅游场所的知晓率和消费活力。

资料来源：江苏省体育局。

（四）户外运动品牌赛事更加成熟

户外运动品牌赛事是促进户外运动产业快速发展的首要抓手。近年来，在政府的大力支持下，长三角地区培育发展了一批具有区域影响力的户外运动品牌赛事。上海市体育局公布的2023年赛事计划显示，计划举办的111项赛事里，涉及户外运动的赛事多达38项，包括马拉松、公路自行车、铁人三项、越野跑、桨板、赛艇、滑板等。其中，上海马拉松、上海半程马拉松、环崇明岛国际自盟女子公路世界巡回赛、上海赛艇公开赛、上海10公里精英赛、高校百英里接力赛、中国坐标·上海城市定向户外挑战赛等户外运动赛事入选上海品牌赛事。在浙江，WTCR国际汽联房车世界杯赛（宁波站）、国际泳联10公里马拉松游泳世界杯赛（淳安千岛湖站）等顶级赛事长期落户，杭州马拉松获评国际田联银标赛事，环太湖国际自行车公开赛（湖州赛区）、柴古唐斯括苍越野赛等一批品牌赛事深受好评。在江苏，无锡马拉松、环太湖国际公路自行车赛、苏州吴中"环太湖"国际竞走多日赛、宿迁中国生态四项公开赛、泰州丝路骑行、连云港铁人三项、环南京自行车赛、盐城黄海湿地自行车等品牌赛事不断涌现。在安徽，以合肥国际马拉松、黄山国际登山大会、黄山（黟县）国际自行车公开赛、长三角汽车（房车）集结赛、长三角绿水青山运动会为代表的户外精品赛事影响力不断提升。其中，黄山市打造了以中国黄山登山、骑行、论剑、越野、水上五大自主品牌精品系列赛事为引领，50余项群众性户外运动精品赛事为支撑的户外运动赛事体系，形成了"一县多品""市有精品"的户外运动品牌赛事发展格局。此外，随着长三角地区体育产业一体化的纵深推进，长三角体育节、环意 RIDE LIKE A PRO 长三角公开赛、不止骑·环长三角自行车赛等品牌赛事，"桨下江南"水上马拉松等户外运动品牌赛事的区域影响力不断提升，其中，不止骑·环长三角自行车赛沿线途经江苏、安徽、浙江、上海三省一市，将自行车运动与长三角的特殊地形、优美风景相结合，在推广自行车运动以及促进长三角地区体育产业一体化发展等方面发挥重要作用。

专栏 3　户外运动品牌赛事

黟县是古徽州"一府六县"之一，是古徽商聚集地和徽文化发祥地，有"中国明清古民居博物馆""中国传统文化的缩影"美誉，世界文化遗产西递宏村即位于其境内。黄山（黟县）国际自行车公开赛是"中国体育旅游十佳精品赛事"，也是国内举办历史最悠久的自行车赛事。该赛事以"骑行画里乡村·感受创意黄山"为主题，包含山地车赛和公路车赛两个赛事组别，每个组别的路线都串起了黟县著名景点，比赛共吸引国内外自行车选手 1700 余人。

资料来源：《第十八届中国黄山（黟县）国际自行车公开赛开赛》，中国新闻网，2023 年 3 月 26 日，https://www.chinanews.com.cn/ty/2023/03-26/9978960.shtml。

（五）户外运动市场主体不断壮大

户外运动相关企业是户外运动产业高质量发展的重要市场主体，随着户外运动产业的快速发展，长三角地区户外运动企业快速成长壮大。尤其是《户外运动产业发展规划（2022—2025年）》发布以后，社会资本投资户外运动的热情高涨，一大批优秀企业迅速壮大。在浙江，以牧高笛、泰普森、华鹰船艇、飞神房车等为代表的户外用品制造企业在业内占据领先地位，涌现安吉云上草原、胡润山浩户外运动基地、象山东旦时尚运动海滩、久祺国际骑行营、温州瓯歌云顶运动休闲园等深受群众喜爱的户外运动精品项目。在江苏，共创草坪、四方游泳、扬州金泉、阿珂姆野营、泰州润元户外等企业不断成长壮大，其中，2022年登陆主板的扬州金泉是国内领先的户外用品制造商，也是国内第二家专注于帐篷生产的上市公司。扬州金泉主营户外用品的研发、设计、生产、销售，2022年前三季度公司营收同比增长54.44%至8.61亿元，在户外用品制造领域具备较强的市场竞争力和发展优势。①阿珂姆野营是扬州市一家专门从事户外产品研发、生产的企业，是国内最大的户外运动服装鞋帽、户外野营帐篷、军用帐篷、野营睡袋、户外运动背包及户外运动装备的生产和销售企业之一，先后入选2020年"江苏省体育产业示范单位"、2021年"江苏省文化和旅游装备技术研发中心"、"江苏省企业技术中心"及"扬州市认定服务型制造示范企业"。在上海，上海凤凰、力盛体育、上海和汇集团等企业领路各自赛道。其中，力盛体育作为国内赛车运动第一股，是一家以赛事运营为核心、赛车场和赛车队为载体、汽车活动推广业务为延伸，为客户提供汽车运动全产业链服务的体育服务企业，2022年前三季度主营收入达1.45亿元；上海和汇集团是摩托车头盔制造行业的"领头羊"，也是世界摩托车越野锦标赛（MXGP）的运营商，公司年投入研发资金约占营业收入的5%，获得专利66项，并参与摩托车乘员头盔国家标准的制定。在安徽，在广阔市场前景和示范企业的带动下，伯希和、波动体育、安庆永大体育、安徽福斯特渔具等优质户外市场主体迅速成长。2023年，伯希和在

---

① 《扬州金泉（603307）研究报告：国内领先的户外用品制造商》，未来智库，2023年3月6日，https：//www.vzkoo.com/document/20230306ebc09b8d2a8aa6e9022a6597.html？keyword=%E6%89%AC%E5%B7%9E%E9%87%91%E6%B3%89。

安徽证监局办理辅导备案登记,拟首次公开发行股票并在深交所上市。该公司定位为高端品质户外生活方式品牌,2022年的营收超5亿元,其中,PELLIOT品牌电子商务板块营业额稳居国内户外类目前三、国际户外类目前五。[①] 波动体育是中国田径协会认证的马拉松赛事专业运营公司,业务涵盖马拉松赛事运营、体育赛事承办、体育文创产品、体育服务综合体运营、体育融媒体中心、体育培训等,16年来共承办包括6项马拉松金牌赛事在内的百余场马拉松赛事,并成功运营"美好安徽马拉松系列赛"这个省级赛事IP。

(六)户外运动基础设施逐渐夯实

近年来,长三角各省市依据区域资源禀赋特征,出台专项政策,大力推进户外运动场地布局建设。安徽出台了《安徽省汽车自驾运动营地发展规划(2018—2025)》;浙江出台了《浙江省航空运动产业发展规划(2021—2025年)》《浙江省马拉松及相关运动发展规划(2021—2025年)》《浙江省水上运动产业发展规划(2021—2025年)》,江苏省出台了《江苏省加快发展山地户外运动产业行动方案》,这些政策文件提出了要利用湿地、山地丘陵、森林、江河湖海、山体等自然资源优势,加强登山健身步道、房车户外营地、徒步骑行服务站、航空飞行营地、汽车自驾运动营地、运动船舰码头、滑雪场等户外运动配套设施建设,科学规划户外运动设施空间布局,建立"点、线、面"立体、多元的户外运动基础设施体系。在现有体育基础设施中,以上海滨江步道、宁海国家登山健身步道、苏州环古城河健身步道、广德国家登山健身步道等为代表的步道体系为户外运动产业发展提供了有力保障。值得一提的是,江苏省大力推进森林步道建设,现已建成36条森林步道,全长超过290公里,森林步道建设列入2022年和2023年的年度民生实事项目、十大重点任务、百项重

---

① 《安徽伯希和——晒出来的IPO》,新浪财经,2023年8月11日,https://finance.sina.com.cn/jjxw/2023-08-11/doc-imzfvqmt5634814.shtml。

点工作，江苏省政府提出了建成总数超过100条、总里程超过500公里的森林步道建设目标。① 随着露营经济的兴起，长三角地区山地户外营地、航空飞行营地、滨海度假营地、汽车自驾营地等多元化露营地的建设热度不断提升、规模不断扩大。安徽省拥有中国汽车摩托车运动协会授牌营地65个（含星级营地8个），汽车自驾营地数量居全国第二位、长三角地区首位；拥有黄山宏村航空飞行营地、池州九华航空飞行营地、巢湖团山航空飞行营地、合肥骆岗航空飞行营地和蚌埠蓝天航空飞行营地等一批国家体育总局航管中心、中国航空运动协会授牌的国家"航空飞行营地"。此外，长三角三省一市建设完成或已经启动建设浙江象山亚帆中心、耀雪冰雪世界、合肥冰雪运动中心、昆山滨江公园捷安特骑行驿站等一批运动船舰码头、滑雪场、骑行驿站。

专栏4　户外运动营地

途居黄山露营地位于安徽省黄山市，是我国最具规模与特色的露营产业综合体之一，入选"国家体育产业示范项目"和国家首批体育"五星运动营地"，被国家体育总局认证为"中国五星级汽车自驾运动营地"，入选"长三角最佳汽车运动营地"和2020年"安徽避暑旅游目的地"，获评"安徽省省级体育产业示范项目"和"中国定向公开赛最具影响力赛区"等。途居黄山露营地目前拥有营地房车209辆、自驾房车营位200个、自驾车停放车位近1000个，以及有380间客房的高档商务旅游酒店。途居黄山露营地结合原生态自然风光和营地文化特点，打造最美、最具规模、最具运动特色的标杆营地。

资料来源：《典型案例｜户外运动休闲空间型体育服务综合体——途居黄山露营地》，华奥星空网，2021年9月23日，https：//www.sports.cn/cydt/tycg/2021/0923/391049.html。

———————————

① 《什么是森林步道？》，江苏省林业局网站，2023年5月10日，http：//jsf.jiangsu.gov.cn/art/2023/5/10/art_88448_10888862.html。

二 长三角地区户外运动重点产业发展现状

（一）山地户外运动产业迈上新台阶

山地户外运动产业是以自然山地环境为载体、以参与体验为主要形式、以促进身心健康为目的，向大众提供相关产品和服务的一系列经济活动，主要包括登山、徒步、露营、骑行、自然岩壁攀登、定向与导航等项目。近年来，长三角地区山地户外运动产业发展迅速，山地户外运动的产品和服务覆盖面、市场认可度得到较大的提升，山地户外运动项目也得到较好的普及，山地户外运动产业逐渐成为推动长三角地区经济社会发展的重要力量。上海艾博思川力、上海团胜、上海博华国际展览等山地户外运动企业发展势头良好。江苏省高度重视山地户外运动产业的功能与价值，江苏省体育局印发《江苏省加快发展山地户外运动产业行动方案》，通过打造"四带两圈"山地户外运动空间、加快山地户外运动智慧化转型、提升山地户外运动器材装备制造水平、推进山地户外运动场地设施的集约型建设等方式，加快江苏省山地户外运动产业内涵式发展。浙江省通过充分整合省域范围内既有山路古道、景区游步道、绿道、健身步道、林道、防火道、户外穿越线路及部分县乡村共同道路等资源，将区域内山水资源、体育资源、景区景点、古道村落、人文历史等串联贯通，形成了乡村步道产业经济带。安徽省把发展山地户外运动产业作为体育产业转型升级的重要抓手，依托黄山、天柱山等生态人文环境和资源优势，积极培育山地户外运动项目，重点打造"山地户外休闲度假胜地"，形成了包含登山、骑行、越野等多种活动的山地户外运动休闲体系。

专栏5 "环浙步道"系统

浙江步道建设一直走在全国前列。早在2009年，宁海县就逐步建成了覆盖县域的500多公里登山步道，年均参与步道运动人数逾300万人次，培育壮大了 250 余家户外用品制造企业，吸引了 30 余家户外运动俱乐部、5家体育旅游公司落户，成为全国步道经济发展的示范和标杆。2016 年，浙江省开始系统谋划"环浙步道"项目。2020 年，浙江省正式启动"环浙步道"项目建设，取得了初步成效。2021 年，省体育局与中国登山协会就打造环浙江国家步道签署合作协议，提出先行先试、建设国家步道示范区目标。到 2025 年，浙江将建成总里程为 10000 公里的"环浙步道"系统，通过"环浙步道"建设，将全省步道"串珠成链"，推动全民健身发展，同时助力乡村振兴，让"健身小路"成为"康庄大道"。

资料来源：《浙江加快推进"环浙步道"建设工作》，国家体育总局网站，2023 年 1 月 9 日，https：//www.sport.gov.cn/qts/n4990/c25089859/content.html。

（二）水上运动产业扬起新风帆

水上运动产业是以海洋、江河、湖泊为载体，以竞技、休闲、娱乐、探险、旅游为主要形式，向大众提供相关产品和服务的一系列经济活动，是健身休闲产业的重要组成部分，主要涵盖帆船（板）、赛艇、皮划艇（激流）、摩托艇、滑水、潜水（蹼泳）、极限（冲浪、漂流）等项目。长三角地区水网稠密、湖泊众多，并有着独特的水乡风光，具备发展水上运动产业的天然条件。近年来，随着《水上运动产业发展规划》的出台，长三角地区水上运动项目普及度显著提升，依托江河湖海举办的水上运动赛事逐渐增多，初步形成了赛事表演、教育培训、旅游体验、设施建设与装备制造等业态体系。上海赛艇公开赛、上海帆船公开赛、上海苏州河城市龙舟国际邀请赛、"苏河湾"上海桨板公开赛、扬州七河八岛帆船赛、全国动力冲浪板联赛、全国电动冲浪板公开赛、中国家庭帆船赛、长三角水上运动节、长三角城际龙舟大赛、长三角地区公开水域游泳邀请赛等品牌赛事陆续举办，国际知名赛事引进与自主品牌赛事创办齐头并进，初步形成了有长三角特色的水上运动赛事引领模式。水上运动装备制造业较为发达，其中，浙江中亚实业有限公司是专业的游艇码头、摩托艇码头、水上乐园等水上项目工程承包商，公司的水上工程案例遍布全国各地，数量已超过 500 个，产品外销至巴西、俄罗斯等众多海外市场；浙江一苇智能科技是知名电动冲浪板制造商，公司研发出国际上第一款能够达到国际摩联规定的动力板赛事准入速度的 EWAVE 电动冲浪板，已成为国家体育总局战略合作伙伴。水上运动与相关产业融合不断加深，水上文旅业态崭露头角。其中，上海旗华水上工程建设股份有限公司是水上文旅全产业链供应商和服务商，形成了咨询、规划、设计、研发、投资、生产、建设、运维一站式水上文旅服务的核心竞争力，创造了 2 项吉尼斯世界纪录，获得了 140 项专利；杭州淳安依托千岛湖丰富的山水文化资源，聚焦帆船、帆板、尾波冲浪、水上飞人等 12 个大类前沿运动项目，因地制宜发展水上运动、农文旅研学等多样化、个性化旅游产品，打造"水上运动+民宿旅游+文化旅游"新模式。此外，长三角水上运动培训业也独具特色，长三角培训机构主要有上海桨板训练中心、苏州剑鱼皮划艇俱乐部等。其中，苏州剑鱼皮划艇俱乐部是华东地区成立较早的休闲皮划艇俱乐部，至今已接待海内外皮划艇爱好者及游客 30000 余人。

专栏6　上海水上运动场

上海水上运动场坐落在淀山湖东北，主航道长 2250 米、宽 150 米，水深 3 米，设赛艇水道 6 条、皮划艇水道 9 条，是国内一流水平的水上训练基地，被亚洲赛艇联合会认定为东亚规模最大、设备最先进的水上训练、比赛场地。上海水上运动场是符合国际 A 级标准的船艇比赛场地，可承办世界级大型赛艇和皮划艇比赛。近年来，上海水上运动场根据日益发展的水上运动业务需要，对水域部分的消浪设施、阿尔巴诺系统、航道码头、移动发令塔等，陆域部分的艇库、停船坞、竞赛中心、主看台等进行了综合改造。此外，按照国际赛联的要求，赛区还新建了场地的安全监控系统、计时系统、夜间照明系统以及对赛事核心区域进行了无线 Wi-Fi 覆盖，完全满足国际赛联的办赛需求。

资料来源：《上海市水上运动场建成 40 周年！》，腾讯网，2023 年 9 月 7 日，https：//

new. qq. com/rain/a/20230907A04RO200. html；《服务为先，保障有力——基地中心全力保障 2020 年全国赛艇锦标赛》，上海市体育局网站，2020 年 11 月 27 日，https：//tyj. sh. gov. cn/jcxx/20201127/3a80a2f1dbd04ea4ae3b11fd211a9718. html；《赛艇全国锦标赛上海落幕：国家集训队参赛，备战东京奥运》，澎湃新闻，2020 年 11 月 20 日，https：//www. thepaper. cn/newsDetail_ forward_ 10069065。

（三）汽摩运动产业提升新动能

汽摩运动产业是以公路、汽摩营地、赛车场等运动空间为载体，以汽车、摩托车自驾运动参与体验为主要形式，向大众提供相关健身休闲产品和服务的经济活动的集合，包含汽摩运动竞赛表演活动、汽摩健身休闲活动、汽摩自驾露营地建设与管理、运动休闲车制造等业态。长三角地区作为我国汽车产业的核心集聚地，汽车产业发达、交通基础设施完善，具有良好的汽摩运动产业发展基础。尤其是《长三角地区汽车运动产业发展规划（2020—2025 年）》的出台，确立了长三角汽车运动产业一体化发展体系，以赛车技术研发、赛车生产、汽车改装、汽摩培训、汽摩表演、汽车露营、汽摩会展等为核心的汽摩运动产业链条逐步完善，逐步形成了集汽车运动赛事节庆活动、体育旅游精品项目、汽车自驾运动营地建设、汽车运动与相关产业融合发展于一体的汽摩运动产业发展格局。目前，长三角地区赛车场地较为丰富，已经建成上海 F1 赛道、浙江国际赛车场、江苏万驰国际赛车场和芜湖红杨山赛车场等赛场赛道。在 2022 年长三角地区体育旅游精品项目中，苏浙沪皖 33 个中汽摩联 2021 年授牌汽车自驾营地入选长三角地区精品体育旅游汽车自驾营地，其中，安徽 15 个汽车自驾运动营地获授牌，数量居首位。中国汽车摩托车运动联合会公布的星级营地（2020~2022 年度）评选结果显示，途居黄山露营地、芜湖途居马仁山房车露营地、芜湖途居龙山露营地、徽州区谢裕大茶博园汽车自驾运动营地、南京汤山温泉房车营地、镇江途居圌山露营地、南通途居开沙岛露营地、扬州途居瓜洲露营地、常州太湖湾露营谷 9 个营地脱颖而出，这些营地依托当地特色的资源禀赋，以汽车运动作为建设主题，融合文化、旅游、科技、农业等业态，展示了汽车运动产业融合发展的新产品、新成果、新模式。长三角地区汽摩运动展览会发展迅速，中国（上海）房车露营休闲运动产业博览会、中国（合肥）房车露营大会暨休闲旅游装备展览会先后落地长三角，进一步促进了汽车运动产业的发展。此外，随着体育产业数字化转型加速发展，长三角地区也涌现了专门提供房车定制游的房车生活家平台。截至 2023 年 1 月，房车生活家平台共计拥有自营服务门店 45 家，覆盖全国 40 个重点城市，拥有房车 2000 台，占国内房车旅行市场近 70%的份额。①

三　长三角地区户外运动产业存在的问题

（一）户外运动设施短缺，服务有效供给不足

目前，长三角地区户外运动产业尚处于发展的初级阶段，在户外设施与产品供给方面仍存在诸多问题。一是户外场地设施短缺。户外场地设施是户外运动发展的基础条件。目前，长三角地区户外场地设施与需求之间存在巨大落差，场地设施与市场需求空间错位、项目基础设施及相关配套不完善、部分项目场地设施严重缺乏、场地设施选址不科学等问题较为突出。二是户外运动服务和产品有效供给不足。一方面，长三角地区缺乏中高端户外运动产品和服务，难以满足越来越多的游客对于户外运动体验性和品质性的需求；另一方面，由于入行门槛低、可复制性强，部分经营者简单复刻同行模式，户外运动产品同质化问题突出，千篇一律的户外运动服务模式无法激起顾客的消费欲望。

（二）户外救援有待完善，行业监管亟须强化

与室内运动项目相比，户外运动专业性强、风险高，易因天气、环境、设施和操作等因素影响而发生各种安全事故。完善的安全监管体系、安全救

---

① 《房车生活家——房车租赁的首选平台》，中华新闻网，2023 年 2 月 6 日，https：//henan. china. com/news/roll/2023/0206/022023_344868. html。

援体系是推进户外运动产业发展的重要保障。但实践中，长三角地区户外运动产业的行业规则尚不完备、安全管理体系仍不健全。一方面，部分开展户外运动业务的市场主体或社会组织对户外运动安全风险的重视程度不够，导致风险防范措施不足。部分户外运动指导员安全意识薄弱，缺少必要的安全培训，无法为户外运动参与者提供有效的培训与帮助。另一方面，对高风险项目的户外运动参加者资质审查、安全措施及项目的安全要求等行业规则仍有待进一步完善。此外，户外救援组织以公共安全部门为主，水陆空全方位的户外应急安全管理体制和救援服务体系有待进一步完善。

（三）标准体系有待健全，法律保障亟须加强

一方面，长三角地区户外运动行业运营尚缺乏统一的规范标准，虽然上海制定了《经营性帐篷营地建设与服务规范》《体育旅游休闲基地服务质量要求及等级划分》，舟山制定了《海岛休闲露营地建设与服务规范》，但整体来看，户外运动项目建设、运营与管理的标准仍然有待建立，户外运动项目培训标准有待完善，户外运动项目的资格认证标准与国际通用标准不接轨。目前，长三角地区户外运动教练水平参差不齐，装备器材、场地建设缺乏统一的规范标准，各类户外运动从业者也无法在明确的行业标准下规范运营。另一方面，长三角户外运动缺乏必要的法律保障，针对部分项目的行政执法力量相对薄弱，行政执法规范性有待提高。

四 长三角地区户外运动产业发展建议

（一）加强户外运动场地设施建设

长三角三省一市要积极贯彻落实《户外运动产业发展规划（2022—2025年）》，结合自身情况制定《户外运动场地设施提升行动工作方案》，促进各地户外运动场地设施的建设和使用。加快绿道、骑行道、健身步道、登山步道等建设，有机串联山地户外营地、航空飞行营地、汽车自驾

运动营地、运动船艇码头、自行车驿站、滑雪场等点状设施，密织全域覆盖的户外慢行系统。鼓励社会力量充分利用城市边角地、路桥附属用地、建筑屋顶等空间资源投资建设公园绿地、城市绿道等户外运动场地设施，合理布局运动角、运动驿站等设施，将户外场地设施融入城市整体功能，优化"犄角旮旯"空间品质，打造户外运动城市地标。绘制长三角地区户外运动电子地图，数字化统筹户外运动设施、项目、线路、活动等内容，整合户外运动信息发布、线路分享、安全提示、救援等功能，促进长三角全域户外运动设施串联互通。长三角各省市要大力开展户外运动场地设施示范工程，认定一批产业融合态势好、规模集聚效应强的户外运动场地设施示范项目。

（二）加快户外用品制造业转型升级

发挥长三角户外用品制造业集群优势，积极引进新兴装备制造和智能制造业企业，开发科技含量高、拥有自主知识产权的户外运动智能化产品。对接户外运动人群的消费需求，加强智能骑行、智能划船、模拟飞行等线上产品的研发与制造。推广柔性化制造，建设"一站式"智能户外用品制造服务平台，打通户外用品制造业"供、研、产、销"数据链，实现柔性化 C2M（用户直连制造）。聚焦发展户外休闲运动装备制造，培育一批高端户外运动装备知名品牌。鼓励户外用品制造企业延长产业链条，发展户外运动用品体验、户外竞赛表演、研学旅游、康养度假等产品。加快人工智能、工业互联网、物联网等新型体育基础设施建设，加强高端新材料、先进技术与设备在户外用品制造领域的应用，打造长三角高端户外用品制造业集群。

（三）推动户外运动与其他行业融合发展

实施"户外运动+"工程，重点推进户外运动与教育、旅游、卫生等相关产业融合，促进户外运动与文化、科技、养老、传媒、金融等互融互通。规划布局一批户外运动特色鲜明、体旅有机融合的体育旅游精品景区、精品项目和精品线路，以徒步、骑行、汽车自驾、航空运动等项目将湖泊、河道、海湾、湿地、水上乐园、海塘江堤、冰雪乐园、登山步道、自行车骑行道、健身休闲驿站、汽车露营地等各种资源"串珠成链"，开发景区风光带体育功能。加强户外运动与教育融合，鼓励和吸引教育机构投资开发集拓展训练、科普科考、文化体验、自然探险于一体的户外研学品牌，培育户外运动教育与培训产业。推动户外运动与医疗、卫生、养老等产业融合，开展户外运动健身指导、慢性病运动干预、运动康复训练、健康养老等多样化运动健康服务，发展户外运动康复产业。推进户外运动消费场景与乡村旅游、休闲农业等融合，大力发展生态户外运动、绿色户外运动、低碳户外运动。

（四）丰富户外运动产品供给

科学编制长三角户外运动产业发展规划，推动自然资源向水上运动、山地户外、冰雪运动、低空运动、汽摩运动等开放，打造一批户外运动重点项目，形成人与自然和谐共生的户外运动发展局面。以政府引导、市场主导、全民参与为原则，构建户外运动产品多元主体供给模式，政府负责提供群众喜闻乐见的户外运动赛事活动，企业提供市场化程度高的品牌赛事与节庆活动。推动长三角体育节、业余户外运动联赛等户外运动赛事活动常态化发展，辐射带动更多参与人群。利用城市绿地、公园、广场等开展户外健身休闲活动，支持攀岩馆、滑冰场等开发户外运动室内培训和体验等产品。加强AR/VR、全息技术等智能技术应用，积极探索虚拟赛事新赛道，创建长三角标志性虚拟体育综合性赛事，纳入虚拟滑雪、虚拟骑行、虚拟水上、虚拟极限等运动，打造户外运动沉浸式体验空间。

（五）培育户外运动市场主体

实施重点户外运动品牌培育计划，强化分类指导、梯次培育和因企施策，支持户外运动企业融资、上市、拓展海内外业务，加强体育知识产权保护和开发，鼓励高科技、新经济企业和"独角兽"企业发展，建立重点户外运动企业全生命周期服务体系。建设中小微户外运动企业培育库，鼓励户外运动小微企业特色化发展、专业化运营、精细化管理，培育一批细分领域专精特新"小巨人"企业、"瞪羚"企业和"隐形冠军"企业，创造新颖、时尚、满足户外运动消费需求的产品。支持建立冰雪、水上、自行车运动等各级户外运动协会组织或俱乐部，充分发挥各级协会组织或俱乐部在营造氛围、组织活动、服务运动爱好者等方面的作用。

（六）释放户外运动消费潜力

发挥南京、上海杨浦、宁波、合肥等国家体育消费试点城市（区）的示范引领作用，将户外运动作为重要内容，打造户外消费新场景、新业态。鼓励发放体育消费券的地区将户外运动纳入使用范围，围绕户外运动消费建设数字人民币应用场景，推行运动银行户外运动消费模式，激发户外运动消费积极性。鼓励各地开展体育消费季、体育消费月活动，积极开办体育消费集市，营造户外运动消费氛围。加快培育文旅体消费场景，在文创街区、旅游景区融入更多体育内容、运动元素和消费业态，加快推动观光式、休闲型旅游向体验式、运动型旅游转变。鼓励商业综合体引入室内卡丁车馆、攀岩、体育主题乐园等潮流业态，发展体育主题乡村民宿、体育农家乐。大力发展周末、节假日和夜间体育经济，拓展沉浸式、体验式、互动式体育消费新场景。支持山地户外运动与美食餐饮、农事体验、文创设计、亲子互动、民宿度假等业态叠加，打造户外营地型体育消费（示范性）新场景。支持将低空飞行营地、汽摩运动营地打造成为新消费生态功能体。

（七）强化户外运动服务支持

一是加大户外人才培育力度。鼓励上海体育大学、南京体育学院、浙江师范大学、安徽师范大学等高等院校、高职高专开设户外运动产业相关课程，建立户外运动产业教学、科研和培训基地，创新户外运动产业人才培养模式，强化创新型、应用型、技能型人才培养。加强与国际户外运动组织、协会和企业的交流与合作，引育户外运动产业链领军人才，壮大高水平户外运动产业经营管理人才和高技能应用型人才队伍。二是加强户外运动安全防控。以长三角地区体育产业一体化为契机，完善户外运动项目安全监管制度，建立长三角跨区域工作机制，加强户外运动安全监管和日常监督。成立长三角户外运动协会联盟，制定和完善户外运动行业标准和相关制度，加强对新兴高危险性户外运动项目的引导与管理，推动提升户外运动产品和服务质量。鼓励户外运动产业运营方借助大数据技术和智能装备，开发电子化风险监控预警系统，实时监控赛事运营中的安全隐患。鼓励保险机构开发户外运动保险产品，户外运动项目经营者要为消费者购买相关安全保险。三是健全户外运动救援体系。加强户外运动救援队伍建设，加大民间公益救援力量的发展力度，鼓励组建户外运动救援志愿者队伍。强化应急培训、预警控制、救援演练等救援培训及演练工作，优化救援流程，应用科技提高救援效能，完善救援、医疗、运输一体化的户外应急救援服务体系，逐步建立健全综合救援机制。完善风险多发区域的安全警示标识信息，建立可提供自然环境预警、安全监测、紧急求救、救援协调等服务的户外运动应急救援信息系统。针对区域户外运动特色和需求，组织开展常态化区域性户外救援技能交流活动，积极推动户外运动救援国内国际交流，不断提升救援队伍理论和实操水平。四是健全户外运动产业标准体系。加快研制规范化、系统化、市场化的户外运动产业细分领域系列标准，重点推进户外运动场地设施建设、开放、管理和服务的地方标准制定，重点推进户外运动赛事活动管理、户外运动教育培训等相关领域标准的制修订，不断提升户外运动产品和服务质量。五是完善户外运动安全法律保障。长三角三省一市政府部门要高度重视户外运动安全管理问题，要紧密结合户外运动产业发展实际，提前做好户外运动产业发展的各种法律风险防范工作。各地政府要高度重视户外运动产业的相关执法工作，既要不断充实执法队伍，也应适时组织执法人员培训，充分掌握户外运动产业发展的执法依据、执法内容、执法程序等。针对高危险性体育运动项目，要建立执法检查的长效机制，督促户外运动产业经营场所严格遵守法律法规，及时排除整改户外安全事故隐患，为体育消费者营造安全可靠的户外运动环境。

参考文献

黄海燕：《新阶段、新形势：我国体育产业发展战略前瞻》，《上海体育学院学报》2022年第1期。

徐开娟、黄海燕：《长三角地区体育产业发展态势、经验与建议》，《中国体育科技》2019年第7期。

李刚、张林：《运动休闲特色小镇建设动力、模式与路径》，《体育文化导刊》2020年第9期。

周丽君、王琰：《自然保护地开展户外运动的国际经验与中国路径：人地关系协调视角》，《体育学刊》2023年第2期。

2022~2023年长三角地区体育用品制造业发展报告

徐开娟　王诗漫*

摘　要： 体育用品制造业是体育产业的重要组成部分，也是体育产业发展的基础。长三角地区体育用品制造业规模宏大、市场主体众多，具有突出的产业贡献和产业影响力。近年来，长三角地区体育用品制造业呈现明显的集聚发展趋势，产品高端化特征凸显，智能制造水平不断提升，绿色化转型成果显著。现阶段，长三角地区体育用品制造业存在产业集而不群、高端供给不足、创新驱动不强、转型动力不足等问题。鉴于此，提出加强支持引导、构建先进产业集群，推动企业转型升级、丰富高端产品供给，推动产品技术创新、加快企业智能升级，促进绿色体系建设、提升产业绿色化水平等举措，推动长三角地区体育用品制造业持续发展。

关键词： 长三角地区　体育用品制造业　上市公司

制造业是实体经济的主体，是供给侧结构性改革的重要领域和技术创新的主战场，制造业高质量发展是经济高质量发展的重要内容，是全面建设社会主义现代化国家的关键战略支撑。党的二十大报告也再次强调加快建设制造强国，推动制造业高端化、智能化、绿色化发展。体育用品制造

---

* 徐开娟，博士，复旦大学博士后，上海体育大学上海运动与健康产业协同创新中心副教授，研究方向为体育政策、体育产业管理；王诗漫，硕士，上海体育大学上海运动与健康产业协同创新中心研究助理，研究方向为体育产业。

业是我国制造业的重要分支，长三角地区体育用品制造业规模效应突出、市场主体活跃、资源要素集聚，在诸多细分领域建立竞争优势，未来长三角地区体育用品制造业实现高端化迈进、智能化升级、绿色化转型的目标，对我国体育产业高质量发展具有重要意义。基于此，本报告在分析长三角地区体育用品制造业发展现状基础上，进一步探讨现阶段体育用品制造业发展亮点与经验，在找准发展短板与问题、科学研判形势之后提出进一步发展举措，以期为长三角地区体育用品制造业和全国体育产业高质量发展提供参考借鉴。

一 长三角地区体育用品制造业发展现状

（一）体育用品制造业规模稳定增长

2021年，长三角三省一市体育用品制造业总规模达6331.87亿元，占全国体育用品制造业总规模的46.65%，占长三角三省一市体育产业总规模的48.87%；2021年三省一市体育用品制造业增加值为1502.23亿元，占全国体育用品制造业增加值的43.76%（见图1），占三省一市体育产业增加值的34.36%，相较于2019年涨幅达41.94%，2019~2021年增加值年均增长率为19.14%。

其中，江苏省保持规模优势，2019~2021年体育用品制造业规模均超过2000亿元，同时呈现稳步增长态势，2019~2021年体育用品制造业规模年均增长率为12.97%，增加值年均增长率为12.37%，增加值占比也以1.80%的年均速度增长；浙江省体育用品制造业的总规模和增加值在周期内实现快速增长，总规模和增加值分别由2019年的1493.78亿元和353.50亿元增长到2021年的2806.33亿元和678.03亿元，年均增长率分别达到37.06%和38.49%，增加值占比的年均增幅超过9%；上海市体育用品制造业总规模和增加值出现波动，2019~2021年总规模和增加值年均增长率均为负值，但2021年已恢复增长态势，当年体育用品制造业总规模和增加值分别为

319.61亿元和59.03亿元；2019~2021年安徽省体育用品制造业总规模和增加值整体呈现平稳增长趋势，年均增长率分别为0.26%和1.70%，尽管在2020年也出现下降，分别由2019年的574.00亿元和160.70亿元下降到2020年的496.30亿元和142.60亿元，但2021年也恢复增长，总规模和增加值分别达到577.00亿元和166.20亿元（见表1和表2）。上述数据显示，体育用品制造业已成为长三角地区体育产业高质量发展的核心动力和主导因素，也是我国体育用品制造业蓬勃发展的重要推动力量。

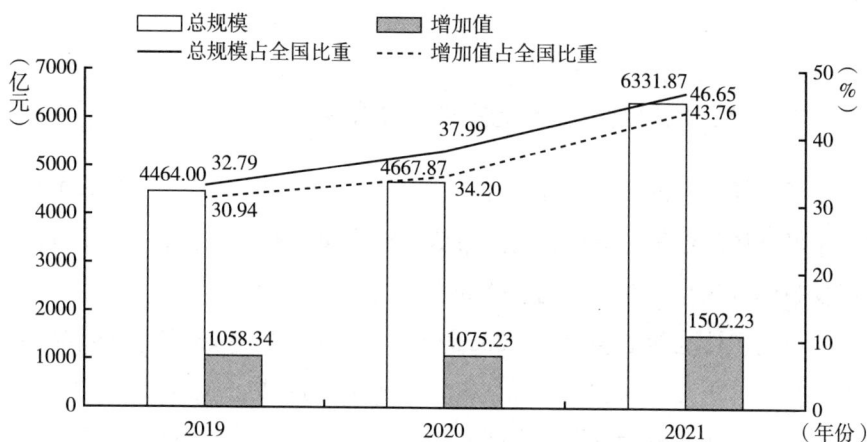

图1　2019~2021年长三角地区体育用品制造业总规模、增加值及占全国比重

资料来源：根据历年长三角地区三省一市统计局、体育局发布的体育产业统计数据整理。

表1　2019~2021年长三角地区三省一市体育用品制造业总规模和增加值

单位：亿元，%

年份	上海市		江苏省		浙江省		安徽省	
	总规模	增加值	总规模	增加值	总规模	增加值	总规模	增加值
2019	336.25	69.75	2059.97	474.39	1493.78	353.50	574.00	160.70
2020	304.84	51.96	2276.39	515.12	1590.34	365.55	496.30	142.60
2021	319.61	59.03	2628.93	598.97	2806.33	678.03	577.00	166.20
年均增速	-2.51	-8.00	12.97	12.37	37.06	38.49	0.26	1.70

资料来源：根据历年长三角地区三省一市统计局、体育局发布的体育产业统计数据整理。

表2　2019~2021年长三角地区三省一市体育用品制造业增加值
占体育产业增加值比重

单位：%

年份	上海市	江苏省	浙江省	安徽省
2019	12.5	30.2	41.8	36.7
2020	9.3	31.4	41.5	30.9
2021	9.9	31.3	49.8	33.4
年均增幅	-11.01	1.80	9.15	-4.6

资料来源：根据历年长三角地区三省一市统计局、体育局发布的体育产业统计数据整理。

（二）体育用品制造业市场主体蓬勃发展

市场主体是经济活动的主要参与者，是推动产业高质量发展的主导力量。市场主体的数量，上市公司的市值、营收和净利润等数据在一定程度上可以反映体育用品制造业市场主体的发展状态。

从市场主体的数量层面看，2022年长三角地区共有23家体育用品制造业上市公司（上海市5家、江苏省6家、浙江省11家、安徽省1家），占全国体育用品制造业上市公司数量的四成以上，占长三角地区体育上市公司数量的八成以上。长三角区域内拥有国家级体育用品制造业"专精特新"企业14家、国家级专精特新"小巨人"企业14家，分别占全国体育用品制造业"专精特新"企业数量的近三成、全国体育用品制造业专精特新"小巨人"企业数量的三成以上。可见，长三角地区的体育用品制造业市场主体在长三角区域内乃至全国范围内都占有重要地位。

从上市公司市值层面看，2022年长三角地区体育用品制造业上市公司中，姚记科技、波司登、春风动力和申洲国际4家企业市值超过百亿元，其中，申洲国际的市值已经突破千亿元（见表3）。市值是市场对公司经营状况、盈利能力、成长潜力、品牌形象和行业地位等综合因素的评定，市值越高则代表企业在行业内的地位和影响力越高，对资本市场投资者的吸引力就越强。

表3 2023年长三角地区体育用品制造业上市公司市值统计

单位：亿元

区域	公司名称	股票代码	市值
上海(5家)	姚记科技	002605	158.64
	荣泰健康	603579	28.98
	上海凤凰	600679	36.26
	中路股份	600818	52.66
	嘉麟杰	002486	24.46
江苏(6家)	金陵体育	300651	35.46
	共创草坪	605099	89.06
	泰慕士	001234	26.74
	康力源	301287	27.61
	波司登	03998. HK	334.69
	扬州金泉	603307	33.88
浙江(11家)	牧高笛	603908	31.64
	健盛集团	603558	30.56
	大丰实业	603081	69.02
	浙江自然	605080	42.67
	春风动力	603129	246.70
	钱江摩托	000913	94.31
	久祺股份	300994	36.78
	华生科技	605180	21.55
	申洲国际	02313. HK	1039.96
	浙江永强	002489	73.00
	浙江正特	001238	24.00
安徽(1家)	华米科技	ZEPP	5.36

资料来源：上市公司市值来源于新浪财经数据库和同花顺财经数据库，国内上市公司市值统计截止时间为2023年7月6日，华米科技市值统计截止时间为2023年9月10日，为0.73亿美元，按当日汇率转换为5.36亿元人民币。

从营收与净利润层面看，2020~2022年长三角地区23家体育用品制造业上市公司中，有19家企业的营收年均增长率为正。2022年长三角地区体育用品制造业上市公司实现企业营收总计1003.80亿元，比2021年（917.81亿元）高出85.99亿元；其中2020~2022年姚记科技、牧高笛、浙江自然等9家企业的营收年均增长率超过20%（见表4）。2022年长三角23家体育用品制造业上市公司实现净利润33.33亿元，较2021年有所下降（见表5，未获得申洲国际与波司登净利润的明确数据，未列入计算）。

表4 2020~2022年长三角地区体育用品制造业上市公司营业收入

单位：亿元，%

企业名称	营业收入			
	2020年	2021年	2022年	年均增长率
姚记科技	25.62	38.07	39.15	23.62
荣泰健康	20.21	26.13	20.05	-0.40
嘉麟杰	11.71	11.55	13.65	7.97
牧高笛	6.43	9.23	14.36	49.44
大丰实业	25.09	29.59	28.42	6.43
金陵体育	4.49	5.47	4.74	2.75
春风动力	45.26	78.61	113.78	58.55
浙江自然	5.81	8.42	9.46	27.60
共创草坪	18.5	23.02	24.71	15.57
浙江正特	9.1	12.4	13.82	23.23
华生科技	3.69	6.43	2.77	-13.36
上海凤凰	13.76	20.58	16.1	8.17
中路股份	7.34	7.22	9.27	12.38
浙江永强	49.55	81.51	82.19	28.79
泰慕士	6.94	8.69	7.42	3.40
康力源	6.75	7.02	6.07	-5.17
波司登	121.91	135.17	162.14	15.33
扬州金泉	5.97	7.76	11.28	37.46
健盛集团	15.82	20.52	23.54	21.98
钱江摩托	36.12	43.09	56.48	25.05
久祺股份	22.86	37.1	23.76	1.95
申洲国际	230.31	238.45	277.81	9.83
华米科技	60.81	61.78	42.83	-16.08

资料来源：企业营收根据同花顺财经数据库和上市公司年报整理，数据截止时间为公司的2022财年，2020~2022年华米科技营收分别为9.32亿美元、9.69亿美元和6.15亿美元，按当日汇率转换，2020年12月31日1美元兑人民币6.5249元、2021年12月31日1美元兑人民币6.3757元、2022年12月31日1美元兑人民币6.9646元，华米科技营收分别为60.81亿元人民币、61.78亿元人民币和42.83亿元人民币。

表5　2020~2022 年长三角地区体育用品制造业上市公司净利润

单位：亿元，%

企业名称	净利润			年均增长率
	2020 年	2021 年	2022 年	
姚记科技	10.93	5.74	3.49	-43.49
荣泰健康	1.93	2.36	1.64	-7.82
嘉麟杰	0.17	0.2	0.93	133.89
牧高笛	0.46	0.79	1.41	75.08
大丰实业	3.14	3.91	2.87	-4.40
金陵体育	0.3	0.26	0.38	12.55
春风动力	3.65	4.12	7.01	38.58
浙江自然	1.6	2.2	2.13	15.38
共创草坪	4.11	3.8	4.47	4.29
浙江正特	0.8	1.08	0.59	-14.12
华生科技	1.08	1.8	0.59	-26.09
上海凤凰	0.61	1.04	-3.08	—
中路股份	0.96	0.37	-0.76	—
浙江永强	5.3	1.25	2.17	-36.01
泰慕士	0.82	0.98	0.77	-3.10
康力源	0.93	0.78	0.84	-4.96
波司登	—	—	—	—
扬州金泉	0.6	1.01	2.39	99.58
健盛集团	-5.23	1.67	2.62	—
钱江摩托	2.4	2.38	4.18	31.97
久祺股份	1.57	2.05	1.68	3.44
申洲国际	—	—	—	—
华米科技	2.15	1.34	-2.99	—

资料来源：企业净利润根据同花顺财经数据库和上市公司年报整理，数据截止时间为公司的2022财年，华米科技 2020~2022 年净利润分别为 0.33 亿美元、0.21 亿美元和-0.43 亿美元，按当日汇率转换，2020 年 12 月 31 日 1 美元兑人民币 6.5249 元、2021 年 12 月 31 日 1 美元兑人民币6.3757 元、2022 年 12 月 31 日 1 美元兑人民币 6.9646 元，华米科技的净利润分别为 2.15 亿人民币、1.34 亿人民币和-2.99 亿元人民币。

　　长三角地区各省市体育用品制造业市场主体保持较好的发展态势。如2021 年上海市统计数据显示，2021 年上海市体育用品制造业企业数量为539 家，尽管相比 2019 年的 626 家减少了 87 家，并且 2019~2021 年上海体育用品制造业企业数量年均降幅达 7.21%，但是企业营收总体增长，由 2019 年的 223.01 亿元增加至 2021 年的 269.56 亿元（见表6），年均增长率接近 10%。再如安徽省着重发展运动智能穿戴设备、运动服装、羽毛球、滑板和渔具等细分领域，培养出了华米科技、安庆永大等一批"皖字号"体育用品生产企业，当前安徽省体育用品制造业拥有国家级专精特新"小巨人"企业 2 家、省级体育"专精特新"中小企业 12 家，并计划到 2025 年，培育出 1~2 家境内外上市（挂牌）的体育用品制造业企业。

表6 2019~2021 年上海市体育产业及体育用品制造业市场主体数量及营收数据

单位：家，亿元

项目	2019 年		2020 年		2021 年	
	单位数	营业收入	单位数	营业收入	单位数	营业收入
体育产业企业	22385	1952.73	28426	2107.85	29936	2390.95
体育用品制造业企业	626	223.01	633	210.78	539	269.56
体育用品制造业企业占比	2.80	11.42	2.23	10.00	1.80	11.27

资料来源：上海市体育产业工作报告。

（三）体育用品消费基础扎实

体育用品消费（包括运动服装和鞋帽、体育装备器材、智能体育装备与户外运动装备消费 4 项）是体育用品制造业发展和升级的原动力，消费者对体育用品的需求可以推动产业技术创新，体育消费数据能够从需求端有效反映当前体育用品制造业发展水平、指导未来发展方向。2021 年长三角地区 10 个国家体育消费试点城市（区）居民体育消费调查报告数据显示，居民体育用品消费仍占主导地位，10 个国家体育消费试点城市（区）的体育用品消费总规模为 936.33 亿元，占 10 个试点城市（区）体育消费总规模的 48.26%。从人均体育用品消费看，三省一市国家体育消费试点城市（区）的居民人均体育用品消费均在 1000 元以上，占人均体育消费的比重均超过 30%。其中，徐汇、金华、杨浦居民人均体育用品消费超过2000元，金华、合肥、杨浦、宁波、徐汇5个城市（区）的居民人均体育用品消费占比超过50%（见图2）。总体上看，体育用品消费在长三角地区试点城市（区）居民体育消费中保持绝对核心地位，体现出体育用品制造业拥有巨大的经济效益和市场空间。其中，运动服装和鞋帽消费是占比最高的细分项，试点城市（区）居民人均运动服装和鞋帽消费占人均体育用品消费的比重为45%~70%；户外运动装备消费是增速最显著的细分项，2020年仅有宁波市居民的人均户外运动装备消费超过200元，但2021年和2022年分别有4个和3个试点城市（区）居民的人均户外运动装备消费突破200元，2022年杨浦区、徐汇区居民的人均户外运动装备消费超过300元（见表7）。以消费指引生产，未来一段时间作为体育活动基础消费产品的运动服装和鞋帽依然是体育用品制造业的高地，但是随着都市露营和近郊露营的火热，居民对帐篷、睡袋、露营车、指南针/定位系统等体育用品的消费热情高涨，户外运动装备产业有广泛的上升空间和发展前景。

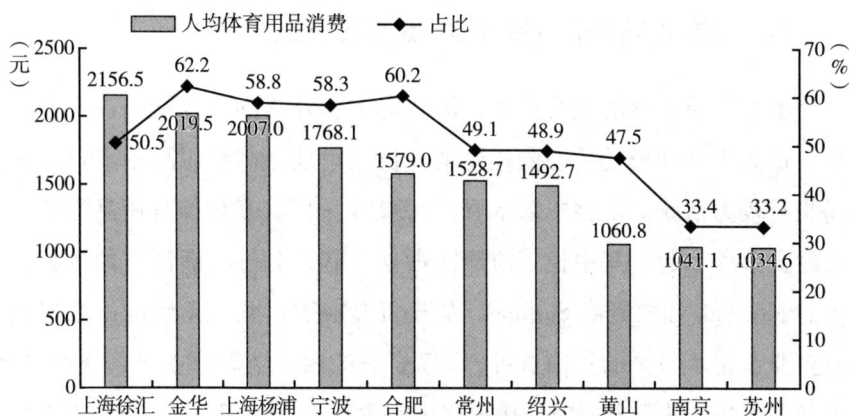

图2 2021年长三角地区国家体育消费试点城市（区）居民人均体育用品消费及占比

资料来源：2021年长三角地区10个国家体育消费试点城市（区）居民体育消费调查报告。

表7　2022年长三角地区国家体育消费试点城市（区）
居民人均体育用品消费细分项情况

单位：元

城市（区）	运动服装和鞋帽	体育装备器材	智能体育装备	户外运动装备
上海徐汇	1201.6	381.4	263.1	310.4
上海杨浦	885.3	379.6	391.0	351.0
南京	705.5	200.1	64.2	71.3
苏州	702.3	216.7	62.8	52.8
常州	877.2	311.7	166.7	173.1
绍兴	—			
宁波	1008.0	314.2	215.5	230.5
金华	1182.3	535.9	145.6	155.7
合肥	939.4	376.7	170.6	92.3
黄山	664.9	202.5	128.4	65.0

资料来源：上海市杨浦区、徐汇区，南京市、苏州市、常州市等9个城市（区）居民人均体育用品消费数据来源于2022年各城市（区）居民体育消费调查报告；绍兴市居民人均体育用品消费数据未公开。

（四）体育用品制造业投融资市场愈发活跃

资本是产业发展的重要血液，民间资本和外资的注入是产业主体创新升级、扩大生产规模的核心依托要素。长三角地区体育用品制造业投融资市场相对较为活跃。从融资数量看，2022年全国共发生体育用品制造业企业投融资事件5起，其中长三角地区占据3起，分别是浙江省的挪客、上海市的Moodlab和松野湃Surpine。从投资金额看，长三角地区体育用品制造业企业获得了较高的资本认可，3家企业的融资金额均在千万级别以上，挪客和Moodlab融资金额更是接近亿元，资本市场对于长三角地区体育用品制造业企业存有较大的投资热情。同时，体育用品制造业投融资也呈现一些新的特征，资本更加青睐滑雪、露营等户外专业性更强、科技性更突出的企业，高端化、小众化、时尚化的体育用品市场更被资本看好（见表8）。

表8 2022年全国体育用品制造业企业投融资信息

区域	品牌	细分市场	融资额	融资轮次	领投方
浙江	挪客	户外装备	约亿元	A	红杉中国
上海	Moodlab	滑雪、极限运动装备	约亿元	天使	中鼎资本
上海	松野湃 Surpine	滑雪、户外运动服饰装备	千万元	天使	五源资本
北京	雪鸮科技	滑雪运动装备	千万元	天使	险峰长青
广东	热醒 Rexing	户外运动装备	百万元	天使	唯品会

资料来源：《2022体育投融资报告：户外露营抢眼，鞋服健身仍坚挺》，懒熊体育，2023年1月4日，http://www.lanxiongsports.com/posts/view/id/23352.html。

二 长三角地区体育用品制造业发展亮点

（一）区域集聚格局逐步形成

随着长三角区域一体化发展战略继续向纵深推进，以及《长三角地区体育一体化高质量发展的若干意见》《长三角地区体育产业一体化发展规划（2021—2025年）》等政策文件的出台，长三角地区体育用品制造业区域协作愈加深化，体育用品制造业集群加快崛起。当前，浙江省的户外装备制造业集聚布局，温州、台州拥有户外鞋服生产制造集群，永康建有运动休闲车制造集群等；江苏省体育用品制造业及器材类制造业集聚效应突出，如淮安（施河镇）的人造草坪和塑胶跑道集群、南通（新店镇）的健身器材集群等（见表9）。长三角地区体育用品制造业集群是在利好的政策或良好的制造业历史基础影响下，在一定区域内围绕体育用品相关产业形成的块状集聚格局，主要发展特点是集群的构建与城市发展规划相契合、与区域产业资源储备相匹配，集群内企业可以精准对接支持政策或充分利用资源要素实现高效发展。

表 9　浙江省、江苏省体育用品制造业集群分布情况

省份	集群分布地	发展重点
浙江	杭州(富阳)	皮划艇、帆船、龙舟、羽毛球拍
	宁波(慈溪、宁海)	登山杖、帐篷、垂钓用具
	温州、台州(龙湾、温岭、临海、三门)	网球、运动鞋帽、体育休闲用品、冲锋衣
	湖州(德清、安吉)	乒乓球、通用航空产品
	绍兴(上虞、柯桥)	泳池、蹦床
	金华(永康、武义)	轮滑产品、钓鱼器材、全地形车
	嘉兴(平湖、海宁)	科技运动服装
	丽水(缙云、龙泉)	传统武术装备、棋牌器具
	衢州(江山、开化)	羽毛球、地掷球
	兰溪	运动自行车配件及组装
江苏	南通(新店镇)	力量器械、瑜伽球等健身器材
	淮安(施河镇)	人造草坪、塑胶跑道、大型户外玩具、健身器材、运动地板、球场围网等体育场馆场地设备
	宝应(曹甸镇)	帐篷、人造草坪、健身器材等
	扬州(武坚镇)	体育康复器材

资料来源：根据历年两省体育产业发展报告和实地调研整理。

专栏 1　长三角地区体育用品制造业区域集聚模式

一是通过出台政策推动产业发展从而形成体育用品制造业集聚格局。常州市在《常州市养老服务设施空间布局整体规划》的引领下，在常州国家医疗器械国际创新园苏澳园区和中以创新产业园建设的契机下，依托园区内链条完备、基础设施健全的养老产业和医疗产业开辟出了运动康复器材制造集聚区，当前该集聚区中有 1 家体育领域国家级专精特新"小巨人"企业，150 多家体育康复辅助器具相关的规模生产企业，集聚区内生产的产品接近4000 种，年销售额超过 160 亿元。

二是以坚实的产业基础推动体育用品制造业区域集聚。绍兴柯桥体育纺织产品集聚区依托当地扎实的制造业基础和独特的民族纺织工艺技术实现发展。绍兴柯桥纺织产业历史悠久，可追溯到 1500 年前，随着市场经济和贸易的发展，柯桥的纺织工业体系越发完善发达，从聚酯纤维、化纤等上游原材料的供应到中游织造、染整等纺织技术的支持，再到下游服装、家纺和轻纺市场的买卖交易、物流运输等商业贸易流程的完善，为体育纺织企业的发展集聚打下坚实基础。当前绍兴柯桥已成为我国体育纺织用品产业链最完整、技术最完备、纺织产能最大、专业市场最广阔的纺织产业集聚地之一，拥有乾雍纺织、东进新材料等一批领域内领军企业。

资料来源：《集群融合促进康复养老产业发展（常州市民政局）》，江苏省民政厅网站，2019年1月25日，https://mzt.jiangsu.gov.cn/art/2019/1/25/art_ 71936_ 8103742.html；《走出兵团看发展｜柯桥访布——浙江省绍兴市柯桥区领跑纺织业发展启示录》，光明网，2022年2月9日，https://difang.gmw.cn/2023-02/09/content_ 36356602.htm。

长三角地区体育用品制造业集群以龙头企业为核心形成产业链上下游企业的集聚格局，发展路径主要是依托大型企业建立共享工厂、共享车间、加工中心等企业中央生产区，使产业链上下游的原材料生产企业、零部件供应商、厂房仓储、物流货运等中小微企业和相关配套服务企业都集聚到园区内。这种发展路径既缩短生产时间、提高生产效率，降低企业间的沟通和运输成本，又为产业链式管理和集约化生产提供发展空间，是集经济效益、社会效益、生态效益于一体的产业集聚发展模式。

（二）高端化趋势显现

高端化是指产业发展逐步从低端向高端攀升的过程，是制造业由规模扩张向内涵增长转变的舵手，主要是通过提升产品的自主创新能力、科技含量和品牌影响力使产业向附加值更高的环节延伸。长三角地区体育用品制造业展现出向价值链高端攀升的趋势。

一是自主创新动力持续增强。长三角地区体育用品制造业上市公司的研发动力不断提升，2022年长三角地区23家体育用品制造业上市公司的研发投入总额为26.44亿元（康利源、波司登、申洲国际研发投入尚未准确披露，所以未纳入统计），超过六成企业研发投入呈现增长趋势，7家企业的研发投入同比增速超过20%。其中，2022年姚记科技、大丰实业、春风动力、钱江摩托和华米科技5家企业的研发投入超过1亿元，春风动力的研发投入最高，为7.52亿元（见表10）。研发投入的增长为长三角地区体育用品制造业企业创新成果的增加奠定基础，以创新地位和能力较为突出的专精特新企业为例，截至2023年8月，长三角地区体育领域国家级"专精特新"企业共申请专利2460项，平均每家企业拥有的专利数量超过170项，并且具有高度创造性和实用性的发明专利和实用新型专利占比较高，合计达到70%（见表11），是我国专精特新"小巨人"企业平均专利数的10倍之多，超出全部体育领域国家级"专精特新"企业平均专利数19项。①

表10 2021~2022年体育用品制造业上市公司研发投入信息

单位：亿元，%

序号	公司名称	研发投入		2022年增速
		2022年	2021年	
1	姚记科技	2.65	2.19	21.00
2	荣泰健康	0.89	1.19	−25.21
3	上海凤凰	0.20	0.22	−9.09
4	中路股份	0.26	0.35	−25.71
5	嘉麟杰	0.57	0.43	32.56
6	金陵体育	0.19	0.18	5.56
7	共创草坪	0.74	0.79	−6.33
8	泰慕士	0.34	0.30	13.33
9	康力源	—	—	—
10	波司登	—	—	—
11	牧高笛	0.36	0.25	44.00
12	健盛集团	0.65	0.59	10.17
13	大丰实业	1.29	1.25	3.20
14	浙江自然	0.34	0.30	13.33
15	春风动力	7.52	3.79	98.42
16	钱江摩托	3.16	2.16	46.30
17	久祺股份	0.22	0.18	22.22

---

① 《我国专精特新"小巨人"企业数量已达1.2万家》，浙江省经信厅网站，2023年8月2日，https://jxt.zj.gov.cn/art/2023/8/2/art_1562851_58930888.html。

续表

序号	公司名称	研发投入		2022 年增速
		2022	2021	
18	华生科技	0.13	0.22	-40.91
19	浙江正特	0.49	0.41	19.51
20	浙江永强	0.91	1.27	-28.35
21	扬州金泉	0.15	0.1	50.00
22	申洲国际	—	—	—
23	华米科技	5.38	5.15	4.47

资料来源：根据上市公司财务报表整理。

表 11   截至 2023 年 8 月长三角地区体育领域国家级"专精特新"企业专利数据

单位：项

序号	企业名称	发明专利	实用新型专利	外观设计专利	专利总数
1	傅利叶	79	56	29	164
2	荣泰健康	172	275	258	705
3	南京东润橡塑	30	30	9	69
4	泰州润元户外	8	19	2	29
5	钱璟康复	54	101	20	175
6	千禧龙纤	29	22	0	51
7	涛涛车业	18	100	160	278
8	宁波恒隆	20	46	61	127
9	兰溪轮峰	11	54	76	141
10	宁波巨隆机械	20	23	0	43
11	东进新材料	32	28	0	60
12	开化瑞达	17	21	13	51
13	安庆永大	47	38	10	95
14	华米科技	215	157	100	472
	总计	752	970	738	2460

资料来源：国家知识产权局专利数据检索库，https：//pss-system.cponline.cnipa.gov.cn/conventionalSearch。

在创新积累的过程中，关键技术与核心部件的突破性创新有效地破除了欧美国家对我国体育用品制造业的技术封锁，同时对引领产业发展、提升体育用品制造业的基础能力和自控力具有重要意义。在这方面，长三角地区体育用品制造业企业取得出色成果，特别是以傅利叶的临床路径处方设置技术和东进新材料的聚四氟乙烯/聚氨酯复合膜等为代表的尖端科技和新型材料。

专栏2　以自主创新推动产品迭代升级

春风动力是我国体育用品制造业企业中研发创新实力最为突出的企业，根据2022年度报告，春风动力已获有效授权的专利1080项，其中发明专利67项、实用新型专利838项、外观设计专利175项。春风动力借助出色的创新能力和科技实力跃升为国内运动车类产业的领导企业，并有望在该领域实现弯道超车，跻身国际市场。

春风动力在提升自主创新能力的道路上，一是将创新研发作为企业最核心的发展战略，不断增加研发投入，为科技创新提供充足的资金支持。2022年财报披露企业研发费用为7.52亿元，较2021年增长98.42%，2023上半年公司研发投入达3.78亿元，较2022年上半年增长27.70%。

二是聚焦重大技术革新及关键零部件产品的技术创新。春风动力通过建立全新的多模拟场景研发大楼、扩充研发团队、扩建试验场地等方式着力攻破海外企业对发动机和车架两个最核心零部件的技术控制。同时与KTM等领域全球领先的企业建立合作关系，引入高精度数控激光、高效数控弯管等先进制造业设备，实现零部件加工的高精度、高强度、高效率及高良品率。

三是对标国际最高标准进行产品设计、研发与生产。在产品生产制造上，春风动力采用最先进的水冷四冲程发动机制造技术，使产品在生产流程和质量检测上满足欧IV、EPA等国际法规要求，为出口高端市场上打通路径。

当前，春风动力生产的250SR赛道版、800MT等车型以智能感应系统、远程维护系统、"人车互联"运动车生态体系等一系列突出的高科技功能，成为我国高端运动车的代表产品，也在全球市场上建立了竞争优势。

资料来源：《2023 年春风动力研究报告：春风得意，国牌出海启航》，未来智库网，2023 年 9月 6 日，https：//www.vzkoo.com/read/202309065dc6f179a21545269236308b.html。

二是企业品牌影响力持续提升。在"2021 第七届中国市场最具影响力体育品牌 50 强"中，长三角地区的贵派仕、回力、佳钓尼等 6 个品牌上榜，整体排名靠前，其中 4 个品牌入围前 30（见表 12）。整体上看，长三角地区已经培育出一批具有市场影响力的体育用品品牌。一方面，长三角地区体育用品制造业企业在行业技术发展、生产规范性等方面具有引领指导作用，是行业标准的制定者。例如，南京东润橡塑牵头起草了橡胶地板领域的 11 项国家标准，宁波恒隆是自行车车头碗组和中轴生产标准的核心起草单位。而国家级生产标准的制定和参与起草的经历有助于企业塑造专业、权威的品牌形象，提高品牌影响力。

另一方面，部分长三角地区体育用品制造业企业产品具有较高的市场占有率，对行业产业链上下游的供需有一定牵动指引作用，企业具有较高行业话语权和主导地位。如富阳—淳安户外产品制造区的皮划艇、赛艇、龙舟等水上运动产品占据我国 95%的市场份额；永康的平衡车出口量占全国的 70%以上；宁海深甽镇的运动杖年产值占到全国运动杖总产值的80%以上。①

此外，长三角地区部分体育用品制造业企业生产的体育用品多次出现在奥运会、世锦赛、世界杯等国内外顶级体育赛事中，例如乾雍纺织成为 2022 年北京冬奥会和冬残奥会比赛制服装备的生产供应链企业，杭州孚德生产了卡塔尔世界杯吉祥物"拉伊卜"，奥凯体育是六届世界杯的足球供应商。这些产品出现的频率和应用的深度为企业建立良好的市场声誉和提高产品认可度提供了契机，也是企业品牌出海走向全球的重要路径。

---

① 《户外运动发展前景广阔 2019 年浙江省户外运动市场发展分析（图）》，中商情报网，2019 年 8 月 29 日，https：//m.askci.com/news/chanye/20190829/1510491152020.shtml。

表12　"2021第七届中国市场最具影响力体育品牌50强"长三角地区品牌上榜情况

排名	品牌名称	所属区域
22	贵派仕	浙江
23	回力	上海
26	佳钓尼	浙江
30	蓝堡	浙江
33	启迈斯	浙江
44	英尔健	浙江

资料来源：根据中国董事局网与中国数据研究中心联合发布的《2021第七届中国市场最具影响力体育品牌50强榜单》整理，参见 https：//www.maigoo.com/news/613265.html。

（三）智能化趋势凸显

制造业智能化是指在新一轮科技革命的浪潮中将物联网、大数据、云计算、5G、人工智能等技术与工业制造深度融合，使智能制造贯穿产品设计、生产、物流、销售、服务等全生命周期的各个环节。从智能制造层面看，长三角地区部分体育用品制造业企业已经通过加快应用信息化、运营智能化、产品数字化等优化生产流程、提升生产效率，实现高端市场突破以及智能制造转型升级。例如在产品制造端，兰溪轮峰建设数字化工厂，从生产自动化、制造信息化、运营智能化、产品数字化方面导入数十项技术，实现产品自制能力90%以上、自动化定制生产设备占比70%、信息数字化管理程度60%；在产品运营端，华生科技开发了 ERP 检测管理系统，该系统可以提供精确的原材料储备及使用情况、订单销售和运输情况，当前华生科技基本实现了产供销全链条的精细化和精准化管理。

从产品智能化层面来看，在智能装备和智能健身器材赛道上，长三角地区涌现了亿健、一苇智能等一批行业领先的智能产品生产制造企业。这些企业生产的智能健身器材通过云储存和物联网技术为使用者提供数据储存、传输、分享功能，利用智能芯片为使用者制定定向、定量的锻炼方案并根据历史数据为使用者提供有针对性的运动处方。在人工智能领域，长三角体育用品制造业企业也有优异的表现。例如，创屹科技生产的庞伯特乒乓球发球机器人是数字化与人工智能的有机结合，可以接收和执行外部输入的指定动作和训练计划，并通过人工智能算法学习、模仿、分析运动员的击球动作和击球特点。

专栏3　华米科技以高技术壁垒立足全球体育智能用品市场

华米科技拥有全球领先的智能可穿戴技术，以智能手表、智能手环等智能可穿戴设备为核心产品，是中国首家登陆美国资本市场的智能硬件制造公司，也是国家级专精特新"小巨人"企业。

智能体育装备是体育用品制造业智能化特性最突出的部分，然而长期以来领域内的核心科技和尖端技术被欧美等国家的龙头企业垄断。为突破技术垄断，提升企业科技创新能力和全球竞争力，华米科技以合作、收购、并购、投资等多样灵活的企业扩张手段整合全球技术要素和人才资源，为科技创新提供动力保障。例如，华米科技不断拓展商业合作伙伴，与英特尔、西部数码等互联网大数据企业建立合作伙伴关系，联合开发 RISC-V 指令集架构、RISC-V 商业处理器等高精尖技术，还先后投资诺领科技、Green-WavesTechnologies（法国半导体初创公司）等科创公司，以获得对5G、物联网芯片、RISC-V 物联网生态和人工智等技术的优先积累和全球主导权，并通过收购 ZEPP、阿迪达斯 Physical EnterprisesInc（PEI）等企业获得运动传感器研发技术和心肺健康算法能力。这一系列的技术战略使华米科技在短期内获得高精尖技术和吸纳了一批实力突出的技术团队，为企业构建技术壁垒。

华米科技吸引资本驻足为科技创新提供资金支持。华米科技创立于2013年12月，在次年1月便获得小米科技和顺为资本的A轮投资，又于2015年初获高榕资本、红杉资本和晨兴创投的3500万美元B轮投资，并于2018年首次公开发行1000万股ADS，总融资额超过1.1亿美元。

华米科技通过技术和资本积累快速抢占全球市场份额并推动产品价值链前移，为新一轮的科技创新和全球竞争提供了扎实的技术基础和强大的内生动力。

资料来源:《华米科技:"小巨人"的升级之路》,安徽省经济和信息化厅网站,2022 年 3 月 23 日,https://jx.ah.gov.cn/sy/syzx/qyfzdx/146536001.html;《【领航新征程】皖企首次在美国首发上市 华米科技登陆纽交所》,中安在线,2018 年 2 月 9 日,http://ah.anhuinews.com/mssh/201802/t20180209_1493139.html。

(四)绿色化制造转型成果显著

全球范围的"碳中和""碳足迹"风潮催动制造业绿色化发展,当前长三角体育用品制造业已经在绿色化转型中取得显著成果。根据工信部公布的 2022 年绿色工厂名单,全国共认定体育用品及相关产品领域绿色工厂 21 家,其中长三角地区有 6 家(见表 13),除此之外,嘉麟杰、泰普森等企业还入选国家级"绿色供应链管理企业"。

表 13　2022 年长三角地区体育用品及相关产品领域绿色工厂

企业名称	区域	产品/业务
复盛实业(上海)有限公司	上海	高尔夫球头/球杆
浙江台华新材料股份有限公司	浙江	运动系列和户外系列面料,是探路者、迪卡侬、安踏、乔丹等品牌的供应商
安徽福美达新材料有限公司	安徽	球场地面材料
华峰重庆氨纶有限公司	浙江	生产的高弹耐温氨纶是运动户外服装的重要原材料
狮丹努集团股份有限公司	浙江	阿迪达斯的供应商,GAP 的合作方
浙江泰普森实业集团有限公司	浙江	户外运动装备

制造业绿色化发展的核心是绿色生产,既包括产品本身也包括生产过程。长三角地区体育用品制造业企业在推进绿色化发展战略过程中,一是聚焦产品本身,攻关再生材料和降解技术,使产品具有绿色化环保特性。例如,嘉麟杰研发的全球首款可 100%回收、可生物降解的填充棉和人造纤维面料产品;华峰化学研发的 11%生物基含量的聚氨酯原液(运动鞋垫的重要原材料)。二是在生产、加工、制造、物流等全链路践行绿色化道路。一方面,牧高笛、金陵体育等龙头企业纷纷加快新旧动能转换,以电能、风能

等新能源作为企业生产的主要动力来源，代替煤炭等传统高污染高排放的能源，这也是降低碳排放、实现碳中和的重要道路。另一方面，开拓绿色生产工艺和使用绿色技术装备，例如久祺股份采用水性漆烤漆工艺和真空镀膜技术，有效降低碳排放；华生科技应用焊接机器人、电镀自动生产线，大幅提升了原料的利用率，减少高碳材料的使用量。

专栏4　泰普森绿色化战略

泰普森是以户外家具、帐篷、渔具为核心产品的户外用品制造企业，长期以来践行绿色化发展战略并取得长足发展。2021年，泰普森入选国家级绿色工厂、绿色供应链企业和绿色设计示范企业。在企业绿色化转型进程中，泰普森主要执行以下三项战略。

一是严格把控原材料投入质量，减少生产性污染。泰普森通过遴选新型环保材料，使用可循环、可降解、耐用的基础原材料，从生产基础性工作开始就严控污染排放，并在运输过程中采用绿色包装，使用可回收、多用途的包装材料减少塑料污染。

二是减少生产过程中的碳排放。泰普森通过对生产工艺和生产技术的转型升级，实现了生产废气和废水回收再利用，并对传统高消耗设备进行节能升级，使用风力发电、水力发电等新型清洁能源代替煤炭等传统高污染能源，减少生产中的碳排放，降低污染。

三是生产可降解的环保材料。泰普森着重提升自主创新能力，攻克绿色产品的研发生产难题，研发生产出DURALITE和AIRCOLITE等当前在全球范围内领先的绿色环保材料。

泰普森在长期践行绿色化发展战略的同时，推动企业实现了制造业的绿色蝶变，成为领域内绿色化发展的标杆企业。

资料来源：《省侨联副主席、泰普森集团董事长杨宝庆参加COP15中国角浙江主题日分享生态环境与产业协同发展的思考》，澎湃新闻，2022年12月12日，https：//www.thepaper.cn/newsDetail_forward_ 21140403。

三 长三角地区体育用品制造业发展存在的问题

（一）产业集而不群

尽管长三角地区体育用品制造业已经走向集群发展的阶段，但是产业集聚同质化和区域合作不紧密现象凸显，还未形成符合产业发展结构、契合产业发展体系、立足区域发展规划的产业集群。当前，长三角地区体育产业集群多是通过市场化调控自发构建的，是大量相关企业在地缘上形成的空间集聚状态，无法与各地区城市的发展规划和产业转型升级战略相适应。依托市场和地缘要素自发组建的产业集群并未根据产业链流程的节点进行合理规划，因此集群内的企业通常无法有效互补，不仅不能充分发挥产业集群的带动作用和规模经济效应，还会出现恶性竞争、价格战等现象，陷入"协而不同""协而不调"的困境，尚未从长三角区域一体化发展的战略高度和产业未来发展视角进行相应布局。

（二）高端供给不足

现阶段我国体育用品市场的需求结构已发生明显变化，随着居民收入水平的提高和中等收入群体的持续扩大，居民对体育用品品质、质量和性能的要求明显提高，多样化、个性化、高端化、时尚化的需求与日俱增。尽管长三角地区体育用品制造业企业已经走向高端化发展和品牌化建设的探索之路，但是相关产品供给依然存在结构性错配——高端产品供给不足、低端产品供给过剩，无法满足居民多样化、个性化、高端化、高品质的消费需求。特别是与海外高端产品生产企业聚焦研发、设计、策划、销售等相比，长三角地区体育用品代工企业较多，而且由于长期采取来料代工的发展模式，常常陷入低端锁定和低价竞争的两难困境。[①] 例如，在运动自行车制造领域，

---

① 范尧、焦强：《"双循环"新发展格局下体育产业供求均衡的生成逻辑、现实样态与纾解方略》，《沈阳体育学院学报》2022 年第 5 期。

长三角地区拥有中路股份、久祺股份等 4 家自行车制造业上市公司，有永康、兰溪等多个运动自行车生产集聚区，但是无法在碳纤维车架和码表等高端零部件方面提供有效供给。

（三）创新驱动不强

长三角地区体育用品制造业企业的自主创新能力虽在逐步提升，但与国际头部企业相比依然有一定差距。现阶段，长三角地区体育用品制造业企业大多处于技术链中低端，缺乏对关键原材料和核心技术的自控能力，特别是在以碳纤维、超高分子量聚乙烯面料等为代表的高精尖领域。例如日本垄断的 T1400 级别碳纤维和严格控制出口的 T800 级别碳纤维是高端运动自行车、高尔夫球杆、钓鱼竿的主要原材料。在自主创新研发投入和专利产出维度，长三角地区体育用品制造业企业也与海外龙头企业具有一定的差距。例如姚记科技、大丰实业、春风动力和钱江摩托 4 家企业作为长三角地区高研发投入企业的代表，研发投入分别占各自营业收入的 5.37%、4.53%、6.61% 和 5.60%，而国际头部运动用品生产企业耐克和阿迪达斯的研发投入占比则在 10% 左右。从企业专利的质量层面看，长三角地区体育用品制造业企业的专利类型较为单一，外观设计专利占据较高比例，而具有高创造性、科技性、实用性的发明专利、实用新型专利占比较低。

（四）绿色化转型动力不足

当前，长三角地区以春风动力、泰普森、牧高笛等为代表的企业对从上游环保材料研发到中游节能减排新能源替换，再到下游包装回收循环等环节进行了积极探索，构建了从基础原材料到终端消费品的全链条绿色低碳体系。但是纵观长三角地区体育用品制造业绿色化转型之路，市场主体转型动力不足问题凸显，主要原因是存在技术障碍和资本不足。先进的节能环保技术和新型绿色工艺对企业研发创新能力要求较高，而长三角地区体育用品制造业科技创新与绿色发展的结合不够紧密，绿色科技创新体系尚不完善，缺乏绿色科技成果转化平台和孵化基地。同时，绿色化转型投入大、见效慢，短期内甚至会影响企业利润，抑制了企业投资的热情，[①] 加之长三角地区体育用品制造业存在大量规模小、布局分散的中小微企业，企业经营资金有限，无法为绿色化转型提供充足的资本支持。

四 长三角地区体育用品制造业发展策略

（一）加强政策支持引导，构建先进产业集群

加强对体育用品制造业集群的支持与引导，形成以产业链为核心、龙头企业为引领的生态体系，并与当地的工业基础、辅助产业、文化习俗等要素深度融合，建造具有根植性的集聚网络系统。在集群培育发展过程中，应以标准、质量和品牌为核心，依托产业联盟、行业协会、制造业创新中心等平台，推动集群产业链高效协同发展形成规模经济效益。推动相应龙头企业和链主企业增强创新优势和提升发展能级，延长企业价值链。同时，通过提供技术革新平台、创新研发补贴、减免税收等手段，提升集群内龙头企业和链主企业在专利、标准、技术研发、品牌及营销渠道等方面的能力，推动产业集群提质扩容，形成高端化、绿色化、智能化的制造业集聚区。

（二）推动企业转型升级，丰富高端产品供给

着力培育具有生态主导力的链主企业，推动区域内和区域间企业并购重组，强化企业全产业链能力，将资源集中投入高附加值的品牌和技术环节。鼓励龙头企业将自身非核心的加工组装业务环节逐渐剥离与分立，并集聚资源于核心业务研发、高端品牌或者市场渠道建设等方面。

[①] 《稳步推进制造业绿色化》，新华网，2023 年 6 月 20 日，https：//www. news. cn/tech/2023 0620/3e2739dfca284807ad2818645e294a99/c. html。

关注新兴群体的时尚化、个性化消费需求，培育新型消费群体和建立直面消费者需求的产品制造体系和品牌营销服务体系，通过深耕细分领域、"定制化"等方式提升品牌影响力。把提高体育用品供给体系质量、转变企业发展动能作为主攻方向，把高端化作为重要驱动因素，将产业发展的目标从传统的追求规模经济转变为追求经济效率和社会效率共同提升的高质量发展。

（三）聚焦产品技术创新，加快企业智能升级

长三角地区是我国新兴产业高地，上海在人工智能、杭州在数字经济和云计算、无锡在传感器和物联网领域处于国内领先水平，要抓住数字生产、数字消费爆发的趋势，加强数字化对体育用品制造业的推动作用，培育出一批设计生产智能化、科技化体育用品的企业，重点在高附加值和高科技体育用品方面建设一批自主性强的企业。构建长三角地区体育用品制造业创新共同体，促进科技创新资源的自由流动，构建市场化、多元化、网络化的区域体育科技创新平台。同时，鼓励有条件的高校建立高端研发实验室，支持体育用品制造企业与高校、科研院所、上下游企业联合申报国家级、省级科技计划项目，加强高端设备、高端材料、功能性设计等关键技术成果转化，并通过打造区域创新平台、科技创新基金等方式强化对链主企业的创新支持。

（四）促进绿色体系建设，提升产业绿色化水平

完善区域内体育用品制造业绿色化政策体系，通过拨付绿色化转型引导专项资金、出台绿色税收优惠政策等推动长三角地区体育用品制造业企业的绿色化转型，并鼓励金融机构和民间资本为区域内绿色化体育用品制造业企业提供资金支持。要探索构建长三角地区体育用品制造业绿色发展体系，鼓励和支持更多体育用品制造业企业能源消费低碳化、资源利用循环化、生产过程清洁化、产品全生命周期绿色化。要培育绿色化"标杆"企业，聚焦体育用新材料、汽车、摩托车、运动休闲车制造等重点用能行业，引导企业

对标国际先进能效标准，围绕新能源替代利用、工艺装备提升和资源综合利用等领域实施中长期绿色发展战略。同时，要广泛推动中小企业绿色转型发展，制定适合中小企业的绿色制造系统解决方案，探索建立绿色综合服务平台。

B.8

2022~2023年长三角地区合作办赛发展报告

曾鑫峰*

摘　要： 本报告系统梳理了长三角地区合作办赛的发展现状，对标京津冀地区、伦敦大都市圈、美国五大湖区等国内国际重点区域，深刻总结区域合作办赛经验，找寻长三角地区合作办赛的不足和提升空间。本报告紧紧围绕长三角赛事能级较低、合作办赛机制不健全、地市参与程度不足等核心问题展开探讨，破除区域行政壁垒的问题导向鲜明。基于上述问题和经验，提出了以共同举办重大赛事为引领，以打造长三角城市联赛为支撑，以长三角品牌赛事为基础的体育赛事结构体系，以及以赛事投入和利益分享机制、协调合作机制、区域赛事联合监管机制、责任共担机制等合作机制为保障。本报告不仅从制度设计、战略选择等宏观层面提出发展路径，还以长三角城市联赛、长三角品牌赛事等关键抓手为切入口，以上海作为主要牵头城市，力图形成一整套行之有效、操作性强的实施、管理、组织、监管方案，为真正健全区域合作办赛机制开展先行先试和提供实践创新依据。

关键词： 体育赛事　品牌赛事　赛事体系　长三角区域合作

实施长三角区域一体化发展国家战略，是党中央做出的重大决策，是全

---

* 曾鑫峰，上海体育大学博士在读，研究方向为区域体育产业。

面贯彻落实区域协调发展战略的重要部署。深入推进长三角区域一体化发展,体育赛事是重要抓手。《长江三角洲区域一体化发展规划纲要》《长三角地区一体化发展三年行动计划(2021—2023年)》等区域宏观政策,均高度重视体育赛事在长三角区域一体化发展中的作用。国际经验也表明,区域合作举办赛事有利于促进区域间形成资源共享、信息互通、项目合作、企业联动的合作格局,促进跨区域协调机制创新。因此,构建更为完善的长三角体育赛事体系、提升长三角体育赛事的区域联动效能是推动长三角区域一体化高质量发展的关键路径。以往对于区域体育赛事的研究主要停留在办赛特征、办赛模式的经验总结层面,鲜有从体系构建的角度创新性地搭建区域赛事体系结构框架。本报告力图全面、系统地探讨区域体育赛事体系构建的理论逻辑,明晰各个要素间的相互作用、相互支撑关系,依托制度经济学、区域经济学、新地理经济学等理论工具,深刻总结长三角区域合作办赛的瓶颈制约,形成关于长三角赛事体系构建的战略构想。本报告既可以作为政府部门制定长三角体育赛事中长期战略规划的重要依据,也可以为三省一市形成更加紧密有效的区域合作办赛机制提供思路框架,为推动长三角品牌赛事高质量发展、提升长三角赛事能级、打造区域赛事拉动区域发展的新典范贡献力量。

一 长三角地区合作办赛的重大意义

(一)有利于推动长三角高水平协同开放

区域联合办赛展现了区域间的高水平协同合作能力,向外界提供了区域共同大市场的"引资因子"。长三角地区是改革开放的前沿地区和先行先试的试验田,跨区域合作办赛则成为畅通国际大循环的重要举措。区域联办国际重大赛事有利于在配置全球体育资源方面形成合力,为长三角开展国际合作、吸引外资、开展国际人文交流、提升国际竞争优势注入新动能。

（二）有利于实现长三角共同富裕

区域共同富裕是区域一体化发展的根本诉求，习近平总书记强调："区域协调发展的基本要求是实现基本公共服务均等化，基础设施通达程度比较均衡。"① 长三角实现共同富裕的重要条件是通过政策协同创新有效降低区间要素流动性障碍，推动促进长三角基本公共服务均等化。长三角体育赛事为政府创造出一个基于赛事项目平台的命运共同体、利益共同体和责任共同体，它以实现政策协同主体的共同繁荣为目标，能够有效提升区域基础设施、公共服务、民生保障、关联产业、生态防治、医疗救护等方面的均等化水平，释放体育具有的正外部性、空间溢出性，推动长三角实现共同富裕。例如，杭州亚运会作为长三角举办的最大的综合性赛事，为配合赛事举办，杭州于2022年启动轨道交通四期项目建设。绍兴也抓住杭州亚运会举办契机，积极实施《绍兴市亚运城市行动计划（2020—2022年）》，按照国际标准高水平建设棒（垒）球未来社区、羊山攀岩中心等体育基础设施。因此，区域联合办赛不仅对举办城市的基础设施建设和环境改善起到积极的推动作用，还具有显著的正外部性和溢出效应，对周边城市乃至整个区域的体育公共服务均等化具有重要影响。

（三）有利于破除行政壁垒

法国经济学家佩鲁的增长极理论指出，增长极在通过"推动效应"带动周边城市经济增长的同时，更多是通过"制动效应""虹吸效应"加速邻近地区朝着非均衡方向发展。区域内城市之间的行政壁垒使得体育资源分布不均衡，体育产品与服务供给质量差异明显。区域体育一体化通过打破区域边界与行政分割，弱化体育生产要素区域性特征，促进其有序自由流动，有助于区域内居民更多、更公平地享受体育发展成果，增进民生福祉。而重大赛事的承办有助于推动长三角地区打破行政区划、打通跨区域资源流通障碍、构

---

① 《区域协调发展明确三大目标》，《人民日报》（海外版）2017年12月29日。

建跨区域合作平台，推动政府在协调区际利益、消除行政分割、建立区域统一大市场等方面发挥更为显著的作用。另外，区域体育赛事也是促进城乡要素双向互动的重要渠道。马克思主义区域经济理论强调发展总体生产力，将区域差距控制在合理范围内，实现生产力的平衡分布，在区域意义上实现协调发展和人的全面发展。生产力尽可能在全国范围内均衡分布，是缩小城乡间发展差距的重要途径。我国区域城乡二元结构依然明显，造成城乡资源流动的制度性阻滞。长三角体育赛事能够依托当地资源禀赋，通过各类体育生产生活方式，促进城乡间旅游资源、产业资源、消费资源、信息资源等双向流动，从而为弥平城乡发展差距、助力乡村振兴、实现共同富裕提供体育解决方案。

二 长三角地区合作办赛发展现状

（一）长三角地区合作办赛模式不断创新

长三角地区体育产业一体化发展历经十余年，从 2012 年体育产业领域先行先试，逐步拓展至体育其他领域，形成了稳固有效的协作机制。一是由三省一市体育局联合举办赛事活动。该模式通过建立跨区域体育部门协同办赛机制，整合场馆、转播、安保、医疗等资源。如长三角体育节作为三省一市体育部门联合打造和轮流举办的区域性原创品牌赛事活动，已成功举办三届，成为长三角地区全民参与的体育盛会。长三角运动休闲体验季是三省一市体育部门充分挖掘各地资源禀赋、连续举办十届的群众赛事活动，囊括水上、山地、汽摩等各类运动项目赛事，成为共同培育长三角运动休闲市场的有力抓手。

二是由各省市协会合作办赛。该模式由不同地区的运动项目协会结成"区域联盟"，签订赛事合作框架协议，建立体育资源共享、信息互通、项目推广和人才培养的合作机制，定期举办区域性赛事。如长三角马术联赛是长三角马术大联盟（筹）于 2020 年建立的覆盖三省一市的马术赛事。沪、苏、浙、皖马术协会联合组建长三角马术大联盟（筹），统筹长三角地区马术运动资源，推动长三角马术运动一体化发展，是各协会形成长三角体育产业发展合力的有效尝试。

三是由市场主体自发举办赛事活动。该模式由体育企业主导，争取跨区域职能部门的支持，通过设置分站赛或设计跨区域赛段等形式举办赛事。如不止骑·环长三角自行车赛由江苏不止骑体育文化有限公司主办，通过在长三角不同城市设置分站赛的形式，实现了长三角自行车赛事跨区域联动。"桨下江南"水上马拉松由上海美帆游艇俱乐部主办，依托淀山湖的优质自然环境，打造长三角水上赛事特色品牌，助推长三角生态绿色一体化发展示范区的资源集聚和创新发展。

专栏 1 "桨下江南"市场化办赛激发新活力

2022 年"桨下江南"水上马拉松（18 公里）在上海市青浦区淀山湖举办，赛事由上海市船艇运动协会主办、上海美帆游艇俱乐部承办。61 名来自苏浙沪三地的皮划艇、桨板、独木舟爱好者共同开展水上竞技。经过 3 年发展，"桨下江南"已成为一项扮美上海赛事之都、打造城市名片的精品赛事。

一直以来，"桨下江南"都是一项不用政府投入资金的民间赛事，在政府支持下实行市场化办赛模式，既为赛事提供了保障，也激发了赛事的活力。上海市船艇运动协会承担"承上启下"的作用，向上传达赛事运营的诉求，向下提供解决问题的方案，上海市青浦区体育局则帮助赛事协调交通、旅游、水务等部门，解决赛事的"后顾之忧"。

资料来源：《长三角一体化赋能水乡赛事——"桨下江南"打造体育生活新模式》，国家体育总局网站，2022 年 11 月 29 日，https：//www.sport.gov.cn/n20001280/n20001265/n20067706/c24954596/content.html。

（二）长三角品牌赛事影响力持续提升

近年来，长三角地区认识到品牌赛事对体育及相关产业的拉动作用，不断推进竞赛体制改革和机制创新，初步形成了长三角品牌赛事常态化举办的发展格局，影响力不断提升。环太湖国际公路自行车赛从最初的UCI1.2级单日赛，发展到UCI2.1级8~9日赛，并成功实现苏浙沪联动和全球直播，成为我国四大职业公路自行车赛之一。长三角体育节已成功举办三届，其中第二届共设置22个赛事项目，直接参与人数超2万人次，① 成为长三角地区全民参与的体育盛会。长三角运动休闲体验季是连续举办十届的群众赛事活动，每年5~10月举办8站比赛，累计直接带动约1.5万人次参与，② 成为共同培育长三角运动休闲市场的有力抓手。

专栏2　长三角体育节提质扩容

长三角体育节是由上海、江苏、浙江、安徽一市三省体育部门联合打造和轮流举办的区域性自主品牌赛事活动。前两届分别在上海、江苏成功举办，2023年第三届正式进入"浙江时间"。

第三届长三角体育节由国家体育总局群众体育司指导，浙江省体育局、上海市体育局、江苏省体育局、安徽省体育局、浙江省体育总会、上海市体育总会、江苏省体育总会、安徽省体育总会、湖州市人民政府联合主办，以"全民健身迎亚运 信心满怀奔共富"为主题，2023年4月底在浙江湖州举行开幕式。

第三届长三角体育节设开闭幕式、主题赛事活动和全民健身配套项目，按照"1+2+3+N"模式展开，即"1"个开幕式、"2"个预热项目、"3"个系列主题、"N"个赛事活动，向社会展示长三角地区体育产业一体化高质量发展的成效和浙江体育运动资源及特色。

第三届长三角体育节主题赛事充分结合长三角一市三省的特色，创新推出3个场景化赛事系列，分别为绿水青山系列、美丽乡村系列、活力广场系

---

① 《历时8个月，直接参与人次超2万人　第二届长三角体育节闭幕》，中国江苏网，2023年2月25日，https://tyfw.jschina.com.cn/tyxw/202302/t20230225_3169495.shtml。
② 《第十届长三角运动休闲体验季在浙江温岭开幕》，浙江省体育局网站，2023年4月4日，https://www.sport.gov.cn/n14471/n14482/n14519/c25420224/content.html。

列，对应当下全民健身的三个热点场景。比如，绿水青山系列中有水上桨板大赛、山地越野赛；美丽乡村系列中有定向大赛、花样跳绳等；活力广场系列包含了健身瑜伽、街舞等运动项目，既推广了运动项目、展示了长三角地区的自然禀赋，又凸显因地制宜开展全民健身的先行智慧。除了主题赛事，第三届长三角体育节还举办了 N 项子活动，均为喜闻乐见的全民健身赛事和活动，有拔河精英赛、三对三篮球赛、陆上赛艇赛等。赛事项目覆盖各种人群，旨在营造全民健身迎亚运的热烈氛围。

资料来源：《第三届长三角体育节进入"浙江时间" 全民健身迎亚运》，中国新闻网，2023年3月28日，https：//www.chinanews.com.cn/ty/2023/03-28/9980256.shtml。

（三）长三角运动项目赛事陆续举办

近年来，长三角运动项目市场化进程明显加快，足球、篮球、排球、乒乓球、自行车、轮滑等各类体育俱乐部不断壮大。据不完全统计，长三角地区职业体育俱乐部数量达到 56 家。在此基础上，长三角青少年足球邀请赛、MAGIC3 上海市青少年三对三篮球赛长三角交流赛、嘉昆太乒乓球联盟俱乐部联赛、长三角一体化城市轮滑联赛等以俱乐部为参赛主体的长三角运动项目赛事陆续举办。随着体教融合的深入推进、校园足球的不断普及，学校层面的运动项目联赛也正逐步开展。如长三角青少年棒球联赛、长三角马术青少年联赛等。此外，区域性全民健身联赛同样气氛活跃，2022 年长三角跆拳道精英赛、2023 年长三角城市龙舟邀请赛等深受长三角运动爱好者追捧。随着新兴项目的快速发展，长三角地区也涌现一批面向青年群体的新兴项目赛事，如第三届长三角体育节电子竞技赛、"2023 长三角地区'ACT FREE'极限飞盘邀请赛"等。

（四）上海发挥重要引领作用

《长江三角洲区域一体化发展规划纲要》《长三角地区一体化发展三年行动计划（2021—2023 年）》等区域宏观政策，均高度重视体育赛事在长三角区域一体化发展中的作用以及释放上海的龙头带动效应。作为全国体育产业经济贡献度最高、结构最优、消费支撑最好的地区之一，上海绝不应局限于自我发展，还应在长三角区域一体化发展进程中发挥示范价值，通过地理、制度和市场等方面的进一步开放，带动和引领长三角体育产业高质量发展。上海已形成发达的体育总部经济、成熟的国际赛事运营经验，集聚大量高端体育赛事资源，具有体育产业、体育消费政策的先行先试优势，未来还将建成国际体育赛事之都、全球体育资源配置中心和体育科技创新平台，是长三角体育产业当下以及未来重要的辐射源。特别是在长三角体育赛事活动领域，长三角体育节、"桨下江南"水上马拉松等品牌赛事活动均由上海率先牵头设立，积累了丰富的区域赛事联办经验和有效合作机制。因此，上海应进一步增强全球体育赛事资源的配置与引领作用，成为长三角体育赛事体系构建的先行官和引领者。

三 国内国际举办区域赛事的有益经验

（一）以重大赛事为牵引，提升区域协同水平

区域合作举办赛事，有利于促进区域间形成资源共享、信息互通、项目合作、企业联动的格局，促进跨区域协调机制创新。从国际层面来看，多国联合举办国际赛事已成常态。例如自2014年以来，国际奥委会通过多种形式推动奥运会申办规则改革，鼓励多城市联合申办，以降低办赛成本、提升办赛灵活性、促进奥运遗产可持续利用。在国外实践方面，德国莱茵—鲁尔城市群以国际奥委会鼓励多城市联合申办奥运会的规则改革为契机，积极申办2032年奥运会，力图打造欧洲城市一体化样板。从国内层面来看，北京冬奥会的成功举办提升了区域公共服务能力，推动京津冀地区的协同联动走向纵深。以冬奥会举办为契机，张家口与北京延庆区建立联席会议机制，签订《深入推进京津冀体育协同发展议定书》，完善京张区域合作机制，建立互联互通的旅游交通、信息和服务网络，有效促进了京津冀地区人流、物

流、资金流等生产要素的跨区域自由流动。粤港澳大湾区联合举办2025年第15届全运会，将为大湾区协同发展开创体制融合、产业融合和文化融合的道路。

（二）以区域联赛为载体，形成合作联动机制

国内外均已在打造区域联赛方面积累了丰富经验，国外依托都市圈、城市群等重点区域打造了一系列区域联赛，促进了区域交流互动。长三角地区面积、交通设施条件等与德国相近，德国区域办赛经验具有启示意义。如德国足球地区联赛是德国足球第4级别联赛，根据城市地理位置共划分为3个赛区，参赛球队以城市命名，并设置与德丙联赛挂钩的升降级机制，有效促进了德国足球区域均衡发展，促进了城市间的要素流动和文化认同。伦敦大都会越野跑联赛（Metropolitan Cross Country League）始于1966年，由伦敦、埃塞克斯、赫特福德和米德尔塞克斯等伦敦大都市圈内城市的俱乐部参与，形成了长效合作机制。一是组建区域赛事联盟，联盟由联赛俱乐部共同组成，设立定期会晤制度，共同商议赛事赞助、赛制设计、争议解决、俱乐部申请和退出等管理事项。二是打通专业与业余的衔接通道，联赛设置3个级别和升降级制度，处于第1级别的俱乐部多由专业运动员构成，第2、第3级别以业余俱乐部为主，既保证了联赛竞技水平，又兼顾大众参与。三是强调区域认同，专业俱乐部以所在城市命名，代表城市最高竞技水平，业余俱乐部以城市地标作为主要标签，有效促进了都市圈内的要素流动和文化认同。

（三）以区域认同为切入口，植入区域办赛的内在基因

国内外已在打造区域赛事方面积累了丰富经验，通过以村落或城市为竞赛单元，促进了区域交流互动。如"村BA"成功破圈，成为区域性赛事的成功实践。一是以"村落"为参赛单位，激发了村民的强烈认同感、自豪感和归属感，并通过全民免费参与的形式，形成了以赛事为基础的文化磁场。二是让赛事与区域历史、民俗节庆相得益彰。"村BA"以体育展示、

文化展演等形式融合了贵州少数民族民俗特色，带有强烈的文化符号象征和精神价值，进一步强化了区域认同。依托城市居民强烈的区域认同感打造区域联赛已成为国内外众多城市的普遍选择。美国五大湖经典赛（Great Lakes Classic）是一项在美国五大湖地区举办的区域联赛，由主要来自威斯康星州、密歇根州、俄亥俄州和伊利诺伊州的各城市代表队构成，联赛项目包含冰球、垒球、棒球、篮球、水球等，有效促进了美国中西部地区的要素流动和文化认同。

（四）以资源禀赋为基础，打造区域赛事大 IP

依托资源禀赋，打造区域赛事 IP 已成为推动区域城市间互惠协作的重要方式。环法自行车赛途经 39 座不同城市，充分利用丘陵、高山、石板路等复杂地形，与人文、自然景观巧妙融合，成为最负盛名的自行车赛事之一，极大带动了沿线城市的社会经济发展。美国汽车拉力协会（ARA）通过实施东、中、西部区域办赛模式，将美国汽车拉力锦标赛划分为 10 个区域赛，有助于促进区域间共同开发森林、河溪等优势资源。美国西北杯山地自行车速降赛（The Northwest Cup-Pacific Northwest）充分依托西北地区丰富的山地资源，由华盛顿州、爱达荷州、蒙大拿州的多座城市共同举办，成为美国著名的山地自行车赛事 IP。美国 MAXXIS 东部州杯（MAXXIS Eastern States Cup）是美国高水平山地自行车速降和耐力赛，比赛路线途经康涅狄格州、宾夕法尼亚州、马萨诸塞州、佛蒙特州等美国东北部大西洋沿岸城市群区域，是该区域青少年参加 UCI 世界顶级赛事的重要输送渠道。

（五）以赛事矩阵为引线，带动区域产业发展

依托资源禀赋，打造区域赛事矩阵已成为推动区域间互惠协作、带动区域间产业协同发展的重要方式。美国五大湖地区水网稠密、地形复杂多样，是全美最重要的汽车工业制造中心。五大湖城市群通过将赛事矩阵与区域资源高度匹配，充分释放了区域赛事的杠杆效应。依托区域汽车文

化，引入印第安纳波利斯500英里大奖赛，带动了汽车招商、营销、工业制造等多个环节发展，该地区也成为美国最重要的汽车制造集聚区之一。依托五大湖水上资源优势举办的Helly Hansen世界帆船系列赛（安纳波利斯站），有效拉动了区域水上消费和产业链升级。依托冬季冰上资源举办的美国东部五大湖地区花滑锦标赛，推动了滑冰、冰上帆船等冰上项目的产业化发展。

四　长三角地区合作办赛存在的问题

（一）区域赛事战略规划不明确

当前国际环境发生深刻变化，国内国际众多城市和地区投入更多精力争夺重大赛事资源。区域联合申办重大体育赛事已成为赛事举办的重要趋势，如国际奥委会通过多种形式推动奥运会申办规则改革，鼓励多城市联合申办奥运会。国内诸多重点区域也已开始实践，如北京和张家口联合举办北京冬奥会、粤港澳大湾区联合举办2025年第15届全运会等。长三角缺少对区域赛事的统筹布局和战略规划，导致合作办赛的发展路径不清晰、集体意愿不凝聚、申办时机不精准、竞争优势不突出。长三角地区至今尚未联合举办奥运会、全运会等大型综合性体育赛事，也缺乏国际单项赛事的联办经验，如足球、篮球、排球"三大球"国际重大赛事，以及橄榄球、综合格斗、冰雪运动、帆船等新兴项目的顶尖赛事等，导致跨区域协同办大赛的实践经验不足。

（二）长三角赛事影响力较弱、品牌效应不强

长三角体育赛事的区域协作仍处于初级阶段，长三角体育赛事总体影响力较弱，赛事能级与长三角区域发展定位不匹配，缺乏具有国际影响力的自主赛事品牌。长三角体育赛事多以运动项目协会、俱乐部、体育企业为办赛主体，赛事资源整合力度不大，赛事商业价值、受关注度和影响力有待提升。长三角品牌赛事影响力不足，以"长三角"冠名的赛事多零

散出现，原创赛事品牌国际知名度不高，且尚未形成以运动项目为核心覆盖全人群的完整赛事体系。另外，体育部门的合作办赛停留在执行层面，长三角体育赛事主要以分站赛或轮流坐庄的形式开展合作，由属地政府负责赛事执行工作，但是涉及赛事产权共属、市场合作开发、赛事品牌合作营销等核心利益层面的合作机制尚未明确，在一定程度上影响了区域品牌赛事的打造。

（三）各地市参与程度有待提升

目前，长三角体育赛事的协同合作主要停留在省市体育部门层面，部分城市对赛事的多元价值认识不足，跨区域联合办赛存在思想观念、管理水平等隐形壁垒，导致地方政府参与协同办赛的程度不深，长三角自主品牌赛事的竞赛组织能力、资源整合水平、赛事发展能级、与城市发展的联动水平不足。例如，长三角体育赛事办赛标准化程度不高，目前围绕赛事筹备、竞赛运行、安全保障、医疗防控、赛事宣传等环节的联合办赛政策体系尚未完全建立，各省市间办赛规程存在不协调不统一现象。如已举办三届的长三角体育节，上海、江苏、浙江的办赛模式和章程均有较大差异，无形中增加了合作成本。而环意 RIDE LIKE A PRO 长三角公开赛作为地方政府深度参与的典型赛事，也主要局限于上海市青浦区、苏州市吴江区、嘉兴市嘉善县之间的小范围合作，赛事覆盖区域始终未能向长三角腹地延伸。未来需要地方政府突破行政区隔，推动更广范围的城市间深层次合作，加强赛事资源跨区域整合，以实现赛事质量和能级的有效跃升。

（四）合作机制不完善

长三角地区体育产业已经逐步形成稳固的协作机制，但是具体到体育赛事领域，仍未形成长期有效的合作机制。长三角地区合作办赛的投入机制、利益分享机制、协调机制、监管机制、责任共担机制不健全。合作办赛涉及赛事产权共属、市场合作开发等核心利益，目前主要采用集体磋商和口头承诺的形式确定利益分配方式，缺乏法律效力。体育部门与地方政府的多层次、制度化协调机制仍需完善，目前长三角地区合作办赛的协调主要依托三省一市体育部门自发倡导的非制度性会议和组织，赛事协同治理效率不高；现有的长三角体育赛事联盟，向上沟通的衔接机制缺失、部门协调的治理效能不足。各省市运动项目协会是推动长三角地区合作办赛的重要力量，目前部分协会已经开始探索区域项目联盟的合作共建，如三省一市马术协会早在2020年就开始筹建长三角马术大联盟，但由于具体执行工作不到位，联盟的建立停留在制度设计层面，在实际落地过程中遭遇诸多障碍。长三角赛事监管机制不健全，跨省市赛事联合监管机制尚未建立，跨部门综合监管协同机制不完善，联合办赛监管的责任主体不明确，部分赛事存在"长三角"冠名随意化的问题，缺乏统一规范的监管措施。针对赛事外部性与区域性的责任共担机制缺失，长三角地区合作办赛仍建立在行政区责任模式基础上，忽视了合作办赛的区域整体责任。

（五）与区域发展融合度不高

体育部门与自然资源、文旅、经信等部门的跨区域横向联动不足，大部分赛事并未充分发挥当地资源禀赋和产业优势，以赛事助推文旅产品供给、带动装备产业发展还缺乏有效抓手，以赛事推动生态环境价值增值的力度不足，以赛事带动区域产业发展的意识和举措不到位，合作办赛融入区域整体发展的程度不够。如不止骑·环长三角自行车赛鲜有长三角地区的自行车制造企业参与，导致赛事对长三角地区自行车产业链条的带动效应不明显。

五　长三角地区合作办赛的政策建议

（一）构建"金字塔"式长三角体育赛事体系

初步构建以共同举办重大赛事为引领，以打造长三角城市联赛为支撑，以长三角品牌赛事为基础的体育赛事体系。一是突破"塔尖"，推动长三角联合申办国际重大赛事。国际重大赛事是引领区域体育赛事体系构建的重要抓手，对于区域相关基础设施建设、关联产业发展、公共服务配套、城市品牌宣传、生态联防联治、医疗紧急救护、体育活动交流等方面具有不可替代的带动作用，是整个体育赛事体系的"塔尖"。应发挥重大赛事区域联动效应，优化体育赛事跨区域联动机制，发挥核心城市的赛事引领和辐射作用，推动长三角联合申办国际重大赛事。二是做强"塔腰"，打造高水平长三角城市联赛。目前长三角"塔腰"赛事尚处于空白，缺乏能够代表区域竞技水平、具备完整联赛体系和较强影响力的常态化区域赛事。长三角城市联赛是立足长三角资源禀赋、赛事基础，以突出城市认同感为核心理念，充分调动长三角地区非职业高水平队伍的积极性，以城市为参赛单位的高水平区域联赛。长三角城市联赛通过加强三省一市政府的组织协调，完善城市联赛的竞赛体系、激励措施，力图打造促进区域协调联动、整合区域体育各类资源的长三角顶级赛事。三是夯实"塔基"，培育长三角品牌赛事。区域体育品牌赛事是具有强大传播效力的区域名片以及提升区域形象的战略手段，应以品牌建设为根本导向，以长三角体育赛事国际化、规范化为主要特色，鼓励社会力量积极参与打造展示长三角自然资源优势、展现长三角地域文化、融合新兴科技的长三角品牌赛事，以路跑、自行车、水上运动、汽车运动等项目为重点，加强区域合作办赛能力，做强一批长三角自主品牌赛事。

（二）形成区域合作办赛长效机制

体制机制是区域协调发展的外生动力与重要保障，也是构建长三角体育赛事体系的重要制度依据。只有通过稳固有效的长效机制建设，才能推动长三角体育赛事体系高效持续运转。一是赛事投入和利益分享机制。一方面，建议通过多种形式鼓励组建针对赛事的投资基金。推动成立由三省一市政府作为发起人并注资引导、专门面向长三角体育赛事的投资基金。另一方面，探索长三角赛事外部效益评估和补偿机制，建立完善投资资金的利益分配机制，推动赛事获益方以客观方式对赛事成本进行合理回馈。二是协调合作机制。打破长三角区域行政体制樊篱，加强三省一市体育管理部门之间的紧密配合，在赛事规划、场馆建设、赛事支持、人才培养、公共体育服务、产业开发、市场监管等方面，建立目标统一、行动协同的协调合作机制。三是区域赛事联合监管机制。探索区域赛事联合监管，健全跨省市跨部门体育赛事综合监管机制，协同推进"互联网+市场监管"，营造规则标准互认、要素自由流动的发展环境。四是责任共担机制。强化地方政府、非政府体育组织以及社会公众等多元治理主体的责任意识，通过赛事权责清单制度、赛事问责制与责任共担机制丰富制度建设内涵，进而明确不同行政区域不同治理主体的责任边界和归属，失责、避责行为的惩治措施以及合理承担共同责任等制度安排，以此强化对地方政府的外部制约。

（三）提升长三角体育赛事标准化水平

加大政府购买服务力度，共同支持区域体育赛事标准化建设，制定各类赛事活动的组织、流程、服务、安全等标准，对赛事申办、赛事组织、赛事保障、赛事监管做出明确规定。制定、实施和推广跨区域办赛的条件、标准、规则，建立包括但不限于跨区域、跨部门的全流程综合办赛指引，建立层次分明、结构合理的区域协同办赛标准体系。制定资源开放标准，促进水域等自然资源向体育赛事和活动开放，明确生态保护前提下，允许开展的赛事活动目录。规范并完善长三角体育品牌赛事活动的标准化运营和管理，建设长三角体育品牌赛事认证中心，常态化开展长三角体育品牌赛事项目认证、影响力评估、技术指导和专业服务、人员培训等工作；动态科学地建设长三角体育品牌赛事名录库，通过赛事评估和赛事观察员制度对入库赛事进行过程监测；结合认证与评估结果，从赛事服务、赛事转播、赛事宣传、整合营销、人才队伍建设等多方面加大对长三角体育品牌赛事的支持力度，提升办赛品质。

（四）搭建长三角体育赛事一体化发展平台

体育赛事信息具有多样性特征，涉及国家与地方赛事规程信息、报名信息、运动员注册信息、裁判员选派信息、比赛成绩信息、运动员比赛数据信息、比赛技术统计信息、宣传信息、招商信息、赛事转播信息等方方面面，而且这些信息分散在各个不同部门。依托长三角体育产业大数据库服务平台，建立长三角体育赛事一体化信息平台，系统整合长三角体育赛事信息，实现各部门无时间、空间限制的无缝融合，进而实现协同效应与增值效应。加强赛事数字化建设，创建赛事"一站式"服务平台，建立健全赛事注册、赛事公开、信息发布、赛事推介、赛事裁判派选、办赛指导等功能。以长三角政府服务"一网通办"平台为基础，整合上海、江苏、浙江、安徽各地体育赛事电子政务事项，完善长三角地区联合办赛的体制机制，为组织举办区域性大型体育赛事活动创造更加优越的条件。做强长三角体育产权资源交易平台，依托上海已建立的长三角体育产权资源交易平台，坚持信息共通、资源共享、平台共建和业务共拓，促进体育赛事信息集散、资源整合、项目孵化、产融结合、产品流转等，为各类体育资源交易提供专业规范的服务。鼓励地方政府及各级体育部门、各类体育组织将赛事承办权、赛事转播权、场馆运营权等体育资源通过长三角体育产权资源交易平台公开交易。在原有体育赛事、体育场馆挂牌交易的基础上，继续探索运动队、俱乐部领域商务开发，探索自主品牌赛事、群众赛事权益开发，推动空置场地和低效运作场馆资源整合，进一步释放体育创新资源要素。

参考文献

刘志强：《长三角一体化发展的制度机制建设重点及路径》，《经济纵横》2021年第11期。

黄海燕、曾鑫峰：《以中国式现代化推进区域体育一体化：长三角的理念与实践》，《天津体育学院学报》2022年第6期。

张磊、雍明：《长三角体育赛事协同发展的理论逻辑、现实问题与策略选择》，《体育文化导刊》2022年第5期。

李兰冰：《中国区域协调发展的逻辑框架与理论解释》，《经济学动态》2020年第1期。

赵峰、姜德波：《长三角区域合作机制的经验借鉴与进一步发展思路》，《中国行政管理》2011年第2期。

B.9
2022~2023年长三角地区国家体育消费试点城市（区）居民体育消费调查报告

钱若冰*

摘　要： 消费是拉动经济增长的第一动力，激活消费、扩大内需成为推动我国经济高质量发展的主要动力，体育消费是绿色消费、健康消费，是现阶段促进消费的重要增量和重点抓手。自2020年长三角地区10个城市（区）入选国家体育消费试点城市（区）以来，长三角地区体育消费市场供给能力明显提升，居民体育消费规模稳步扩大。本报告以2021~2022年长三角地区国家体育消费试点城市（区）居民体育消费调查报告和相关数据为基础，分析试点城市（区）居民体育消费基本情况、重点消费板块发展情况，并就相关城市（区）在推动体育消费提质扩容工作中的具体举措和相关经验亮点做进一步分析研究。

关键词： 体育消费　国家体育消费试点城市（区）　长三角地区

　　消费是畅通国内大循环的关键环节和重要引擎，对经济发展和民生改善具有持久拉动作用。中央层面发布《关于进一步释放消费潜力　促进消费持续恢复的意见》《扩大内需战略规划纲要（2022—2035年）》《关于恢复和扩大消费措施的通知》等一系列政策文件释放消费潜力，促进消费持续

＊　钱若冰，硕士，上海体育大学上海运动与健康产业协同创新中心研究助理，研究方向为体育产业、体育消费。

恢复。

体育是六大消费领域的重要组成部分，2023年国家体育总局发布《关于恢复和扩大体育消费的工作方案》，对加大优质体育产品和服务供给、丰富体育消费场景、夯实体育消费基础等提出新要求。体育消费的扩容提质与经济发展和居民生活水平密切关联，长三角地区经济总量和人均收入水平在全国保持领先地位，2022年长三角地区41个城市中有15个城市的城乡居民人均可支配收入超过5万元。[1] 2023年上半年，沪苏浙皖三省一市社会消费品零售总额达59415.56亿元，占全国的26.1%，零售总额同比分别增长23.5%、10.0%、9.1%和7.3%。[2] 同时，随着居民对健康生活的要求越来越高，户外休闲活动参与热情愈发高涨，体育消费也正成为引领消费升级的新动能。本报告以长三角地区10个国家体育消费试点城市（区）居民体育消费现状为切入点，全面分析长三角地区居民体育消费发展特点，梳理三省一市在培育消费理念、塑造消费场景、创新消费供给、提升消费质量中的新变化与新举措，以期为准确洞察消费者需求和消费行为变化，进一步推动社会消费力提升提供参考借鉴。

一 长三角地区国家体育消费试点城市（区）体育消费数据来源情况

自2020年国家体育总局公布40个国家体育消费试点城市（区）以来，2020~2022年各试点城市（区）阔步推进试点创新，2021年40个试点城市（区）居民体育消费规模为6362亿元，比2020年增长10.01%，人均体育消费的平均值为2405元，比2020年增长11.70%。[3] 按照截至2021年底全

---

[1] 根据2022年三省一市国民经济和社会发展统计公报整理。
[2] 《长三角三省一市GDP"半年报"：增速均超6%，跑赢全国水平》，"澎湃新闻"百家号，2023年7月31日，https://baijiahao.baidu.com/s?id=1772887906138729240&wfr=spider&for=pc。
[3] 根据国家体育总局相关工作报告整理。

国居民体育消费总规模突破 2 万亿元计算,[①] 40 个国家体育消费试点城市（区）居民体育消费规模占全国比重已超过 30%，试点城市（区）居民人均体育消费明显高于全国平均水平（约 1400 元[②]）。国家体育消费试点城市（区）已成为推动体育消费机制创新、政策创新、模式创新、产品创新，带动供给侧和需求侧共同发力的重要载体。本报告选取长三角地区三省一市 10 个国家体育消费试点城市（区）的相关数据进行分析（见表 1）。

表 1　长三角地区国家体育消费试点城市（区）名单

省(市)	城市(区)
上海市	杨浦区
	徐汇区
江苏省	南京市
	苏州市
	常州市
浙江省	宁波市
	绍兴市
	金华市
安徽省	合肥市
	黄山市

资料来源：《长三角三省一市 GDP "半年报"：增速均超 6%，跑赢全国水平》，"澎湃新闻" 百家号，2023 年 7 月 31 日，https：//baijiahao. baidu. com/s？id＝1772887906138729240&wfr＝spider&for＝pc。

为指导试点城市（区）开展居民体育消费调查，加强体育消费数据的收集、监测和分析，国家体育总局办公厅于 2020 年 5 月印发《促进体育消费试点工作实施方案》，于 2021 年印发《关于进一步做好体育消费试点工作的通知》，并下发《国家体育消费试点城市居民体育消费调查方案》和《居民体育消费调查工作手册》，明确各试点城市（区）应根据国家体育总

[①] 《全国居民体育消费总规模突破 2 万亿元　体旅融合渐入佳境》，"新浪财经" 百家号，2022 年 2 月 3 日，https：//baijiahao. baidu. com/s？id＝1725510251826586654&wfr＝spider&for＝pc。

[②] 按照我国居民体育消费总规模 2 亿元和 2021 年全国人口 141260 万人测算。

局下发的"居民体育消费调查问卷"，采用入户访问调查或者电话（手机）调查形式，完成相应调查和研究工作；各试点城市（区）抽样调查的样本量应不低于3000人，在试点城市（区）城乡居民范围内采取随机抽样；试点城市（区）被调查者选取3岁及以上居民，3~13岁由家长代填，14~17岁由孩子及家长共同填写，18岁及以上由本人填写。目前，长三角地区10个试点城市（区）均已完成2021~2022两个年度的居民体育消费调查报告。本报告以调查数据和相关报告为基础，对长三角地区试点城市（区）居民体育消费的相关情况进行研究。

国家体育总局下发的"居民体育消费调查问卷"共涉及体育消费领域的17个细项，本报告根据国家体育总局相关工作要求及体育消费学界研究的通用做法，按照实物、服务等分类方式将居民体育消费内容划分为三个大类（见表2）。

表2　居民体育消费项目分类情况

类型		体育消费内容
实物型体育消费	体育用品消费	购买运动服装和鞋帽
		购买运动健身设备、器材和相关用品①
		购买智能体育装备②
		购买户外运动装备③
	其他实物型体育消费	购买运动代餐、补剂、饮品等④
		购买体育纪念商品、文化创意和体育收藏品⑤
服务型体育消费	健身休闲消费	健身会费及指导费
		线上健身指导和咨询费
		打赏线上健身主播、跟练视频等
		场地和相关器材用品租金
		参赛费和报名费
		订购线上电竞服务、虚拟电竞衍生品⑥
	运动康复消费	购买运动保健康复服务⑦
	体育观赛消费	购买赛事现场门票
		购买赛事节目(直播、录播)
	教育培训消费	体育培训和教育费

类型	体育消费内容		
体育旅游、体育彩票 及其他消费	参与体育旅游⑧		
	购买体育彩票		
	其他与体育相关	接受馈赠、福利等间接消费	
		使用体育消费券	
		购买体育出版物	
		其他未列明体育消费	

注：①包括球类、板类、跑步装备、水上装备、瑜伽健身装备、运动康复装备等。②包括运动手表/手环、VR运动装备、健身环、体脂称等。③包括帐篷、睡袋、指南针/定位系统、运动水杯、运动包等。④包括营养粉、营养棒等运动代餐，蛋白粉、氮泵、肌酸等运动补剂，能量饮品、营养素饮料等功能性运动饮品。⑤包括东京奥运会、北京冬奥会、杭州亚运会等大型体育赛事纪念商品、体育文化创意和体育收藏品，如冰墩墩、NBA手办、吉祥物、盲盒、球星卡等体育特许产品。⑥包括购买英雄联盟、DOTA2、王者荣耀等电竞游戏赛事/联赛虚拟服务产品、虚拟衍生品的消费，不包含日常游戏充值。⑦包括接受运动损伤治疗、运动康复治疗和康复指导等。⑧包括到外地观看比赛或参加体育运动而产生的交通费、住宿费、餐饮费以及由此带动产生的其他费用，如参与登山徒步、自驾游、滑雪、帆船、潜水等户外运动的消费。

二 长三角地区国家体育消费试点城市（区）居民体育消费情况概述

（一）试点城市（区）居民体育消费规模情况

根据长三角地区国家体育消费试点城市（区）居民体育消费调查报告，2021年、2022年长三角地区10个国家体育消费试点城市（区）居民体育消费总规模分别达到1871.8亿元和1946.5亿元，相较于2020年的1771.5亿元有稳定增长，2020~2022年年均增长率达4.8%，保持了较好的发展态势（见表3）。

表3　2020~2022年长三角地区国家体育消费试点城市（区）
居民体育消费规模

单位：亿元

城市（区）	居民体育消费规模		
	2020 年	2021 年	2022 年
徐汇区	37.5	40.1	47.6
杨浦区	37.9	41.5	42.0
南京市	286.9	288.8	296.3
苏州市	392.2	390.4	402.5
常州市	161.2	162.3	167.2
宁波市	252.4	286.9	291.5
绍兴市	135.7	150.7	163.5
金华市	213.1	242.6	253.6
合肥市	227.4	239.6	252.8
黄山市	27.2	28.9	29.6
合计	1771.5	1871.8	1946.5

注：若总量与分量合计尾数不等，是数值修约误差所致。

资料来源：2020~2022年长三角地区10个国家体育消费试点城市（区）居民体育消费调查报告。

从试点城市（区）居民人均体育消费情况来看，2022年长三角地区有8个试点城市（区）居民人均体育消费超过3000元，相较于2020年增加3个城市（区）；合肥市、黄山市居民人均体育消费超过2000元，相较于2021年我国居民人均体育消费约1400元，长三角地区试点城市（区）居民人均体育消费仍然保持领先地位。从与其他城市比较来看，2021年我国经济较为发达的上海市徐汇区、杨浦区居民人均体育消费与深圳市接近，处于第一梯队；江苏省、浙江省试点城市居民人均体育消费领先于成都和厦门，与青岛同属第二梯队。从近年增速来看，2020~2022年长三角地区部分试点城市（区）居民人均体育消费增长出现波动，南京市、苏州市、常州市居民人均体育消费增幅不明显，但仍有7个试点城市（区）居民人均体育消费年均增长率大于或等于3%，特别是宁波市、绍兴市、金华市年均增速超过6%，试点城市（区）居民体育消费发展韧性初步显现（见表4）。从居民人均体育消费占人均消费支出的比重情况来看，2022年长三角地区10个试点城市（区）均高于7.0%，合肥市、徐汇区、黄山市等城市（区）接近或超过10.0%（见图1）。

表4 2020~2022年长三角地区试点城市与其他城市居民人均体育消费比较

单位：元，%

城市（区）	居民人均体育消费			年均增长率
	2020 年	2021 年	2022 年	
徐汇区	4024. 9	4254. 8	4266. 1	3. 0
杨浦区	3046. 4	3336. 1	3411. 3	5. 8
南京市	3080. 0	3064. 5	3121. 5	0. 7
苏州市	3077. 0	3038. 8	3117. 7	0. 7
常州市	3053. 2	3033. 8	3116. 6	1. 0
宁波市	2684. 3	3006. 0	3030. 9	6. 3
绍兴市	2574. 9	2859. 4	3053. 8	8. 9
金华市	2802. 0	3096. 9	3244. 5	7. 6
合肥市	2427. 4	2531. 0	2624. 2	4. 0
黄山市	2043. 5	2171. 4	2235. 0	4. 6
深圳市	3175. 4	3492. 2	—	—
成都市	2298. 1	2518. 6	2730. 2	9. 0
厦门市	2241. 0	2537. 3	—	—
青岛市	2885. 4	3027. 0		

注：若总量与分量合计尾数不等，是数值修约误差所致。

资料来源：长三角地区城市（区）数据来自2020~2022年10个国家体育消费试点城市（区）居民体育消费调查报告。其他城市数据来自《深圳人均体育消费3492元领跑全国！40个试点城市迎三年大考》，"体育大生意"百家号，2022年7月30日，https：//baijiahao. baidu. com/s? id = 1739743 049865336731&wfr=spider&for=pc；《2022年，成都人均体育消费支出2700元》，"锦观新闻"百家号，2023年3月30日，https：//baijiahao. baidu. com/s? id = 1761752042767353983&wfr=spider&for=pc；《总规模近134亿元！2021年厦门市居民体育消费调查报告出炉》，体育大生意网站，2022年9月13日，http：//www. sportsmoney. cn/article/113218. html；《青岛体育产业"四朵金花"齐绽放 为体育注入新动能》，"信网"百家号，2023年6月7日，https：//baijiahao. baidu. com/s? id = 1768001692115846493&wfr=spider&for=pc。

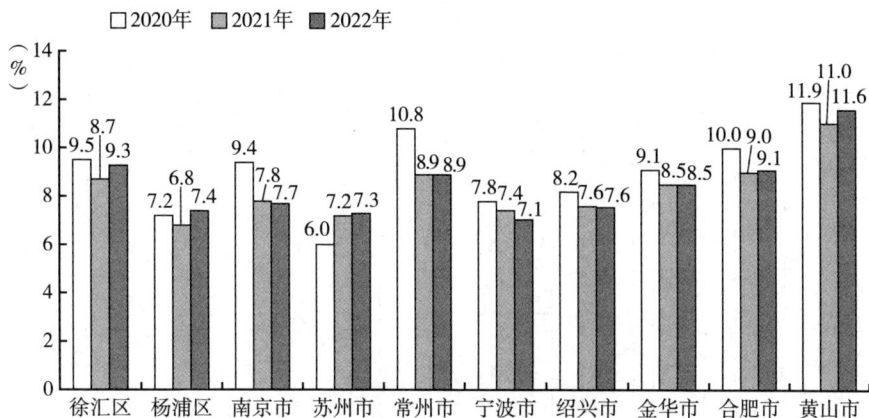

图1　2020～2022年长三角地区国家体育消费试点城市（区）居民人均体育消费占人均消费支出比重情况

资料来源：2020～2022年长三角地区10个国家体育消费试点城市（区）居民体育消费调查报告。

（二）居民体育消费结构情况

从消费结构来看，2022年徐汇区、杨浦区、常州市、宁波市、合肥市居民实物型体育消费占比达到或超过50%，同时除南京市、苏州市和未列入的金华市、黄山市外，2022年其他试点城市（区）居民服务型体育消费占比均低于35%，南京市、苏州市居民服务型体育消费占比也未过半（见图2）。相较于2021年，2022年大部分试点城市（区）居民服务型体育消费收缩，试点城市（区）居民体育消费仍然以实物型消费为主，运动服装等用品消费是最为常见的体育消费内容。对比欧美发达国家，2020年欧洲部分国家居民服务型体育消费（含户外休闲服务和体育康乐服务）占比远高于实物型体育消费（含室内休闲用品、运动装备、露营装备设备等）（见图3）。长三角地区居民体育消费结构需要进一步优化升级。

从具体消费细项来看，运动服装和鞋帽是2022年长三角地区国家体育消费试点城市（区）居民人均消费最高的项目，徐汇区、宁波市、金华市

193

□实物型体育消费占比　■服务型体育消费占比
■体育旅游、体育彩票及其他消费占比

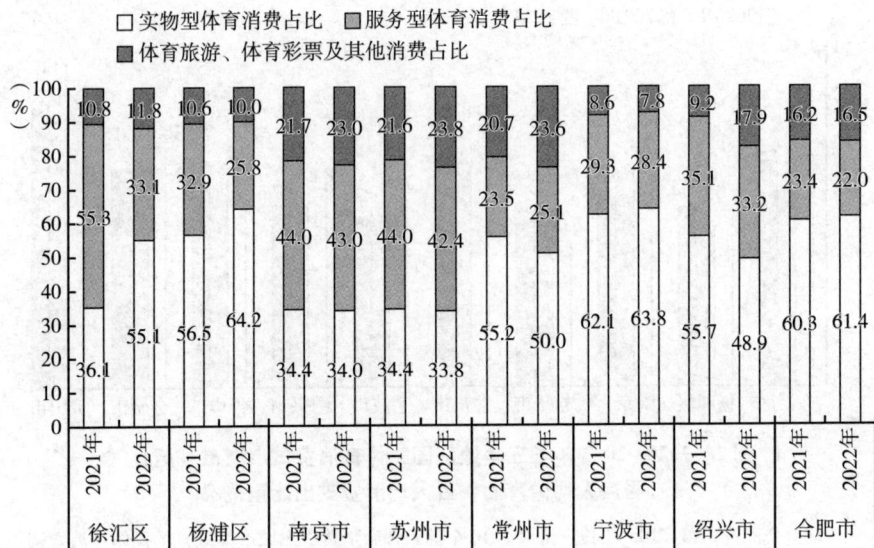

**图2　2021~2022年长三角地区部分国家体育消费试点城市（区）
居民体育消费结构**

注：未将徐汇区、常州市体育用品消费统计口径不同导致的差异计入；金华市、黄山市由于部分消费细项未列明，此处不列入。

资料来源：2021~2022年长三角地区部分国家体育消费试点城市（区）居民体育消费调查报告。

居民运动服装和鞋帽人均消费超过1000元。在服务型体育消费领域，居民在健身俱乐部、健身会所、健身工作室等健身机构的会费以及私教指导费用仍然是构成服务型体育消费的主要内容，但与2020年相比，除常州市外，其他试点城市（区）居民该项人均消费均有不同程度的下降。如2020~2022年，杨浦区居民该项人均消费从342.0元降至232.1元，降幅超30%，南京市、苏州市居民该项人均消费从接近250元降至200元以下。同样下降的还有场地和相关器材用品租金消费，该项消费指标通常可以反映居民对足球、篮球、羽毛球、游泳、乒乓球等运动项目的参与情况，数据显示，2022年大部分试点城市（区）居民该项人均消费下滑。此外，相较于2021年，2022年试点城市（区）居民体育教育培训活动消费、参赛费和报名费、运

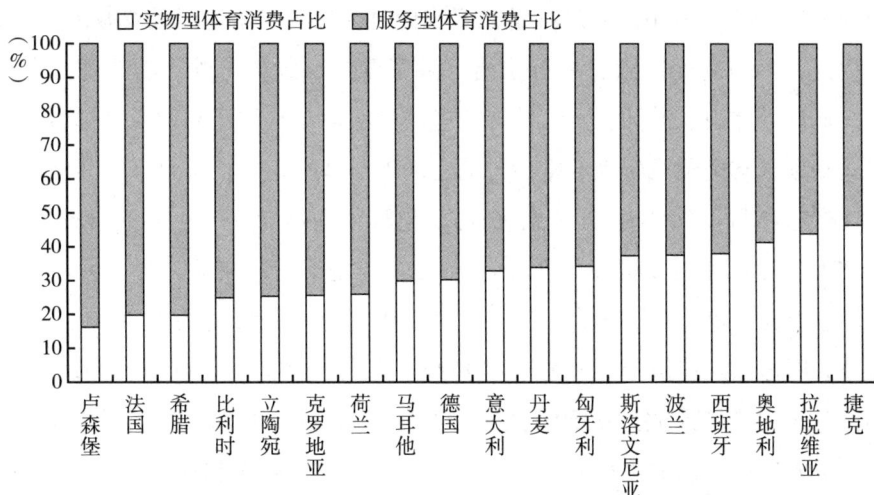

图3　2020年欧洲部分国家居民体育消费结构

资料来源："Mean Consumption Expenditure of Private Households on Sporting Goods and Services by COICOP Consumption Purpose," EUROSTAT, 2019 - 9 - 21, https：//ec. europa. eu/eurostat/ databrowser/view/SPRT_ PCS_ HBS $ DEFAULTVIEW/default/table。

动保健康复消费等变化较小。整体来看，2020~2022年长三角地区试点城市（区）体育消费规模的扩大和居民人均消费的提升主要归功于实物型体育消费的扩容，服务型体育消费仍有较大增长空间。

（三）居民体育运动参与情况

居民旺盛的体育活动参与热情是体育消费发展的基础，同时体育活动参与情况也可以反映居民体育消费的重点领域，2022年上海市经常参与体育锻炼人数比例达50.1%①，江苏省、浙江省该比例分别达到40.6%②、

① 《〈2022年上海市全民健身发展报告〉发布》，"中国体育报"百家号，2023年6月29日，https：//baijiahao. baidu. com/s？id = 1770020870619840979&wfr = spider&for = pc。

② 《江苏省人均体育消费及经常锻炼的人数占比情况》，江苏省体育局网站，2023年7月18日，http：//www. jiangsu. gov. cn/jact/front/mailpubdetail. do？transactId = 360930&sysid = 99。

43.4%①，均高于全国 37.2%②的水平。同时，从长三角地区试点城市（区）居民经常参与的运动项目情况来看，除了跑步、健步走外，羽毛球、自行车、篮球、登山、游泳、乒乓球等均是居民经常参与的运动项目，排名靠前的运动项目与全国成年人经常参与的运动项目基本相同，南京市、苏州市居民还广泛参与棋牌类运动（见表5）。与科尔尼咨询公司（A. T. Kearney）于 2019 年发布的全球各国居民体育活动参与情况比较来看，由于区域文化等因素差异，美、英、德、法、日、韩等国居民经常参与的橄榄球、足球、棒球、网球以及速滑等项目在长三角地区参与人数较少。同时，2020 年美国体育运动参与人数达 2.297 亿人，参与率高达 75.6%；③ 2017 年英国 16 岁以上人口经常参加体育锻炼人数比例为 60.6%、澳大利亚 15 岁以上人口该比例为 61.8%，④ 长三角地区居民体育运动参与比例在国内处于领先水平，但相较于发达国家仍有一定差距。从居民参与的运动项目来看，近年来，我国登山/露营、钓鱼、轮滑/滑板/平衡车、街舞/热舞操等运动项目参与人数逐步增加，南方周末城市（区域）研究中心发布的《城市露营热力榜》显示，露营热力排名前 10 的城市中，杭州、湖州、苏州、上海、南京分列第 1、第 2、第 4、第 5、第 10 位，杭州、湖州露营点数量均超过 200 个。露营成为长三角地区城市休闲旅游消费的新风口，未来随着更多运动项目"破圈"，长三角地区居民参与的运动项目将更为多元，并形成各类人群健康运动生活的新方式。

① 《全民健身，浙江做得怎么样 省人大常委会审议〈浙江省全民健身条例〉实施情况报告》，杭州网，2023 年 5 月 26 日，https://news. hangzhou. com. cn/zjnews/content/2023-05/26/content_8542728. htm。
② 《国家卫健委：健康中国行动 2022 年主要目标提前实现 经常参加体育锻炼的人数比例达到 37.2%》，"人民融媒体"百家号，2022 年 9 月 7 日，https://baijiahao. baidu. com/s? id = 174329690 2990794142&wfr=spider&for=pc。
③ 《美国全民健身报告发布：运动人口达五年新高，户外赛道火热》，"懒熊体育"百家号，2021 年 9 月 9 日，https://baijiahao. baidu. com/s? id =1710404068601371630&wfr=spider&for=pc。
④ 《学习时刻 | 广泛开展全民健身活动》，鄂尔多斯教体局网站，2023 年 2 月 1 日，http://jytyj. ordos. gov. cn/djgz/dwgk/202306/t20230603_3435273. html。

表 5　全国及长三角地区与英美六国居民参与最多的运动项目

排序	中国成年人（2020年）	中国青少年（2020年）	上海市（2022年）	南京市（2022年）	苏州市（2022年）	常州市（2022年）	绍兴市（2022年）	金华市（2022年）	合肥市（2022年）	黄山市（2022年）	美国（2019年）	英国（2019年）	德国（2019年）	法国（2019年）	日本（2019年）	韩国（2019年）
1	健步走	跑步	健步走	健步走	健步走	跑步、健步走	羽毛球	跑步、健步走	羽毛球	散步	跑步	跑步	跑步	自行车	跑步	跑步
2	跑步	跳绳	跑步	棋牌类	棋牌类	羽毛球	篮球	羽毛球	跑步、健步走	羽毛球	美式橄榄球	足球	足球	跑步	棒球	足球
3	羽毛球	羽毛球	自行车	登山	登山	自行车	游泳	登山	户外、徒步	篮球	棒球	自行车	自行车	足球	自行车	跆拳道
4	自行车	健步走	羽毛球	羽毛球	乒乓球	篮球	跑步、健步走	自行车	篮球	登山	篮球	网球	速滑	英式橄榄球	足球	速滑
5	篮球	乒乓球	游泳	篮球	篮球	乒乓球	自行车	篮球	自行车骑行	—	足球	英式橄榄球	手球	网球	速滑	棒球
6	—	—	跳绳/踢毽子	游泳	游泳	游泳	足球	游泳	登山	—	—	—	—	—	—	—
7	—	—	乒乓球	乒乓球	羽毛球	广场舞	乒乓球	广场舞	乒乓球	—	—	—	—	—	—	—
8	—	—	体育舞蹈	跳绳	路跑及马拉松	钓鱼	瑜伽	乒乓球	游泳	—	—	—	—	—	—	—

注：空缺内容为相关报告未提及。

资料来源：上海市数据来源为《2022 年上海市全民健身发展报告》，"周到上海"企鹅号，2023 年 6 月 29 日，https://new.qq.com/rain/a/20230629A06JN00；中国成年人及青少年数据来源为《2020 年全民健身活动状况调查公报》，国家体育总局网站，2022 年 6 月 7 日，https://www.sport.gov.cn/n315/n329/c2435053/content.html；我国其他城市数据来源为 2022 年长三角地区各国家体育消费试点城市（区）居民体育消费调查报告；美国、英国、德国、法国、日本、韩国数据来源为科尔尼咨询公司发布的《世界各国参与人数最多的体育运动列表》。

三 长三角地区国家体育消费试点城市（区）居民体育消费主要板块分析

（一）体育用品消费板块

体育用品消费包括关于运动服装和鞋帽，运动健身设备、器材和相关用品（以下简称"体育装备器材"），智能体育装备，户外运动装备四类产品的消费。2021 年和 2022 年长三角地区国家体育消费试点城市（区）居民人均体育用品消费均超过 1000 元，2022 年徐汇区、杨浦区、常州市、宁波市、金华市、合肥市居民人均体育用品消费超过 1500 元。2021 年，有 7 个试点城市（区）居民的人均体育用品消费占人均体育消费比重超过 50%，合肥市、金华市和黄山市接近或超过 60%。2022 年居民人均体育用品消费占比超过 50%的试点城市（区）下降至 5 个，但总体来看，体育用品消费在长三角地区大部分试点城市（区）居民体育消费中仍保持绝对核心地位。同时，运动服装和鞋帽作为体育活动基础消费产品，仍然是体育用品消费的核心内容，长三角地区绝大部分试点城市（区）居民人均运动服装和鞋帽消费占人均体育用品消费的比重在 45%~70%。随着近年来都市露营和近郊露营的火热，居民人均户外运动装备消费明显增长，2020 年仅有宁波市居民人均户外运动装备消费超过 200 元，但在 2021 年和 2022 年分别有 4 个和 3 个试点城市（区）居民人均户外运动装备消费突破 200 元，2022 年徐汇区、杨浦区居民人均户外运动装备消费超过 300 元，人均户外运动装备消费占人均体育用品消费的比重也呈现增长趋势，未来发展潜力较大。此外，大部分试点城市（区）居民人均体育装备器材消费和人均智能体育装备消费保持匀速增长（见表 6）。

表6 2021~2022年长三角地区国家体育消费试点城市（区）
居民人均体育用品消费及占比情况

单位：元，%

年份	城市（区）	运动服装和鞋帽	体育装备器材	智能体育装备	户外运动装备	人均体育用品消费	占人均体育消费比重
2021	徐汇区	580.9	373.9	248.8	267.1	1470.6	34.6
	杨浦区	946.5	327.4	243.4	247.4	1764.7	52.9
	南京市	694.7	199.8	62.8	77.1	1034.4	33.8
	苏州市	672.1	246.9	52.1	54.6	1025.7	33.8
	常州市	985.0	304.6	165.9	178.2	1633.7	53.8
	宁波市	1002.3	313.9	194.2	223.0	1733.4	57.7
	绍兴市	659.8	368.5	246.8	255.4	1530.5	53.5
	金华市	951.4	586.4	168.9	187.1	1893.8	61.2
	合肥市	1034.0	273.3	146.5	45.0	1498.8	59.2
	黄山市	790.9	291.9	117.2	143.7	1343.7	61.9
2022	徐汇区	1201.6	381.4	263.1	310.4	2156.5	50.5
	杨浦区	885.3	379.6	391.0	351.0	2007.0	58.8
	南京市	705.5	200.1	64.2	71.3	1041.1	33.4
	苏州市	702.3	216.7	62.8	52.8	1034.6	33.2
	常州市	877.2	311.7	166.7	173.1	1528.7	49.1
	宁波市	1008.0	314.2	215.5	230.5	1768.1	58.3
	绍兴市	—	—	—	—	1492.7	48.9
	金华市	1182.3	535.9	145.6	155.7	2019.5	62.2
	合肥市	939.4	376.7	170.6	92.3	1579.0	60.2
	黄山市	664.9	202.5	128.4	65.0	1060.8	47.5

注：若分项合计与总计不等，是数值修约误差所致。
资料来源：2021~2022年长三角地区10个国家体育消费试点城市（区）居民体育消费调查报告。

从2022年长三角地区试点城市（区）居民购买体育用品的具体品类来看，运动鞋的购买频次仍然保持第一的位置，2022年常州市、宁波市居民有过购买运动鞋行为的占比超过70%；此外，运动服饰服装、配饰，健身器材、器械，球类用品等的购买频率也相对较高（见图4）。从居民购买体育用品的渠道来看，线上渠道是长三角地区试点城市（区）居民购买体育用品的主要渠道，2022年杨浦区、宁波市、常州市、合肥市经常使用网络购物平台购买体育用品的居民占比接近或超过60%。① 从南京市、苏州市居民体育用品购买渠道偏好来看，居民在购买运动服饰服装、配饰，健身器材、器械，球类用品，运动护具，骑行运动用品等时更习惯通过线上渠道，而在购买运动鞋、垂钓用品、游泳用品、智能设备时线上线下两种渠道都有使用（见图5）。在具体网络购物平台的选择方面，徐汇区、杨浦区统计了相关平台使用情况，天猫/淘宝和京东两大互联网购物平台是两区居民的第一选择，使用频率分别在35%和25%以上，其次为拼多多、抖音、唯品会等平台，使用频率在5%~10%。②

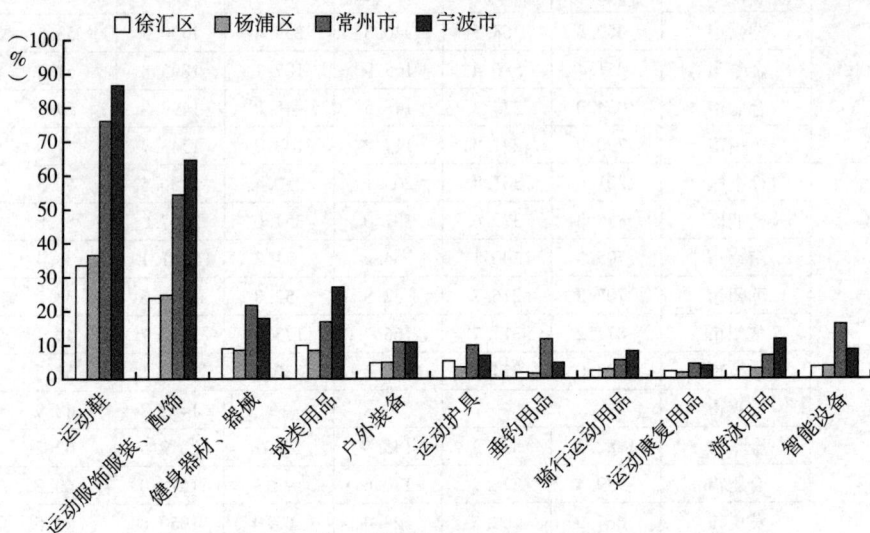

**图4　2022年长三角地区部分国家体育消费试点城市（区）居民
购买体育用品品类分布**

资料来源：2022年长三角地区4个国家体育消费试点城市（区）居民体育消费调查报告。

　　从长三角地区试点城市（区）居民关注的商品属性来看，2022年质量、实用性和价格依然是居民购买体育用品时最为看重的商品属性（见表7），与2020年相比差异不大，而产品款式、口碑评价、产品品牌和购买渠道等

---

① 根据2021~2022年长三角地区4个国家体育消费试点城市（区）居民体育消费调查报告整理。
② 根据2022年徐汇区、杨浦区居民体育消费调查报告整理。

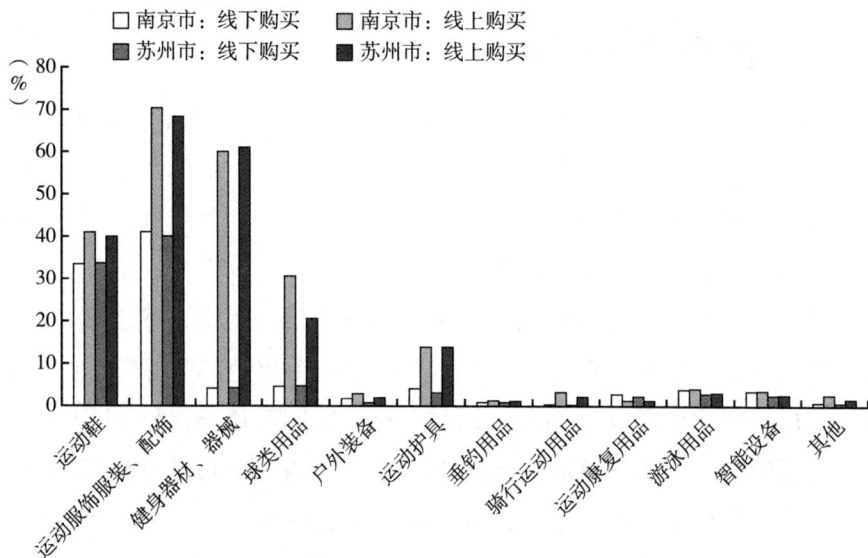

图 5　2022 年南京市、苏州市居民体育用品购买渠道分布

资料来源：2022 年南京市、苏州市居民体育消费调查报告。

因素对居民购买决策的影响较小。此外，2022 年徐汇区、杨浦区对居民选择国内外体育品牌的情况做了相关调查，结果显示，李宁、安踏、361°、特步等是徐汇区和杨浦区居民选择更多的国内品牌，耐克、阿迪达斯、斐乐、斯凯奇和 lululemon 等是居民选择更多的国外品牌，耐克和阿迪达斯在两区居民选择中的占比均在 20%左右。①

**表 7　2022 年长三角地区部分国家体育消费试点城市（区）
居民体育用品消费商品属性偏好**

偏好排名	徐汇区	杨浦区	南京市	苏州市	常州市	宁波市	金华市	合肥市
第一	质量	质量	质量	质量	质量	质量	质量	质量
第二	价格	实用性	价格	价格	实用性	实用性	实用性	实用性
第三	实用性	价格	实用性	实用性	价格	价格	价格	价格

资料来源：2022 年长三角地区 8 个国家体育消费试点城市（区）居民体育消费调查报告。

---

① 根据 2022 年徐汇区、杨浦区居民体育消费调查报告数据整理。

（二）健身休闲消费板块

健身休闲消费（包括健身会费及指导费，线上健身指导和咨询费，打赏线上健身主播、跟练视频等，参赛费和报名费，场地和相关器材用品租金，订购线上电竞服务、虚拟电竞衍生品6项）是居民体育消费的重要板块，也是服务型体育消费的主要组成部分。2022年，有8个试点城市（区）居民人均健身休闲消费出现不同程度的下滑，徐汇区、杨浦区居民人均健身休闲消费分别较2021年下降34.9%和22.5%，金华市、绍兴市居民人均健身休闲消费分别较2021年下降15.8%和14.0%。在较大降幅影响下，长三角地区试点城市（区）居民人均健身休闲消费占人均体育消费比重也出现波动，但大部分试点城市（区）居民人均健身休闲消费占比仍保持在10%~22%，与体育用品消费的主体地位相比，近年来居民人均健身休闲消费有所下滑（见表8）。

表8　2021年、2022年长三角地区国家体育消费试点城市（区）
居民人均健身休闲消费及占比

单位：元，%

年份	城市（区）	健身会费及指导费	线上健身指导和咨询费	打赏线上健身主播、跟练视频等	参赛费和报名费	场地和相关器材用品租金	订购线上电竞服务、虚拟电竞衍生品	人均健身休闲消费	占人均体育消费比重
2021	徐汇区	1047.1	36.1	—	169.6	181.4	—	1434.2	33.7
	杨浦区	387.0	28.3	—	122.2	225.1	—	762.6	22.9
	南京市	209.3	—	—	23.3	99.9	197.7	530.2	17.3
	苏州市	203.0	24.3	—	24.0	98.6	197.7	547.6	18.0
	常州市	297.6	17.7	—	73.7	57.3	81.0	527.3	17.4
	宁波市	365.4	65.5	—	44.8	176.6	—	652.3	21.7
	绍兴市	385.3	26.8	—	78.9	50.5	—	541.5	18.9
	金华市	247.4	—	—	46.4	80.8	—	374.6	12.1
	合肥市	273.2	11.3	—	48.4	75.8	—	408.7	16.1
	黄山市	198.9	—	—	31.8	87.4	95.4	413.6	19.0

续表

年份	城市（区）	健身会费及指导费	线上健身指导和咨询费	打赏线上健身主播、跟练视频等	参赛费和报名费	场地和相关器材用品租金	订购线上电竞服务、虚拟电竞衍生品	人均健身休闲消费	占人均体育消费比重
2022	徐汇区	496.8	29.5	18.5	97.6	280.3	10.7	933.4	21.9
	杨浦区	232.1	38.4	10.1	100.8	200.0	9.9	591.3	17.3
	南京市	190.4	—	—	22.9	98.3	202.6	514.2	16.5
	苏州市	198.5	—	—	23.3	97.3	202.5	521.6	16.7
	常州市	334.4	16.2	—	76.4	57.1	87.6	571.7	18.3
	宁波市	371.1	75.0	—	43.3	157.2	—	646.5	21.3
	绍兴市	—	—	—	—	—	—	465.7	15.2
	金华市	212.7	9.8	—	48.0	45.0	—	315.5	9.7
	合肥市	232.9	20.5	—	27.9	42.5	64.4	388.1	14.8

注：若分项合计与总计不等，是数字修约误差所致；2022年黄山市居民体育消费调查报告未提及相关数据，未在表中显示。

资料来源：2021年、2022年长三角地区各国家体育消费试点城市（区）居民体育消费调查报告。

2022年长三角地区大部分试点城市（区）居民人均健身会费及指导费较2021年下滑。根据上海体育大学经济管理学院、三体云动和万博宣伟联合发布的《2022年中国健身行业数据报告》，2022年，全国健身市场规模约2559亿元，相比2021年的2741亿元下滑了6.64%；2022年，全国商业健身房倒闭总数约为9751家，倒闭率10.39%，其中健身俱乐部占比接近30%，健身工作室占比超过70%，体育健身消费市场发展面临巨大挑战。但从调查数据来看，居民线上和线下健身指导服务消费依然是居民健身休闲消费的主要组成部分，大部分试点城市（区）居民在这一领域的人均消费占人均健身休闲消费的一半以上，同时居家健身、在线健身等成为2021~2022年居民健身活动的主要形式，长三角地区试点城市（区）居民人均线上健身指导和咨询费及人均打赏线上健身主播、跟练视频等消费较2020年有较大幅度提升，有42.2%的徐汇区居民在2022年使用过互联网健身App，其中

Keep 的使用率最高，达到 30.9%；随后为咕咚（11.0%）和悦跑圈（10.2%）（见图6）。广泛举办的群众性体育赛事活动也激发了群众体育参赛消费的热情，2023 年上半年浙江省共举办各级各类体育赛事活动 10576 场次，参赛人数达 400 万人以上，产生关联消费近 35 亿元。[①] 此外，作为体育消费新领域，电子竞技消费随着新兴一代消费观念和体育活动参与形态的改变应运而生，2022 年南京市、苏州市居民的人均电子竞技消费超过 200 元。

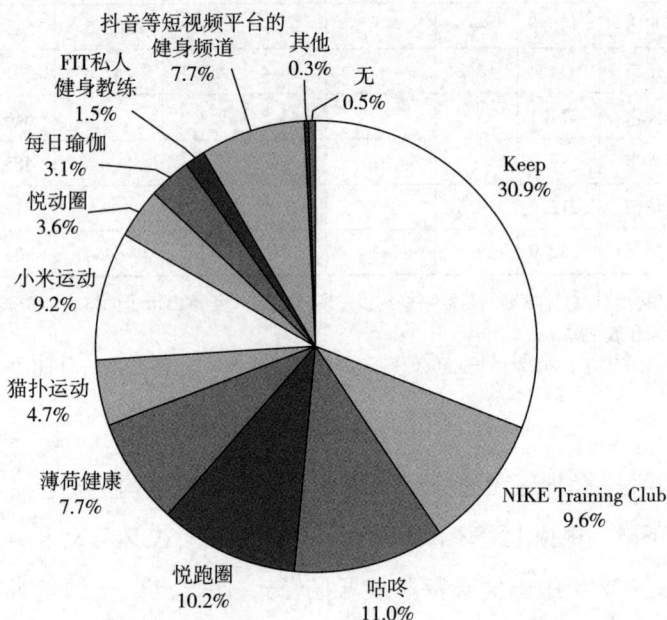

图 6 2022 年徐汇区居民互联网健身 App 使用偏好

资料来源：2022 年徐汇区居民体育消费调查报告。

（三）体育观赛消费板块

2021~2022 年，受各大赛事延期或关闭线下观赛渠道影响，长三角地区试点城市（区）居民体育观赛消费处于收缩态势。2021 年，除徐汇区、绍

---

① 数据来源于浙江省体育局。

兴市、常州市外，其余7个试点城市（区）居民参与线下观赛活动、购买线下赛事门票的人均消费低于20.0元。与此同时，咪咕、腾讯等网络视频平台体育直播、录播内容愈发丰富，2022年部分试点城市（区）居民通过相关线上平台观看体育赛事的人均消费比2021年有所上涨或基本持平（见表9）。

表9 2021年、2022年长三角地区国家体育消费试点城市（区）居民人均体育观赛消费

单位：元，%

年份	城市（区）	购买赛事门票（线下观赛）	购买赛事节目（线上观赛）	人均体育观赛消费	占人均体育消费比重
2021	徐汇区	84.4	35.5	119.9	2.8
	杨浦区	6.4	21.1	27.5	0.8
	南京市	15.6	67.8	83.4	2.7
	苏州市	13.2	68.9	82.1	2.7
	常州市	28.4	19.1	47.5	1.6
	宁波市	9.2	16.6	25.9	0.9
	绍兴市	62.2	29.8	92.0	3.2
	金华市	9.1	13.3	22.4	0.7
	合肥市	9.3	10.8	20.0	0.8
	黄山市	18.3	—	18.3	0.8
2022	徐汇区	5.8	24.4	30.2	0.7
	杨浦区	5.9	18.4	24.3	0.7
	南京市	10.4	73.1	83.5	2.7
	苏州市	12.2	70.1	82.3	2.6
	常州市	23.5	19.1	42.6	1.4
	宁波市	9.7	17.2	26.9	0.9
	绍兴市	—	—	171.6	5.6
	金华市	9.2	11.1	20.3	0.6
	合肥市	16.4	13.0	29.4	1.1

注：若分项合计与总计不等，是数字修约误差所致，2022年黄山市居民体育消费调查报告未提及人均体育观赛消费内容，未在表中显示。

资料来源：2021年、2022年长三角地区各国家体育消费试点城市（区）居民体育消费调查报告。

观赏型体育消费一直以来都是体育消费的重要组成部分，2023年，随着成都大运会、杭州亚运会的接连举办，以及中超、CBA等赛事主场观赛的进一步放开，体育观赛消费迎来新的热潮。例如，中超联赛2023赛季上海申花主场赛事场均观众超过28000人，[①] 有力地带动了竞赛日场馆周边餐饮、购物、娱乐等业态的消费；2023年，杭州亚运会门票销售遵循"无赠票，票面价销售"的原则开放56个可售项目，赛事门票超过300万张，截至8月30日，游泳、跳水、艺术体操、射箭、乒乓球、羽毛球、网球、霹雳舞等30个项目所有场次可售门票已全部售完。[②] 同时，浙江省创新"体育赛事+直播带货"新模式，2022年举办28场全省性乡村体育赛事活动，赛事网络直播观看人数超500万人次，实现"直播带货"收入超2500万元。[③] 可以预见，随着各地体育赛事活动的火热进行，未来长三角地区体育观赛消费将成为拉动体育消费增长的新动能。

（四）体育培训和教育消费板块

体育培训和教育服务是推动群众特别是青少年群体掌握体育运动技能、培养终身运动消费习惯的重要抓手。2020年，国家体育总局、教育部共同发布《关于深化体教融合 促进青少年健康发展的意见》，支持社会体育组织为学校体育活动提供指导，普及体育运动技能；2021年，中共中央办公厅、国务院办公厅印发《关于进一步减轻义务教育阶段学生作业负担和校外培训负担的意见》，随着"双减"政策出台，青少年体育消费市场需求骤增。2021年除苏州市、金华市居民人均体育培训和教育消费略有下降，绍兴市居民人均体育培训和教育消费有较大降幅外，长三角地区其他试点城市（区）居民人均体育培训和教育消费均有所增长，宁

---

① 《"燃烧卡路里"激活城市夜经济》，"新华社体育"百家号，2023年6月30日，https://baijiahao.baidu.com/s?id=1770111486420483240&wfr=spider&for=pc。

② 《杭州亚运会56个可售项目门票均已开售，30个项目已售罄》，浪潮新闻，2023年8月30日，http://zjnews.china.com.cn/yuanchuan/2023-08-30/389350.html。

③ 资料来源于浙江省体育局。

波市、徐汇区、黄山市的增速最快，相较 2020 年涨幅分别达到 54.4%、38.3%和 35.8%。2021 年徐汇区、南京市、苏州市、金华市居民人均体育培训和教育消费达到 400 元以上，其中徐汇区达到 500 元以上。2022年部分试点城市（区）居民人均体育培训和教育消费有所回落，南京市、苏州市、金华市居民的人均体育培训和教育消费占人均体育消费比重连续两年超过 10.0%（见表 10）。

表 10　2021 年、2022 年长三角地区国家体育消费试点城市（区）
居民人均体育培训和教育消费

单位：元，%

城市（区）	2021 年人均体育培训和教育消费	2021 年占人均体育消费比重	2022 年人均体育培训和教育消费	2022 年占人均体育消费比重
徐汇区	582.8	13.7	346.8	8.1
杨浦区	213.3	6.4	197.4	5.8
南京市	428.7	14.0	430.0	13.8
苏州市	409.7	13.5	411.7	13.2
常州市	106.4	3.5	125.0	4.0
宁波市	130.8	4.4	101.8	3.4
绍兴市	220.8	7.7	237.3	7.8
金华市	451.1	14.6	488.3	15.1
合肥市	133.8	5.3	120.6	4.6
黄山市	91.1	4.2	105.2	4.7

资料来源：2021 年、2022 年长三角地区各国家体育消费试点城市（区）居民体育消费调查报告。

从试点城市（区）居民在体育培训和教育服务中选择的项目来看，可选择的培训项目较为丰富。2022 年，杨浦区居民为自身或子女选择的培训项目与 2021 年相比整体变化幅度不大，羽毛球仍然是最热门项目，占比达到 23.7%，其次是篮球、足球和游泳，占比分别为 15.6%、14.2%和11.3%，徐汇区居民为自身或子女选择的培训项目前五则分别为羽毛球、篮球、足球、游泳和乒乓球；① 从培训环境的偏好来看，环境设施、师资质量、

———————————

① 根据 2022 年徐汇区、杨浦区居民体育消费调查报告数据整理。

地理位置是徐汇区和杨浦区居民选择体育培训项目的重点考虑因素；从班级规模看，徐汇区和杨浦区大部分居民选择了10人及以下的班课教学项目。

四 长三角地区体育消费发展主要经验与亮点

2020年获批创建10个国家体育消费试点城市（区）以来，长三角地区深化体育领域供给侧结构性改革和需求侧管理，集聚要素资源，激发市场活力，优化市场环境，多措并举促进体育消费，形成产业结构持续优化、市场主体快速发展、消费业态丰富多元、群众需求不断释放、消费规模全国领先的新局面，在场地设施建设、消费空间与场景创新等领域取得突出成果。

（一）补足场地设施短板，丰富群众体育生活

体育场地设施是保障体育产品市场供给、扩大体育消费的基础，长三角地区试点城市（区）以推进体育消费载体空间建设为抓手，积极破解群众健身"最后一公里"问题，对促进居民参与体育活动和发展体育消费具有重要意义。自2021年起，徐汇区、杨浦区、南京市、绍兴市、合肥市等积极印发实施新一轮的"全民健身实施计划""健身设施补短板五年行动计划""全民健身公共体育设施专项规划""体育公园专项规划"，通过向社会公布可用于建设体育健身设施的空间目录或指引等方式，进一步梳理可用于建设群众体育健身设施的空间资源和可复合利用的设施资源，推进体育场地设施建设。截至2022年底，上海市、江苏省、浙江省、安徽省人均体育场地面积分别达到2.51平方米[1]、4.03平方米[2]、2.80平方米[3]和2.62平方米[4]，相

[1]《人均体育场地面积2.51平方米 2022年上海市体育场地数据出炉》，"新闻晨报"百家号，2023年6月8日，https://baijiahao.baidu.com/s?id=1768072937843481459&wfr=spider&for=pc。

[2]《江苏人均体育场地面积达4.03平方米》，"新华社体育"百家号，2023年8月8日，https://baijiahao.baidu.com/s?id=1773665499209432973&wfr=spider&for=pc。

[3]《浙江有多少体育场地？哪类运动场地最多？最新数据公布》，"浙江公安"百家号，2023年4月27日，https://baijiahao.baidu.com/s?id=1764340023188365898&wfr=spider&for=pc。

[4]《2022年安徽省体育场地统计调查数据》，安徽省体育局网站，2023年3月31日，http://tiyu.ah.gov.cn/tyzh/tycy/tytj/121509431.html。

较于"十三五"末期有较大提升。在体育场地设施短板补足过程中，浙江省持续放大亚运综合效益，聚焦亚运场馆惠民利民，56个亚运竞赛场馆和31个训练场馆提前向公众开放，截至2023年9月累计接待群众超过1000万人次。自2018年起，宁波市就推动体育设施专项规划与宁波市国土空间规划同步编制，在《关于推进全民健身实施计划加快体育设施规划建设的通知》的指引下，近年来宁波市新建住宅小区内体育场地空间建设进度不断加快，截至2022年全市已有342个新建住宅小区按要求配置群众身边的体育场地设施，新增小区室内体育场馆23.6万平方米。①

体育人口、体育文化氛围等构筑了体育消费市场发展的基石，在体育场地设施"有没有""好不好"等问题得到逐步解决的同时，群众体育生活"参与什么""怎么参与"的新需求得到有效满足。长三角地区试点城市（区）大力支持社会力量为各类群体提供针对性体育服务与产品。一是针对青少年群体，苏州市体育局、教育局于2021年联合出台了《关于加强苏州市青少年体育工作的指导意见》，将青少年体育类培训机构纳入苏州体育惠民消费行动定点单位，在体育惠民消费补贴中安排一定比例的资金定向用于青少年参加体育培训，苏州青少年在享受体教融合百万补贴的同时，还可以在定点体育服务场所免费参加体育体验活动，尝试不同运动项目。快速发展的青少年体育培训市场为青少年体育消费提供重要支撑，据不完全统计，2021年上海市有668家青少年体育培训机构，共开设5167个网点，青少年体育培训市场规模达到109.48亿元，其中体育培训课程市场规模达68.84亿元。②《2022年上海市居民体育消费调查报告》显示，2022年上海市未成年群体人均体育消费达到成年人的2倍，③ 服务型消费占比也较其他人群更高。二是针对成年人群体，长三角地区三省一市加强多元化运动项目供给，

① 《宁波市全民健身蓝图绘就　到2025年实现这些目标》，中国宁波网，2022年2月16日，https：//www.zh.gov.cn/art/2022/2/16/art_1229720874_59226744.html。
② 黄海燕主编《上海体育产业发展报告（2021~2022）》，社会科学文献出版社，2023。
③ 《上海居民人均体育消费3435.6元，未成年人是体育消费主力军》，"文汇报"百家号，2023年7月11日，https：//baijiahao.baidu.com/s?id=1771136584342200626&wfr=spider&for=pc。

丰富体育消费内容。在传统体育运动方面，2023年长三角地区三省一市共同制定了《长三角区域体育健身服务合同示范文本（2023版）》，引导健身休闲消费市场健康发展。南京市、苏州市被确立为"十四五"期间全国足球发展重点城市。2019~2021年，南京市新建社会足球场217片，建立了四级社会足球联赛体系，拥有257所全国足球运动特色学校。[①] 在此基础上，江苏省足球运动广泛开展，2022年，江苏省共举办各类足球比赛4.9万场，参赛人数达131万人次。[②] 城市骑行运动成为年轻人的时尚风向标，上海市都市骑行运动发力"出圈"，"铁马生活上海城市骑行线路"入选国家体育总局和文旅部联合发布的2023年国庆、春节假期体育旅游精品线路。居民自行车运动参与热情高涨也带动上海老字号自行车品牌消费步入快车道，2022年仅在拼多多平台，上海永久自行车销售总额就达到4.3亿元，上海凤凰自行车销售总额超3亿元，爆款车型销量最高达4.2万辆。[③] 在新兴时尚运动方面，长三角地区露营、陆冲、飞盘、桨板、电子竞技等运动蓬勃发展，特别是随着北京冬奥会的成功举办和冰雪运动"南展西扩东进"战略的实施，长三角地区冰雪运动热度不断提升，据不完全统计，截至2023年2月浙江省共建有滑雪场18家、滑冰场12家，[④] 2022~2023年雪季浙江省冰雪场所共接待游客169万人次，同比增长17.8%，实现消费4.73亿元，同比增长25.8%。[⑤] 同时，长三角地区水上运动蓬勃发展，2023年暑期舟山海洋运动休闲中心的皮划艇、游艇等项目日均参与人数达500人次，达到上年同期的1.5倍。[⑥] 三是针对老年人群体，徐汇区创新体育为老服务

① 《南京拥有257所全国足球运动特色学校》，"人民融媒体"百家号，2022年11月24日，https：//baijiahao. baidu. com/s？id=1750329748805551418&wfr=spider&for=pc。

② 《"草根足球"如何踢出更多精彩》，"新华日报"搜狐号，2023年8月8日，https：//sports. sohu. com/a/709798502_121455647。

③ 《城市骑行成为时尚风向标 上海自行车老字号也在顺势发力"出圈"》，上海市人民政府网站，2023年8月13日，https：//www. shanghai. gov. cn/nw4411/20230813/278079935259 48fabc87f88417e28a26. html。

④ 《业内人士齐聚柯桥共话浙江冰雪新机遇》，光明网，2023年2月26日，https：//m. gmw. cn/2023-02/26/content_1303295450. htm。

⑤ 数据来源于浙江省体育局。

⑥ 数据来源于浙江省体育局。

"徐汇模式"，在场地设施开放、活动组织、指导服务、体育赛事等方面开展"适老化"服务，以区老年人体育协会、基层社区体育健身团队等为支撑，积极推广太极拳、健身气功等传统体育项目；通过"你点我送"体育服务配送，为老年人等重点人群提供体育健身分类指导，每年开展服务配送500场以上。

（二）建设体育消费新空间，加快都市与户外运动产业发展

国家体育总局发布的《"十四五"体育发展规划》明确提出，"推动建设体育新空间，创造体育消费新场景，打造一批地域特色鲜明、服务功能完善、经济效益良好的体育服务综合体"。在此基础上，三省一市试点城市（区）将体育场地设施建设重心进一步拓展至业态丰富多元、产业资源集聚的体育消费新空间，主要涵盖体育服务综合体（都市运动中心）、体育公园、户外运动基地、运动健康促进中心等几种类型。长三角地区试点城市（区）的苏州奥林匹克体育中心、常州江南环球港、南京悦动·新门西体育文化产业园、宁波中体 SPORT 城、合肥体育中心等项目入选 2020 年体育服务综合体典型案例，① 这些项目也成为居民个性化、多元化、娱乐化体育消费的重要空间。南京悦动·新门西体育文化产业园作为激发老城新活力的工业遗存更新范例，以"物联网+体育文化产业"为主导，在构建开放式活力产业园区的同时，积极引进门派体育、费斯轮滑、Rabbit Block 篮球学院、弹力地带、蓝鲸攀岩等一批体育品牌门店，云集了射箭、攀岩、街舞等诸多都市时尚体育项目，已成为江苏省青少年轮滑培训基地。

2022 年国家体育总局、国家发展改革委等八部门共同印发《户外运动产业发展规划（2022—2025 年）》，持续激发户外运动市场活力，持续释放户外运动消费潜力，这也为户外运动基地发展提供助力。近年来，长三角地区推动长三角自然资源向户外运动开放，加快登山、徒步、骑行、

---

① 《体育总局公示 49 家体育服务综合体典型案例，浙江上榜数量全国第一》，浙江省体育局网站，2020 年 11 月 5 日，https：//tyj. zj. gov. cn/art/2020/11/5/art_1347213_59015099. html。

露营、水上等区域户外运动项目一体化发展，品牌户外运动基地、户外露营地等新空间快速发展，常州太湖湾露营谷、途居黄山露营地等入选国家体育总局体育服务综合体典型案例，居民参与登山、露营、自驾等户外运动的热情高涨，2022年浙江省湖州市全市户外营地接待游客约35万人次，营收达7000多万元，拉动旅游消费近2亿元，[①]露营已逐渐成为湖州旅游的一张金名片。黄山市加快优化户外运动产业载体集群，推进太平湖运动休闲小镇、歙县桂林网球运动小镇、"黄山168"国际徒步探险基地、黟县山地车户外运动基地、奇瑞黄山露营地、花山谜窟休闲运动板块设施建设与发展。

（三）丰富体育赛事节庆活动供给，创新消费新场景

体育消费场景是有效链接体育产品和服务供给侧与消费者运动健康和体育活动需求侧的纽带，是影响消费者实际购买决策和行为的重要因素。随着居民体育需求从单一的健身活动向休闲、娱乐、体验、购物等领域拓展，体育消费场景与其他业态的融合也愈发深入，2022年，南京市发布了体育旅游电子地图，推出了六大类100个体育消费新场景，当年劳动节假期100个体育消费新场景和40个体育旅游景区（线路）打卡130余万人次，实现销售额2800余万元，拉动相关体育消费近3亿元。[②]长三角地区试点城市（区）在推动体育消费场景创新中，一是以商业集聚区为空间实现体育消费场景的构建。2023年上海市举办首届上海体育消费节，共组织开展体育促消费活动159场次，并遴选了12个上海体育消费节典型案例。如2023年6月举办的徐汇区体育消费嘉年华活动，通过与热点商圈深度联动，建立体育消费嘉年华、商圈运动热力场、优质体育品牌展示平台等，打造商旅文体集

---

① 《2022首届长三角露营大会于湖州安吉举行 倡导绿色无痕露营》，"中国新闻网"百家号，2022年6月22日，https://baijiahao.baidu.com/s? id=1736341252512925747&wfr=spider&for=pc。

② 《南京推动体育消费提质扩容》，国家体育总局网站，2022年12月15日，https://www.sport.gov.cn/n20001280/n20067608/n20067635/c25018664/content.html。

聚的综合性体育消费场景，活动期内商圈累计营收7497.74万元，客流量达51.19万人次，在区域范围内直接和间接拉动体育消费近亿元。① 二是以体育赛事活动为载体实现体育消费场景的创新。2022年金华市以举办浙江省第十七届运动会为契机，全年举办各类体育赛事201场次，其中省级赛事68场次、市级和县级赛事86场次，总观众人数超5万人次，有效带动直接消费3679万元。② 特别是将赛事办入景区、办到村落，磐安县玉峰村在省运会竞赛场地建设中结合玉山古茶场等风景设计赛道，通过办赛带动玉山古茶场等地成为热门景点，赛事与文旅消费联动构建新的乡村文旅消费场景。三是以体育夜经济带动形成夜间消费新场景。2023年合肥市在各区举办"皖美消费 夜'健'合肥"体育夜市活动30场次，设置体育消费节、体育嘉年华、全民体育健身大会三大板块，打造集"逛夜市+享运动+看展示+领优惠+品美食"于一体的体育消费之夜，活动期间总人流量达15万余人次，带动消费达200余万元。③ 四是结合展会活动展现体育消费新潮流。2023年南京体育消费节·仲夏季活动与ISPO亚洲运动用品与时尚展结合举办，展会期间遴选10余家优质ISPO展商在玄武湖公园打造沉浸式露营市集，设置"露营盲盒"抽取，飞盘九宫格、进击保龄球、弹珠互动体验，露天电影观赏和攀岩项目体验与赛事观摩等多项内容。此外，展会期间南京户外暨露营产业招商会成功举办，包括户外运动赛事、水上运动基地、AI虚拟休闲平台等在内的8个体育旅游项目集中签约，专业展会进一步推动产业发展、消费场景创新加速提质。

（四）推动体育消费数字化，培育智能体育消费新业态

"云购物""云健身"等新名词的诞生，反映出数字经济时代我国居民

---

① 《体育消费新场景！一起来看2023年上海体育消费节典型案例》，"上海体育SHTY"百家号，2023年7月17日，https：//baijiahao.baidu.com/s？id＝1771675164140723388&wfr＝spider&for＝pc。
② 数据来源于金华市体育局。
③ 《安徽合肥体育夜市为夜经济增添一抹亮色》，华奥星空网，2023年9月6日，https：//www.sports.cn/cydt/jsxx/2023/0906/577230.html。

消费变化的新趋势。2020年9月，国务院办公厅发布《关于以新业态新模式引领新型消费加快发展的意见》，指出"大力发展智能体育，培育在线健身等体育消费新业态"，以智慧健身电子地图、直播健身跟练、虚拟运动、互动观赛等为代表的数字体育新业态快速发展，成为拉动消费的重要引擎。长三角地区试点城市（区）积极推动体育消费数字化，一是建立数字健身服务公共平台，推动群众参与体育活动与体育消费便利化，上海市"来沪动健身地图"、南京市"宁体汇"、苏州市"苏体通"、常州市"常享动"、宁波市"宁波体育"、绍兴市"绍兴体育"、金华市"运动银行"、合肥市"运动合肥"、黄山市"智慧体育平台"等一站式服务平台以App、小程序等形式为居民提供运动健身场所预定、赛事活动发布与报名、户外运动线路查询、体育活动指导等一系列体育服务。其中，"来沪动健身地图"智慧体育云平台入选工信部、国家体育总局共同认定的"2022年度智能体育典型案例名单"。二是通过数字消费券实施惠民消费补贴，近年来长三角地区多个省市推出惠民体育消费券，2022年上海市依托"来沪动健身地图"配送体育消费券2000余万元，支持700多家体育场馆优惠开放，领券市民超过200万人次；① 2022年浙江省累计发放亚运主题体育消费券逾6000万元，带动体育消费2.22亿元；② 苏州市通过"苏周到"+"数字人民币"、"体育惠民卡"、"体育惠民电子码"等多种形式实施惠民消费行动，自2018年启动至2023年5月，已累计发放补贴4000万元，实现交易总额2.65亿元，间接带动体育产业交易8.5亿元，惠及市民超过120万人次。③ 三是积极促进在线新经济与体育消费融合，杨浦区借助"上海信息消费云峰汇"开幕契机，以"区长直播带货"带旺体育健康消费市场，区长推荐的"跃动智能跳绳"实现智能硬件+在线服务的有机结合，满足了居民健康时尚消费的

① 《2022年上海体育工作结硕果》，搜狐网，2023年2月7日，http：//news.sohu.com/a/638229792_121286085。
② 数据来源于浙江省体育局。
③ 《"直通苏迪曼"苏州体育消费节正式启动》，搜狐网，2023年5月14日，https：//www.sohu.com/a/675538293_349645。

新需求；宁波市体育局主办体育直播带货活动，推介售卖的产品涉及体育装备、体育服装、体育健身器材等10余个种类，两个小时的直播累计吸引粉丝1.7万人次，点赞量高达32.4万次。① 四是培育壮大智能体育消费新业态，试点城市（区）居民体育消费调查报告显示，可穿戴智能体育设备等硬件的市场需求量快速增长。其中，2021年合肥市华米科技旗下品牌Zepp的Amazfit手表累计出货量超681.6万台，同比上涨53.8%；② 杨浦区跃动跳绳开发的"跃动跳绳App"及配套智能跳绳已经应用于长三角多地中小学学生的测试、训练和竞赛。此外，虚拟运动也是智能体育消费的新领域，2022年上海市首创虚拟体育公开赛，包含虚拟自行车、虚拟赛艇、虚拟高尔夫球、虚拟赛车、虚拟滑雪五大虚拟运动项目，数据显示，2022~2023全赛季媒体曝光量累计超过3.2亿次，③ 虚拟运动赛事也极大地带动群众参与相关项目。在长三角地区商圈内，室内模拟滑雪场、VR运动体验馆、智慧电竞赛事中心等新业态快速扩张，作为国内首座亚运赛事标准的专业电子竞技场馆——中国杭州电竞中心未来也将成为年青一代观赛消费的新热点。

（五）深化体育融合发展，拓展体育消费新领域

随着体育与卫生、教育、旅游等行业的融合发展不断深入和升级，体育融合消费市场也快速发展，为推动体育消费市场高质量发展提供新的动能。在体卫融合领域，上海市推出的老龄化群体专属健身空间"长者运动健康之家"按99元/月的基础价为老年人提供体质测试、基础健康检测、科学健身指导、慢性病运动干预、运动康复训练、健康知识普及和休闲社交等"一站式"运动康养服务，截至2022年底，上海市累计建成"长者运动健

① 《宁波体育直播带货 体育产业搭乘互联网"快车"》，宁波市体育局网站，2020年9月8日，https://tyj.zj.gov.cn/art/2020/9/28/art_1347259_58701480.html。
② 《华米科技2021年财报：自有品牌展现内生力量，高技术投入与高毛利良性正向循环》，"金融届"百家号，2022年3月18日，https://baijiahao.baidu.com/s?id=1727623931817174144&wfr=spider&for=pc。
③ 《赛季媒体总曝光量累积超过3.2亿，首届上海虚拟体育公开赛收官》，上观新闻，2023年2月27日，https://export.shobserver.com/baijiahao/html/587022.html。

康之家"94家，累计服务超过150万人次；常州市在试点城市建设过程中，重点推动体卫融合服务网络建设，目前已经形成以体育医院为中心、基层运动健康指导门诊为基础的"一中心多站点"布局，建成江苏省运动促进健康中心，培养运动处方师100余人，提升体育消费健康价值。在体教融合领域，为应对"双减"政策实施后体育教育培训消费市场面临的机遇与挑战，沪苏浙皖三省一市先后出台体育培训机构管理规范，进一步做好体育培训市场治理工作。作为浙江"双减"工作试点市，金华市深入推进体育类校外培训机构"双减"改革工作，在全国率先出台《金华市体育类校外培训机构监督管理实施方案》、印发《金华市体育局关于做好全市体育类校外培训机构准入备案工作的通知》，全面推进落实体育培训机构准入备案工作，为进一步规范治理非学科类机构提供依据。在体旅融合领域，长三角地区体育产业协作连续多年发布"长三角地区体育旅游精品项目"榜单，支持一批体育旅游精品项目、精品线路、精品赛事和自驾运动营地发展，以此带动区域体育旅游消费市场扩容。同时，浙江省、安徽省均大力发展户外运动产业，逐渐形成覆盖山地、水上、冰雪、航空的户外运动产业布局，丰富的供给也全面带动了体育旅游和户外运动消费市场的火热。2022年，浙江省敏锐捕捉到"露营"风口，创设"百村万帐"品牌赛事活动，通过融合露营、运动、赛事等新业态，将品牌赛事IP带入特色村居，在赛事带动乡村消费的同时，助推当地资源和产品"走出去"，推动乡村振兴，为浙江"运动振兴乡村"战略擘画新蓝图。此外，浙江省创新探索"体彩+旅游"模式，与试点城市合作开展"买彩票送旅游门票"活动，截至2023年9月已送出250余万张门票。①

参考文献

黄海燕：《新阶段、新形势：我国体育产业发展战略前瞻》，《上海体育学院学报》

---

① 数据来源于浙江省体育局。

2022 年第 1 期。

任波：《数字经济时代中国体育产业与体育消费互动的内在机制与升级策略》，《山东体育学院学报》2022 年第 3 期。

刘冬磊等：《产业生态覆盖与消费场景变革：物联网时代下体育消费升级的探索与思考》，《体育科学》2022 年第 4 期。

马晓卫、任波、黄海燕：《互联网技术影响下体育消费发展的特征、趋势、问题与策略》《体育学研究》2020 年第 2 期。

刘建武、钟丽萍、范成文：《论数字时代我国体育新消费》，《体育文化导刊》2023 年第 8 期。

B.10
2022~2023年长三角地区体育领域"专精特新"企业发展报告

徐开娟 冯姝婕*

摘 要： 推动长三角地区中小体育企业"专精特新"发展对于提升体育企业竞争实力、推动体育产业高质量发展意义重大。近年来，长三角三省一市有序开展体育领域"专精特新"企业的培育和统计工作，已育有14家国家级"专精特新"企业，企业在空间上初步呈现集聚特征，核心竞争力和发展韧性较强。进一步分析发现，长三角地区体育领域"专精特新"企业发展蕴含坚持创新驱动、聚焦主业深耕、延伸产业链条、内外市场并举的成功经验，但也面临政策有待完善、企业融资难题长期存在、企业间协同合作能力弱、外部环境不确定性增强的问题，应着力持续优化营商环境、强化多种要素支撑、促进企业协同发展。

关键词： 体育企业 专精特新 体育用品制造业 中小企业

"专精特新"发展道路是体育领域中小企业高质量发展的重要路径之一。2022年9月8日，习近平总书记在致全国专精特新中小企业发展大会的贺信中指出："希望专精特新中小企业聚焦主业，精耕细作，在提升产业

---

* 徐开娟，博士，复旦大学博士后，上海体育大学上海运动与健康产业协同创新中心副教授，研究方向为体育政策、体育产业管理；冯姝婕，上海体育大学，研究方向为体育产业。

链供应链稳定性、推动经济社会发展中发挥更加重要的作用。"同时提出，要"加大对中小企业支持力度"，"激发涌现更多专精特新中小企业"。① 长三角地区是我国体育领域"专精特新"企业发展最为活跃的区域之一，不论是在创新能力还是在开放程度方面都发挥着引领作用。依托三省一市的自然资源、产业基础、市场规模等区位因素，长三角地区已拥有14家体育领域国家级"专精特新"企业，这些企业正在成为整合区域要素资源、重塑地区产业结构、改变产业竞争格局的关键力量。本报告在探究长三角地区14家体育领域国家级"专精特新"企业发展现状的基础上，分析长三角地区体育领域"专精特新"企业的发展经验，并提出面临的问题，最后展望长三角地区体育领域"专精特新"企业的发展趋势，以期为长三角乃至全国中小企业高质量发展提供参考。

一 长三角地区"专精特新"企业概况

（一）"专精特新"企业的基本概念和评定标准

1. 基本概念

"专精特新"企业是具有专业化、精细化、特色化、新颖化发展特征的中小企业。专业化是指企业在特定领域，专注专项核心技术，从事产品专业化生产和服务，进而获得细分市场竞争优势。精细化是指企业以精益求精的理念，将精细化贯穿于生产、销售、管理、服务等诸多环节，以产品精良、服务到位、管理精细的特点在细分市场中取得优势。特色化是指企业在产品生产工艺技术和所提供的服务方面，具有独特性。新颖化是指企业具备科技创新能力强、产品服务技术含量较高等特征。"专精特新"企业创新能力强、成长性好，是提升产业链供应链稳定性和竞争力的基础

---

① 《习近平致2022全国专精特新中小企业发展大会的贺信》，习近平系列重要讲话数据库，http://jhsjk.people.cn/article/32522582。

力量，是经济高质量发展的重要驱动力，是构建新发展格局的坚强支撑。

2. 评定标准

工信部认定的"专精特新"中小企业需同时满足专业化、精细化、特色化、创新能力、产业链配套、主导产品所属领域六个方面的定量和定性指标要求。2022 年 6 月发布的《优质中小企业梯度培育管理暂行办法》明确了"专精特新"中小企业的认定标准。文件提出，同时满足以下 4 项条件即为"专精特新"中小企业：一是从事特定细分市场时间达到 2 年以上；二是上年度研发费用总额不低于 100 万元，且占营业收入总额比重不低于3%；三是上年度营业收入总额在 1000 万元以上，或上年度营业收入总额在1000 万元以下，但近 2 年内新增股权融资总额（合格机构投资者的实缴额）达到 2000 万元以上；四是评价得分达到 60 分以上（评分标准由专业化、精细化、特色化、新颖化 4 个维度 13 个指标组成），或满足 4 个条件之一（近三年获得过省级科技奖励、近两年研发费用总额均值在 1000 万元以上、近两年新增股权融资总额在 6000 万元以上、近三年进入"创客中国"中小企业创新创业大赛全国 500 强企业组名单）。

（二）长三角地区"专精特新"企业相关政策

长三角地区各地级行政区陆续跟进并出台了"专精特新"企业培育工作实施方案及配套措施。针对"专精特新"企业融资难的问题，上海市嘉定区、徐汇区、金山区、奉贤区等多个区域对新认定的国家级、市级"专精特新"中小企业，给予 10 万~50 万元的奖励。为推动制造业高质量发展，浙江省台州市、温州市等地以"打造专精特新示范城市""打造'专精特新'之城"为目标，给予有关企业多方面支持和保障。为更加精准全面地服务"专精特新"企业，江苏省无锡市结合中央指导意见和本地发展目标，为本地区专精特新"小巨人"企业制定创新能力、数字化改造、产业链协同等八个方面的办实事清单。通过多样化的政策措施，各地在为"专精特新"企业发展提供服务的同时，营造了中小企业稳定有序发展的良好政策环境（见表1）。

表1 长三角地区三省一市支持"专精特新"企业发展的相关政策

省市	发布时间	文件名称	主要内容
上海市	2021年2月	《关于做好支持"专精特新"中小企业高质量发展工作的通知》	支持重点专精特新"小巨人"企业加大创新投入;与行业龙头企业协同创新、产业链上下游协作配套;促进数字化网络化智能化改造;支持企业加快上市步伐,加强国际合作;支持公共服务示范平台为国家级专精特新"小巨人"企业提供服务
	2022年1月	《关于推进知识产权服务"专精特新"中小企业高质量发展的工作方案》	针对"专精特新"中小企业需求,全面加强知识产权相关的宣传培训、政策引导、信息服务、运营服务、保护服务,帮助企业解决遇到的知识产权问题
江苏省	2017年3月	《江苏省专精特新产品和科技小巨人企业培育实施意见(2017—2020年)》	加强对专精特新"小巨人"企业的政策扶持和精准服务,并加强经验总结推广,实行省市县分级培育、动态管理,力争到2020年,认定省级专精特新产品200个、争创国家级制造业单项冠军示范(培育)企业50家
	2023年1月	《江苏省专精特新企业培育三年行动计划(2023—2025年)》	实施优质企业梯度培育工程、创新能级提升工程、质量品牌创优工程、高价值专利培育工程、数字技术赋能工程、特色金融助力工程、服务体系升级工程等八大工程,加快推动面广量大的中小企业专精特新发展
浙江省	2017年2月	《浙江省人民政府办公厅关于推进中小微企业"专精特新"发展的实施意见》(已修改)	贯彻建立"专精特新"企业培育库、培育创新型小微企业、加强小微企业园建设管理、加强公共服务平台建设等15项任务,目标到2020年,在全省规模以下工业企业、个体工业企业中培育5万家"专精特新"入库企业
	2022年4月	《浙江省人民政府办公厅关于大力培育促进"专精特新"中小企业高质量发展的若干意见》	实施加大创新支持力度、加大知识产权保护力度、加大人才支持力度、加大政府采购支持力度等10项主要任务,目标到2025年,累计培育省级"专精特新"中小企业1万家以上、国家级专精特新"小巨人"企业1000家
安徽省	2018年5月	《安徽省人民政府关于进一步推进中小企业"专精特新"发展的意见》	实施加强培育指导、增强创新能力、强化载体建设、促进协作配套等8项重点任务,力争到2020年,安徽省级"专精特新"中小企业达3000家以上,其中,主营业务收入10亿元以上行业"小巨人"50家

省市	发布时间	文件名称	主要内容
安徽省	2020年3月	《安徽省人民政府办公厅关于进一步发挥专精特新排头兵作用促进中小企业高质量发展的实施意见》	贯彻提升综合实力、加强要素供给、缓解融资难题等6个维度16项措施，目标到2022年，培育省级"专精特新"企业3000家、"专精特新"冠军企业400家，争创国家级专精特新"小巨人"企业50家
	2022年2月	《安徽省专精特新中小企业倍增行动方案》	实施6项重点任务20项具体措施，目标到2025年实现"专精特新"企业梯队"3个倍增"，即省级"专精特新"企业5000家以上，国家级专精特新"小巨人"企业达500家，国家级单项冠军企业达50家

资料来源：根据上海市、江苏省、浙江省、安徽省人民政府网站政务公开信息整理。

二 长三角地区体育领域"专精特新"企业发展现状

（一）企业培育数量较多

2019年以来，长三角地区三省一市推进国家级"专精特新"企业4个批次的培育和统计工作，培植了体育领域国家级"专精特新"企业14家，其中浙江省、江苏省、安徽省、上海市的企业数量分别为7家、3家、2家、2家（见表2）。在数量方面，长三角地区位于全国前列，占总量的28.57%，多于京津冀地区的7家、珠三角地区的6家（见图1）。

表2 2022年长三角地区体育领域国家级"专精特新"企业名单

序号	企业名称	所在地	体育业务领域
1	上海傅利叶智能科技有限公司	上海市	智能康复设备的技术研发与生产制造
2	上海荣泰健康科技股份有限公司	上海市	运动康复设备研发、按摩/健身器材开发与制造
3	南京东润特种橡塑有限公司	江苏省	特种橡塑用品生产制造

序号	企业名称	所在地	体育业务领域
4	泰州润元户外用品股份有限公司	江苏省	户外运动用品生产制造（冰上钓具）
5	常州市钱璟康复股份有限公司	江苏省	运动康复设备研发制造
6	浙江千禧龙纤特种纤维股份有限公司	浙江省	钓鱼防割手套、防割服制造
7	浙江涛涛车业股份有限公司	浙江省	自行车配件制造
8	宁波恒隆车业有限公司	浙江省	自行车配件制造
9	兰溪轮峰车料有限公司	浙江省	自行车链轮曲柄制造
10	宁波巨隆机械股份有限公司	浙江省	自行车脚踏制造
11	浙江东进新材料有限公司	浙江省	户外运动功能性服装面料生产
12	开化瑞达塑胶科技有限公司	浙江省	地掷球制造
13	安庆永大体育用品有限公司	安徽省	户外运动产品生产（滑板、冲浪板）
14	安徽华米信息科技有限公司	安徽省	智能穿戴设备研发制造

资料来源：根据国家体育总局公布的体育领域国家级"专精特新"企业名单整理。

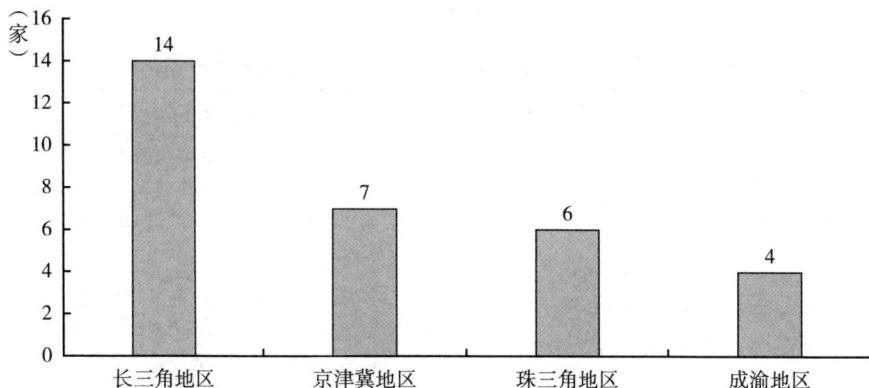

图1　2022年体育领域国家级"专精特新"企业地区分布情况

资料来源：根据国家体育总局公布的体育领域国家级"专精特新"企业名单整理。

（二）企业核心竞争力强

长三角地区体育领域国家级"专精特新"企业展现出较强的核心竞争力，突出表现在主打产品或服务市场地位高、产出能力强、畅销国内外（见表3）。一是市场地位高。长三角地区体育领域国家级"专精特新"企业往往是细分行业的龙头或代表企业,如傅利叶智能①是我国智能康复产业的领军者,尤其是在外骨骼机器人的制造方面具有领先优势,拥有包含上肢、下肢、手部、踝关节等种类齐全的康复机器人产品。二是产出能力较强。长三角地区体育领域国家级"专精特新"企业以制造业为主,在数字化改造的不断推动下,企业的产能和产量不断提升,韧性和活力进一步增强。例如,荣泰健康调整自身生产模式,早在 2015 年就形成年产 14 万台按摩椅、62 万台按摩小件的产能,截至 2022 年 3 月末,企业按摩椅年产能提升至 37 万台左右,并处于持续提升态势,目前已经成为全球最大的按摩椅制造商之一。② 三是畅销国内外。企业积极在全球市场进行多渠道布局,产品或服务不仅在国内具有一定市场占有率,还拥有较为成功的出海经历。例如,润元户外生产的狩猎、冰钓帐篷因产品质量过硬,进入拥有 1700 家连锁店的美国第二大室内装饰材料零售商劳氏公司销售,其中冰钓产品在欧美市场占有率超 35%。

表 3　长三角地区体育领域国家级"专精特新"企业主打产品和标杆项目

企业名称	主打产品	标杆项目
上海傅利叶智能科技有限公司	智能康复机器人	中国首个进入欧洲市场的康复机器人产品上肢康复机器人 Fourier M2,整体的康复训练解决方案傅利叶智能康复港已在国内外超过 20 所医院及康复机构落地
上海荣泰健康科技股份有限公司	智能按摩器具、智慧家居、共享按摩椅	以旗下中高端按摩椅"荣泰"品牌自营为主,早在 2015 年就形成年产 14 万台按摩椅、62 万台按摩小件的产能,是国内按摩椅市场的龙头企业之一
南京东润特种橡塑有限公司	工业用橡胶板	牵头起草修订多部橡胶行业标准,年生产各种规格的橡胶平板达万吨,产品销往美国、德国、欧盟、日本、韩国、澳大利亚、东南亚等国家和地区
泰州润元户外用品股份有限公司	狩猎装备及配件、冰钓装备及配件、园林机械系列户外产品的设计、开发和销售	已成为美国、加拿大及欧盟最主要户外连锁超市的重要供应商,是园林工具、打猎、钓鱼户外装备的国际顶级制造商及专业户外装备品牌领导者,在欧美市场具有较好知名度和影响力

① 为便于行文,正文中体育领域国家级"专精特新"企业以简称表示。
② 《2022 年荣泰健康研究报告　国产高端按摩椅龙头,业绩增长动力强劲》,长城证券,2022 年 9 月 13 日,https://www.vzkoo.com/read/202209137031399c11669657702d13b9.html。

企业名称	主打产品	标杆项目
常州市钱璟康复股份有限公司	医疗器械产品、康复整体解决方案	旗下产品 Flexbot 多体位智能虚拟现实康复机器人获"2015年度江苏省中小企业专精特新产品"荣誉,是国产康复医疗设备的代表企业
浙江千禧龙纤特种纤维股份有限公司	钓鱼防割服、防割手套	专注于超高分子量聚乙烯纤维长丝的研发生产,2011年入选"浙江省战略性新兴产业'百项工程'"新材料产业重点项目
浙江涛涛车业股份有限公司	全地形车、摩托车、电动滑板车、电动平衡车、电动自行车、头盔等	公司旗下拥有 TAO MOTOR、DENAGO 和 GOTRAX 三大品牌,其中 GOTRAX 多次入选亚马逊"Amazon Best Seller""Amazon's Choice"畅销品名单,产品陆续销往全球 55 个国家和地区
宁波恒隆车业有限公司	两轮车高端车头碗、中轴等转向助力部件	为爱玛、雅迪、新日、绿源、小刀、台铃等电动车品牌供应配件,是中国自行车车头碗组及中轴标准起草组长单位
兰溪轮峰车料有限公司	自行车传动系统、曲柄组、卡式链轮和脱轨等运动自行车零部件	推出国内首款无线电动传动系统 EDS OX,为崔克、迪卡侬、阿克塞欧等品牌供应公路自行车
宁波巨隆机械股份有限公司	自行车脚踏、车头碗、中轴等自行车零部件	拥有自行车脚踏"飞敏"品牌,是中国自行车协会指定的自行车及电动车脚踏国家标准首席制定单位,牵头参与制定国内外多项行业标准
浙江东进新材料有限公司	涤纶和尼龙弹力梭织面料、防水透湿功能性复合面料以及功能性化纤弹力面料	是 Jack Wolfskin、迪桑特、凯乐石、HellyHansen、Colmar、Hugo Boss、Aigle 等国际知名户外运动品牌的供应商
开化瑞达塑胶科技有限公司	酚醛模塑料、氨基模塑料、密胺制品、地掷球、金属表面刨光粉等	地掷球产品研发与产业化项目入选浙江省体育产业专项,产品畅销 50 多个国家和地区
安庆永大体育用品有限公司	专业运动滑板、冲浪板	为 Element、Girl、Quiksilver 等知名品牌配套生产,是 COSCO 国际连锁超市冲浪板产品的主要供应商
安徽华米信息科技有限公司	设备芯片、智能可穿戴终端、健康云服务	Amazfit 智能手表、Zepp 数字健康管理平台;小米公司在可穿戴终端方面的合作伙伴,共同研发生产小米手环、体重秤、体脂秤等产品

资料来源：根据各企业官方网站、年度报告资料整理。

（三）呈现空间聚集特征

在区位条件和决策部署的双重作用下，长三角地区体育领域国家级"专精特新"企业在市域范围内初步表现出围绕不同产业的空间集聚特征。一是政策规划使得体育用品制造业企业在某类体育用品的生产中形成竞争优势，并逐渐发展成为特定体育用品的生产基地。江苏省常州市出台《常州市养老设施空间布局规划（2016—2020）》等政策，计划建设苏澳园区、中以创新产业园等以及链条完备、特色鲜明的养老产业，为运动康复等相关产业发展提供了适宜环境，现已形成汇聚包括钱璟康复在内的150多家康复辅助器具生产企业的健康养老服务业集聚区。二是依托地区完善的产业分工体系，充分融入区域产业生态系统，形成体育用品制造产业链供应链集聚区。例如，浙江省温州市永嘉县是全国教玩具产业重要的产销基地，这里的企业皆从事文教用品、游乐设施、智力玩具、体育器材等游艺娱乐用品设备的生产和制造，在永嘉县以及与之相邻的鹿城区汇集了多家省级"专精特新"体育企业，如凯奇集团有限公司、永浪集团有限公司、华东游乐设备有限公司、浙江飞友康体设备有限公司、浙江南方文旅科技股份有限公司等。

专栏1　浙江省宁波市：以产业集群为基础，鼓励企业"专精特新"发展

战略谋划和部署本地优势产业，引导市域"专精特新"中小企业集群化发展，是浙江省宁波市国家级专精特新"小巨人"企业数量位居非直辖市第一的优势之一。如今，宁波市重点培育绿色石化、汽车制造2个万亿级产业集群，高端装备、新材料、电子信息制造、软件和信息服务4个五千亿级产业集群，关键基础件、智能家电、时尚纺织服装、生物医药、文体用品、节能环保6个千亿级产业集群，拥有北仑区、鄞州区两家国家级体育产业示范基地，培育4批国家专精特新"小巨人"企业共283家，其中体育领域国家级"专精特新"企业2家（恒隆车业、巨隆机械）。

恒隆车业、巨隆机械两家企业的成长离不开宁波市汽车产业集群在市场环境、创新能力、产业链配套等多方面的培养。作为全国重要的汽车零部件生产基地，宁波市的汽车产业集群入选国家先进制造业集群培育名单，前湾新区汽车制造基地、鄞州区先进汽车零部件生产基地、北仑区乘用车及配套动力总成生产基地、江北区汽车基础金属件生产基地、象山县汽车内外饰生产基地、宁海县汽车橡胶件生产基地等多个零部件生产基地在国内具有较高知名度和竞争力。通过宁波市整零汽车产业链的不断延伸和完善，宁波市体育休闲车、摩托车制造领域的"专精特新"企业数量不断增长，为宁波市汽车产业链提供零部件的配套生产服务。

资料来源：《宁波：实现区域产业错位竞争 产业地图为制造业高质量发展提供新模式》，浙江省经济和信息化厅网站，2021 年 10 月 9 日，https：//jxt.zj.gov.cn/art/2021/10/9/art_1562850_58927524.html。

（四）企业发展韧性较强

随着国际市场不确定性增多，相关市场竞争逐渐加剧，加之技术和产业升级步伐不断提速、资源要素成本上升等挑战，体育企业普遍面临一定的生存压力，而体育领域"专精特新"企业却展现出强大的发展韧性。从企业所属的产业领域来看，长三角地区体育领域"专精特新"企业均立足于各省市战略规划的重点产业和重点领域，如从事康复医疗设备制造的傅利叶智能、荣泰健康、钱璟康复等企业与生物医药及高性能医疗器械领域具有高度关联性；从事运动休闲车、摩托车制造的涛涛车业、巨隆机械等纷纷开展节能与新能源汽车领域的产品研究；从事智能穿戴设备研发制造的华米科技与新一代信息技术领域密不可分。从企业的上市情况看，长三角地区 14 家体育领域国家级"专精特新"企业中有 5 家成功上市，围绕长期发展战略和年度经营目标积极应对市场不利因素，2022 年平稳创造营业收入，巩固企业的行业地位（见表4）。从企业的成长性来看，在长三角地区 14 家体育领域国家级"专精特新"

企业中，经由市、省、国家三级培育体系成长起来的企业共4家、从市级晋级到国家级的有2家、从省级晋级到国家级的有4家、直接进入国家级榜单的有4家，展现出"专精特新"企业稳定的增长能力，强链、补链、延链的突出作用。

表4 长三角地区体育领域国家级"专精特新"企业上市情况

单位：亿元

企业名称	上市年份	上市情况	体育产业小类	2022年营收
上海荣泰健康科技股份有限公司	2017	上交所主板A股	运动康复训练和恢复按摩器材制造	20.05
泰州润元户外用品股份有限公司	2017	新三板	户外运动器材及其他体育相关用品制造	2.21
安徽华米信息科技有限公司	2018	纽约证券交易所	体育智能与可穿戴装备制造	62.50
浙江千禧龙纤特种纤维股份有限公司	2022	新三板	体育用新材料制造	3.75
浙江涛涛车业股份有限公司	2023	深交所创业板	运动汽车、摩托车制造	17.66

资料来源：根据各企业年度报告整理。

三 长三角地区体育领域"专精特新"企业发展的经验启示

（一）坚持创新驱动，掌握关键核心环节

"专精特新"的灵魂是创新，坚持创新驱动发展战略是"专精特新"企业培育核心竞争力、创造发展新优势的关键。长三角地区体育领域"专精特新"企业高度重视自主创新，直接表现为企业专利申请数量增多、多元化专利不断涌现。同时，体育领域"专精特新"企业有针对性地开展原

材料、中间品、核心技术等关键环节攻关，为企业从"专精特新"中小企业逐步成长为专精特新"小巨人"企业提供了技术支撑。从专利申请情况看，截至2023年8月，长三角地区14家体育领域国家级"专精特新"企业共有专利2460件，平均每家企业拥有专利170余件，其中有7家企业拥有专利百件以上（见图2）。近年来，14家企业的专利申请数量总体呈增长趋势，由2018年的245件增加到2022年的290件，实用新型、外观设计两类专利数量显著增长，在一定程度上体现了长三角地区体育领域国家级"专精特新"企业不断加大创新投入（见表5）。从关键核心技术攻关来看，长三角地区多家体育领域"专精特新"企业已将自身细分领域的核心技术牢牢掌握在自己手中。例如，华米科技所掌握的中高端AI芯片、运动手表操作系统、血压监测引擎等关键核心技术是企业在北京、深圳、北美等多地的研发机构和相关团队共同努力突破的结果。早在2015年，华米科技就开始攻关芯片产业的前沿技术，并于2018年发布自主研发的全球智能可穿戴领域第一颗人工智能芯片黄山1号，奠定了华米科技智能可穿戴设备市场坚持芯

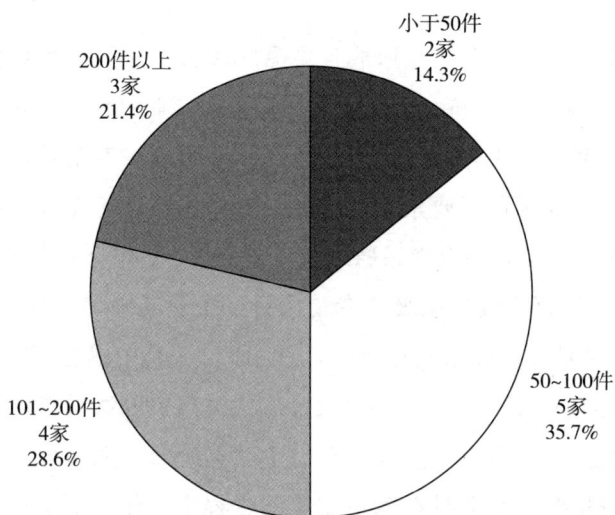

图2 截至2023年8月长三角地区体育领域国家级"专精特新"企业专利数量分布

资料来源：国家知识产权局专利检索及分析系统。

片自研的领导厂商地位。又如，涛涛车业充分掌握了高效的整车组装及调试技术，已实现发动机、车架、轮毂、电机、电池、主电缆等产品核心部件的自主生产，核心部件的自产率达 70% 以上。

表5　2018~2022 年长三角地区体育领域国家级"专精特新"企业专利申请数量

单位：件

年份	总数	发明专利	实用新型专利	外观设计专利
2018	245	71	103	71
2019	228	51	114	63
2020	248	82	107	59
2021	252	65	97	90
2022	290	65	136	89

资料来源：国家知识产权局专利检索及分析系统。

（二）聚焦主业深耕，着力强化自主品牌

在主营业务上深耕多年并形成自主品牌优势，是长三角地区体育领域"专精特新"企业走出低价竞争、同质化竞争、产业链低端锁定等困境的内在驱动力。在聚焦主业方面，长三角地区体育领域"专精特新"企业集中技术、人才、资金等资源要素，把主业做专做精、做特做优，以过硬的产品、优质的服务、良好的口碑站稳并引领细分市场。根据企业官网数据，长三角地区 14 家体育领域国家级"专精特新"企业的平均成立年限为 18.21 年，35.7% 的企业成立年限超过 20 年（见图3），其中成立年限最长的为成立于 1984 年的开化瑞达，发展到今天已成为国内热固性塑料产品（生产地掷球用）最主要的专业生产企业。在自主品牌方面，大部分长三角地区体育领域"专精特新"企业都在深耕主业的过程中孵化塑造了一个或多个自主品牌，甚至将旗下品牌打造为全国乃至全球知名品牌。例如，长三角地区 14 家体育领域国家级"专精特新"企业均打造了至少 1 个自主品牌，这些品牌逐渐成为企业的无形资产（见表6）。值得一提的是，自主品牌战略对

润元户外摆脱经营困难、拓展国外市场起到了关键作用。曾为中美合资企业的润元户外为谋求长远发展，独资设立新公司开发自主品牌"THUNDERBAY"，并建立自己的产品销售、品牌设计及售后服务组织。如今"THUNDERBAY"以质量第一的成绩战胜众多国际大牌，已经成为园林工具、打猎、钓鱼户外装备的专业品牌。[①]

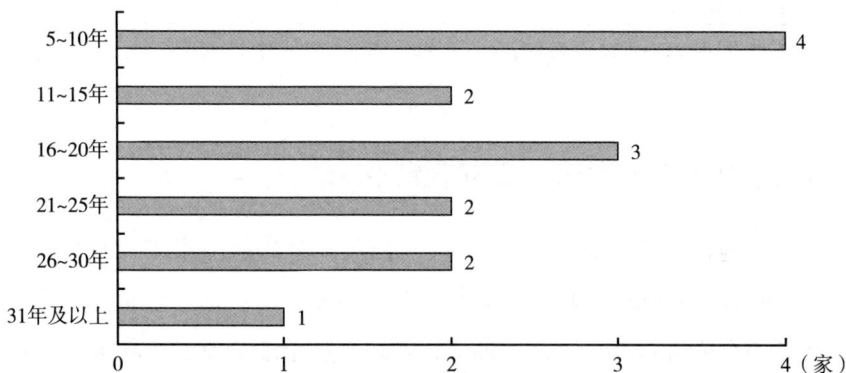

图3 长三角地区体育领域国家级"专精特新"企业成立年限

资料来源：根据各企业官网信息整理。

表6 长三角地区体育领域国家级"专精特新"企业自主品牌

企业名称	品牌名称
上海傅利叶智能科技有限公司	傅利叶智能、瑞合康医疗
上海荣泰健康科技股份有限公司	ROTAI、摩摩哒
南京东润特种橡塑有限公司	DORUN、江东润
泰州润元户外用品股份有限公司	THUNDERBAY、GARDEN Trax、Nordic Legend、JM Rusk、Venatic、Fenceline
常州市钱璟康复股份有限公司	钱璟
浙江千禧龙纤特种纤维股份有限公司	千禧龙
浙江涛涛车业股份有限公司	TAO MOTOR、GOTRAX、RIVAL、FLUXX
宁波恒隆车业有限公司	HENLON
兰溪轮峰车料有限公司	轮峰、WHEEL TOP、OFMEGA

---

① 《【泰州专精特新企业"成长之路"㉓】泰州润元户外用品有限公司》，"泰企通服务平台"微信公众号，2021年8月31日，https：//mp. weixin. qq. com/s/qYBgtuPtMUKMKGKl0EU21A。

企业名称	品牌名称
宁波巨隆机械股份有限公司	飞敏、ZERAY
浙江东进新材料有限公司	东进、U4E、AND TRUE、DRY-TEX、卡美拉 CAMERRA
开化瑞达塑胶科技有限公司	万安缘
安庆永大体育用品有限公司	迈科斯、BOUNDLESS、YONGDA
安徽华米信息科技有限公司	华米 HUAMI、Amazfit

资料来源：根据国家知识产权局商标局公开信息、各企业官网信息整理。

（三）延伸产业链条，占据价值链中高端

长三角地区体育领域"专精特新"企业，尤其是国家级"专精特新"企业，能够具有较强的市场竞争力与行业话语权，往往是因为通过产品、工艺、链条的全面升级获得更高附加值，实现了从全球价值链低端向中高端的攀升。如今的体育用品制造业企业突破了原有封闭的来料加工制造模式，开始向研发、设计、策划、销售等服务领域延伸。一是部分企业把体育赛事作为向服务化转型的主要抓手，如永大体育在致力于提高滑板和冲浪板品质的同时，经常性举办或赞助国内国际体育赛事，并通过"体育+文化+旅游"的方式延伸产业链，在上游增加配件配套生产，在下游充分发挥天柱山长板速降黄金赛道和符合奥运会标准的源潭永大体育生态公园滑板街式、碗池场地优势，通过举办高端赛事实现企业服务化转型。二是部分企业从单纯的体育用品加工制造向服务制造转变，如钱璟康复根据康复器械品种少、批量大、产品多、服务支持专业要求高的特点，采取产品供应与服务支持相结合的业务发展模式，建立了覆盖全国的营销网络和服务体系，为客户提供综合性康复器械产品方案和服务支持，并开发了以亲民智能为康复新模式的康养小屋等服务产品，实现了由纯生产型制造向服务型制造的转变。

专栏2 东进新材料：整合延伸产业链条，提高企业竞争力

体育用品制造业企业通过整合上游产业链、延伸下游产业链，建立覆盖

产品设计、原料采购、仓储运输、批发经营和终端零售的全产业链条,在市场竞争中取得主动权和领先地位,从而获取更大的发展空间。这一模式已经成为多个行业"专精特新"企业发展的重要路径,可极大地降低交易成本、精准把控产品质量、提高企业整体竞争力以及全产业链抗风险能力。在整合延伸产业链方面,东进新材料使原料供应商、设备供应商、服装品牌商之间建立高效、透明的产业链供应链协作关系,不断向产业链的中高端攀升。

经过精心布局,东进新材料打通了产业链上下游多个环节,建立贯通纱线制造、胚布织造、染色整理、贴膜复合四个环节的垂直一体化产业链。此举使得东进新材料的产能大幅提高,新材料设计开发试样产品生产周期可以缩短到1周以内,批量生产订单不超过3周即可完成。强大的生产实力也使东进新材料成为安踏、Patagonia、Jack Wolfskin等国内外高端户外品牌的指定面料供应商。此外,东进新材料还探索服务化道路,为客户提供面料的研发和设计服务。东进新材料拥有70多人的研发设计团队,约占公司总人数的20%,能够为众多国际户外服装品牌现场设计面料服装,为客户制定一体化柔性解决方案。

资料来源:《东进新材料:抓住"全链",进阶新生态位》,纺织中国在线,2023年4月19日,https://ctn1986.com/index.php?c=content&a=show&id=107570。

(四)国内外市场并举,融入"双循环"格局

长三角地区体育领域"专精特新"企业致力于打造国内外市场同步的良性"双循环"。一方面,以出口业务为主的企业重点关注国内市场动向。如今,越来越多的外向型体育领域"专精特新"企业开始重视国内超大市场的优势和稳定性,紧跟国内需求,开拓国内市场。另一方面,在国内市场占据绝对优势的企业开始布局海外市场。在"走出去"的号召下,立足高端精品布局全球市场成为长三角地区体育领域"专精特新"企业的重要战略之一。依靠国内的资金、人才、土地等资源优势,傅利叶智能在丰富国内康复机器人市场产品供给之后将目光转向海外,先后与芝加哥康复中心、西班牙

欧洲神经康复中心（CEN）、西班牙 La Magdalena 医院、阿联酋海湾医科大学（Gulf Medical University）、阿联酋代理商 Modern Pharmaceutical Company LLC（MPC）等多家海外机构达成战略合作，为全球超过 40 个国家和地区的 2000 多家客户提供智能康复综合性解决方案。同时，国内康复智能机器人的快速普及和高频率使用能够产生大量的反馈数据与迭代需求，有助于傅利叶智能快速优化产品，国内的研发、生产、供应、物流等也为傅利叶智能长期保持国际市场竞争优势提供了保障。

专栏3　荣泰健康：充分利用两个市场、两种资源

由于地缘政治冲突、经济周期下行以及高通胀预期等因素对全球经济的影响，体育市场需求整体出现收缩态势，与此同时，企业也面临消费年轻化、渠道多元化、营销数智化等多方面的考验和挑战。在此背景下，逐步推进新的战略布局，不断加大空白市场开拓力度，成为荣泰健康稳中求进的必然之举。一方面，荣泰健康坚持市场下沉及空白市场扩张的战略，不断探索寻找国内新的开店领地，将门店开到三四线城市及部分县城，挖掘新的市场增量。另一方面，荣泰健康在与海外客户保持密切联系的同时加大新品研发力度，不断调整产品定位，旨在通过中高低端不同价位产品的互补积极应对外部市场变化。2022 年荣泰健康于国内开设传统店铺 118 家，其中临街专卖店 21 家，韩国市场高端按摩椅销售占比逆势增长，中东、东南亚市场业绩也有小幅增长，为实现企业长期发展战略和经营目标奠定了坚实基础。

资料来源：根据《上海荣泰健康科技股份有限公司 2022 年年度报告》整理。

四　长三角地区体育领域"专精特新"企业
发展面临的问题

（一）政策有待完善

目前，国家以及长三角地区三省一市都高度重视"专精特新"企业的培

育工作，但是体育领域"专精特新"企业发展还未得到相关部门的更多重视。总体来看，体育领域"专精特新"企业相关配套政策不足。受体育产业属性影响，三省一市较少将更为专业的体育行业纳入重点培育目录，长三角地区整体也尚未出现针对体育领域"专精特新"企业的政策。从政策的多样性来看，目前三省一市对于本区域"专精特新"企业的服务措施多集中于"小巨人"企业，而对于"专精特新"中小企业的服务措施大多为普惠性支持，如一次性奖金，缺乏对"专精特新"中小企业的多层次、多方面政策和支持措施。从政策的针对性来看，长三角地区体育领域"专精特新"企业在所属领域、经营内容、技术投入等方面有较大不同，不同企业的发展诉求具有较大差异，导致有关政策对体育领域"专精特新"企业的特定需求覆盖不足，不同形式的政策组合不够充分。

（二）企业融资难题长期存在

融资难、贷款难、担保难是我国"专精特新"中小企业乃至所有中小企业发展过程中遇到的普遍难题。近年来，国家对专精特新"小巨人"企业的高度重视使得部分企业的困境得到了一定缓解，但与之相比，"专精特新"中小企业的资金缺乏问题仍存在。绝大部分长三角地区体育领域"专精特新"企业集中在制造业，又有多家企业属于新一代信息技术、新材料、高端装备制造等领域。这些企业具有前期投入多、研发时间长、投入风险大、后续高成长的复杂特征，一般的金融服务很难提供充分的资金支持，也没有针对性的服务方案。国家至省市多层次融资体系的不完善以及金融机构与企业间的信息不对称，使得体育领域"专精特新"中小企业迫切需要更多的融资手段与渠道，以支撑企业的长期发展。

（三）企业间协同合作能力弱

长三角地区体育领域"专精特新"企业之间的协同创新能力和融通发展能力较弱，各类资源要素的开放和共享程度不足，无形中提高了企业的要素成本和经营风险。一是多主体联合的协同创新模式仍待完善。虽然当前长三角地区体育领域"专精特新"企业对于创新具有较高认识，但研发方式较为单一，多以自主研发为主，与高校建立产学研合作次之。但实际上，专精特新"小巨人"企业与"专精特新"中小企业之间通过交流活动和载体平台进行合作交流也是加强协同创新的有效方式。二是长三角地区以体育产业链龙头企业为主导、体育领域"专精特新"企业为支撑的产业链协作体系尚未形成。建立这样的产业链协同体系需要区域内体育领域"专精特新"企业明晰产业链、供应链、创新链之间的关系，明确链条中各个主体的能力，从而实现有序的协作。各环节运转的复杂性决定了体育企业需要花费大量的经济、管理和时间成本，而由于缺乏针对体育产业链的宏观规划和具体指导，建立长三角地区体育领域"专精特新"企业相互依存、相互促进的发展生态还需要一定的时间。

（四）外部环境不确定性增加

现阶段，长三角地区体育领域"专精特新"企业尤其是外向型企业的全球化进程受到了阻碍，主要表现在原材料供应不稳定、国外订单减少、进出口贸易受阻等方面。21世纪以来，经济全球化进程在金融危机、经贸摩擦、新冠疫情的多重冲击下减速，国际制造业产业链运转的不确定、不安全因素增加，各国产业链呈现分化和重构的新趋势。在此背景下，发达国家极有可能通过工业化战略、市场准入门槛、产业政策、技术断供、贸易保护等手段对我国施压，进而对诸多体育领域"专精特新"企业造成影响。出口贸易占企业业务份额较多的长三角地区体育领域"专精特新"企业，如涛涛车业、润元户外等，若其主要出口国家和地区对公司相关产品的贸易政策和认证制度发生变化，或主要海外市场对中国实施贸易制裁或发生激烈的贸易摩擦，企业的经营将受到不利影响。因此，多数企业选择在未来用好国内国际两个市场、两种资源，在继续开拓更大国际市场的同时加快开发国内市场。然而，部分体育领域"专精特新"企业在开拓国内市场的过程中同样遇到诸多问题。一是受产品属性和标准影响，许多面向国际客户生产的体育产品在进入国内市场时"水土不服"，如与欧美大排量摩托车占摩托车市场主流的情况不同，大排量车型在国内的购置费用较高且应用场景有限，市场尚未发展成熟。二是由于长期服务于国外市场，外向型体育领域"专精特新"企业在国内的宣传能力不强，被抄袭、侵权的现象较为严重，再加上国内市场监管体系不完善，企业知识产权保护政策难以生效，维权成本也较高。

五 长三角地区体育领域"专精特新"企业发展的政策建议

（一）持续优化营商环境

长三角地区体育领域"专精特新"企业的蓬勃发展离不开三省一市完善的政策供给体系。针对现有政策覆盖面较窄、落地性较弱、匹配度不高等问题，政府部门要做好顶层设计，切实为体育领域"专精特新"企业提供多方位的专项服务。持续优化本区域的营商环境。在三省一市中，浙江省具有总数位居全国第一的"专精特新"企业，同时是体育领域"专精特新"企业数量排名第二的省份。目前，浙江省已建立较为全面且精准的政策供给体系，形成了较为成熟的经验，可酌情在上海市、江苏省、安徽省乃至全国推广。一是落实大中小微企业梯度培育管理政策。针对不同类型的企业制定分层分类的专项支持政策，尤其重视创新型小微企业的培育，包括支持众包、众扶等创业新模式，培育新服务新业态小微企业，建设小微企业园，为小微企业提供高端装备、产业链配套服务等。这一举措将为"专精特新"企业在浙江省的持续涌现奠定坚实基础，对于体育领域"专精特新"企业的孵化具有积极意义。二是重视服务精准性。以"企业码"为重点建设中小企业服务一体化平台，并为国家级、省级"专精特新"企业配备服务专员，以月度为标准开展常态化中小企业服务活动。各省市体育部门可在此基础上不断更新和完善本区域体育领域"专精特新"企业的名录库和信息清单，并收集企业的诉求以进行精准帮扶。三是重视企业的质量品牌建设，帮助其产品扩大市场。鼓励"专精特新"企业瞄准国际先进标准开展对标活动，并建立产业技术创新计量服务体系。对建设自主品牌的"专精特新"企业给予指导，对品牌出海或收购海外品牌的"专精特新"企业给予支持。定期召开"专精特新"新品发布会，并支持企业参加国内外展会，积极开拓多元化市场。2020年，包括体育领域"专精特新"企业在内的浙江省企业均拥有自主品牌，这与浙江省在企业质量品牌和市场方面的支持密不可分。

（二）强化多种要素支撑

进一步缓解体育领域"专精特新"企业资金不足、人才缺乏以及数字化改造不彻底等要素支撑乏力问题，是释放企业发展活力的源泉所在。长三角地区各部门需要强化工作保障，有效引导和优化资源配置，形成整体部署、统一协调的分配机制。在资金支持方面，落实落细财税支持政策。各地要进一步整合支持"专精特新"企业发展的各项专项资金，并通过认定奖金、考核奖励、政府购买服务、产业专项基金、政府贷款等多个渠道援助企业。鼓励各地方根据本地发展实际，减免各领域、各梯度"专精特新"企业的税费，为体育领域"专精特新"企业降本减负。充分发挥资本市场的力量，鼓励"三类企业"开展股权融资、并购贷款、战略融资、债权融资等多种形式融资，为尚未上市的体育领域"专精特新"中小企业提供上市帮扶。在人才支持方面，瞄准体育领域"专精特新"企业所在的重点产业领域，加强相关企业体育人才的引进和保障。制定体育企业紧缺的人才需求目录和人才需求预测报告，大力支持新材料、人工智能、工业互联网、大数据、物联网、区块链等相关专业技术人才进入体育领域"专精特新"企业。支持体育领域"专精特新"企业设立博士后工作站，与高校联合培养后备人才，并给予充分保障。在数字化转型方面，强化对三省一市"专精特新"企业数字化、信息化、智能化发展的认识，加快新一代信息技术和先进制造工艺与体育领域"专精特新"企业的融合和应用，培育一批面向体育领域"专精特新"企业的工业互联网平台和数字化服务商。

（三）促进企业协同发展

厚植长三角地区体育领域"专精特新"企业成长沃土，既要协助体育领域"专精特新"企业与多主体产生创新协同关系，实现从创新研发向创新成果的转化，又要不断促进体育产业链上中下游、大中小企业融通合作，构建"以大带小、以小托大"的生态模式。一方面，强化多主体创新合作，发挥创新平台支撑作用。加强长三角地区体育领域"专精特新"企业与高等院校、科研院所、市场机构等多主体的创新合作，协同推进体育产业关键原材料、零部件、核心技术、中间品等研发供给，不断提高科技成果的产业化水平。发挥国家制造业创新中心等创新平台支撑作用，布局建设一批重点面向体育领域"专精特新"企业的公共技术研发平台，高效解决长三角地区体育领域"专精特新"企业遇到的跨行业、跨领域技术难题。另一方面，加强体育产业链企业专业化配套能力。梳理体育领域"专精特新"企业所处的产业链上下游企业清单，鼓励体育领域"专精特新"中小企业与"小巨人"企业间的协作配套。建立一批长三角地区体育产业集群建设协作配套示范基地，定期举办体育领域"专精特新"企业与大中型企业配套合作交流活动，引导形成专业化的协作配套关系。

参考文献

黄海燕主编《上海体育产业发展报告（2021~2022）》，社会科学文献出版社，2023。

王洪章、周天勇主编《中国专精特新企业发展报告（2022）》，经济管理出版社，2022。

刘宝：《"专精特新"企业驱动制造强国建设：何以可能与何以可为》，《当代经济管理》2022年第8期。

许彩慧、陈宇学、孙小泽：《产业安全视角下的中国产业链重构》，《企业经济》2023年第3期。

经 验 篇
Experience Reports

B.11
上海市体育市场"回应性监管"
工作经验

刘蔚宇 张翠*

摘 要： "回应性监管"是市场监管的创新举措。加强体育市场"回应性
监管"有助于链接公众体育诉求与体育部门相关工作，是"以
人民为中心"体育发展理念的重要体现，能够进一步提升体育
市场监管工作的敏捷性，持续提升各类体育产业和服务的供给质
量。上海市体育类市民服务热线自 2019 年底并入"12345"市
民服务热线，体育部门以此为载体积极开展体育市场"回应性
监管"工作，取得了一定成效，对提升长三角体育市场监管效
能具有一定参考价值。对 2020~2022 年上海市体育市场"回应
性监管"工作进行梳理研究，发现上海市体育市场"回应性监
管"工作机制逐步完善，在建立热线工单标准化处理流程、应

---

* 刘蔚宇，上海体育大学博士在读，研究方向为体育产业；张翠，上海市体育宣教中心政务服
务部主任，研究方向为体育产业。

用法律法规和标准化文件、落实现场核实确认工作、开展多方沟通协调、依法开展行政执法工作、为市民提供专业化建议等方面形成了有效做法。未来，建立热线工单统计分析常态化机制、加强相关场所服务人员培训、梳理工单的标准化回复流程、探索构建区级体育部门工单承办绩效评估体系、优化私教工单承办工作全流程将成为体育市场"回应性监管"工作水平提升的重点方向。

关键词： 体育市场监管 回应性监管 体育热线工单 健身私教

近年来，我国居民体育健身意识持续增强，体育消费水平逐年上升，对体育市场监管提出了更高要求。"回应性监管"能够有效链接公众诉求与政府监管工作，是市场监管领域的创新举措。开展体育市场"回应性监管"，能够有效吸纳公众对体育市场发展的意见，充分彰显了以人民为中心的体育发展理念，有助于推动体育治理体系和治理能力现代化，对助力体育产业高质量发展、构建更高水平的全民健身公共服务体系具有战略意义。体育类市民服务热线是人民群众自下而上反映体育需求的重要平台，也是开展体育市场"回应性监管"的关键载体，上海市于2012年开通"965365"上海体育公共服务热线，又于2019年底根据相关要求将其并入"12345"市民服务热线，目前已合并运营超过3年时间。系统梳理2020~2022年上海市体育类市民服务热线的基本情况，总结上海市体育市场"回应性监管"相关工作经验，提出完善上海市体育市场"回应性监管"工作机制的对策建议，不仅能够加快国际知名体育消费中心建设，也对提升长三角体育政务服务水平、优化全国体育市场监管模式具有一定参考价值。

一 上海市体育市场"回应性监管"基本情况

（一）热线工单制度较为完善

市民服务热线是关注民生、倾听民意的重要平台，上海市长期高度重视市民服务热线相关工作，持续提升市民服务热线工作质量。2019年底，根据《上海市12345市民服务热线工作管理办法》，上海市市民服务热线开始落实"一号对外"工作要求，"965365"上海体育公共服务热线也并入"12345"市民服务热线。上海市体育局印发了《关于做好"12345"市民服务热线体育类工单相关工作的通知》，从工作原则、职责分工、办理流程等方面对市民服务热线体育类工单处理提出了具体要求。根据规定，上海市体育宣教中心负责工单的日常管理、协调及考核工作，具体承担工单的受理、流转、催办、审核、结案、回访、督办、归档工作。依照属地原则，市体育局各直属单位、各区体育局、各市级单项体育协会具体承担工单的处理、办结、反馈等工作。由于健身私教工单本身较为复杂、存在问题较多，因此将其单独列出，即形成了市级直属单位工单、市级协会工单、区属工单、私教工单等几大类热线工单。

（二）热线工单数量存在一定波动

2020～2022年，上海市共收到市民服务热线体育类工单16562单，其中市级直属单位工单1549单、市级协会工单1251单、区属工单2332单、私教工单11430单（见表1）。2021年体育类工单数量较多，2020年和2022年数量则较少，呈现一定波动变化趋势，主要由两方面原因造成。一方面，受疫情影响，2020年和2022年市民体育活动、体育市场主体经营受到一定限制，体育类工单数量有所下降；另一方面，市、区两级体育部门和市级单项体育协会等各类主体积极解决体育类工单所反映的问题，推动了工单数量的下降，也反映出体育类工单处理工作已取得一定成效。

表1 2020~2022 年上海市市民服务热线体育类工单量及变化趋势

单位：单，%

工单类型	2020 年	2021 年		2022 年		合计
	工单量	工单量	同比增速	工单量	同比增速	
市级直属单位工单	467	618	32.33	464	-24.92	1549
市级协会工单	545	447	-17.98	259	-42.06	1251
区属工单	822	842	2.43	668	-20.67	2332
私教工单	3931	3902	-0.74	3597	-7.82	11430
合计	5765	5809	0.76	4988	-14.13	16562

资料来源：上海市体育宣教中心政务服务部。

（三）求助工单是热线工单的主要组成部分

市民热线工单主要包括求助、投诉、咨询、表扬、意见建议等种类，而求助工单是市民服务热线体育类工单的主要组成部分。统计显示，求助工单在市级直属单位工单、市级协会工单、区属工单、私教工单中的占比分别为 76.31%、80.74%、63.94% 和 96.49%，均远超投诉、咨询、表扬、意见建议工单所占比重（见表2）。求助工单的高占比表明市民服务热线体育类工单态度相对温和，建立体育部门与市民、市场主体之间的沟通协调机制将是解决热线工单相关问题的主要路径。同时应当注意，私教工单中求助工单的数量和占比超过其他类型工单，《上海市体育健身行业单用途预付消费卡存量预收资金余额管理实施办法》《上海市体育健身行业会员服务合同示范文本》等文件虽为私教行业资金监管提供了指引，但由于相关工作开展时间不长，还未形成较完善的纠纷解决方式，凸显了体育及其他相关部门深入参与私教问题治理与监管的必要性。

表 2 2020~2022 年上海市市民服务热线体育类工单种类分布

单位：单，%

工单类型	求助		投诉		咨询		意见建议	
	数量	占比	数量	占比	数量	占比	数量	占比
市级直属单位工单	1182	76.31	87	5.62	153	9.88	125	8.07
市级协会工单	1010	80.74	75	6.00	80	6.39	86	6.87
区属工单	1491	63.94	277	11.88	229	9.82	326	13.98
私教工单	11029	96.49	394	3.45	2	0.02	5	0.04
合计	14712	88.83	833	5.03	464	2.80	542	3.27

注：因表扬类工单数量较少，相关信息未纳入统计。

资料来源：上海市体育宣教中心政务服务部。

（四）热线工单内容分布较为集中

对工单内容进行梳理统计有助于深入了解热线工单所呈现的特征，统计发现市级直属单位工单内容较为多样，市级协会工单、区属工单、私教工单的内容较为集中（见表3）。在市级直属单位工单方面，2020~2022年场馆设施类工单总量为703单，占市级直属单位工单总量的45.38%；游泳类工单总量为493单，占比为31.83%，体育彩票类工单总量为116单，占比为7.49%。

在市级协会工单方面，2020~2022年信鸽类工单总量为737单，占市级协会工单总量的58.91%；围棋类工单总量为248单，占比为19.82%。其中，信鸽类工单主要包括信鸽扰民、信鸽饲养等具体问题，围棋类工单主要包括围棋竞赛组织、围棋赛事供给等具体问题。

在区属工单方面，2020~2022年场馆设施类工单共1788单，占全部区属工单的比重为76.67%；体育消费类工单共189单，占比8.10%；市民资讯类工单共114单，占比4.89%。具体到2022年，区属工单中的场馆设施类工单共478单，主要涉及场馆开放、场馆预订、场馆安全管理等问题；体育消费类工单共63单，主要涉及场馆消费纠纷、体育培训消费纠纷、健身消费纠纷等问题。

在私教工单方面，2020~2022年健身企业拒绝退款类工单共5003单，占全部私教工单的比重为 43.77%；在退款过程中健身企业与消费者出现纠纷类工单共 3929 单，占比 34.37%；消费纠纷问题类工单共 2027 单，占比 17.73%；退款事宜咨询类工单共 469 单，占比 4.10%。具体到 2022 年，在退款过程中健身企业与消费者出现纠纷类工单共 1574 单，占 2022 年私教工单总量的比重为 43.76%，具体原因包括健身企业未根据约定时间完成退款（1154 单，占比 32.08%）以及健身企业无法全额退款（或收取手续费）（420 单，占比 11.68%）；健身企业拒绝退款类工单共 1389 单，占 2022 年私教工单总量的比重为 38.62%，具体原因包括健身房闭店/移址（1026 单，占比 28.52%）、对过期课程能否退款存在争议（228 单，占比 6.34%）、私教离职导致退款无人对接（78 单，占比 2.17%）和对未签订合同能否退款存在争议（57 单，占比 1.58%）；消费纠纷问题类工单共 555 单，占比 15.43%，具体原因包括对因服务质量问题能否退款存在争议（199 单，占比 5.53%）、对已签合同能否退款存在争议（121 单，占比 3.36%）、私教频繁更换（85 单，占比 2.36%）、已购课程要续费才能继续使用（78 单，占比 2.17%）、课程有效期过短导致课时安排不合理（36 单，占比 1%）和私教水平不符合预期（36 单，占比 1%）；退款事宜咨询类工单共 78 单，占比 2.17%，此类工单内容大多是消费者就如何进行私教退费向区级体育部门咨询，在区级体育部门的沟通协助下，大部分问题得到妥善处理。

将工单内容类型与上海市体育产业总体发展情况进行比较，可发现 2020~2022 年的热线工单充分反映了上海市民的体育需求。例如，市级直属单位工单中场馆设施类和游泳类工单占比较高，大部分工单涉及游泳场馆安全、游泳场馆环境、体育场地设施开放等方面内容，反映出上海市民体育参与比例高、对游泳运动参与热情较高、对各类体育场所服务的要求较高等特征。又如，仅信鸽类工单就占据了市级协会工单的一半以上，反映出上海作为中国信鸽运动发源地，具有信鸽运动历史悠久、信鸽组织发达、信鸽赛事相对丰富等特征。上述情况也从另一个方面反映出，应当理性看待热线工单数量，其不仅代表了在某些领域可能存在优化空间，也代表了该领域的发展情况和受市民关注程度。

表3　2020~2022年上海市市民服务热线体育类工单主要内容类型分布

单位：单，%

内容类型	2020年	2021年	2022年	合计	占各类型工单总量比重
市级直属单位工单					
场馆设施类	245	261	197	703	45.38
游泳类	138	280	75	493	31.83
体育彩票类	50	42	24	116	7.49
市级协会工单					
信鸽类	414	214	109	737	58.91
围棋类	58	124	66	248	19.82
区属工单					
场馆设施类	669	641	478	1788	76.67
体育消费类	72	54	63	189	8.10
私教工单					
健身企业拒绝退款类	1936	1678	1389	5003	43.77
在退款过程中健身企业与消费者出现纠纷类	1106	1249	1574	3929	34.37
消费纠纷问题类	770	702	555	2027	17.73

资料来源：上海市体育宣教中心政务服务部。

二　上海市体育市场"回应性监管"的主要做法

（一）积极建立工单标准化处理流程

《关于做好"12345"市民服务热线体育类工单相关工作的通知》提出，要建立"接单与确认管辖—限时办理—告知处理结果—回传办结报告"的工单处理基本流程。在实际工作过程中，市、区两级体育部门和市级单项体育协会等探索形成了更为详尽、专业、符合体育发展需求的标准化处理流程（见图1）。由于大量市民服务热线体育类工单涉及体育消费，与体育场馆、健身房等主体高度相关，做好具体的核实确认工作有助于这些工单的处理，因此在收到工单后，工单承办单位首先判断该工单是否需要进行核实确认，当工单涉及具体场所或具体机构时，相关承办单位大多会采用线下或线上的方式进行核实确认；核实确认后，相关承办单位将根据工单涉及的问题领域及实际情况确认是否需要对市民、市场主体等进行沟通调解；而当工单反映的问题涉及违法违规时，承办单位将进一步开展行政执法工作（没有执法权的单位将委托相关单位开展执法工作）。这一工作流程为有效处理热线工单提供了充足保障。

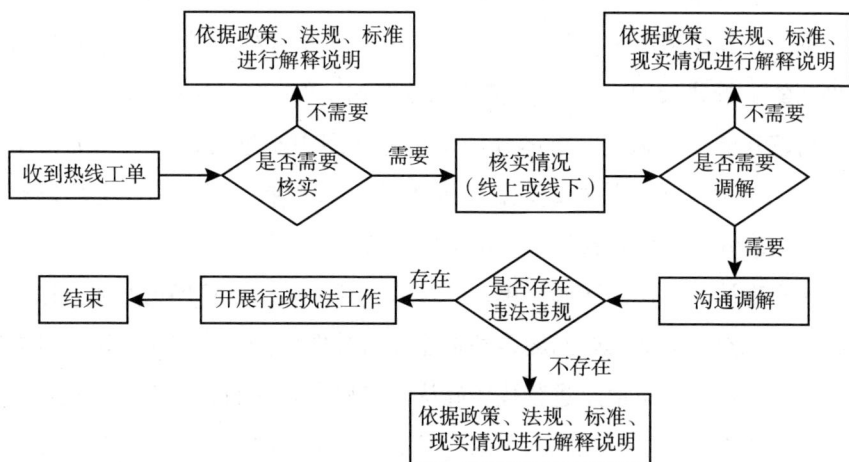

图1　上海市市民服务热线体育类工单处理基本流程

（二）有效应用法律法规和标准化文件

上海在体育领域已拥有较为完善的政策法规和标准化文件体系，工单承办单位也充分利用这些文件解决热线工单相关问题。例如，2022年市社体（竞赛）中心依据政策法规和标准化文件解决热线工单74单，占接办工单总数的53.62%；市体育场馆设施管理中心依据政策法规和标准化文件解决热线工单95单，占接办工单总数的74.22%。统计显示，相关工单承办单位主要应用了《上海市高危险性体育项目（游泳）经营许可实施办法》、《上海市信鸽活动管理规定》、《本市常态化疫情防控期间体育赛事举办指引（第四版）》、GB 19079.1-2013《体育场所开放条件与技术要求　第1部分：游泳场所》、《进一步加强来沪返沪人员健康管理的工作措施》《关于进一步加强本区体育健身场所疫情防控工作的通知》等管理规定、实施办法、标准规范开展工单处理工作，体现了热线工单承办的法治化。

（三）充分落实现场核实确认工作

核实确认热线工单的具体情况是开展热线工单承办工作的基础，统计显示，市、区两级体育部门和市级单项体育协会已实现对绝大部分热线工单的核实确认。具体到市级直属单位工单，2022年市社体（竞赛）中心进行核实确认的工单共85单，占接办工单总数的61.59%，主要表现为承办单位到游泳场馆开展实地调查；市体育场馆设施管理中心进行核实确认的工单共32单，占接办工单总数的25%，主要表现为承办单位到相关体育场馆开展实地调查。针对市级协会工单，市信鸽协会对绝大部分信鸽扰民相关工单进行了核实确认。具体到区属工单，区级体育部门针对体育场馆开放、体育场馆收费、泳池温度等具体问题，基本能够通过现场核实或与场馆取得电话联系等方式对热线工单信息进行核实确认。在核实确认的过程中，相关承办单位可以更加深入地了解热线工单的背景情况和市民的更多诉求，为做好工单的后续处理工作奠定基础。

（四）积极开展多方沟通协调工作

市民服务热线体育类工单通常涉及消费者、市场主体、政府部门等多方主体，对承办单位的沟通协调能力提出了较高要求。在工单具体承办过程中，不同承办单位根据工单类型开展了有针对性的沟通协调工作，相关工作缓和了邻里、市民与企业之间的矛盾，降低了矛盾激化的风险，体现了热线工单承办工作的独特价值。

在市级直属单位工单方面，2022年市社体（竞赛）中心共有67单工单进行了沟通协调工作，占接办工单总数的48.55%，在这些工单的承办过程中，市社体（竞赛）中心与游泳场馆经营者进行沟通，就高危险性体育项目经营、场馆环境、场馆安全、场馆救生员配备、泳池温度等问题进行指导,帮助市场主体提升经营规范性,降低违反相关规定的可能性,通过柔性手段体现了政府部门对相关市场主体发展的保护。在市级协会工单方面,市信鸽协会对绝大部分工单开展了沟通协调工作,主要表现为协会与投诉市民、被投诉方(养鸽户)的多方沟通,促进双方矛盾化解。在区属工单方面,沟通协调工作主要表现为体育部门与其他政府部门的沟通协作,例如,静安区体育局在处理疫情期间场馆开放工单时,与辖区街道和市场监督部门进行协同联动,对市民、场馆运营方等给予了更加科学、全面的答复。在私教工单方面,2022年共有1642单私教工单开展了涉及区级体育部门、健身企业、消费者的多方沟通协调,占2022年私教工单总数的45.65%。在私教工单中,消费者通常与健身企业关系紧张,难以达成有效的解决方案,体育部门的沟通协调则显得至关重要。在体育部门的沟通协调下,健身企业通常可以给出更多的解决方案(如退款、转课、延长有效期等),更多的解决方案也更容易得到消费者的认可,从而促进纠纷解决。

(五)依法开展行政执法工作

开展体育行政执法是落实体育市场监管工作要求的重要内容,市民服务热线体育类工单为行政执法工作提供了大量有效线索,对提升体育市场监管效能具有积极意义。当在工单处理中发现违法违规行为时,有关承办单位能够及时有效开展行政执法工作。例如,2022年市社体(竞赛)中心开展行政执法的工单共21单,占接办工单总数的15.22%,主要涉及游泳场所救生员配备不足、未办理高危险性体育项目经营许可证、游泳场馆教练无资质等问题。在发现违法违规问题后,市社体(竞赛)中心大多采取责令整改、约谈、暂停经营等手段开展行政执法,同时将线索移交至相关文化综合执法部门进行后续的违法违规处罚。

(六)为市民提供专业化建议

在处理市民服务热线体育类工单过程中,政府相关部门可以为市民提供针对性、专业化的知识和建议,这是其他体育市场监管手段所不具备的优势。统计数据显示，在 2022 年所有私教工单中，区级体育部门为消费者提供了法律方面维权建议的共有 1807 单，占当年私教工单总数的 50.24%，相关法律建议有助于消费者通过更多途径维护自身合法权益，对私教行业问题的处理具有积极意义；区级体育部门对消费者进行消费提醒的共有 625 单，占当年私教工单总数的 17.38%，相关部门在处理工单的过程中建议消费者在未来谨慎对待预付式消费，此举可进一步提升体育消费者的鉴别能力，降低私教行业出现大规模资金风险的可能性。

三 上海市体育市场"回应性监管"存在的问题短板

（一）工单处理满意率仍有提升空间

根据市体育宣教中心对各承办单位工单处理满意率的抽查结果，可发现各类工单的处理满意率还存在一定的提升空间（见图 2）。对处理满意率较低的私教工单和信鸽类工单相关情况进行回溯分析可以发现，在私教工单

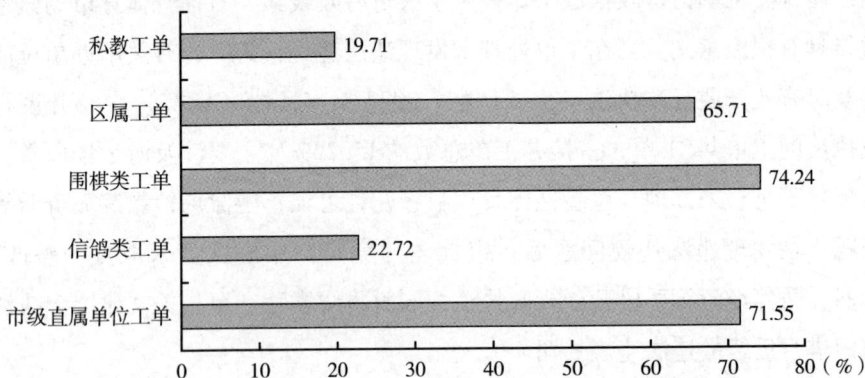

图 2 2022 年上海市市民服务热线体育类工单处理满意率

注：2022 年未对市级协会工单的总体处理满意率进行统计，但对围棋类工单、信鸽类工单这两类市级协会工单的处理满意率进行了单独统计。

资料来源：上海市体育宣教中心政务服务部。

中，私教退款通常涉及体育、法律、市场监管等多领域问题，而体育部门职能范围有限，所做的沟通协调工作难以完全解决市民的诉求，市民对处理结果的不满最终导致私教工单的处理满意率偏低；在信鸽类工单中，大部分纠纷出现于居民小区，相关问题将直接影响市民的长期生活品质，但当前相关部门主要依赖软性沟通方式来调解相关问题，调解后当事人能否遵守相关规定规范开展养鸽活动则取决于当事人自身的素质，因此信鸽类工单具有复杂性和长期性的特征，更容易出现市民不满意的结果。

（二）重复热线工单仍需加强重视

重复热线工单数量和内容在一定程度上反映了市民服务热线工作机制的总体质量，是分析热线工单承办情况的重要指标。统计数据显示，2020～2022年市级直属单位重复热线工单共103单，占市级直属单位工单的比重为6.65%；市级协会重复热线工单共158单，占市级协会工单的12.63%；区属重复热线工单共117单，占区属工单的5.02%；私教重复热线工单共1445单，占私教工单的12.64%（见表4）。在市级直属单位工单中，市社体（竞赛）中心的重复热线工单有32单，主要涉及高危险性体育项目经营许可、泳池救生员配置、泳池安全设施配置、泳池事故纠纷等几个方面，在市民首次反馈问题后，一些场馆的改进工作进展较缓慢，导致市民二次反馈，这是产生重复热线工单的主要原因；市体育场馆设施管理中心的重复热线工单有31单，主要涉及场馆开放时间、场馆环境（场馆开灯时间等）、疫情期间到场馆锻炼等问题，提交此类工单的大部分市民是某一区域（或场馆）的长期健身锻炼者，对场馆的各类细节问题更敏感，也更在意投诉后场馆相关工作的改善情况。同时，一些场馆运营方存在解释不清、服务态度不佳等问题，在一定程度上导致了重复热线工单数量的增加，凸显了加强相关工作人员培训的必要性。在私教工单中，回溯原始数据可以发现，大多数私教重复热线工单处理流程复杂，承办单位很难在短时间内完全解决市民提出的全部问题，导致了市民的重复投诉。由此可见，如何进一步降低私教重复热线工单的比重是未来一段时间需要考虑的重点问题。

表4 2020~2022年上海市市民服务热线体育类重复工单情况

单位：单

工单类型	2020年	2021年	2022年	合计
市级直属单位工单	42	41	20	103
市级协会工单	85	51	22	158
区属工单	24	51	42	117
私教工单	621	484	340	1445

资料来源：上海市体育宣教中心政务服务部。

（三）私教工单问题依然严峻复杂

与其他类型工单相比，私教工单的问题仍然严峻复杂，需要体育部门给予更多重视。第一，私教工单总体数量较大。2020~2022年，私教工单数量占比分别达到68.19%、67.17%和72.11%，远超市级直属单位工单、市级协会工单和区属工单的占比（见图3）。第二，私教工单的内容较为繁杂。私教工单大多涉及"授课前沟通—签订私教合同—执行私教合同"等一系列较为复杂的流程，与其他类型工单相比，私教工单的内容更多、情况更复

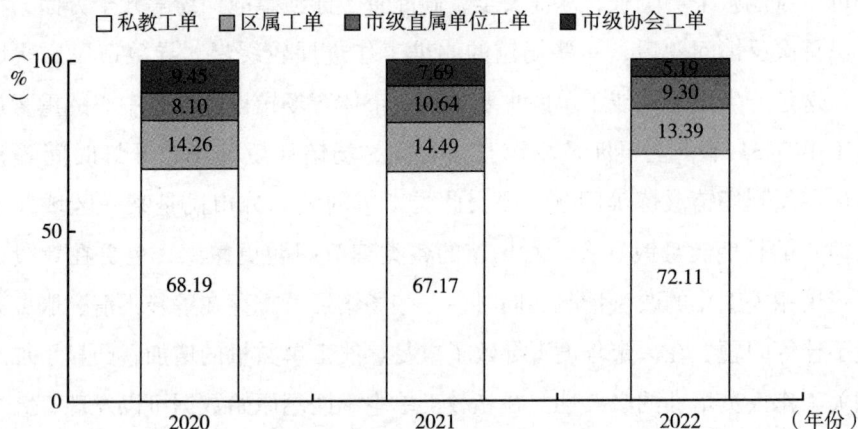

图3 2020~2022年上海市市民服务热线体育类工单类型分布

资料来源：上海市体育宣教中心政务服务部。

杂，导致私教工单的标准化处理流程不够清晰，处理难度也较高。第三，目前体育部门对私教工单的解决方法比较有限，亟须加强体育、市场监管、文化综合执法等部门的协同合作，推动私教工单乃至私教领域监管问题得到有效解决。

四 提升上海市体育市场"回应性监管"效能的对策建议

（一）建立常态化热线工单统计分析机制

热线工单的类型分布和变化趋势对指导上海体育工作开展、提升上海体育市场监管效能具有较强的指导意义，应当加强动态感知、关联分析、深度挖掘、趋势研判，进一步释放数据和信息的价值。[①] 第一，建议按年度梳理热线工单情况、总结先进做法、分析存在的问题、把握工作重点，定期发布《市民热线工单情况通报》，为各部门开展工作提供更加充分的依据。在此基础上，应当将热线工单承办工作作为推进部门协同的主要手段和开展专题调研的关键依据，以此形成以热线工单承办工作促进上海体育发展的良性循环。第二，建议加强热线工单的预测预警工作。热线工单的类型分布可能随着上海体育发展的形势发生变化，建议各承办单位将热线工单处理与未来工作紧密结合，针对赛事活动、健身和培训服务等工单数量可能增加的领域做好预警预测工作，防范系统性风险。第三，建议建立市、区两级体育部门信息互通机制。通过定期召开会议等方式通报近期热线工单的处理情况和可能出现的工单热点问题，及时了解区级体育部门在热线工单处理工作中遇到的困难，破解市、区两级体育部门在热线工单处理工作中的信息不对称问题，提升热线工单处理效能。

---

① 《龚正市长调研 12345 市民服务热线，优化服务完善制度，提升为民解难题实效》，澎湃新闻，2023 年 7 月 24 日，https：//www.thepaper.cn/newsDetail_forward_23970694。

（二）加强相关场所服务人员培训

在热线工单中，有一定数量的投诉、求助和咨询是由于体育场馆相关服务人员对政策法规不够了解，这间接增加了热线的工作压力。体育场馆相关服务人员与体育消费者直接接触，是体育服务质量和水平的重要体现，建议以热线工单数据为导向，针对场馆服务、场馆环境、场馆开放时间等方面的实际情况及相关依据，对各类场馆工作人员开展更为系统的培训，并鼓励商业性体育场馆经营者更加深入地了解相关政策法规文件，以在问题出现初期就通过场馆人员和市民的沟通解决，进而减轻热线工单处理工作的负担，提升市民体育消费满意度。

（三）梳理工单的标准化回复流程

伴随上海体育产业的发展，各领域的热线工单数量仍有可能提升，各承办单位将长期面临"量多人少"的压力。通过统计可以发现，一些热线工单反映的问题相似，具有使用标准化回复处理的可行性。建议各承办单位对已经相对成熟的热线工单问题进行梳理，形成标准化回复流程，以在减轻工单处理压力的同时，提升工单处理效率。此外，人工智能介入工单承办工作已成为该领域的重要趋势，例如上海市市场监管局已在探索上线人工智能客服系统，以提升服务能级、优化市民体验。[①] 梳理工单的标准化回复流程，也有助于为未来人工智能应用于市民服务热线体育类工单承办工作打好基础。

（四）探索构建区级体育部门工单承办绩效评估体系

构建工单承办绩效评估体系有助于更加科学地考核区级体育部门相关工作成果，进一步提升各区热线工单承办工作效能。经过3年实践，区级体育部门已积累一定的热线工单承办经验，基本具有开展工单承办绩效评估的可

---

① 《关于2020年度"12345"市民服务热线承办工作情况的通报》，上海市市场监管局网站，2021年3月15日，http://scjgj.sh.gov.cn/130/20210315/2c9bf2f67816bd2a01783387220f3539.html。

行性。目前，上海市市场监管局、环境保护局等都已开展绩效评估工作。结合现有绩效评估实践，[1] 提出两种方案。一种是从热线工单承办的角度专门设置一套绩效评估体系，基于"承办数量""按时办结""诉求解决""满意度"等主要指标，构建反映区级体育部门热线工单承办情况的打分体系。此方案可以相对完整地反映热线工单承办情况，推动区级体育部门加强对热线工单承办工作的重视，持续优化相关工作流程。另一种是将热线工单承办的部分统计指标纳入其他绩效评估体系，例如，可将区属工单中与公共体育场馆开放、供给、管理等相关的工单处理情况纳入上海全民健身"600"指数。此方案可提升其他绩效评估体系的科学性与客观性，对热线工单承办工作水平的提升也具有积极意义。

（五）优化私教工单承办工作全流程

私教工单是上海市市民服务热线体育类工单中的重点和难点，考虑到私教工单具有一定的行业特殊性，且具有数量多、处理流程复杂、分类维度不清晰等特征，建议从接单阶段和承办阶段入手，优化私教工单承办工作全流程。

在接单阶段，一是建议明确私教工单的分类逻辑。建议从总体上将私教工单分为退款类和服务质量类，其中退款类分为拒绝退款和同意退款但遇到问题两种情况，并分别详细列明具体情形。服务质量类工单也应当结合健身私教服务特征再进行具体分类。同时，由于私教工单通常涉及多项问题，很难使用一个分类维度进行概括，建议同一工单可以选择多种分类方式，以此确保真实准确反映私教工单的实际情况。二是建议采集更具针对性的指标和数据，如在接单过程中增加"涉事金额"这一针对性指标，帮助承办单位更好地了解工单情况。

在承办阶段，建议结合私教工单特点，加强市、区两级体育和市场监

---

① 《关于 2019 年度"12345"市民服务热线承办工作情况的通报》，上海市市场监管局网站，2020 年 7 月 15 日，http://scjgj.sh.gov.cn/130/20200715/2c9bf2f6732de899017351ea81d027e8.html。

管、文化综合执法等相关部门的沟通联系，梳理私教工单的处理流程，探索
形成私教工单的跨部门流转机制。同时，建议探索建立针对私教工单的长效
工作机制。例如，可以结合市体育局、市消保委、市市场监管局、市健身健
美协会等部门出台资金监管举措的时间，对重点月份的私教工单数量、内容
变化情况进行深度跟踪分析，为评估政策举措效用、后续相关政策的制定提
供依据。又如，可以按月度或季度对私教工单进行分析，梳理出某段时间内
工单数量快速增长的原因，以及风险快速叠加的市场主体，将相关信息及时
反馈给其他相关部门，以此加强私教行业监管工作的针对性，避免私教资金
问题上升为群体性社会事件。

参考文献

马亮等：《政民互动、绩效管理与城市治理创新》，国家行政学院出版社，2023。

赵娟、王烨、张小劲：《公众诉求与回应性监管：基于政务热线大数据的社会性监管创新——对三类社会性监管领域的比较分析》，《电子政务》2021 年第 2 期。

于文轩、刘丽红：《北京"接诉即办"的理论基础和发展方向：敏捷治理的视角》，《中国行政管理》2023 年第 4 期。

张楠迪扬、郑旭扬、赵乾翔：《政府回应性：作为日常治理的"全回应"模式——基于 LDA 主题建模的地方政务服务"接诉即办"实证分析》，《中国行政管理》2023 年第 3 期。

黄海燕、刘蔚宇：《论体育市场监管工具创新——基于深度访谈的质性研究》，《体育文化导刊》2020 年第 5 期。

郭聪、张瑞林：《优化与改革：预付式消费视角下健身俱乐部商业模式的完善》，《武汉体育学院学报》2021 年第 6 期。

张楠迪扬：《"全响应"政府回应机制：基于北京市 12345 市民服务热线"接诉即办"的经验分析》，《行政论坛》2022 年第 1 期。

B.12

江苏体育产业融合创新发展经验

赵爱武　孙海燕　王丽丽*

摘　要： 近年来，我国体育产业呈现全面、融合、创新等特点，融合创新
将成为未来体育产业发展的重点任务。江苏的体育产业发展一直
处于全国前列，涌现了很多体育产业融合创新模式，对长三角地
区体育产业一体化发展具有一定参考价值。本文梳理了体旅融合、
体卫融合和体教融合三个板块的工作情况与经验。在体旅融合方面，
江苏加强部门协同，开展新一轮体旅融合战略合作，大力发展户外
运动产业，明确四个"聚焦"，扎实推动"十四五"体育旅游高质
量发展。在体卫融合方面，江苏突出载体建设，积极整合资源，大
力推进"省市县乡村"五级体卫融合服务机构和平台建设；着眼长
效发展，坚持问题导向，努力探索提升体卫融合服务水平；完善顶
层设计，加强政策保障，建立健全部门协同、社会广泛参与的发展
机制。在体教融合方面，江苏进一步优化青少年体育公共服务供给；
构建多元化人才培养阵地，提高后备人才输送质量。同时，江苏存
在青少年体育公共服务供给不平衡不充分、青少年体育后备人才培
养体制机制存在障碍和体教融合的深度广度还需拓展等问题。建议
未来进一步加快青少年体育公共服务体系建设、业余训练体系建设
以及教练员和体育教师培养体系建设。

关键词： 体育产业　体旅融合　体卫融合　体教融合

---

* 赵爱武，江苏省体育产业指导中心副主任，研究方向为体育产业；孙海燕，江苏省体育产业
指导中心（江苏省体育产业研究院）副主任，经济师，研究方向为体育产业；王丽丽，江苏
省体育产业指导中心（江苏省体育产业研究院）部长，研究方向为体育产业政策。

一　体旅融合板块

深化体旅融合、发展体育旅游，是促进旅游业转型升级的必然要求，也是推动体育产业提质增效的必然选择。近年来，江苏体育、文旅部门加强协同合作，注重从丰富体旅融合产品供给、打造体旅融合发展载体、优化体旅融合发展环境等方面发力，共同推动体旅融合高质量发展，不断提升江苏体育旅游品牌影响力。2021 年，江苏体育产业总规模为 5652.78 亿元，占全国体育产业总规模的 18.1%（超过 1/6）；体育产业增加值 1915.14 亿元，占同期全省 GDP 的 1.65%。2022 年全省实现旅游业总收入 9263.8 亿元，接待境内外游客 5.3 亿人次，体育旅游显示出巨大的发展潜力和强劲的发展势头。

（一）持续丰富体育旅游产品供给，释放体育旅游消费潜力

随着经济发展和人民生活水平的日益提高，人们的健康健身、运动休闲、旅游体验等消费需求快速增长。从消费群体看，热衷旅游和热爱运动的人群具有较高的重合度，体育与旅游叠加融合，顺应了传统观光型旅游向以运动体验为重要元素的休闲度假型旅游转变的趋势，催生出更多旅游新产品、新供给、新业态，从"吃住行"到"游购娱"，再到"运健学"，体育旅游作为一种新的休闲生活方式越来越受群众欢迎。近年来，江苏突破传统体育旅游观光模式的束缚，加快供给侧结构性改革，充分利用各类旅游空间和专业体育内容，开发多元化、多层次体育旅游市场，不断丰富体育旅游产品供给，引领体育旅游消费潜力活力释放。现阶段，江苏基本形成以体育运动为核心，以现场观赛、参与体验及参观游览为主要形式的结构合理、门类齐全、功能完善的体育旅游产业体系，推出了一系列赛事型、观赏型、休闲型、节庆型、民俗型、数字型体育旅游产品，新建改建体育公园（广场）112 个、冰雪场地 47 片以及水上、山地户外、航空等数量丰富、类型多样的体育旅游设施。特别是在体育元素叠加下，传统旅游目的地往往门庭若市，无锡海澜飞马水城、南京汤山温泉旅游度假区等一批体育旅游基地成为

体育消费"网红"打卡地;"三亿人上冰雪"推动冰雪运动变为热门消费项目,全省47个冰雪场馆成为人们每年春节体育消费的好去处。如由民营企业集团投资100亿元建设打造的无锡海澜飞马水城,集马术训练、马术表演、马术赛事、马文化展示、休闲度假等功能于一体,成为独具特色的马术运动与文化旅游综合体;常州太湖湾露营谷依托国家级旅游度假区,打造集生态游乐、房车露营、户外拓展、休闲娱乐、农趣体验、红色教育等于一体的复合型露营度假园区,辐射长三角,助力体育消费;泰州溱湖绿洲休闲体育基地以体育休闲助力乡村振兴,拓展"体育+文旅+农业"特色业态,开展马术、山地车、皮划艇、卡丁车等时尚运动项目,带动农副产品、乡村民宿和农家餐饮新潮流、新风尚。

(二)促进赛事与旅游活动紧密结合,带动赛事综合效益不断提升

近年来,江苏持续深化体育赛事改革,实施体育特色品牌赛事创建工程,促进体育赛事与旅游活动紧密结合,利用赛事集聚效应和辐射效应,增加马拉松、自行车等消费拉动力强的赛事,打造"一带一路""大运河""环太湖"等系列品牌赛事活动,发挥体育赛事活动"长尾效应",形成体育竞赛表演产业综合效益和溢出效益,延伸扩大旅游、餐饮、商贸、住宿、交通等相关消费规模。"十四五"以来,江苏省共举办供给赛事30项次、全国赛事376项次,既有苏迪曼杯等国际顶级赛事,也有中国田径街头巡回赛南京站等"小而美"的国内知名赛事,各地路跑赛事、各类业余联赛和群众性赛事活动更是如火如荼地开展,在促进体育产业发展的同时,对文旅消费的拉动效应也十分明显。例如,2023年5月在苏州举办的苏迪曼杯世界羽毛球混合团体锦标赛,开赛前1个月赛场附近酒店客房全部售罄,近10万人在现场观看观赛,持续8天的赛事门票总收入达3400万元,创造了苏迪曼杯票房销售历史;赛事期间,苏州市还举办了苏迪曼杯嘉年华,近4000平方米的展区吸引了20多个知名品牌参展,苏州特色丝绸、老字号、购物村、酒店等品牌竞相亮相,"直通苏迪曼·体育消费夜市"进一步烘托了比赛场馆周边的热闹氛围;赛事带动了旅游、酒店、商场等消费业态发

展，比赛场馆周边酒店及商业在赛事期间的客流量较 2019 年同期增长 106%，销售额增长 36%，拉动体育及相关消费超 4.1 亿元。同年 3 月举办的无锡马拉松，参赛规模达 3.3 万人，沿途共有 27.3 万名观众观赛，一人参赛、全家旅游，一日参赛、多日停留，带动餐饮、住宿、交通、旅游等相关消费约 1.95 亿元；南京浦口马拉松期间设立"起跑线市集"，联动旅游景区、民宿等优惠活动，赛事期间南京接待游客 24.8 万人次，助力实现旅游收入 9800 万元。

（三）打造高质量体育旅游载体平台，增强体育旅游品牌影响力

江苏省持续加快体育旅游载体平台建设。一方面，加强梯度培育和动态管理，充分利用体育、旅游特色资源及产业基础，打造一批体旅融合特色鲜明、产业优势突出的体旅融合发展示范基地，示范引领和辐射带动全省体育旅游高质量融合发展。无锡海澜飞马水城、南京汤山温泉旅游度假区、苏州太湖体育运动休闲小镇 3 个单位入选国家体育旅游示范基地；徐州茱萸山体育旅游线路、盐城大丰梦幻迷宫、淮安运河"百里画廊"体育旅游线路入选国庆假期体育旅游精品线路；2021～2022 年，江苏共有 21 个项目入选"中国体育旅游精品项目"、27 个项目入选长三角地区体育旅游精品项目。截至 2023 年，江苏省体育局联合省文化和旅游厅认定两批共 20 个体旅融合发展示范基地。其中，入选"国家体育旅游示范基地"的南京汤山温泉旅游度假区深入促进体旅融合，大力发展温泉+体育运动、健康养生、旅游度假、文化体验等一体化业态，丰富多样化体育旅游服务供给和消费体验；入选"江苏省体旅融合发展示范基地"的昆山乐营淀山湖国际营地积极探索"营地+体育+旅游"模式，开展户外拓展、房车露营、水上运动、游学研学等服务，与周边村镇联动延伸餐饮、住宿、休闲等消费链条，满足多样化消费需求；入选"省体旅融合发展示范基地"的无锡融创文旅城将北欧冰雪风情引入江南水乡，建设高规格室内滑雪和娱雪场馆设施，提供专业滑雪教学培训，打造"四季滑雪"的时尚运动空间和消费新场景。

　　另一方面，江苏省以体育空间为载体，深入推动体育产业基地、体育服务综合体、体育公园、体育类特色小镇等各类体育载体空间植入特色文化内容，融入旅游休闲功能，推进融合发展业态升级，打造综合性体育运动与旅游休闲空间。江苏省以旅游空间为载体，推动旅游景区、度假区等增加体育设施、丰富体育内容、举办赛事活动，拓展水上、山地户外、冰雪、航空、汽摩等时尚运动项目，形成一批体现体旅融合特色的"网红"打卡地。同时，江苏省支持国家体育消费试点城市、省级体育消费城市试点单位建设，优化业态功能和项目布局，探索促进体旅融合发展新模式新路径。2023 年，江苏省 89 个体育服务综合体中有 24 个以体育旅游为主题，100 个体育消费场景典型案例中有 38 个以体育旅游与时尚运动为特色（见表1）。此外，江苏省通过上线体育旅游电子地图，向公众推介 64 个时尚体育好去处和 33 个高品质体育旅游攻略，利用中国体育文化博览会、中国体育旅游博览会、江苏体育产业大会等展会平台，宣传江苏体育旅游项目、载体、线路等，持续扩大体育旅游品牌影响力。

表 1　2023 年江苏省体育消费场景典型案例（体育旅游与时尚运动方向）

序号	名称	序号	名称
1	南京汤山温泉旅游度假区体旅融合场景	10	南京英骐国际马术（金象城店）马术运动与培训特色场景
2	无锡海澜飞马水城马术运动与休闲旅游场景		
3	无锡热雪奇迹"四季滑雪"时尚运动场景	11	南京艇友赛艇俱乐部特色水上运动场景
4	常州太湖湾露营谷"户外运动+休闲度假"特色场景	12	南京野趣国际营地"户外运动+营地"场景
5	昆山乐营"营地+体育+旅游"多元融合场景	13	南京华飞户外滑翔伞飞行营地时尚运动场景
		14	南京苏上户外汽摩基地时尚运动场景
6	泰州溱湖绿洲休闲体育基地"体文旅农"融合场景	15	南京米家洼雨花石户外营地场景
		16	无锡丁蜀机场航空时尚运动场景
7	南京风之曲帆船俱乐部玄武湖基地水上特色运动场景	17	徐州启迪乔波滑雪场室内滑雪娱雪特色场景
8	南京沃德喜马拉雅冰雪乐园室内滑雪娱雪特色场景	18	徐州大景山滑雪场户外滑雪时尚运动场景
9	南京蓝鲸攀岩时尚运动场景	19	新动力（太仓）越野基地户外越野时尚运动场景

序号	名称	序号	名称
20	扬州深潜大运河水上综合运动项目场景	30	南通如东小洋口旅游度假区体育休闲旅游场景
21	南京黄龙岘乡村体育休闲旅游场景		
22	南京固城湖水慢城景区体育休闲旅游场景	31	南通开沙岛体育休闲旅游场景
23	徐州大龙湖旅游度假区体旅融合场景	32	东海青松岭户外体育休闲旅游场景
24	常州丰北蜗牛时光度假村体育休闲旅游场景	33	连云港大伊山体育休闲旅游场景
		34	淮安金湖水上森林景区体育休闲旅游场景
25	张家港双山香山旅游度假区体旅融合场景	35	扬州沿湖休闲垂钓基地特色体育休闲旅游场景
26	远望谷迷你高球特色体育休闲旅游场景		
27	苏州大龙荡活力生态园体育休闲旅游场景	36	泰兴市黄桥小南湖体育休闲旅游场景
28	苏州新时代国防体育公园"国防+体育"特色场景	37	泰兴市雏鹰体育军事训练融合场景
		38	三河湾PARK(三河体育公园)体育休闲旅游场景
29	苏州盛泽湖月季园体育休闲旅游场景		

资料来源：根据公开资料整理。

（四）加强部门协同和政策保障，不断优化体育旅游发展环境

早在2018年，江苏省体育局就和省旅游局签署了首轮战略合作协议，印发了相关行动计划，出台了水上、山地户外、冰雪、航空等运动项目行动方案，积极探索体育旅游融合发展路径模式。进入"十四五"新发展阶段后，2021年5月，江苏省体育局与省文化和旅游厅在江苏体育产业大会暨体育旅游融合发展论坛上，正式签署新一轮深化体旅融合发展战略合作协议，共同发布《江苏省深化体旅融合发展行动计划》及一批重点工作任务清单，并协调将"推动体育旅游高质量发展"任务纳入"十四五"全省体育产业、文旅产业发展规划，以高水平规划引领和拓展体育产业和旅游产业融合发展新空间。根据合作协议和相关行动计划，"十四五"期间江苏省体育局、省文化和旅游厅将共同建立定期会商机制，把推动体育旅游高质量发展纳入体育产业、文旅产业发展规划，共同打造体旅融合赛事活动、共同拓展体旅融合空间载体、共同认定一批体旅融合示范基地和项目、共同打造体旅融合活动品牌，切实推动体育旅游高质量融合发展。2016年以来，省体

育产业发展专项资金累计安排 2655 万元支持 78 个体育旅游项目，指导南京、无锡、盐城等市出台促进体育和旅游融合发展的意见或行动计划，为体旅融合发展提供有效政策保障。

下一阶段，江苏省将认真贯彻落实国家体育总局等八部委发布的《户外运动产业发展规划（2022—2025 年）》，促进体育旅游深度融合发展，协同相关部门推动自然资源向户外运动开放，加快建设户外场地、营地、码头等服务设施，打造一批体育旅游精品项目，认定一批体旅融合发展示范基地，举办运动休闲体验季活动，向公众推介一批安全便捷、高品质的体育旅游攻略，推动户外运动与休闲康养、露营旅游、研学教育等相结合，努力实现户外运动产品创新和服务升级，不断释放体育旅游与户外运动消费潜力。

二　体卫融合板块

江苏积极贯彻中央关于体卫融合工作的部署要求，坚持以群众需求为导向，强化制度性设计，注重探索多种模式，以产业化思维推动长效化发展，努力整合体育和卫生健康等相关资源，积极探索运动健康干预的实践路径。

（一）突出载体建设，积极整合资源，大力推进"省市县乡村"五级体卫融合服务机构建设

一是系统推进体卫融合服务机构建设。江苏省体育局和省卫健委共同印发《江苏省运动促进健康机构建设基本要求》，明确重点依托体育和卫生健康现有公共服务单位，推进"省市县乡村"五级体卫融合服务机构建设。坚持分级界定体卫融合服务机构功能，强调建立资源要素流动、整合、共享机制，在服务功能上做到相互补充、相互促进。在省级层面，鼓励相关单位建设省级体卫融合、慢性病运动干预等研究机构；支持有条件的省属单位建设省运动促进健康中心；要求省级体卫融合服务机构积极发挥高端专家人才、科研等资源优势，加强对全省各级体卫融合服务机构建设、运行的示范引领和人才培养、技术推广等支持。设区市至少建有省运动促进健康中心、市运动促

进健康中心中的一种机构；县（市、区）至少建有省运动促进健康中心、市运动促进健康中心、县（市、区）运动促进健康中心中的一种。乡镇（街道）建有运动促进健康站，有条件的积极争创县级以上运动促进健康中心或省基层慢性病运动健康干预试点单位。行政村（社区）建有运动促进健康点。苏南选择南京市和张家港市、苏中选择扬州市、苏北选择宿迁市，试点体系化推进体卫融合服务机构建设。

二是通过试点工作示范引领体卫融合服务机构建设。江苏省每年安排专项经费，遴选和支持一批单位试点建设省运动促进健康中心，探索运动促进健康机构平台长效化发展机制。2021年和2022年，江苏共确定12个单位试点建设省运动促进健康中心，这12个单位覆盖苏南、苏中、苏北地区，试点单位类型有省人民医院、市疾控中心、区中医院、乡镇卫生服务中心、市体育医院、国民体质监测中心，还有康养服务机构。省卫健委和省体育局联合制定试点方案，面向全省乡镇（街道）卫生院和卫生服务中心，遴选了100个单位试点建设基层慢性病运动健康干预单位，配置运动健康干预设施设备和运动处方师等人员，将体质监测融入健康体检全流程，面向基层慢性病群众开具运动处方，提供运动健康干预服务。① 各单位把体卫融合作为促进健康的重要内容，重点打造体卫融合服务，取得了较好成效。比如，江苏省人民医院结合健康管理中心、康复医学中心等临床多学科的特点和优势，将体卫融合融入学科发展的整体规划和健康体检、就医的全流程，重点加强运动干预的智能化实施与随访管理，打造运动促进健康的标准化路径和规范，着力构建主动健康服务体系，面向不同受众提供从筛到管的"一站式"特色服务，年均服务2万人次以上。无锡市惠山区康复医院与南京体育学院合作，成为南京体育学院的附属康复医院，积极发挥运动在健康促进、慢性病预防和康复等方面的作用，将体质测试纳入体检项目，对Ⅱ型糖尿病等慢性病患者进行运动干预，开展"运动为生活保驾护航"进社区、进家庭等活动，持续

---

① 《省体育局关于开展2022年度江苏省运动促进健康中心建设试点工作的通知》，江苏省体育局网站，2021年8月17日，http://jsstyj.jiangsu.gov.cn/art/2021/8/17/art_79488_9977025.html。

延伸特色家庭医生签约覆盖范围。江苏医药职业学院结合人才培养优势，与周边社区合作，建立社区健康学院 8 个，形成"一体多翼"服务体系，推动体卫融合产学研一体化发展。江苏省海滨疗养院和淮安市疾病预防控制中心等单位，依托康养、疾控等资源，强化体卫融合服务。

三是鼓励探索体卫融合服务机构的多种建设和运营模式。在"体+医"方面，指导各级体育部门整合体育科学研究所、国民体质监测中心、体质测定与运动健身指导站、公共体育场馆等资源，加强与医疗机构合作，建设体育特色医院等体卫融合服务机构。在"医+体"方面，推动综合性医院、专科医院、疾控中心、康养机构、乡镇卫生院、社区卫生服务中心、村卫生室、社区卫生服务站等聘用运动健康方面的专业人员，培养运动处方师，增添运动健康设施，增设运动康复科室，开设运动医学门诊。南京市体育医院以三级甲等综合医院为依托，在原有健康管理中心的基础上，增设了体质健康监测、运动康复训练、运动处方门诊等服务功能，为各类人群提供体适能检测、国民体质监测、运动健康档案、智能运动干预、中医健康干预五大服务，逐步打造汇聚测试、评估、指导、教学训练多种服务的运动健康管理闭环，2022 年以来累计开展体适能检测 8744 人次，开具运动处方 6771 个，实施运动干预 762 人次。① 另外，还鼓励推动基层相关单位建设运动健康小屋，鼓励市场主体和社会组织参与体卫融合服务机构的建设和运营，向群众提供就近便利服务。

（二）着眼长效发展，坚持问题导向，努力提升体卫融合服务水平

一是坚持产业化思维主导体卫融合。江苏省在突出体卫融合服务公益性的同时，注重统筹考虑经济效益，推动体卫融合服务机构逐步实现自我造血和良性循环发展，成为经济效益高、社会反响好、群众满意的项目。将体卫融合相关产业纳入江苏省体育产业专项资金支持范围，推动各地充分利用资源优势，因地制宜打造一批以特色小镇、产业综合体为代表的体卫融合产业

---

① 数据来源于江苏省体育局。

集聚地，建设一批以中医保健、康复疗养为特色的健身健康产业基地。常州市体育医院拥有专业技术人才 90 余人，每年提供的各类运动促进健康服务超过 20 万人次，全年实现营收 4000 万元左右。[①] 南京市栖霞区迈皋桥社区卫生服务中心从 2017 年开始与南京市体育科学研究所等单位合作，重点打造社区慢性病体卫融合特色服务项目，累计管理慢性病患者 13000 余人次，2023 年预计接诊达 24 万人次，医疗业务收入达 7000 万元，是 2016 年 700 万元的 10 倍。[②]

二是创新推动体卫融合。江苏省卫健委、医保局、中医药管理局联合印发文件，将运动医学指导纳入医疗服务收费项目，为医院开展体卫融合服务提供收费依据。江苏省卫健委将体卫融合服务纳入家庭医生签约服务范畴，开展体卫融合签约服务创新试点，将体卫融合服务送到基层群众身边。省体卫融合重点创新项目得到省相关厅局的支持，其中省抗衰弱体卫融合工程研究中心入选省发展改革委的工程研究中心项目、省体医融合智慧服务平台入选省工信厅的智慧江苏重点工程和标志性工程、体卫融合（运动促进健康机构）建设与服务标准化项目入选省市场监管局的服务业标准化试点项目。项目承担单位和合作单位将认真按照省相关部门要求，深入开展调查研究、积极协调资源、努力开拓创新，力争示范引领全省体卫融合发展。省体育局和省卫健委创新办赛模式，满足群众日常健身需求，连续举办两届江苏省健身气功·八段锦网络公开赛。充分利用各类媒体普及运动促进健康知识，每周在《扬子晚报》刊出科学健身专版，请优秀运动员制作《科学健身 100 期》《科学健身周周练》系列视频，发挥体育明星示范效应，引领群众通过运动促进健康，全网点击量超过 8000 万次。[③] 推动各运动促进健康机构向群众提供体质测试、科学健身指导以及亚健康和慢性病运动预防康复服务。苏州市立医院建设"运动云医院"，利用互联网等新兴科学技术开展体卫融

[①] 数据来源于江苏省体育局。

[②] 数据来源于江苏省体育局。

[③] 《这家体科所"玩转"科学健身指导》，"人民资讯"百家号，2022 年 5 月 31 日，https：//baijiahao. baidu. com/s？id = 1734331599524775899&wfr = spider&for = pc。

合服务。常州市、宿迁市将青少年脊柱侧弯筛查纳入市政府年度民生实事。常州市体育医院等单位开展青少年脊柱侧弯筛查、运动防控近视等服务，加强各类重点人群运动健康干预。2021 年，江苏各级各类体卫融合服务机构加强与医疗机构合作，为群众提供体质测试、科学健身指导、慢性病运动干预、运动损伤康复服务超过 50 万人次。[①]

三是深化理论和实践交流。江苏省体育局与省卫健委、常州市政府联合连续举办七届常州国际运动康复大会，"健康中国"发展大会落地南京市溧水区，加强国际交流合作，积极吸收国内和国际体卫融合方面的先进经验。省体育局连续多年将体卫融合纳入局重点课题立项范围，强化理论研究。各相关科研机构和社会组织积极搭建体卫融合理论交流平台，比如中华运动康复医学培训工程、中国医师协会运动医学医师分会、中华医学会运动医疗分会、南京医科大学附属苏州医院等单位在苏州举办的"健康中国——运动促进健康高峰论坛"，江苏省基层内分泌特色科室孵化中心、东南大学附属中大医院举办的江苏省糖尿病运动干预高峰论坛暨体医融合糖尿病运动干预专家共识宣讲会，江苏省现代休闲体育研究院举办的"中国·江苏运动促进健康发展大会"等。

四是加强体卫融合人才队伍建设。江苏公共体育人才队伍和医疗卫生人才队伍条件较好，但是既懂"体"又懂"医"的复合型人才缺乏，是当前各相关单位反映较多的问题。针对这一问题，省体育局和省卫健委每年安排专项经费预算，支持南京体育学院打造国家运动处方师培训基地，面向医疗机构的从业医师开展运动处方师培训，培训后取得国家体育科学学会认证的运动处方师达 1400 多人。[②] 在做好前期申报工作的基础上，将体育部门和卫生健康部门联合开展的体卫融合方面的培训纳入卫生专业技术人员继续医学教育学分管理，鼓励医务人员提升体卫融合服务水平。省体育局在每年组

---

① 《江苏体育这四年丨完善公共服务体系，全民健身有"量"更有"质"》，"交汇点客户端"百家号，2022 年 8 月 22 日，https：//baijiahao.baidu.com/s？id = 1741871404974887729&wfr = spider&for = pc。

② 数据来源于江苏省体育局。

织的 4000 多名社会体育指导员技能培训中，增设了健康管理、基础医疗和急救课程。省卫健委在举办的健康生活方式指导员培训中，强化了体卫融合方面的培训内容。江苏省内体育院校加强与医院合作，建设学生实践实习基地，联合培养体卫融合人才。

五是提升竞技体育体卫融合保障水平。积极推动各级各类体育运动项目中心、体育院校与医疗机构建立长期合作机制，加强运动员损伤预防、伤病诊断、康复治疗、反兴奋剂等方面的合作，建立运动员医院就诊绿色通道。在大型体育赛事中，体育系统相关单位加强与医院合作，按照重大活动卫生应急保障预案和工作方案做好大型体育赛事的卫生应急保障工作。东南大学附属中大医院等单位挂牌江苏省优秀运动员医疗保障定点医院，成为江苏省专业运动员定点康复基地，实践探索竞技体育领域体卫融合医疗及康复服务保障体系的建立与运行机制，并将服务高水平专业运动队的康复医疗优势资源面向社会开放，让普通大众也能享受到原本面向精英运动员的体卫融合服务。

（三）完善顶层设计，加强政策保障，建立健全部门协同、社会广泛参与的发展机制

一是建立健全体育和卫生健康等部门协同推进的工作机制。江苏省政府分管领导两次专题调研体卫融合，指导推进相关工作。2021 年，江苏省体育局和省卫健委主要负责同志签署体卫融合战略合作协议，省体育局和省卫健委联合成立体卫融合工作领导小组，组长由两家单位主要负责同志担任，副组长由两家单位分管负责同志担任，各相关处室和直属单位主要负责人为成员，约定每年召开一次联席会议，研究实施年度重点工作任务。推动各设区市、县（市、区）体育部门和卫生健康部门建立沟通协调机制，省体育局将这项工作纳入全省县级体育重点工作督查内容，每年底对各县（市、区）进行考核评分。省卫健委把全民健身作为健康支持性环境的重要内容，在建设健康城镇、健康社区、健康单位以及慢性病综合防控示范区中统筹谋划、整体推进。

二是探索出台推进体卫融合工作的制度政策。江苏省一方面积极贯彻落实中央关于体卫融合工作的部署要求，另一方面注重挖掘提炼地方成功经验，形成省级政策措施。在此基础上，省委办公厅、省政府办公厅联合印发《关于构建更高水平的全民健身公共服务体系的实施意见》，将深化体卫融合作为一项重要内容，明确提出具体任务要求。省政府印发《江苏省全民健身实施计划（2021—2025 年）》，把促进体卫融合作为一项重点工作任务，提出具体实施路径。省政府全民健身工作部门联席会议将体卫融合纳入每年的年度工作要点，明确重点推进事项。2020 年，江苏省体育局、省卫健委共同出台《关于促进体医融合发展的意见》，明确江苏在"十四五"期间推进体医融合工作的指导思想和目标任务，确定引导群众树立正确健康观、完善体医融合服务机构、建设体医融合人才队伍、支持体医融合科研创新、加强竞技体育医疗保障、发展体医融合服务产业、提升体医融合服务水平七项重点工作任务，以及加强组织领导、完善保障政策、拓宽投入渠道、强化评估激励四项保障措施。2023 年，江苏省体育局、省卫健委共同出台《江苏省运动促进健康三年行动计划（2023—2025 年）》，明确推动全民健身场地设施建设扩容提质、提升老年人体育工作水平、实施青少年体育活动促进计划、激发社区体育服务活力、加强运动促进健康体系建设、壮大体卫融合人才队伍、强化全民健身智慧赋能、完善全民健身周期评估八项重点任务，加快建立多部门协同、全社会共同参与、适合江苏发展需要和群众健康需求的运动促进健康新模式；在平时工作中，积极推动各地将体卫融合重点项目纳入本级政府重点任务或民生实事，纳入经济社会发展重点工作统筹推进。

三是积极畅通社会力量参与体卫融合的渠道路径。江苏省支持社会力量发起成立江苏省运动健康促进会，团结全省运动健康领域的企事业单位、社会组织及个人，大力倡导运动促进健康新理念，搭建体卫融合健康理论和学术交流平台，推进优秀科研成果向应用转化，推动建立健全体卫融合人才培养体系，开展体卫融合公益活动和服务，促进运动健康事业和产业有序发展。南京江北新区普斯康健养老服务中心是民办非企业，中心理事会由东南大学老龄化国际研究中心的专家教授组成，配备运动健康干预设备，设立运动促进健康中心，为 1.58 万名社区老人提供 45 万余人次的康养服务。[①] 重启心动力康复中心专注于运动医学与康复医学领域的研究、实践和面向市场落地服务，是江苏第一批具有国家卫健委专业医疗资质认证的运动医学康复机构，不仅保障了江苏省体育局各专业运动队伍和重点队员及连续两届全运会重点赛事，而且已经服务运动损伤、骨科术后、体态不良等全民运动群众超过 7 万人次。[②]

三　体教融合板块

"体教融合"是在新的历史条件下加强学校体育工作、推动素质教育、促进青少年训练、为国家培养和造就高素质劳动者和优秀体育后备人才的一项重要举措，是整合体育、教育等资源而实施的人才培养战略的重要措施。江苏省体教融合工作起步较早，率先在全国进行了探索。从"体教结合"到"体教融合"，江苏省积累了一定的成功经验，对推进体育强省建设、促进青少年健康成长、加快青少年体育后备人才培养起到了积极作用。

（一）坚持合作共赢，积极适应形势的发展变化

近年来，江苏省体育局与省教育厅相互支持、密切配合，全面贯彻落实《体育强国建设纲要》，实施青少年体育工程，坚持"资源共享、责任共担、义务共尽、成果共有"的原则，充分发挥各自优势，不断强化体育课和课外锻炼，培养优秀体育后备人才，促进青少年学生身心健康、体魄强健、全面发展。坚持整合体育、教育和相关的社会资源，实现资源共享、责任共担，共同推进学生体质健康。一是建立组织领导机制。建立健全教育、体育部门定期共商共建共享机制，全省每年定期召开教体融合工作联席会议，开

---

① 数据来源于南京江北新区普斯康健养老服务中心。
② 数据来源于重启心动力康复中心。

展对口协商。每年调整补充江苏省"体教融合"工作领导小组和工作机构，省长任组长，体育、教育部门一把手担任副组长，各市县也相应成立体教融合工作机构，建立规章制度，积极营造体教融合工作的良好氛围。将体教融合工作具体要求纳入县级体育督查范畴，确保各项工作落实到位。二是抓好顶层设计。2019 年，省体育局与省教育厅就推进体教融合进行研究探讨，商订了《江苏省推进"教体融合"工作备忘录》，草拟了《江苏省"体教融合"工作实施方案》，明确各阶段工作开展方向。三是建立共商携手机制。2019 年，江苏省青少年体育工作会议首次将各市教育局分管局长和体卫艺处处长纳入会议体系，联合体育、教育具体职能部门面对面共商青少年体育工作，取得了良好效果。

（二）坚持改革创新，以青少年校园足球为突破口推进体教融合

江苏省体育局每年投入青少年校园足球专项经费近 3600 万元，① 在以下几个方面推进青少年足球运动发展。一是完善制度，规范经费使用。江苏省制定了《江苏省青少年校园足球专项资金管理办法》及配套经费使用方案，确保相关资金用足用好。二是建设场地，改善校园足球条件。江苏省大力完善校园足球竞赛体系和青少年足球精英培训体系，创建省青少年足球后备人才示范学校。从 2015 年起，江苏省共创建 15 个青少年校外足球活动中心，创建全国青少年校园足球特色学校 1922 所、全国青少年校园足球试点县（市、区）9 个，全省校园足球注册运动员达 12 万余人。每年投资近2000 万元，为学校建设 60 个笼式足球场和 200 套足球训练器材包。② 三是比赛交流，提高训练竞赛水平。江苏省连续多年举办"省长杯"校园足球联赛分区赛和总决赛，以及小、初、高训练营和精英训练营，全省各级校园足球赛参加学生近 18 万人次，其中"省长杯"校园足球联赛中小学组近5000 人次参赛。同时，举办南通海门"珂缔缘"国际青少年足球邀请赛、

---

① 数据来源于江苏省体育局。
② 《江苏体育发展"十四五"规划》，江苏省体育局网站，2022 年 1 月 24 日，http：//jsstyj. jiangsu. gov. cn/art/2022/1/24/art_ 78440_ 10330020. html。

无锡"一带一路"国际青少年足球邀请赛和"贝贝杯"少儿足球比赛等3项国际邀请赛，吸引20多个国家80支球队参加。四是培训师资，提高业务素质和能力。江苏省在不同层次类别足球培训中，每年培训体育教师、裁判员、教练员、讲师、校外辅导员1000人。五是开展主题活动，传播足球文化。江苏省体育局会同省教育厅、共青团省委、省发展体育基金会等单位分别在苏南、苏中、苏北的3所学校开展校外辅导员进校园活动。① 同时，支持省校园足球网站建设，举办年度颁奖典礼，进行宣传推广工作。

（三）挖掘公共体育资源潜力，携手服务学校体育发展

江苏省加快推进公共体育服务体系示范区建设，深入挖掘公共体育资源潜力，服务学校体育发展。一是做好中小学生体育课后服务工作。2019年下发《关于利用优质体育与科技教育资源开展中小学生课后服务试点工作的通知》，遴选92名教练员进入南京市66所中小学开展课后服务试点工作，促进中小学生健康成长，丰富中小学生课余生活，使其养成终身锻炼的习惯。未来将进一步在试点的基础上在全省推广。二是创建体育特色学校。2022年以来，江苏省以体操和篮球项目为试点，大力推进快乐体操和校园篮球工作，快乐体操在省级各类活动比赛时进行展示，有效推动了项目的普及和开展；校园篮球以"小篮球"发展为抓手，把"小篮球"引入幼儿园，从小抓起，从小培养兴趣。推进"一校一品""一校多品"建设，结合体育特色学校遴选工作，创建羽毛球特色学校、省级幼儿体操特色示范园、省级幼儿篮球特色园各50所。三是积极发动青少年参与体育活动。江苏省每年遴选两个地级市分别举办冰雪节嘉年华活动，参与青少年达到5000人；目前，已连续2年开展青少年体育冬/夏令营活动，受益青少年达近10万人，有效推动了全省青少年体育俱乐部的建设。特别是在常州举办的全国小学生趣味田径夏令营培养少年儿童团队协作精神，进一步提高了学生参加田径运动的积极性及自理能力。四是支持开展学生体质健康监测与干预促进工作。江苏省体育局每年投

---

① 数据来源于江苏省体育局。

入 50 万元，测试学生有效样本近 5 万人，发放学生体育锻炼行为调查问卷近 5 万份，启动学生身体活动水平监测与干预工作，并选择相关城市进行重点跟踪研究。① 在第十九届省运会青少年部竞赛和评奖办法中，首次增加"在校学生体质测试"指标，推进学生体质健康促进行动计划深入开展。

（四）发挥体育系统资源优势，携手培养体育后备人才

江苏省体育局通过发挥体育系统资源优势，会同省教育厅不断提升后备人才培养效益，出台《关于加强江苏省竞技体育后备人才培养工作的实施意见》，全面推进深化江苏省竞技体育后备人才培养改革。一是推动省级青少年比赛走入校园。江苏省体育局会同省文明办、省教育厅等 5 家单位举办省青少年阳光体育运动联赛。平均每年，江苏省举办青少年阳光体育运动联赛 95 项次，2 万多名青少年运动员参加比赛。② 二是支持校办运动队。引导各市有条件的地方开展"市队校办""县队校办"；支持各单位与南京工业大学、常州工学院、苏州大学和南京体育学院等高校联办省优秀运动队，每年在国际、全国大项比赛中均有奖牌斩获。三是共同打造后备人才基地。2017~2020 年，江苏省共创建国家级高水平后备人才基地 26 家、国家级体育传统项目学校 23 所、国家级青少年体育俱乐部 250 家、省级体育传统项目学校 320 所、省级青少年体育俱乐部 560 家，业余训练水平不断提高。③ 同时，近年来，江苏省体育局深入全省各地市各级各类体校进行工作调研，通过实地查看和与教练员、管理干部座谈等形式，广泛征求意见，了解制约江苏省青少年体育和各级各类体校发展的瓶颈和突出矛盾问题，谋划破解难题方法和路径。四是加强运动员文化教育工作。在江苏省教育厅支持下，江

---

① 《助力新时代体育强省建设　看江苏如何夯实青少年体育发展基石》，"环京津新闻网"百家号，2020 年 7 月 23 日，https：//baijiahao. baidu. com/s？id＝1672968395748970191&wfr＝spider&for＝pc。

② 《2019，江苏体育奏响新时代强音》，新浪网，2020 年 1 月 19 日，http：//k. sina. com. cn/article_5675440730_152485a5a02000qmhp. html。

③ 《江苏体育奋力谱写"体育让生活更美好"新篇章》，江苏省体育局网站，2022 年 8 月 3 日，http：//jsstyj. jiangsu. gov. cn/art/2022/8/3/art_ 40686_ 10567973. html。

苏省体校毕业生参加体育对口单招,平均每年录取500人左右,录取率达80%以上。2018~2022年,通过联合培养,全省向省优秀运动队输送运动员近800人。第三届青奥会江苏省运动员获2金、1银、5铜,第二届青年运动会江苏代表团获得130金、85银、98铜,[1] 圆满完成"运动成绩与精神文明双丰收,运动成绩位列全国第一方阵"的参赛目标,江苏省运动员业余训练的数量和质量居全国前列。

(五)明确发展制约因素,进一步促进体教融合全面、协调、可持续发展

近年来,江苏省体教融合实践还存在诸多问题和困难。一是青少年体育公共服务供给不平衡不充分的矛盾依然突出。当前,虽然学生体质健康状况有所改善,但视力不良检出率、肥胖检出率仍居高不下,青少年体育公共服务城乡、地域差距仍较为明显,青少年体育组织发展不够健全,服务能力有待提高。二是青少年体育后备人才培养体制机制障碍有待破除。各级各类体校招生难,学生发展路径不清晰,体校发展的"路径依赖"现象还非常严重,办学质量和文化教育短板仍然突出;青少年体育训练的整体水平和效益不高,教练员队伍建设亟待加强。三是体教融合的广度和深度还需继续拓展。应试教育的影响长期存在,学校体育工作开展得不够理想,教育、体育两个部门之间协作堡垒仍然存在,竞赛体系很难做到融合发展,还未真正形成"一盘棋"格局。

下一阶段,江苏省将围绕青少年体育公共服务体系和竞技体育后备人才培养体系建设两大任务,进一步深化体教融合实践。一是完善青少年体育公共服务体系建设,推动青少年体质水平提高。加快推进《江苏省实施"教体融合"全面推进青少年体育工作的意见》出台,实现青少年体质提升机制和体育后备人才培养模式创新;总结南京市中小学生体育课后服务试点工

---

[1] 《二青会圆满收官 江苏代表团向全省人民交出满意答卷》,"中国江苏网"百家号,2019年8月20日,https://baijiahao.baidu.com/s?id=1642347239307552583&wfr=spider&for=pc。

作经验，配合教育部门研究出台《全省学校体育课后服务指导意见》，全面推动优质体育资源进校园；加大冬/夏令营活动举办力度，组织面向青少年体育俱乐部、社会培训机构指导人员的培训，在儿童节前后，动员幼儿园、学校和社会力量举办亲子运动会等体育活动，丰富青少年假期业余体育文化生活；配合教育部门继续做好体育特色学校遴选工作，目标到2024年全省有50%以上学校建成体育特色学校，每所体育特色学校有90%以上学生学习和掌握体育项目基本技能；促进跆拳道、羽毛球、网球、篮球、乒乓球和击剑6个普及率高、成熟的项目先行开展青少年体育俱乐部U系列赛事，以此带动俱乐部规范发展，积极支持社会力量进行青少年体育培训和后备人才培养工作，拓宽青少年体育公共服务渠道。

二是完善江苏省业余训练体系建设，提升体育后备人才全面培养质量。结合国家体育总局青少司组织的新一轮国家高水平后备人才基地评定工作，研究制定《江苏省体育运动学校和业余体校建设标准》，通过加强指导运动学校建设、提升运动学校办学质量、合理进行体育职业技能培训课程设置，促进部分优质学校提档升级及加强与社会力量合作，补齐体校德育和智育短板；加强业余运动员文化学习和思想品德教育，加强对体育运动学校文化教育检查督导，尝试建立运动学校统一文化考试试点工作，以此推动运动学校学生文化教育水平提升；全面推进各县（市、区）按照"1所高中、2所初中和6所小学"标准创建5所以上体育特色项目学校（不含足球项目）并开展业余训练。结合省级县组田径比赛促进县级业余训练工作开展的成功经验，扩大县级竞赛项目范围，形成"田径+X"模式，推出县组田径、篮球、羽毛球、跆拳道、快乐体操等5项赛事，以此进一步推动县级业余训练的开展；推动青少年竞赛体系和学校竞赛体系有机融合，共同构建统一、完善的青少年体育竞赛体系，形成统一规范、相互打通、资源共享的运动员注册和教练员、裁判员管理信息系统，建立水平梯队和年龄梯队衔接合理的体育后备人才选拔制度；加大高水平体育特色项目建设力度，支持在学校组织一批"省队""市队""县队"，积极探索在学校举办高水平运动队的长效机制，夯实青少年体育后备人才培养基础。

三是完善教练员和体育教师培养体系建设，促进业余训练从数量向质量的转变。未来每年面向全省培训 1000 名体育教师，重点培训小学阶段足球、篮球、趣味田径、快乐体操、游泳等项目体育教师；研究制定青少年体育教练员和体育教师中长期培训规划，以业余教练员和体育教师岗位培训为突破口，全面完善教练员和体育教师岗位培训和准入制度，建立科学的岗位培训体系；组织全省各类业余教练员、裁判员、讲师和体育教师进行基础培训，设区市体校重点开展业余教练员和体育教师基础业务培训，省体育局组织优秀专家讲师团队深入各市开设辅导班；区分不同项目组织教练员和体育教师进行业务研讨，邀请国家级、省级优秀教练员现场教学，组织业余教练员进行教学赛评比。

四是整合完善青少年足球竞赛体系，促进校园足球优秀后备人才培养质量提升。深入贯彻落实《中国足球改革发展总体方案》和《关于加快发展青少年校园足球的实施意见》，扎实推进青少年校园足球"八大体系"建设。统筹各类资源，创新普及工作机制，不断改善推进校园足球发展的基本条件，提高校园足球普及率；深化足球教学训练改革，将足球列入全省体育课必学内容，执行校园足球教学指南、学生足球运动技能等级标准；推动教育、体育部门指导学校制定科学的校园足球训练计划并进行推广普及，合理组织校园足球课余训练；完善校园足球竞赛体系，积极推动"省长杯"校园足球联赛赛制改革；做好校园足球教练员、裁判员和讲师培训工作，完善江苏省青少年足球精英培训体系建设，创建江苏省青少年足球后备人才示范学校，培训江苏省青少年足球精英人才队伍和教练团队；积极开展青少年足球国际交流，继续组织举办南通海门"珂缔缘"国际青少年足球邀请赛、无锡"一带一路"国际青少年足球邀请赛和"贝贝杯"少儿足球比赛，打造江苏省青少年足球品牌赛事。

参考文献

李柏林、张小林：《我国体旅融合高质量发展研究》，《体育文化导刊》2023 年第

7 期。

侯宇亭等：《全域旅游背景下我国体旅融合发展的协同效应与创新路径》，《体育文化导刊》2021 年第 10 期。

汤春雪、李红霞、石丽君：《体卫融合靶向攻关：演进逻辑、实践探索与方向前瞻》，《北京体育大学学报》2023 年第 6 期。

B.13
浙江省运动休闲乡镇发展经验

朱佳斌*

摘　要： 体育产业是浙江省运动休闲乡镇的核心产业、主导产业、特色产业。概括地看，浙江省运动休闲乡镇的最大特色便是依托区位优势、自然资源、人文资源、特色产业、特色社区，因地制宜地植入体育产业，并使之与居住社区、旅游区以及存量资源发生交互关系。本文在复盘近年来浙江省运动休闲乡镇建设成效基础上，系统分析发展过程中的优劣势，进而提出浙江省运动休闲乡镇发展的五点建议。希冀析出体育赋能乡村振兴的"浙江样本"，为高质量建设健康中国与体育强国提供因应方案。

关键词： 运动休闲乡镇　浙江省　体育产业　乡村振兴

一　浙江省运动休闲乡镇的发展概况

运动休闲乡镇是以乡（街道）或同级别功能区为主体，依托某一特色运动休闲产业或环境资源，以单项运动休闲活动为核心，培育打造的项目主题明确、富有运动活力、群众基础广泛、文化内涵丰富的体育产业发展空间平台。浙江省运动休闲乡镇集中了生产要素的"八个有"，即有资源、有场地、有项目、有赛事、有规划、有投入、有配套、有管理。

自 2017 年 8 月浙江省体育局首次印发《关于开展省级运动休闲小镇认

---

* 朱佳斌，浙江旅游职业学院副教授，研究方向为体育旅游。

定工作的通知》以来，浙江的运动休闲乡镇培育工作已开展 6 年有余。截至 2023 年 8 月，全省已分 6 批遴选了 42 个乡镇纳入省级运动休闲乡镇培育体系。6 年来，"慢生活 快运动""有味道 有风情""领域细分 特色彰显"的运动休闲乡镇集群建设初显成效。分地市看，杭州市与宁波市数量领先，各有 10 个；湖州、金华各有 4 个；温州、嘉兴、绍兴、衢州、舟山、台州、丽水分别有 2 个。①

历经 6 年的持续投入，浙江省的运动休闲乡镇培育与创建走出了一条特色鲜明的产城融合之路。运动休闲乡镇之于浙江省，在新型城镇化、乡村振兴、共同富裕等顶层战略方面的价值日趋显现。当下，全省各地创建热情高涨，"运动振兴乡村"已成为之江大地的标配。就发展经验来看，主要有以下四个方面。

（一）因"动"制宜，依托运动主题聚能乡镇发展

浙江省在培和已建成的运动休闲乡镇均以运动休闲项目为主核，形成了登山、骑行、户外拓展、冰雪、水上、极限运动等主题鲜明的乡镇。据不完全统计，全省运动休闲面上收入和运动休闲体验人次已连续 6 年保持正增长。一个鲜明的例证是，尽管受新冠疫情的冲击，2020 年浙江运动休闲乡镇依然取得了 50.24 亿元的体育主营收入，吸引了游客 2082 万人次，累计带动就业 16 万余人。②

对全省 30 个运动休闲乡镇的抽样调研显示，在疫情防控转段后，各地的办赛热情高涨。2023 年以来，累计举办重点赛事活动 90 余项，其中国际级赛事 13 项；国家级赛事数量占比超过 1/3，达 30 项，且半数以上的国家级赛事为多次办赛（举办 2 届及以上），赛事可持续性较强。尤其是千人级别以上的赛事覆盖了所有抽样乡镇，共 31 项，总参赛人数超过 20 万人次。③

---

① 数据来源于浙江省体育局。
② 数据来源于浙江省体育局。
③ 数据来源于浙江省体育局。

（二）因"境"制宜，依托景观资源聚活本地品牌

浙江省的运动休闲乡镇大多地处环境优美、风光旖旎的丘陵地区。结合体育产业属性，注重山水资源的原始生态利用是培育创建运动休闲乡镇过程中的常态做法。如衢州市柯城区灵鹫山国家森林运动乡镇围绕一园（灵鹫山森林公园）、一溪（庙源溪）、一镇（九华集镇）进行总体空间布局，着力构建具有全国影响力的"森林极限运动胜地"、"体育休闲旅游目的地"和"美丽中国·运动振兴乡村示范地"。

随着口碑逐渐响亮，灵鹫山国家森林运动乡镇先后与吉利集团、飞鸿旅游、乡伴公司、泛华体育等20余家企业达成赛事项目合作，丛林冒险乐园区、运动汽车探险区、高空极限拓展区等核心支撑项目的运营渐入佳境。

（三）因"业"制宜，依托多元业态聚集流量资源

典型案例如淳安县石林港湾运动乡镇，对原集镇上的3家竹木加工厂进行整体搬迁，依托毗邻千岛湖优势，在原址建设水上运动之家、房车露营基地、运动主题公园、冬训基地等。以此为依托，自行车馆、潜水俱乐部、"和邑8号"精品民宿、运动理疗馆、运动文创馆等复合业态已成功运营4年有余。又如，义乌市赤岸步道运动休闲乡镇紧紧围绕浙江陆地地理中心优势，打出了"浙江之心"步道产业的组合拳。一方面，借助义乌小商品集散优势，开展户外运动商品的全链路直播探索；另一方面，引进社会资本体育公园与雪峰文学馆，探索体育与餐饮娱乐等业态的深度融合，打造了区域山体活动的接待中心。

（四）因"地"制宜，依托社会资本聚力项目打造

尊重并引入浙江本地雄厚的民营资本参与运动休闲乡镇创建，是浙江发挥优势、确保运动休闲乡镇建设成效的重要探索。6年来，浙江省体育局持续释放政策红利，形成了从创建准入、创建标准、创建补助，到中期评估、优胜劣汰、产业引育的一揽子闭环政策包。尤其是安排产业发展引导资金，

对乡镇进行奖补，定向用于小镇建设发展。除此之外，还精准滴灌乡镇培育发展中的核心——招商引资、项目引荐、赛事支持，依托"政校企协"多元融合打造有方向的营商环境。

截至2022年末，浙江运动休闲乡镇项目设施建设总投入约220亿元。其中，政府投入约80亿元、社会资本投入约142亿元。2018~2020年，社会资本投入比例持续攀升，政府与社会资本投入比值从最初的0.95下降至0.34，政策引导引育吸引知名体育企业与运动俱乐部落户的成效十分显著。截至2021年末，全省在培的30个运动休闲乡镇已累计落户重点体育企业80家，规模以上企业达40家，当年企业营收达41.13亿元。[①]

二 浙江省运动休闲乡镇的类型特征

浙江各地的运动休闲乡镇各具特色，紧扣"打造品牌赛事、促进全民健身、产城融合发展"的目标是其实践中的鲜明特征。6年来，浙江省运动休闲乡镇在"体育+"融合发展的进程中形成了规律性探索。具言之，可概括为以下五种类型。

（一）体育旅游融合型

不少乡镇配套出台了加快推进体育旅游休闲度假产业发展的产业融合政策，持续推进体育旅游化、旅游体育化。以淳安县石林港湾运动乡镇为例，其坚持"打造港湾运动小镇、争当全域旅游示范"的特色，一张蓝图绘到底，持续做精做强体旅融合运动经济。石林镇顺应个性化、体验化、品质化发展趋势，将港湾水域变成水上运动场、林道马路改成赛道和登山步道、水企业工厂变成工业旅游和研学基地，成功入选全国运动休闲特色小镇试点、省市中小学研学基地、浙江省运动休闲旅游精品线路等，有效激活运动小镇

---

① 数据来源于浙江省体育局。

团建游、休闲游市场，也进一步放大了"石林运动休闲特色小镇"的品牌效应。

做精体旅融合发展。在推动体旅产业发展中，石林镇大力实施腾笼换鸟，将原废弃木材加工厂改建成水上运动之家、房车露营基地、运动主题公园，原老式建筑也改建成了运动酒店、赛事接待中心和运动街区，还启动建设火车公园"网红"打卡地、中国美院艺术家交流基地、九龙源坡地村镇度假酒店等一批文旅融合项目，打造了"银宿"拾得·水石间、"网红民宿"倾镜·千岛湖等一批精品民宿酒店，使小镇接待服务等综合能力不断提升。

与此同时，石林镇依托体旅产业蓬勃发展态势，做长"运动+休闲+旅游"产业链，以政府小投入撬动社会大投入，打造特色鲜明的体育旅游休闲经济增长极。2020年，石林镇运动休闲产业依然实现逆势翻番增长，全镇旅游接待体育爱好者和游客达71.8万人次，总收入达1.1亿元。[①]

依托体育赛事的兴盛，该镇还创设"仙活石林"品牌，成功把石林特有的农家日晒面、土蜂蜜、无花果等农副产品转换成仙面、仙蜜、仙果等旅游产品，有效提升了农产品附加值。此外，为加大宣传引流力度，促进体旅深度融合，石林镇还专门设立500万元的运动小镇市场推广资金，推出石林港湾运动一日游、两日游体验线路，举办水上摩托艇大赛、自行车赛、仙境半程马拉松赛、港湾运动音乐节等多项精品赛事和活动，运动休闲乡镇的宣传视频登上美国纽约时代广场大屏幕。通过一系列赛事活动、业态融合、产业延伸，2018年成立特色小镇至2020年，石林镇累计实现运动休闲产业产值2.13亿元，2020年农村经济总收入达11亿元，农村居民人均可支配收入超2.6万元，年增长率保持在15%以上，[②] 快速迈向共同富裕目标的发展态势良好。

浦江县虞宅乡在创建运动休闲乡镇过程中坚守"体育+文化+旅游"的

① 《淳安县文化和广电旅游体育局：做深体旅大融合　打造全域体育新名片》，浙江省体育局网站，2023年1月12日，https：//tyj.zj.gov.cn/art/2023/1/12/art_1229711295_59063498.html。

② 《淳安石林唱响"运动振兴乡村"主旋律》，杭州网，2020年12月31日，https：//ori.hangzhou.com.cn/ornews/content/2020-12-31/content_7885149.htm?from=singlemessage。

主核，将运动项目多点布局在全域 7 个行政村，并与既有新光玻璃天桥景区、大马岭极限观光体验区、深渡 17K 露营基地等项目融合，形成"露营张村""漂流高坑""商贸虞宅""研学前明""文旅新光""美食智丰""户外马岭"七大运动休闲主题，打造"水陆空"三栖式运动休闲乡镇。在人群定位上，虞宅乐活运动休闲乡镇面向一家人、一整天，通过谋划"文创""体创""农创"三大资源板块，孵化智慧旅游、夜间经济、亲子研学等新兴业态，不仅培育"农创客""新乡贤"，更满足了体育爱好者"一人参赛、全家出游"的现实需求，形成了体旅产业相辅相成的新发展格局。

（二）康养体育融合型

安吉灵峰康体运动休闲乡镇是康养体育融合型乡镇的典型。依托森林休闲养生资源优越的发展基础、生态区位、产业集群、经济社会和市场需求，安吉打造了"一心三区四带，四季全域多元"的新发展格局。"一心"以安吉中心城市为核心，以灵峰旅游度假区为依托，充分利用城市周边森林康养基础设施，大力发展县域中部 25 公里高端森林休闲产业带；"三区"就是建设西部、南部和北部森林康养重点功能区，发展森林康养教育、森林康养食药、森林康养养老等产业；"四带"则以四条美丽乡村精品旅游线路为基础，整合、联系沿线各类森林康养产业资源，实现相关产业资源共享、协同发展；"四季"即让运动、休闲、康养活动在时间、空间和产品三个维度做到四季全域多元。

在运动休闲乡镇创建过程中，灵峰街道以康体撬动"城、乡、人、产"的协调发展，形成了以悦榕庄、地中海俱乐部为主的高端国际品牌度假酒店集群，以香溢、开元度假村等为代表的商务度假酒店集群，以小瘾·半日村、乡旅梦工厂等为代表的乡村精品民宿集群，以竹博园、欢乐风暴、田园嘉乐比等为代表的主题娱乐集群，以智慧绿谷、金融中心为代表的新兴产业集群，以美颂广场、浒溪未来社区等为代表的新型城市单元集群，"体育+康养+商务"的多元化产业形态正在生成。

（三）体育文化融合型

浙江省作为沿海省份，许多滨海运动休闲乡镇走出了"海洋文化+运动休闲"的融合模式。一方面，通过文化与体育跨界融合，将体育元素导入在地民俗文化活动。如温岭石塘滨海运动休闲乡镇，自成功入选第二批省级运动休闲乡镇培育名单后，以"赶海文化"为主题，先后承办了马拉松文化接力赛、第三届浙江温岭六小时定时赛、城市运动定向赛、温岭石塘半岛海风健步跑、浙江省第三届海洋运动会、温岭黄金海岸跑山赛等赛事活动，全力打造长三角滨海旅游首选地。可见，通过"文化+体育+旅游"的合作，赛事旅游、会展旅游等产业形态足以证明资源整合共享、跨界融合重组，既能满足人们的消费需求，也能使第三产业得到更长足的发展。

另一方面，体育文化的融合还体现在人才的融合上。随着文化扎根体育休闲产业，浙江的运动休闲乡镇对人才的需求也发生了变化。比起单纯的旅游从业者或体育专业人才，越来越多的运动休闲乡镇开始储备具备多种技能的跨界人才。如舟山干览神行运动休闲乡镇，因地处舟山市定海区主要旅游目的地——新建村与海洋渔业码头，运动项目需要同时配备有海洋文化和运动背景的导游，带领游客体验体育旅游魅力。因此，通晓文化、旅游与体育产业的复合型人才成为舟山干览神行运动休闲乡镇的重要助推力，其主推的"黄金海岸休闲之旅"精品伴游线路入选长三角旅游精品线路。

（四）品牌赛事带动型

象山县以滨海运动休闲项目集群为品牌，以东海半边山旅游度假区为核心，创建发展"石浦半边山滨海悦动小镇"，汇集檀头山岛、中国渔村、石浦古城等滨海运动休闲项目，结合海岬运动休闲项目、海上运动休闲项目、传统文化体验项目，打造"小镇快乐、运动健康"形象。

象山县依托承办亚运帆船、沙滩排球比赛契机，持续发展高质量赛会经济，通过高标准打造帆船、游艇、海钓等海洋运动休闲产业，着力打造浙江省乃至长三角地区海洋运动休闲中心。同时，谋划海洋运动与文旅融合发展新模式，联动开发海岛旅游，将亚帆中心打造成为全域旅游背景下的海洋旅游基地。

在运动休闲乡镇的创建过程中，象山先后建成亚帆中心、沙滩排球场馆等顶级体育设施，多次举办马拉松、海钓、滨海骑行等大中型体育赛事，打造了东海半边山、松兰山等疗休养胜地。通过举办长三角滩涂赶海趣味运动会、"驾着帆船看象山"等文体旅宣传活动，以体育赛事为核心吸引物的热点叠加引爆策略不断见实见效。特别是 2020 年浙江大湾区自行车公开赛（象山站）吸引了千余名选手来象山参赛和游览观光，带动了住宿、餐饮等消费 150 余万元。此外，亚太区商学院"龙向海"越野挑战赛，每年吸引全国十多所知名商学院 200 余名越野爱好者参赛，[①] 带动一批资深"驴友"走进象山。

（五）体育助力共富型

浙江省体育局紧扣发展大局，积极助力全省核定的山区县和海岛县创建运动休闲乡镇，在乡村振兴和共同富裕示范区建设两大战略中贡献体育力量。典型案例是淳安县界首乡。作为特别生态涵养区，界首乡以山湖景观为基础，以全民健身为目标，以自行车运动为主题，其他运动项目相配合，打造了集体育运动、旅游度假、农渔体验等功能于一体的全国知名自行车运动小镇。体育为媒，深度带动了淳安西南山区的联动发展。通过自行车慢行系统，界首乡引进了千岛鲁能胜地项目，串联了千岛湖樱花岛、考拉水乐园、格林 7 号乐园、界橘生态基地、中财湖庄等优质旅游资源。自行车小镇域内，累计运营了 70 多项运动休闲项目，年均过夜游客达到 100 余万人次，带动县乡旅游消费超 5000 万元。

"2022 千岛湖·界首铁人三项嘉年华"在杭州亚运会淳安亚运分村界首

---

① 《2020 浙江大湾区自行车公开赛（象山站）暨第七届环象山自行车骑游大赛举行》，浙江省体育局网站，2020 年 10 月 22 日，https：//tyj.zj.gov.cn/art/2020/10/22/art_1347214_590 14471.html。

体育中心开赛，为期 2 天的铁人三项赛事活动吸引游客超过 1 万人，外籍人员占比约 10%。平均每名选手携带亲朋家属 3 人以上，小小铁人赛事更有 1 人参赛、6 位家属到场支持的情况。赛事期间，仅单项赛事便拉动直接消费 150 万元，间接消费预计达 500 万元，[①] 同时带动旅游、广告、舞美、零售、餐饮、交通、物流、保险、金融服务等行业经济效益增长。

三 浙江省运动休闲乡镇的提升重点

运动休闲乡镇的生命力在于产业和市场。纵观欧美发展之路，运动休闲乡镇之所以能够成为经典，成为一地乃至一国经济的增长点，实质是"产、城、人、文"的高度融合。在新西兰皇后镇、瑞士格林德瓦镇、法国沙木尼镇的发展中，体育产业始终扮演引擎的角色，无体育不赴约，已成为欧洲休闲度假产业的重要元素。由此申言之，浙江省在下一阶段的运动休闲乡镇培育与创建中应着重提升五个维度。

（一）凝练品牌特色

尽管浙江省运动休闲乡镇拥有各种类型的运动休闲项目，但是具有代表性、富含当地特色的运动项目稍显不足。一个普遍情况是，受制于当地资源特色的植入以及展示维度的单一，全省运动休闲乡镇的体育品牌特色存在雷同现象。此外，品牌赛事开发还有待推进，精品赛事整体影响力不足。国际级赛事总量不足加之赛事宣传偏弱，直接影响了浙江省域运动休闲品牌的展示。

调研显示，浙江省在培和已创建成功的运动休闲乡镇，有直播赛事的仅占 46.7%，且多为地方平台或线上直播（包括线上照片直播），省级卫视平台播出率低至 4.4%，报道文章在 100 篇以上的赛事仅 14 项。[②]

---

① 数据来源于浙江省体育局。
② 数据来源于浙江省体育局。

（二）着重破除要素制约

当下，全省发展运动休闲项目主要受土地利用的限制和供给政策调整的制约，尚处于磨合探索阶段。以水上项目的拓展为例，近年来的实践中，许多非动力型游船、皮划艇等体育项目因与现有水域管理政策存在冲突，限制了运动休闲乡镇的发展。许多地区"一刀切"地禁止水域开放的办法，阻碍了开发时序和投资热情。

浙江是"两山"理念的发源地，体育作为开放包容的最佳产业载体，亟待政府从认识上、要素保障上给予政策倾斜。此外，运动休闲乡镇缺乏长期可持续的规划且已有规划前瞻性不足，使得土地等要素保障不能满足乡镇开发的及时性需要，提高了优势体育项目落地的难度。

此外，人的要素亦是浙江运动休闲乡镇高质量发展过程中亟待重点关注的要素。一方面，有些地区在发展运动休闲乡镇的过程中没有坚持以人为本，只注重建设开发和经济发展，忽视了人的生产生活需求，使"三生融合"成为墙上挂着的口号。另一方面，对于复合型休闲人才的引育，是下一阶段发展的重点工作。

（三）着力改善政策环境

当前，浙江各地政府在招商引资、遴选重点产业时对体育产业的选择尚存在一定的认知局限。有限的政策、资金并不能精准支持运动休闲乡镇的发展，这导致许多运动休闲乡镇建设缺乏激励政策，企业研发创新动力相对不足。同时，运动休闲是一个多部门交叉、多产业联合的复合领域，涉及不同部门、组织，具有不同文化、利益和目标。尽管目前浙江省大部分县级单元已实现体旅部门的整合，但政府机构的合并还未能真正实现体育与旅游部门内部的融合，紧密程度、协调程度、耦合程度不高，难以真正实现共建共享。

一些时尚、新兴的运动休闲项目存在落地难、后续发展难的问题。此外，部分运动休闲乡镇投资建设主体为地方政府或地方国企，建设初期市场化意识的相对薄弱导致政府承担的责任超出范围，早前一批创建成功的运动休闲乡镇已面临长期运营的难题。

四　浙江省运动休闲乡镇的发展建议

（一）串联体育旅游精品线路

积极开发设计体育相关出行线路，持续集聚人气。一方面，优化机场、高铁站等各类公共交通资源布局，便于体验者顺利抵达运动休闲乡镇所在地；另一方面，结合地方特色与地理条件等优化景观布局，开发特色娱乐与运动休闲相互渗透、融合发展的运动休闲路线，提高体验者幸福感与获得感。可以挖掘当地体育自然资源与体育人文资源，丰富业态模式，打破静态观光模式的限制，创新运动休闲乡镇的开发模式。例如，可着力举办多日型大型体育活动，充分满足体验者运动休闲、探险猎奇等需求。还可以通过开发体育人文资源实现运动休闲乡镇与特色业态融合发展，充分展现地方文化特色，有效提升运动休闲乡镇的品牌影响力。

（二）拓展休闲购物与娱乐消费边界

通过创新宣传渠道与经营方式，有效拓展运动休闲乡镇体育消费途径。一方面，在运用文字、音频、视频等手段展示运动休闲乡镇特色的基础上，依托"三微一端"新型宣传渠道，将线上引流与线下体验相结合，有效提升体验者的购买服务体验。

另一方面，通过整合业态、空间、时间以及技术的形式创新经营方式，进行创意开发，将传统业态六要素融入运动休闲乡镇建设，实现业态整合；将地方特色资源融入运动休闲乡镇建设过程，实现空间整合；整合不同时间段的运动休闲业态主题，实现时间整合；应用网络信息技术进行运动休闲体验内容与体验方式营销推广，提高运动休闲乡镇知名度与影响力，实现技术整合。

（三）做精运动休闲细化产品，激活多元体育消费

将运动休闲健身体验、运动休闲娱乐体验以及运动休闲文化体验三者融合。运动休闲娱乐体验是体验者停留时长的决定性因素，可以有效提升体验者的体验感，促进体育消费；运动休闲健身体验可以充分满足中老年群体的养生疗养需求与大众旅游者的健身需求，具体包括运动温泉疗养与运动生活中心等；运动休闲文化体验则主张将地方特色与运动休闲文化等融入竞赛、竞技活动。

（四）丰富商务休闲功能

打造"体育+商务"运动休闲新业态，开发消费等级、形式、适用群体不同的产品，打造运动休闲多业态融合产业集聚地。如运动休闲培训会展+商业投资、运动休闲培训会展+温泉、运动休闲培训会展+中医养生以及运动休闲培训会展+体育赛事等。打造"体育+休闲"运动休闲新业态，为体验者提供体育赛事休闲等综合性服务体验，进而刺激消费。

（五）完善体育研学教育

打造"体育+研学"运动休闲新业态，集运动、休闲、教育、娱乐以及旅行于一体的运动休闲研学小镇。在运动休闲的基础上开设具有娱乐、教育等属性的研学课堂，提供生态体育园、体育博物馆深度游，红色体育研学旅行等研学体验，彰显区域自然环境特色与乡土风情特点，将传统文化与红色基因融入休闲教育，创新运动休闲主题与线路。

（六）升级猎奇与探险体验

打造"体育+猎奇"运动休闲新业态，组织以探索、探秘为主题的猎奇活动。利用当地自然景观与人文景观打造各式奇幻景观，如高空观景台等，并设计兼具奇美特性的徒步路线。可以利用当地古树名木、森林风光等打造以探索求知为目的的运动休闲体验项目；也可以利用散落在之江大地的众多古

城镇、古建筑等遗址遗迹，组织以探索求新为目的的探秘活动；还可以利用当地文化体育设施、动植物园区等组织以观光、狩猎为目的的休闲活动。

此外，可以应用虚拟现实技术创新体育运动形式，如组织虚拟攀岩运动等。打造"体育+探险"运动休闲新业态，组织以极限运动探险体验为主题的探险旅游。发挥当地体育自然资源的探险价值，开发极限探险项目，组织滑雪、攀岩、徒步穿行等极限探险体验活动以及马拉松、野外生存训练竞赛等极限体育赛事活动。

五 结语

城镇是生活新空间，乡村是发展新场域。浙江的运动休闲乡镇具有现代城市的基本服务甚至高端服务，但是又抛弃了城市的喧嚣，加持了乡村的宁静，让现代生活方式和生活体验活动有机融入广袤的乡村大地，塑造了一个又一个活态化"千万工程"示范地。下一阶段，全省体育系统将坚持目标聚焦，用高起点规划，打好运动休闲乡镇的底子；用高标准改造，扮靓运动休闲乡镇的面子；用高定位创建，提升运动休闲乡镇的里子。多业态融合发展的浙江运动休闲乡镇潜力十足、未来可期。

参考文献

叶小瑜、陈锡尧：《体旅融合助力乡村振兴的实践模式与优化路径》，《体育文化导刊》2023年第5期。

谷佳奇、彭显明、梁强：《体育旅游赋能乡村振兴经验与保障措施——以浙江省为例》，《体育文化导刊》2022年第11期。

薛红艳、金才富、朱思宇：《古村落文化旅游产品开发的深化与活化之路径——以金华市兰溪市诸葛八卦村为例》，《民族艺术研究》2022年第1期。

李金容、陈元欣、陈磊：《乡村振兴背景下我国体育旅游综合体发展的理论审视与实践探索》，《体育学研究》2022年第1期。

B.14
合肥市居民体育消费发展经验

李 帅 谢劲锋*

摘 要: 体育消费是体育产业高质量发展的基石,是经济内循环背景下的
重要消费新增量,也是体育产业融入新发展格局的切入点。近年
来,合肥市全面推动体育消费创新,扩大居民体育消费规模,凝
练形成国家体育消费试点城市建设成功经验和做法,为加快体育
强市建设、助推经济社会高质量发展做出了积极贡献。通过居民
体育消费现状调查发现,合肥体育消费总体水平稳步提升、居民
体育消费意愿强烈、实物型消费占据主导地位、人均体育消费区
域差异显著,并存在运动鞋服市场持续扩容、线上购买渠道成为
主流、体育观赛和体育旅游消费潜力巨大、"85后"男性为体育
消费主力和体育消费基础有待夯实的特点。合肥发挥政策示范引
领作用、完善体育服务供给体系、引导规范体育产业发展及强化
体育产业科技创新。未来合肥需缩小城乡差距,提高人均体育消
费;集聚优质资源,丰富新型消费供给;强化数字赋能,拓展多
元消费场景;健全要素保障,提供有力消费支撑。

关键词: 居民体育消费 实物型体育消费 国家体育消费试点城市

　　合肥市是一座具有两千多年历史的古城,地处中国华东地区、安徽中
部、江淮之间,环抱巢湖,更是长三角城市群三大副中心之一、皖江城市

---

* 李帅,博士,安徽财经大学体育产业管理与发展研究院讲师,研究方向为体育产业;谢劲
锋,合肥市体育产业处处长,城市规划师,研究方向为体育产业、体育政策。

带核心城市、G60 科创走廊中心城市、"一带一路"和长江经济带双节点城市、综合性国家科学中心、世界科技城市联盟会员城市、中国集成电路产业中心城市、国家科技创新型试点城市、中国四大科教基地之一。2020年 8 月合肥市入选国家体育消费试点城市，2021 年合肥市高新区获批国家级体育产业示范基地。2022 年合肥市常住人口达到 963.4 万人，地区生产总值（GDP）为 12013.1 亿元。① 近年来，合肥市全面推动体育消费机制创新、政策创新、模式创新、产品创新，释放体育消费潜力，扩大居民体育消费规模，提升消费层次，凝练形成国家体育消费试点城市建设成功经验和做法，为加快体育强市建设、助推经济社会高质量发展做出了积极贡献。

一　合肥市居民体育消费现状

按照《体育总局办公厅关于进一步做好体育消费试点工作的通知》《合肥市人民政府办公室关于印发合肥市开展国家体育消费试点城市工作实施方案的通知》要求，合肥市体育局组织开展了 2021 年合肥市城乡居民体育消费调查，共回收有效样本 4022 份。为掌握居民体育消费的总规模、消费结构，研究消费升级视域下体育产业发展路径，推动体育产业高质量发展，以及为制定有关体育发展的政策规划提供有力支撑，本文以 2021 年合肥市城乡居民体育消费调查数据和相关报告为基础，对合肥市居民体育消费现状进行呈现和分析。

（一）体育消费总体水平稳步提升

居民体育消费指的是居民从市场生产者那里购买供私人享有（用）的体育货物与服务，其资金来源于个人（家庭）可支配收入。2020 年合肥市

---

① 《合肥市 2022 年国民经济和社会发展统计公报》，安徽省人民政府网站，2023 年 5 月 4 日，http://www.ah.gov.cn/zfsj/tjgb/sjtjgbao/2022n/564239621.html? eqid = da71d55e0002037e0000000066487cb74。

居民体育消费总规模为 213.22 亿元，人均体育消费为 2275.56 元，在同批国家体育消费试点城市中处于中等水平。2021 年，合肥市居民体育消费总规模达到 239.56 亿元，人均体育消费上升至 2531 元，比 2020 年增加 255.44 元，同比增长 11.2%；人均体育消费占人均消费支出（28206 元）的 9.0%，同比下降 0.4 个百分点，占城乡居民人均可支配收入（46009 元）的 5.5%，与 2020 年基本持平。从全国范围来看，2021 年合肥市居民人均体育消费处于全国中等水平，与沪宁杭等经济发达城市相比还有较大发展空间。

（二）居民体育消费意愿强烈

合肥市不断深化体育产业供给侧结构性改革和体育产品服务消费侧引导，居民体育消费热情正被持续点燃。2021 年，合肥市居民运动习惯撬动持续消费的基本趋势没有改变，未来合肥市居民体育消费的意愿仍然较强。54.5% 的居民表示愿意在体育方面花费 1000~5000 元，与 2020 年基本持平。其中，40.8% 的居民愿意在体育方面花费 1000~3000 元，13.7% 的居民愿意在体育方面花费 3001~5000 元；还有 10.1% 的居民愿意在体育方面花费 5000 元以上。[①]

（三）实物型消费占据主导地位

随着全民健身和健康中国战略的深入实施，在"奥运热"和政策利好的叠加发力下，体育用品市场需求迎"井喷式"增长。2021 年，合肥市居民体育消费以实物型消费为主，体育用品消费总规模达 141.86 亿元，人均体育用品消费达到 1498.79 元，比 2020 年（1402.28 元）增长 96.51 元，人均体育用品消费占人均体育消费的 59%；以健身房（会所、俱乐部）会费和线上线下健身指导为主的健身休闲消费达到 40.53 亿元，人均健身休闲消费为 428.21 元，比 2020 年（453.69 元）减少 25.48 元，占比 17%；人

---

① 根据《2021 年度合肥市城乡居民体育消费调查报告》整理。

均体育培训和教育服务、体育观赛、体育旅游消费合计占比10%（见图1）。随着体育消费升级需求日益增长，居民体育消费将逐渐转变为以个性体验型为主导，体育旅游等新兴消费将越发成为体育消费发展的重要内容，拥有更加广阔的发展空间。

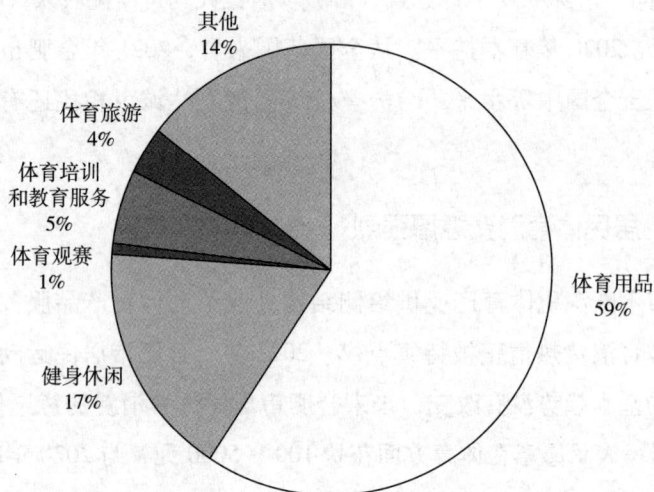

图1 2021年合肥市居民人均体育消费构成情况

资料来源：《2021年度合肥市城乡居民体育消费调查报告》。

（四）人均体育消费区域差异显著

因社会经济基础、资源禀赋和体育消费偏好不同，2021年合肥市各区县人均体育消费差异显著。蜀山、包河和庐阳等区社会经济发展水平较高，体育服务场景较为多元，优质体育资源较为丰富，为居民体育消费创造了良好的外部条件。长丰、庐江等县经济基础相对薄弱，体育产业规模相对较小，体育资源更新与利用能力较低，居民体育消费水平相对较低。2021年合肥市人均体育消费第一梯队为蜀山区、包河区和庐阳区，人均体育消费均在3300元以上。其中，2021年蜀山区赶超包河区，跃居全市第一位，居民人均体育消费达到3449.44元，比全市平均水平高出 918.44 元，比 2020 年（3146.49 元）增长 302.95 元。第二梯队为瑶海区、高新区、经开区和新站区，人均体育消费为 2200~3000 元。第三梯队为肥西县、巢湖市和肥东县，人均体育消费为 1900~2100 元。第四梯队为长丰县和庐江县，两县经济密度、居民人均可支配收入等指标在全市排名靠后，体育消费基础有待加强，人均体育消费低于 1900 元（见图 2）。

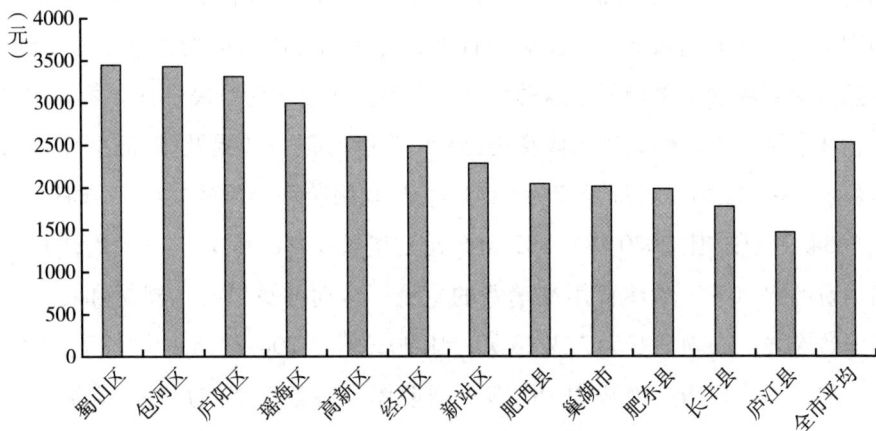

图 2　2021 年合肥市各区县居民人均体育消费水平

资料来源：《2021 年度合肥市城乡居民体育消费调查报告》。

二　合肥市体育消费发展特点

进入新时代以来，随着我国经济社会的快速发展和城乡居民生活水平的不断提高，我国居民体育消费呈现体育消费水平显著提升、体育消费结构持续优化、体育消费格局日趋均衡、体育消费新业态不断涌现、体育消费细分市场快速发展等特点。但根据《2021 年度合肥市城乡居民体育消费调查报告》，合肥市居民体育消费仍然以传统的实物型体育消费为主，围绕增进健康和丰富居民精神文化生活的竞赛表演、健身休闲和体育旅游等消费发展潜力巨大。除此以外，还呈现男女间体育消费差距较大、"85 后"男性为体育消费主力、体育消费基础有待夯实等特点。

（一）运动鞋服市场持续扩容，线上购买渠道成主流

得益于运动配套设施的逐渐完善以及全民健身相关政策的密集出台，居民对运动鞋服的需求持续增长，促进了运动鞋服行业市场规模进一步扩大。同时，运动场景进一步细分和延伸，激发运动鞋服多元化需求。在体育运动类别不断丰富的刺激下，居民对垂直细分的运动鞋服品类的需求不断增加，且随着穿着场景不再局限于运动场合，运动鞋服更成为居民日常穿着。2021年，在合肥市居民购买过的体育用品中，"运动鞋"的提及率高达 94.8%，"运动服装、配饰"的提及率为 64.9%，运动服装和鞋帽的实际人均消费达到 1034.01 元，比 2020 年（1022.06 元）增长了 11.95 元，占人均体育用品消费的 69.0%，为体育用品消费的主流；运动健身设备、器材和相关用品消费次之，人均消费为 273.28 元，比 2020 年（208.37 元）增长了 64.91元，占人均体育用品消费的 18.2%；智能体育装备消费和户外运动装备消费相对较少，2021 年人均消费分别为 146.51 元和 44.99 元，分别比 2020 年（139.75 元和 32.08 元）增长了 6.76 元和 12.91 元，占比分别为 9.8% 和3.0%（见图 3）。

随着互联网技术的快速发展，体育用品销售的形式也在不断创新。对于产品厂商而言，线上营销在销售成本、渠道管理成本、信息流和资金流方面均具有显著优势。对于消费者而言，线上渠道可以突破时空限制，利用信息传播的高速度和高自由度特性，在展示多样产品的同时，让消费者掌握相似产品的价格弹性。自营电商和短视频电商的快速兴起，拓宽了体育用品销售渠道。数据显示，2021 年，合肥市有 55.1% 的居民采用线上渠道购买体育用品，比 2020 年（50.8%）增长了 4.3 个百分点。

（二）体育观赛和体育旅游消费潜力巨大

在体育观赛方面，2021 年合肥市体育观赛消费总规模达到 18944.53 万

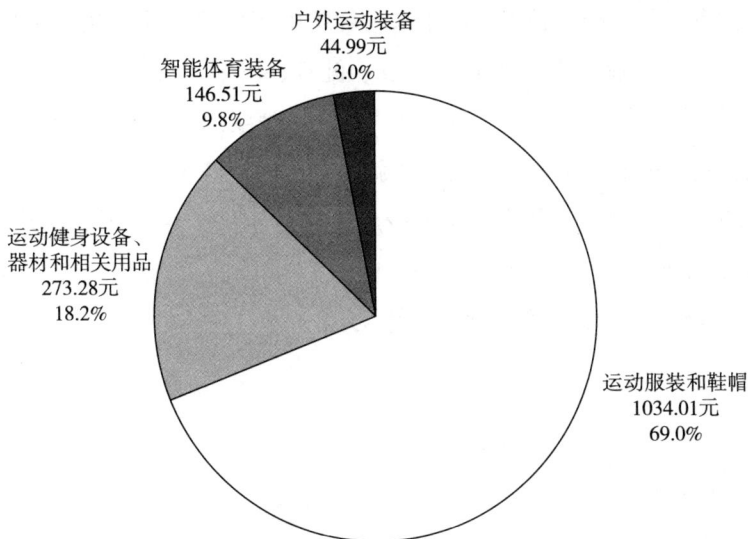

图3 2021年合肥市居民人均体育用品消费内部结构

资料来源：《2021年度合肥市城乡居民体育消费调查报告》。

元，人均体育观赛消费为20.02元，占人均体育消费的0.8%，比2020年（18.07元）增长了1.95元；人均体育赛事门票消费为9.25元，比2020年（9.66元）减少了0.41元，占人均体育观赛消费的46.2%，比2020年（53.5%）减少了7.3个百分点（见图4）。其中，虽有受疫情影响合肥马拉松等大型赛事未举办的原因，但也反映出合肥市缺乏知名的国际性或地区性品牌赛事，体育赛事供给方面还存在明显短板。除了重大赛事外，合肥市群众性体育赛事以棋牌、健身操、广场舞等传统项目为主，时尚性、消费引领性也有待进一步增强。目前，合肥市即将迎来环巢湖自行车赛、中日韩三国围棋名人混双赛、合肥马拉松、第五届全国智力运动会等一批具有较高娱乐性、观赏性的国际高水平赛事及国家级精品赛事，并支持全国篮球、乒乓球、羽毛球联赛等赛事开展。除此之外，合肥市还将积极争取承办电竞项目国家级赛事，居民观赏型体育消费仍有很大的成长空间。娱乐与健康作为中国体育在21世纪焦点，越来越显示出重要的价值。

在体育旅游方面，体育旅游作为居民获取娱乐与健康的主要途径，正日益成为体育产业新的增长点。近年来，合肥市聚焦"春季养生、乡村休闲、研学旅行"三类业态和"赏花、美食、健身、研学、自驾"五大品类，策划推出了三河古镇—小团山踏歌赏花海线路、植物园—马郢农家寻花趣线路等一批各具特色的旅游线路，在文体旅融合、体育健康等方面创造了消费新体验。2021年，合肥市体育旅游消费总规模达81996.74万元，人均体育旅游消费为86.63元，比2020年（61.44元）增长了25.19元，占人均体育消费的3.4%，显示出了较大的增长潜力。

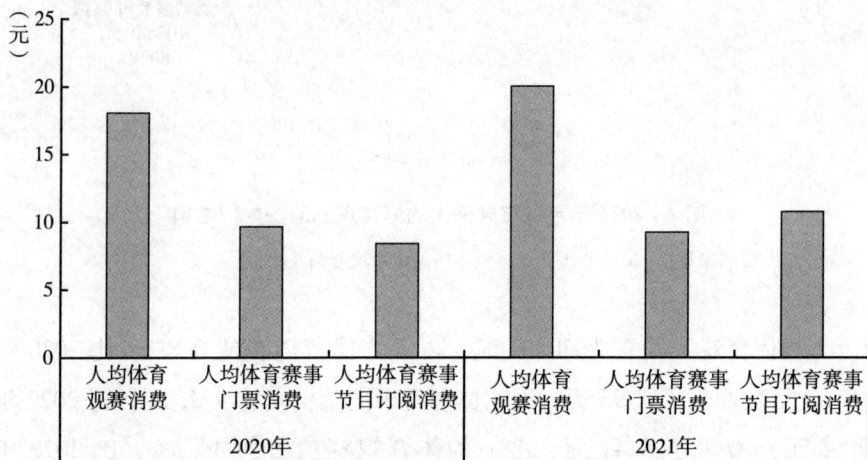

图4　2020~2021年合肥市居民人均体育观赛消费构成

资料来源：《2021年度合肥市城乡居民体育消费调查报告》。

（三）"85后"男性为体育消费主力

随着合肥市体育产业的深入发展，女性市民正在缩小与男性市民在体育消费市场的占比差距，其中在健身消费领域的表现尤为突出。但从合肥市城乡居民体育消费调查情况来看，男性居民仍是体育消费主力。2021年，合肥市男性居民人均体育消费达2946.36元，高于全市平均水平415.36元，比2020年男性居民人均体育消费（2607.51元）增长338.85元；女性居民人均体育消费达2091.35元，比2020年（1923.61元）增长167.74元。而男女居民人均体育消费差距由 2020 年的 683.90 元扩大到 2021 年的 855.01 元（见图 5）。从消费类别看，女性居民的体育培训和教育消费高于男性居民，2021 年女性居民为 147.06 元，比 2020 年（113.85 元）增长 33.21 元；男性居民为 129.25 元，比 2020 年（100.99 元）增长 28.26 元。男性居民是电子竞技和体育动漫游戏消费的绝对主力，2021 其人均消费 156.75 元，远高于女性（11.28 元）。

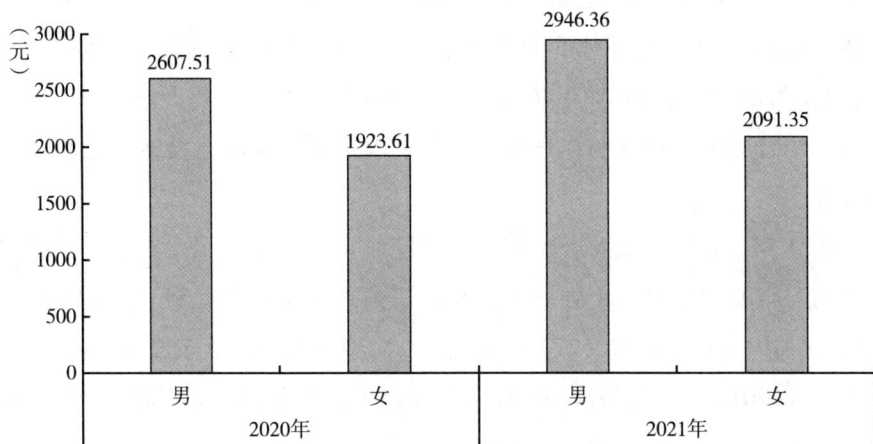

图 5　2020~2021 年合肥市男性、女性居民人均体育消费变化趋势

资料来源：《2021 年度合肥市城乡居民体育消费调查报告》。

从年龄阶段来看，2021 年合肥市人均体育消费年龄分布呈现"中间高、两头低"的橄榄型格局。19 周岁及以下居民多为学生，无独立经济决策权，人均体育消费水平较低，为 2140.41 元；60 周岁以上的老年居民虽收入相对稳定、闲暇时间较多，但受经济收入水平、场地和产品价格、消费观念等因素的影响，体育消费类型较为单一，整体消费水平不高，2021 年人均体育消费仅为 1318.61 元，比 2020 年（1108.43 元）略有增长；而处于中间的 20~44 周岁青壮年居民经济收入较高、体育锻炼意识较强、身体素质较好、消费观念更与时俱进、体育人口转化为购买群体的可能性较高，是进行体育消费的主力军。尤其是 20~34 周岁人群人均体育消费最高，为 3442.47 元；35~44 周岁次之，为 2723.50 元，比 2020 年（2557.47 元）增长 166.03 元，"85 后"男性已成为合肥市体育消费的主要力量。

（四）体育消费基础有待夯实

充足的闲暇时间是影响体育消费行为的重要因素之一。2021 年，当合肥市居民被问及"影响您购买体育服装鞋帽及器材、参加体育活动、观看体育比赛，以及购买体育彩票或体育报刊等物品的因素有哪些"时，"没有闲暇时间"提及率为 40.2%，"场地远不方便"提及率为 21.7%，说明制约合肥市居民参与体育锻炼的主要因素是运动场地设施不足和分布不合理。

2021 年，合肥市城乡居民人均可支配收入为 46009 元，未进入中国城乡居民人均可支配收入十强城市，与长三角地区上榜的上海（78027 元）、苏州（68191 元）、杭州（67709 元）、南京（66140 元）、宁波（65436 元）和无锡（63014 元）等城市相比尚有较大差距。"经济收入有限"导致居民在进行体育消费时有所顾虑，消费意愿不强，提及率为 18.8%。除此以外，合肥市居民体育消费还呈现与受教育程度正相关的特点，受教育程度较高的人群，健康意识和接受新鲜事物的意识强烈，且收入也较高，因此具备较强的体育消费能力。

截至 2021 年，合肥市人均体育场地面积 2.42 平方米，不及南京市（3.93 平方米）和上海市（2.44 平方米），合肥市应进一步统筹建设全民健身公共服务体系，完善群众体育设施布局，下沉至社区布局规划健身场地，方便居民就近健身。目前，合肥市以举办"体育夜市""夜间运动汇"活动、支持体育场馆延长夜间营业时间、推广 24 小时自助智慧健身房等多项措施引导居民充分利用夜间闲暇时间参与体育运动。接下来，合肥市将打造一批智慧绿道和健身路径试点，鼓励和引导社会力量建设一批智能健身房，努力构建"十分钟健身圈"，解决居民健身不便的问题。

三　合肥市体育消费相关经验

在扎实推进国家体育消费试点城市建设的过程中，合肥市积极贯彻落实国家和省关于体育产业发展的各项政策，通过优化体育产业发展环境、完善公共体育服务体系、丰富体育赛事活动供给、引导规范体育产业发展和强化体育科技创新等，推动体育产业高质量发展，加快实现合肥建设体育强市的目标。

（一）发挥政策示范引领作用

2021 年以来，合肥市认真贯彻落实国家及省关于体育工作的文件要求，结合工作实际，陆续出台多项推动体育产业发展、促进体育消费的政策措施。在《合肥市全民健身实施计划（2021—2025 年）》《合肥市全民健身设施补短板五年行动计划（2021—2025 年）》《合肥市关于深化体教融合促进青少年健康发展的实施意见》《合肥市支持社会力量兴办竞技体育训练机构扶持暂行办法》《合肥市义务教育阶段体育类校外培训机构设置标准（试行）》《2021 年合肥市推动经济高质量发展若干政策实施细则（体育部分）》《合肥市"三大球"资助奖励实施办法（暂行）》等一系列政策带动下，合肥市积极培育合肥马拉松、环巢湖自行车赛等品牌赛事，大力发展武术、户外、康体等体育休闲娱乐产品，全力打造轮滑、马术、汽车等具有潜力的赛事项目，鼓励促进体育与文化、旅游、教育、医疗等产业的融合发展。

（二）完善体育服务供给体系

"十四五"期间，合肥市结合新一轮国土空间规划编制，将完善体育服务供给体系工作纳入城市总体规划。为加大体育用地供给保障力度，合肥市督促新建居住区和社区严格落实"室内人均建筑面积不低于 0.1 平方米或室外人均用地不低于 0.3 平方米"的全民健身设施配建标准。同时，推动

"体绿结合"，将体育健身器材配建纳入园林绿化建设规划，提升公园的复合功能。为了解决基础健身设施特别是大中型场馆严重不足的问题，满足人民群众日益增长的多元化健身需求，合肥市一方面加快推进全民健身中心、招商蛇口少荃体育中心、冰雪运动中心、瑶海梦幻冰雪中心等一批重点体育场馆建设，另一方面将陈旧体育场馆、废旧厂房、商场等设施改造成健身休闲与商业服务融合发展的体育综合体。自 2021 年起，合肥市共建设完成 260 个全民健身苑、20 个笼式多功能健身场、7 个乡镇全民健身广场、25 个街道或社区体育俱乐部、200 个示范晨晚练点、5 个社区百姓智慧健身驿站、5 个社区百姓慧智健身房、4 个体育公园及 20 个三人制篮球场。① 为丰富公共体育服务供给，合肥市支持引导体育协会健康发展，并鼓励社会力量举办群众体育活动。合肥市现有体育类社会组织 63 个，并成功举办二级社会体育指导员培训、省市县三级联赛、百城千村健身气功展示等一系列群众体育活动。

专栏 1　健身休闲、体育教育、商业服务共生发展的体育综合体——合肥体育中心

近年来，合肥市充分学习借鉴先发城市发展体育产业的经验做法，结合合肥市体育产业实际情况，以创新驱动加快发展体育产业、促进体育消费，在体育综合体和体育场馆发展方面形成了体商联动、体教融合、智慧赋能的"合肥经验"。

一是体商联动。合肥体育中心打造 OLY House、OLY Park、OLY Lab、OLY 文体汇等品牌，开辟 OLY Lab 合肥天台露营地、卡丁车俱乐部、OLY Park 篮球主题公园等场地，引入各种商业活动和体育比赛，将体育场馆打造成区域性商业综合体。截至 2022 年底，体育中心顺利承办中国男子手球超级联赛、中国男子排球超级联赛、1024 开发者节等各类赛事演出活

---

① 《暖心！合肥加速建设》，"合肥晚报"微信公众号，2022 年 12 月 9 日，https：//mp. weixin. qq. com/s。

动 33 场，接待市民观众 41.3 万人次。场馆由体育活动中心转变为集聚体育、文化、商业与休闲娱乐属性的商业综合体，不仅能有效提升场馆利用率，还有利于开发场馆其他商业价值，吸引大量城市居民到综合体中进行体育消费。

二是体教融合。合肥体育中心不断摸索针对不同年龄段群体的体育培训服务模式和产品，利用现有的体育竞赛资源以及优质体育人才培养资源，在体育中心打造"练学赛"闭环体育系统，形成体育中心特色培训方式。同时，合肥体育中心积极参加属地学校普惠性足球延时培训课程以及托管服务，并开放了多种培训课程供市民选择。自 2021 年起，合肥体育中心为1000 余名在校学生提供游泳、网球、羽毛球、乒乓球、足球等项目的"课后三点半"体育培训，基于"教会+勤练+常赛"的培训理念，帮助学校打造校队体系。通过培养，中心培育了游泳国家一级运动员 3 名、国家二级运动员 50 余名，学员在合肥市阳光体育青少年赛事以及各单项省级运动赛事中取得了优异成绩。

三是智慧赋能。合肥体育中心开发智慧化场馆管理平台，聚力打造安徽首个智能化大型体育场馆。2020~2022 年，合肥体育中心智慧场馆一期已投入使用，线上平台注册会员达 6.9 万人。中心还进一步加强场馆内智能化软硬件配置工作，引入智慧泊车、智慧门禁等产品，构建自动化、智能化、无人化业务服务场景，实现场馆运营提质增效。中心借助智能化平台的升级，推进各项便民、利民、惠民体育福利活动线上业务的实施，市民可通过线上预订合肥体育中心的场馆，并领取全年 14 天的免费开放日以及周一至周五低收费时段等惠民福利。

资料来源：《典型案例 | 体育场馆型体育服务综合体——合肥体育中心》，华奥星空网，2021 年8 月 20 日，https：//www.sports.cn/cydt/tycg/2021/0820/389375.html。

专栏 2 合肥市全民健身运动会

根据《合肥市创建全民运动健身模范市实施方案》要求，合肥市开展每年一届的全民健身运动会活动。自 2020 年起，合肥市全民健身运动会从未中断，在全市范围内掀起了快乐健身、防病抗压的新热潮。合肥市全民健身运动会规模不断扩大，影响力持续提升，已经成为深受广大市民群众喜爱的赛事之一。为突出"全民参与、全民运动、全民健康、全民幸福"理念，运动会每年根据全市全民健身开展状况更新项目设置。为了体现全民性、扩大全民健身运动会参与面，参赛人员覆盖4~65岁不同年龄段，只要在合肥生活、工作、学习或取得居住证均可报名参加，外籍人士也可参赛。在参赛人员中，既有工人、农民、学生、私营业主等社会人士，也有公务员、教师、医护人员等公职人员，在球类、棋类和城市定向等多个项目中还能看见老中青三代同台竞技的喜人画面。如今合肥市全民健身运动会参赛人数已从2019年的1万人次增长到2022年的4.3万人次，项目数从30项提升到38项，办赛方式从传统的线下办赛拓展到线上、线下全覆盖，办赛周期覆盖全年。

资料来源：合肥市体育局。

（三）引导规范体育产业发展

2021年以来，合肥市规范行政执法行为，优化营商环境，多措并举促进体育产业高质量发展。一是通过"事后奖补"等方式支持社会力量建设体育场馆，累计发放奖补资金2521万元，通过奖补资金拉动社会力量投资约2.1亿元，建成30多个各具特色的健身场馆，满足了群众就近就便健身的需求。[①] 二是向城市居民发放健身消费券。2021年以来，合肥市共发放健身消费券1800万元，补贴范围进一步扩大、补贴项目进一步丰富，吸引了多家体育企业积极参与，培育体育人口15万人。[②] 三是加大对商业健身领域的信用监管力度。为探索解决广大市民所诟病的预付费纠纷、健身房圈钱"跑路"等难题，合肥市成立了全国首个信用体育协会。协会成立了合肥市

---

① 《全民动起来 健康向未来》，合肥市人民政府网站，2022年11月25日，https://www.hefei.gov.cn/ssxw/ztzl/zt/srxxxcgcddesdjs/xzcxpzhfzxd/108329441.html。
② 数据来源于合肥市体育局。

信用健身联盟，针对健身房企业频繁跑路现象，探索推行行业企业互保机制、体育行业预付式消费资金监管机制等。四是探索智能健身模式。2020年，合肥市与支付宝合作打造了信用健身新模式。信用健身模式通过运动合肥平台打造信用健身模块，能够通过政府监管账户、信用健身先享后付、研发金融产品等渠道和方式帮助政府加强行业监管。信用健身模式还能够通过支付宝芝麻信用积分进行资格评定，帮助市民减少浪费型消费及冲动消费，充分保障消费者的利益。

专栏3 "提振消费信心，共铸企业信用"
——315企业"信用我承诺"主题活动

2023年3月12日，合肥市体育局、合肥市信用体育协会、合肥市体育产业协会等单位联合举办了以"提振消费信心，共铸企业信用"为主题的315企业"信用我承诺"主题活动，旨在通过体育行业乃至社会各界企业家广泛参与的方式，进一步增强消费者信心，全面激发体育消费活力。"信用我承诺"系列主题活动针对社会上出现的各类健身房跑路现象，动员各体育从业企业开展行业互保、诚信自律承诺，同时，动员社会各商会企业积极参与全民健身活动，在传递体育运动精神的同时推动体育产业发展。系列主题活动自2022年2月启动以来，受到了政府主管部门的高度重视，合肥市发展改革委、合肥市体育局、合肥市商务局、合肥市市场监督管理局、共青团合肥市委、合肥市消费者权益保护委员会纷纷同意作为活动主办单位，并积极发挥行业主管部门作用，共同作为参加活动企业承诺的监督单位，确保了活动的权威性。

近年来，合肥市一直积极推行健身行业同业互保机制，解决群众体育消费的"顾虑"。合肥市重点动员龙头健身房企业落实同业互保机制，遇到企业经营不善等情况，相关协会健身房企业就近保障消费者权益，提升消费者购买健身服务的信心。此次活动还搭建了合肥市体育行业预付式消费资金监管平台，研究了预付式消费的监督管理办法，下一步将推进体育行业企业的年度信用评价工作，做好评价结果发布、评价排行、结果公示、信息归档、信息共享，落实守信激励和失信约束机制，将信用建设作为优化营商环境、实现治理体系和治理能力现代化的重要抓手，积极推进体育行业诚信自律、自我提升，不断满足体育消费市场需求，以企业源源不断的内生动力助推体育消费产业升级转型，进入新发展阶段。

资料来源：《合肥市举办315企业"信用我承诺"主题活动》，"中安在线"百家号，2023年3月14日，https://baijiahao.baidu.com/s? id=1760303776492936353&wfr=spider& for=pc。

（四）强化体育产业科技创新

近年来，合肥市坚持以实施创新驱动发展战略为主线，数据赋能体育全产业链协同转型已初见成效，开始释放体育服务和体育消费新模式的新动能，并为改善百姓生活方式、倡导科学健身、提升大众健康水平提供了系统支撑。以"合肥市智慧体育云平台"为例，该平台包含体育场馆预订、体育新闻发布、体育赛事信息公布、体育赛事报名、户外休闲运动场地查询定位及导航等功能。平台包含场馆607家，涉及健身、游泳、篮球、羽毛球、乒乓球、蹦床、射箭、网球等22个运动项目，涵盖合肥市13个区县。目前，平台会员总数已达759195人，占合肥市常住人口的9.2%。平台既包含付费场馆，也有免费社区体育设施，通过地图、导航功能解决用户"健身去哪儿"问题，打造市民身边的"五分钟健身圈"。[1] 同时，合肥市积极探索加快智能体育企业协同发展。合肥高新区是国家体育产业示范基地，也是安徽省首个体育产业孵化器。近年来，合肥高新区紧紧围绕"智慧体育"这一主题，依托华米科技、波动体育、德仁体育、体育智谷、奥体中心、中国科学院智能所、中自体育、恒诚智能、信同科技9家重点核心企业单位，打造集智慧体育产品研发、体育用品制造、体育赛事运营、体育场馆运营和体育孵化器于一体的国内重要、省内一流体卫融合标准示范区、体育产业发

---

[1] 《体育产业数字化转型前景可期——〈全民健身计划〉引领新产业周期发展方向》，国家体育总局网站，2021年8月27日，https://www.sport.gov.cn/n20001280/n20067608/n20067635/c23458331/content.html。

展样板区。截至 2020 年底，合肥高新区内体育企业已达 257 家，其中高新技术企业 37 家、体育骨干企业 9 家，吸纳就业 1 万多人，体育产业总值达 69.34 亿元，实现税收超 2 亿元，[①] 助力示范基地建立以高科技体育产品制造、体育孵化器、体育赛事运营、体育场馆运营为引领的产业体系，以竞争力和带动性强的体育企业为主体的市场体系，以体育场馆设施和产业集聚区为载体的空间体系。为了吸引更多优秀体育科技公司、创业团队和体育项目落地合肥，2022 年合肥市举办了智慧体育创新创业大赛。大赛聚焦体育产业创新模式，整合智慧体育创新创业资源，挖掘质量高、应用性强、可落地的智慧体育产业项目和创意，促进项目在全省体育领域共享和转化，对推动智慧体育产业高质量发展发挥了重要作用。预计到 2025 年，合肥高新区将培育年产值亿元以上的体育龙头企业超过 3 家，年产值 5000 万元以上的优势体育企业超过 10 家，规模以上体育企业超过 30 家，形成一批带动性强的产业骨干龙头企业。

专栏 4　2022 年合肥智慧体育创新创业大赛

为深入贯彻《体育强国建设纲要》，落实安徽省委建设体育强省的部署要求，开创合肥市体育高质量发展新局面，合肥市人民政府联合安徽省体育局于 2022 年 12 月至 2023 年 3 月举办 2022 年合肥智慧体育创新创业大赛。大赛以"智慧体育"为主题，旨在进一步整合各种智慧体育创新创业资源，挖掘质量高、应用性强、可落地的智慧体育产业项目和创意，在全市体育领域共享和转化，为合肥市体育产业高质量发展提供强力支撑，为建设体育强市、幸福合肥贡献力量。大赛自 2022 年 12 月 12 日启动报名以来，全国各地高校、企业积极参与，原预计报名 100 组，最终创业团队组报名 171 组、法人单位组报名 59 组，总报名数 230 组，其中省外团队占比 41%，来自江苏、浙江、山东、福建、北京、上海等 19 个省（市）。经过激烈的角逐，

---

① 《合肥：新成员入列　显现新趋势　科技创新成为体育产业发展新动能》，《中国体育报》2021 年 7 月 7 日。

各组别分别评出一等奖 1 名、二等奖 2 名、三等奖 3 名，其中创业团队组 5 号团队带来的"硅基无荧光粉体育照明技术"项目获得一等奖，奖金 10 万元。法人单位组 8 号团队带来的"贝塔智慧步道"项目获得一等奖，奖金 10 万元。项目获奖单位现场与合肥高新区管委会进行意向签约，将优先享受项目落地政策支持。合肥智慧体育创新创业大赛为体育人才、智慧体育项目之间搭建了一个互动交流与经验分享的平台，大赛聚焦体育产业创新模式，整合各种智慧体育创新创业资源，挖掘质量高、应用性强、可落地的智慧体育产业项目和创意，推动合肥市智慧体育产业高质量发展。

资料来源：《关于举办 2022 年合肥智慧体育创新创业大赛的通知》，"合肥体育发布"微信公众号，2022 年 12 月 8 日，https：//mp. weixin. qq. com/s?＿＿biz＝MzAwNzc4ODI5Ng＝＝&mid＝2651364602&idx＝1&sn＝e4b5276dcdfc4e08c6e880426b75c7db&chksm＝8084fe9db7f3778bd2960a0a23a6a892bd709023f16e7703285f5b70781e0ce847e240c8fd27&scene＝27。

四　合肥市体育消费前景展望

随着政策环境持续优化、体制机制保障不断强化和外部增长动力不断提升，合肥市体育消费迎来巨大发展机遇，但受限于居民收入水平、消费习惯、相关外部环境等因素的影响，现阶段合肥市体育消费发展尚不能有效满足新时代消费升级、新动能增长、经济转型等形势要求。围绕现阶段合肥市体育消费发展面临的供给有待提档升级、模式业态有待拓展、制约因素亟须解决等诸多突出矛盾与问题，合肥市还需要从以下几个方面努力实现突破。

（一）缩小城乡差距，提高人均体育消费水平

虽然合肥常住居民人均可支配收入和城乡居民人均体育消费稳步增长，但城镇居民与农村居民的消费水平差距较大。2021 年，合肥市城乡居民人均可支配收入达 46009 元，其中，城镇居民人均可支配收入为 53208 元，农村居民人均可支配收入为 26856 元，城镇居民人均可支配收

入是农村居民的近两倍。① 居民体育消费水平通常与居民收入水平等关联较大，人均可支配收入多少决定体育消费水平的高低。受此影响，2021 年合肥市城镇居民人均体育消费高于农村，城镇居民人均体育消费为 2794 元，而农村居民人均体育消费仅为 1147 元（见表 1）。因此，合肥市需要在未来通过合理配置城乡体育资源、促进城乡体育资源流动、完善农村体育基础设施等方式着力缩小城乡居民的体育消费水平差异，促进合肥市城市体育和农村体育的协同发展。

表 1　2020～2021 年合肥市城乡居民人均可支配收入和人均体育消费

单位：元

居民类别	人均可支配收入		人均体育消费	
	2020 年	2021 年	2020 年	2021 年
城镇居民	48283	53208	2425	2794
农村居民	24282	26856	1581	1147

资料来源：根据 2020 年、2021 年合肥市国民经济和社会发展统计公报及城乡居民体育消费调查报告数据整理。

（二）集聚优质资源，丰富新型消费供给

总体来看，目前合肥市体育消费仍以传统实物型消费为主，体育观赛、体育旅游等新兴消费项目对体育消费结构的影响有限，体育消费新业态的发展需要更广泛的基础支持。下一步合肥市应整合集聚优质资源，努力培育和壮大新型体育消费市场。一方面，继续办好环巢湖自行车赛、合肥马拉松等品牌赛事，并积极引进和筹办国内国际高水平体育赛事。综合评估赛事影响力和市场价值，充分把握长三角区域一体化发展机遇，联合申办和举办重大赛事。以大力推进体育竞赛表演产业发展为契机，广泛发挥市场主体推动体育场馆服务质量和效率提升的重要作用，引导相关企业参与赛事基础设施建

---

① 《合肥市 2021 年国民经济和社会发展统计公报》，合肥市统计局网站，2022 年 4 月 2 日，https：//tjj. hefei. gov. cn/tjyw/tjgb/14858097. html。

设和体育消费场景优化。结合丰富活动内容供给和完善赛事体系,深化体育竞赛表演产业与文化、旅游等相关产业融合,激发大众体育消费热情,形成赛事经济消费链。加快培育和引进专业赛事服务公司,提升赛事运营专业化水平。注重体育服务综合体、体育特色小镇、体育产业园区、体育主题公园等体育新空间拓展,积极组织开展长三角运动休闲体验季系列活动,如汽车(房车)集结赛等,不断挖掘体育消费基础设施功能潜力,持续赋予体育消费发展基础动力。另一方面,打造原创本土赛事,积极组队参加"体总杯"城市联赛,力争营造城市赛事氛围,取得好成绩,展示城市形象,擦亮城市体育名片;开发"电竞+篮球""电竞+足球"等新模式,实现传统体育赛事IP与新兴电子竞技元素的"跨界"融合,深挖篮球和足球球迷群体消费潜力。

(三)强化数字赋能,拓展多元消费场景

数字应用和体育产业相结合可以推动体育产业动能转化,形成以创新为核心的产业发展态势,实现体育产业的跨越式发展,顺应群众体育消费需求。一方面,创新发展高技术、高附加值体育用品产业。发挥体育智谷孵化园和华米科技、恒诚智能等龙头企业的带头引领作用,鼓励体育用品制造业企业加大研发投入,充分挖掘品牌价值,科学布局产业链,将发展智能体育产业纳入数字经济发展框架,支持开发智能运动装备器材,设计智慧运动消费场景。协调推动成立市体育产业引导基金和体育产业研究院,并加大体育全产业链项目策划及"双招双引"力度,配合合肥高新区与北京体育大学达成智慧体育研究院落户正式协议,进一步磋商成立体育产业基金,同时谋划建立投资项目库。另一方面,打造直播电商发展高地。鼓励各类市场主体参与直播电商基地建设,联合相关单位支持合肥市体育品牌企业、商家店铺开展品牌直播、工厂直播、乡村振兴直播等特色直播。鼓励平台企业设立首店首发直播专区,做大"首店经济"。加快制定出台直播电商领域的行业标准和技术规范,创造良好直播环境和放心消费环境。同时,提升数字内容服务供给能力,依托大蜀山、滨湖湿地公园、巢湖桃花岛度假区、三河古镇等

合肥品牌 IP，结合电竞、冰雪、攀岩、户外、骑行等运动项目，发展"云旅游""云展览"等消费新业态，鼓励发展"导游直播""网红打卡"等智慧旅游新模式。

（四）健全要素保障，提供有力消费支撑

体育消费整体具有鲜明的闲暇消费属性，闲暇时间占有是体育消费发生的基础条件，更是体育消费水平持续提升的重要保证。因此，健全要素保障，首要的是增加居民闲暇时间。尽快解决政策落地的"痛点""堵点"，加大监督与管理力度，使带薪休假成为一项能够长久执行的利民惠民政策。此外，要创新公共体育服务设施保障及相关服务供给方式，提升全民健身中心、日常锻炼场所等场地设施的市场化运营水平，优化群众身边体育消费空间环境。有序推进具有体育消费空间属性的体育场地设施建设，坚持赛事功能需要与消费空间优化相统一，从根本上改善体育消费相关基础设施条件。积极利用城市边角地、闲置地、公园绿地、高架桥下等"金边银角"布局健身休闲设施，打造群众身边举步可及的"15 分钟健身圈"，扩大居民"幸福半径"。围绕环湖十二镇、三河古镇、大圩、紫蓬山等重点文化旅游景区，增设户外徒步、攀岩、骑行、露营等消费项目，完善体育旅游配套设施，打造标杆性体育服务综合体。实施收入增长计划，加大收入调节力度，提升居民收入增长预期。完善社会保障制度，做好住房、医疗、教育、养老等兜底保障。落实个人所得税减免及国家、省有关社保费率降低等政策，综合利用政府投入、规划引导等手段，激发体育消费潜能，增强合肥市体育消费发展的示范引领性。

参考文献

杨蒙蒙等：《体育消费政策工具：选择特征、变迁过程与优化策略——基于政策工具和发展要素双重视角》，《上海体育学院学报》2022 年第 12 期。

任波：《数字经济时代我国体育消费数字化转型：新动能、新特征与新趋势》，《体育教育学刊》2022 年第 5 期。

黄海燕、朱启莹：《中国体育消费发展：现状特征与未来展望》，《体育科学》2019 年第 10 期。

周结友等：《发达国家体育消费研究：成果、特征与启示》，《广州体育学院学报》2022 年第 6 期。

B.15
杭州亚运会场馆设施建设与应用经验

常方进　冯姝婕*

摘　要： 杭州亚运会共建有 56 个竞赛场馆，分布在杭州、宁波、温州、湖州、绍兴、金华各地。以"杭州为主，全省共享""能改不建，新旧结合""运营兼顾，还馆于民"为亚运会场馆设施建用原则，杭州亚运会各举办地充分利用亚运会契机，整体推动当地体育场馆设施以及周边环境建设，以独特的城市形象迎接亚运盛会。通过将"绿色、智能、节俭、文明"的办赛理念融入场馆建设，杭州亚运会创新了大型体育场馆和相关基础设施的绿色化改造和智能化升级方式，节约了举办大型赛会所需的诸多资源，展现了杭州别样的城市文化与赛场文明。在亚运会完赛后，通过推动多元主体经营、拓展场馆功能用途、实施品牌发展战略等方式，亚运会竞赛场馆及相关场地设施将得到可持续利用。

关键词： 杭州亚运会　亚运遗产　体育赛事场馆设施　场馆管理

亚洲运动会（以下简称"亚运会"）是亚洲地区规模最大、水平最高的综合性运动会。2023 年 9 月 23 日至 10 月 8 日，中国于浙江省杭州市举办第 19 届亚运会，杭州市由此成为继北京市、广州市之后第三个举办亚运会的中国城市。为确保满足第 19 届亚运会的运转要求，杭州市共建设了亚运

---

* 常方进，上海体育大学，研究方向为体育产业；冯姝婕，上海体育大学，研究方向为体育产业。

会、亚残运会竞赛场馆、训练场馆、亚运村等多个场馆设施。秉承"简洁、安全、精彩"的总体要求以及"绿色、智能、节俭、文明"的办赛理念，杭州市以场馆建设为锚，持续优化城市环境，展现城市文化形象，积累了独具特色的赛事场馆建设和应用经验。

一　杭州亚运会场馆设施的基本情况

第19届亚运会以杭州市为主办城市，宁波市、温州市、湖州市、绍兴市、金华市为协办城市，共建设56个竞赛场馆、31个独立训练场馆、1个亚运村、5个亚运分村，是史上覆盖面最广的一届亚运会。同时，第19届亚运会也是史上项目最多的一届亚运会，56个竞赛场馆承办了40个大项、61个分项、481个小项的竞赛。为了提高场馆利用率，杭州亚运会共设置了8个竞赛场馆群和7个一馆多项场馆。主协办城市共6个赛区中，杭州赛区设有1个主亚运村、2个亚运分村、42个竞赛场馆；湖州赛区设有2个竞赛场馆；绍兴赛区设有4个竞赛场馆；金华赛区设有1个亚运分村、3个竞赛场馆；宁波赛区设有1个亚运分村、2个竞赛场馆；温州赛区设有1个亚运分村、3个竞赛场馆（见表1）。

表1　杭州亚运会竞赛场馆与项目分布情况

序号	所在城市	竞赛场馆	竞赛项目
1	杭州市	杭州奥体中心体育场	田径
2		杭州奥体中心网球中心	网球、软式网球
3		滨江体育馆	羽毛球
4		杭州奥体中心游泳馆	花样游泳、跳水、游泳
5		杭州奥体中心体育馆	篮球
6		杭州奥体中心国博壁球馆	壁球
7		杭州棋院(智力大厦)棋类馆	桥牌、国际象棋、围棋、象棋
8		萧山体育中心体育场	足球
9		萧山体育中心体育馆	举重
10		浙江师范大学(萧山校区)体育馆	手球

续表

序号	所在城市	竞赛场馆	竞赛项目
11	杭州市	萧山临浦体育馆	柔道、柔术、克柔术
12		萧山瓜沥文化体育中心	卡巴迪、武术
13		淳安界首体育中心游泳赛场	马拉松游泳
14		淳安界首体育中心小轮车赛场	小轮车
15		淳安界首体育中心山地自行车赛场	山地自行车
16		淳安界首体育中心公路自行车赛场	公路自行车
17		淳安界首体育中心自行车馆	场地自行车
18		淳安界首体育中心铁人三项赛场	铁人三项
19		浙江工业大学（屏峰校区）板球场	板球
20		西湖国际高尔夫球场	高尔夫球
21		黄龙体育中心体育场	足球
22		黄龙体育中心体育馆	竞技体操、艺术体操、蹦床
23		黄龙体育中心游跳馆	水球
24		浙江大学（紫金港校区）体育馆	篮球
25		富阳银湖体育中心	射箭、射击、现代五项
26		富阳水上运动中心	赛艇、皮划艇
27		杭州体育馆	拳击
28		拱墅运河体育公园体育馆	乒乓球、霹雳舞
29		拱墅运河体育公园体育场	曲棍球
30		中国杭州电竞中心	电子竞技
31		杭州电子科技大学体育馆	击剑
32		钱塘轮滑中心	轮滑、滑板
33		杭州文汇学校草地掷球场	草地掷球
34		浙江工商大学文体中心	手球
35		临平体育中心体育场	足球
36		临平体育中心体育馆	空手道、排球
37		浙江塘栖盲人门球基地门球馆	盲人门球
38		杭州师范大学（仓前校区）体育场	七人制橄榄球
39		杭州师范大学（仓前校区）体育馆	排球
40		临安体育文化会展中心体育馆	摔跤、跆拳道
41		上城体育中心体育场	足球
42		桐庐马术中心	马术
43	湖州市	德清体育中心体育馆	排球
44		德清地理信息小镇篮球场	三人篮球

续表

序号	所在城市	竞赛场馆	竞赛项目
45	金华市	金华体育中心体育场	足球
46		浙江师范大学东体育场	足球
47		金华体育中心体育馆	藤球
48	温州市	温州奥体中心体育场	足球
49		温州体育中心体育场	足球
50		温州龙舟运动中心	龙舟
51	绍兴市	绍兴柯桥羊山攀岩中心	攀岩
52		中国轻纺城体育中心体育馆	排球
53		绍兴奥体中心体育馆	篮球
54		绍兴棒(垒)球体育文化中心	棒球、垒球
55	宁波市	宁波象山亚帆中心	帆船
56		宁波半边沙滩排球中心	沙滩排球

资料来源:根据《杭州亚运会总赛程(3.0版)》整理。

二 杭州亚运会场馆设施的建用原则

(一)遵循"杭州为主,全省共享"

"杭州为主,全省共享"是杭州亚运会的办赛原则之一,是指杭州亚运会遵循区域协调发展战略,最大限度利用好浙江省内现有资源,以杭州为主办城市,周边卫星城市及省内部分城市为补充,让主办城市、协办城市乃至省内其他城市共享亚运会综合效应。在《关于加快2022年第19届亚运会杭州市场馆及设施建设的实施意见》《2022年第19届亚运会杭州市场馆及设施建设管理办法》等政策文件的指导下,杭州亚组委场馆建设部和相关部门历经近5年,完成了亚运会场馆的设计、施工和验收。目前,在以杭州为主的市域范围内,亚运会、亚残运会所确定的竞赛设施、赛事保障设施以及配套基础设施已经形成4项规划布局,分别为亚运会杭州市竞赛场馆布局、亚残运会杭州市竞赛场馆布局、杭州市独立训练场馆布局、杭州市赛事保障设施布局（见表 2）。与此同时，在全省联动、共建共享理念的指导下，杭州联动宁波、温州、湖州、绍兴、金华等协办城市，共同推进亚运场馆建设、基础设施建设、数字治理赋能、绿水青山守护、城市文明共建等行动，相继建成投用多项重大基础设施，形成区域经济发展的良性互动机制。例如，绍兴地铁 1 号线于 2022 年 4 月开通，实现与杭州地铁的无缝对接，缩短了主办城市与协办城市间的交通用时。再如，杭州亚运会的重点配套工程杭州西站于 2022 年 8 月建成，不仅在赛时为运动员、参赛者、媒体记者、观赛者提供方便，更对浙江打造省域一小时交通圈、促进长三角地区互联互通具有重要意义。借助亚运会举办契机，亚运场馆的建设和使用将对浙江省内诸多城市的经济发展产生积极影响，不仅促进建筑、交通、文旅等相关产业的发展，也为周边城市居民创造更多就业机会，还为促进地区间、城乡间、人群间公共体育服务的均衡优质发展提供助力，真正实现"办好一个会，提升一座城"的目标。

表 2　杭州亚运会、亚残运会杭州市场馆设施规划布局

规划布局	场馆设置
亚运会杭州市竞赛场馆布局	竞赛场馆分布于 12 个区县，总体形成"8+4+N"的布局结构，即八大场馆群、4 个一场多项场馆和 N 个其他场馆
亚残运会杭州市竞赛场馆布局	设置竞赛场馆 19 个，主要利用亚运会竞赛场馆
杭州市独立训练场馆布局	设置独立训练场馆 22 个，主要利用萧山区、钱塘新区、滨江区等高校场馆资源
杭州市赛事保障设施布局	设置亚运村 1 处，位于萧山区钱江世纪城；亚运分村 1 处，位于淳安县界首乡。设置主媒体中心 1 处，位于萧山区杭州国际博览中心

资料来源：《杭州市人民政府关于第 19 届亚运会杭州市场馆及设施专项规划的批复》，杭州市人民政府网站，2020 年 8 月 6 日，https://www.hangzhou.gov.cn/art/2020/8/7/art_1229063387_1133741.html。

（二）坚持"能改不建，新旧结合"

坚持"能改不建、能修不换、能租不买、能借不租"是杭州亚组委

场馆设施建设过程中始终坚持的重要原则。杭州亚运会的场馆建设以场馆的可持续利用性为首要依据，利用区县、高校及省级有关单位现有场馆设施，力求将环保理念融入场馆及设施建设的每一个细节。在杭州亚运会全部 56 个场馆中，全新修建的场馆仅占 1/5，其余均为改建类场馆，其中淳安举办自行车、铁人三项等 5 个竞赛项目的场馆全部为临时搭建。19 个亚残运会比赛场馆仅有 2 个为专用场馆，其余 17 个与亚运会共用，31 个训练场馆则全部利用现有场馆进行适当改造，做到了现有场馆资源的最大限度利用（见表 3）。

表 3　杭州亚运会杭州市改建场馆和临时搭建场馆情况

单位：个

场馆类型	场馆名称	席位数
改建场馆	临平体育中心体育场	10200
	杭州电子科技大学体育馆	4599
	浙江工商大学文体中心	4439
	萧山临浦体育馆	2733
	萧山体育中心体育场	10118
	萧山体育中心体育馆	1909
	滨江体育馆	4143
	上城体育中心体育场	13544
	杭州体育馆	4400
	浙江大学(紫金港校区)体育馆	5481
	黄龙体育中心游跳馆	2938
	黄龙体育中心体育场	51971
	杭州师范大学(仓前校区)体育场	12000
	西湖国际高尔夫球场	/
	富阳银湖体育中心	2600
续建场馆	临平体育中心体育馆	4200
	萧山瓜沥文化体育中心	4251
	杭州奥体中心游泳馆	6000
	杭州奥体中心体育场	/

续表

场馆类型	场馆名称	席位数
续建场馆	杭州师范大学（仓前校区）体育馆	7105
临建场馆	拱墅运河体育公园体育场	4870
	浙江工业大学（屏峰校区）板球场	/

资料来源：根据杭州市文化广电旅游局发布的《杭州亚运旅游指南》整理。

（三）践行"运营兼顾，还馆于民"

杭州亚运会场馆的建设与应用践行"运营兼顾，还馆于民"原则，使普通民众真切享受举办亚运会带来的红利，吸引更多人参与体育运动，从而为推动杭州市乃至浙江省的群众体育事业发展、促进满足人民群众健身需求、构建更高水平的全民健身公共服务体系做出重要贡献。"运营兼顾"是杭州亚运会在新建和改造场馆时设计的初衷，按照"赛时为亚运，赛后为城市"的建设原则，杭州亚运会场馆拓展延伸了赛事经济、公共应急、文化娱乐等多项功能。例如，我国首个国际赛会标准的专业电子竞技场馆杭州电竞中心，除举办电竞赛事之外，还兼具举办球类赛事、演唱会等功能，可以满足多种竞赛、会演、会展的场馆使用需求，让场馆不止为赛、不止于赛。[1] 再如，绍兴多个场馆将承办杭州亚运会篮球、排球、棒垒球、攀岩等项目赛事，其中，柯桥区柯桥羊山攀岩中心在亚运赛事结束后不仅将承办国内外大型攀岩赛事，还将打造青少年攀岩运动基地和业训网点，让群众共享亚运建设成果。[2] "还馆于民"是亚运会场馆设计和建造的最终目的。2022年，杭州亚组委在亚运会推迟后，就"亚运场馆向市民开放"进行专题研究，使56个亚运竞赛场馆以及训练场馆逐渐向全省市民开放。例如，黄龙体育中心主动规划亚运竞赛场馆的惠民开放，第一时间谋划提前"开门迎

---

[1] 《亚运之光｜杭州亚运 向"简"而行》，杭州网，2023年9月17日，https://news.hangzhou.com.cn/zjnews/content/2023-09/17/content_8619294.htm。

[2] 《立足惠民 放眼长远——杭州亚运会场馆建设观察》，人民网，2022年4月2日，http://ent.people.com.cn/n1/2022/0402/c1012-32390593.html。

客",为运动爱好者提供"亚运运动套餐",让群众共享亚运红利。杭州亚运会场馆设施惠民开放,是为了最大限度发挥亚运场馆建成后在体育竞技、全民健身和文化体育等相关领域的作用,充分满足市民群众日益增长的精神文化需求,为杭州亚运会赛事的举办和场馆赛后利用积累经验。

三 杭州亚运会场馆设施的主要特征

(一)用"绿色"体现追求与担当

2020年我国在第75届联合国大会一般性辩论上正式提出"二氧化碳排放力争2030年前达到峰值、努力争取2060年前实现碳中和"的"双碳"目标。随着"双碳"工作的不断推进,我国已经步入促进经济社会发展全面绿色转型、实现生态环境质量改善由量变到质变的关键时期。亚运会为向世界展示中国,让世界了解中国提供了契机,体育场馆作为举办亚运会的重要载体和物质基础,能够很好地展示我国"双碳"工作的推进情况和绿色发展的成效。杭州亚运会场馆在最初的设计、办赛期间的运营和能源使用以及赛后的废品回收全生命周期均充分考虑了降低碳排放的目标,将绿色作为亚运场馆建设运营的底色。绿色低碳理念是场馆的重要设计原则。亚运会场馆设计之初就考虑到场馆运转所产生的能源消耗、空气污染、水污染等,将多样的绿色建造技术融入场馆施工过程。例如,杭州奥体中心游泳馆通过顶部的采光罩和设置的导光管将室外的自然光漫射至室内以取代日光灯,使用寿命长达25年,其具备的开闭功能每年可节电约10万千瓦时。此外,游泳馆的每个泳池均设置了一套独立的水处理系统,不仅能够对池水进行过滤、消毒,分解尿酸,还能根据场景的要求自动调节水处理速度,可降低能耗15%以上。① "无废亚运"是亚运会场馆绿色办赛的重要内涵。"无废"指持

① 《绿色科技"浸润"杭州奥体中心双馆》,杭州市人民政府网站,2022年3月29日,https://www.hangzhou.gov.cn/art/2022/3/29/art_812269_59052708.html;《一滴水如何"游"进亚运泳池?》,新华网,2023年9月2日,http://csj.news.cn/2023-09/02/c_1310739539.htm。

续推进固体废物源头减量和资源化利用，将固体废物对环境的影响降到最低。杭州国际博览中心是杭州亚运会主媒体中心、壁球项目比赛及训练场馆、亚运会官方接待酒店的所在地。在亚运会举办之前，这里每年产生各类垃圾共4000吨。为此，博览中心引进了垃圾分类智能化系统，对场馆、酒店区域产生的垃圾进行实时统计分析，并及时进行无害化处理，从源头上减少垃圾产出量。杭州亚运会还做到了场馆运营所需能源绿色化。自2023年3月至年底，56个亚运场馆及办公场地全部使用"绿电"，为完成杭州亚运会"零碳办赛"的使命助力。部分"绿电"来自浙江省内分布式光伏和海上风电等绿色电能，还有来自青海柴达木盆地、甘肃嘉峪关、陕西黄土高原等地的光伏电，以及来自新疆哈密等地的风电，这些清洁能源助力杭州亚运会最大限度地减少碳排放。除此之外，亚运会赛事场馆范围内均设有电动汽车充电桩，亚运村配套建有国内首座新能源汽车大功率无线充电站，助力杭州打造绿色出行新风尚。[①] 杭州亚运会场馆做出的一系列绿色化举措，不仅帮助杭州亚运会成为史上第一届碳中和亚运会，也为未来群众的绿色低碳生活方式进行了积极探索和实践。

专栏1　场馆融入自然，体现绿色理念

杭州亚运会场馆的设计之初、办赛期间、赛后利用全生命周期均遵循绿色化理念，其中富阳水上运动中心与柯桥羊山攀岩中心颇具代表性。富阳水上运动中心拥有约2.4万平方米的场馆屋顶屋面面积，为更好利用这片区域，设计师选择遵循绿色理念，在屋顶屋面覆土中种植欧石竹、百日草、月季等绿色植物，以达到与周边自然环境的和谐融合。屋顶屋面的绿植除了具有观赏作用之外，还兼具固碳释氧、隔热保温、减小雨水径流三大功能，能为场馆周边创造宜人的环境。此外，场馆周边的地面之下设有鹅卵石、土工布等一系列过滤设施，用来过滤天然雨水，使之循环用于场馆中庭、水系及

---

① 《杭州亚运筹办践行绿色低碳理念》，中国能源报，2023年8月14日，http：//paper.people.com.cn/rmrb/images/2023-08/14/14/rmrb2023081414.pdf。

喷泉、灌溉。柯桥羊山攀岩中心位于绍兴市羊山石佛风景名胜区内，原本是废弃矿山，经过建设和开发，如今变身为国际赛场和青少年攀岩运动基地。为了做好节能降耗，柯桥羊山攀岩中心在攀岩赛场后侧占地500平方米的运动员热身区安装了可开合的玻璃顶篷，这样不仅能实现自然光照明，还能调节室内温度。场馆针对能耗管理，专门打造了一套能源监测管理系统，通过网控器、局域网对各部门的水表、电表、燃气表等进行实时监测。例如到了夜晚，通过智慧灯光系统，竞赛区域48盏灯可分区域照明，从而达到节能降耗的效果。

资料来源：《一幅流动的〈富春山居图〉——探访杭州富阳区亚运场馆》，新华网，2023年9月10日，http：//sports. news. cn/c/2023-09/10/c_1129855902. htm? spm = C67245673465. Ptfyxf7Hh JJj. 0. 0；《废弃采石场蝶变攀岩比赛场馆　把绿色亚运做到极致》，光明网，2023年9月18日，https：//sports. gmw. cn/2023-09/18/content_36839972. htm。

（二）用"节俭"映射能工与巧思

勤俭节约是中华民族的传统美德，是中国人民世代相传的精神财富。党的二十大报告强调，实施全面节约战略，发展绿色低碳产业，倡导绿色消费，推动形成绿色低碳的生产方式和生活方式。杭州亚运会场馆亦将节俭作为建设的本色。在场馆修建改建方面，场馆赛事器材遵循"开发优先、补贴包干、能借不租、能租不买"的原则。如亚运会击剑场馆是由杭州电子科技大学体育馆改造而来。改造过程中，体育馆原有的2套电子显示屏设备和5000多个座椅，经评估后拆卸保管，待场地改造完成后又安装回原位再次利用。[1] 除了场地器械的原位重复利用之外，异地利用也是杭州亚运会推行节俭办赛理念的举措。作为杭州亚运会手球项目比赛场馆，按照赛事要求要铺设更专业的运动地板而换下原有的木地板，因使用年限不长，原有木地板便在保护性拆

---

[1] 《彰显"绿色、智能、节俭、文明"理念　杭州亚运场馆精彩亮相静待盛放》，杭州市人民政府网站，2022年5月10日，https://www. hangzhou. gov. cn/art/2022/5/10/art_122963375 6_59056628. html。

除后转移至汾口中学进行了再安装，提高了木地板的利用率。① 在场馆经营使用方面，通过创新性举措减少资源消耗。杭州奥体中心游泳馆采用全天候水循环系统，以循环补水代替整体换水，在保证世界级游泳比赛水质的同时，降低了约 10 倍的耗水量。根本而言，亚运会场馆的最大浪费是赛后闲置。场馆利用率低是大型赛事场馆的赛后痛点问题。杭州亚运会针对亚运场馆的赛后经营问题，采取了提前谋划、让惠于民的对策。56 个场馆在开始建设时便开始谋划赛后利用的问题，在亚运会开幕前便已经有 50 多个场馆确定了后续运营单位和利用计划，真正做到了贯彻节俭理念的有始有终。

专栏 2　场馆内外蕴含节俭巧思

节俭的办赛理念贯穿杭州亚运会场馆的方方面面。杭州师范大学（仓前校区）体育场对草皮养护"生态系统"投入诸多设计。据了解，草坪下方藏着透水层、基层、面层三层生态结构，其中由碎石子构成的厚约 1.2 米的透水层有着较强的透水能力。通过对原透水层施工方案的改进，该校省去了将近 15000 立方米碎石的外运及回填工作量，同时节省了经费，草坪底部的蓄水池回收系统还可用于灌溉周边绿化。淳安界首体育中心的自行车馆，从木质赛道到智能照明、比赛设备集成管理等系统，采用租售结合的模式节约了 1600 多万元。例如木质赛道使用赤松木板拼接而成，考虑到赤松木成本比较昂贵，以及场馆在赛后的功能用途，选择了可拆卸租用的赤松木板。在赛事结束之后，场馆可以根据后续实际需要进行改造。此外，淳安界首体育中心场馆群通过巧妙的力学结构设计，实现了整个场馆无柱化，节省大概 30% 的钢材，贯彻了节俭的办赛理念。

资料来源：《揭秘杭州亚运橄榄球场：草坪和灯光中都藏着不少奥秘》，杭州市人民政府网站，2022 年 3 月 24 日，https://www.hangzhou.gov.cn/art/2022/3/24/art_812269_59052270.html；《处处可见！亚运会场馆建设让"节俭"融入每个细节》，中国日报中文网，2023 年 9 月 9 日，https://china.chinadaily.com.cn/a/202309/09/WS64fc3636a310936092f210b1.html。

---

① 《节俭办亚运　简约不简单》，杭州市人民政府网站，2023 年 8 月 18 日，https://www.hangzhou.gov.cn/art/2023/8/18/art_1229633756_59086306.html。

（三）用"智能"承载包容与变革

杭州亚运会场馆在基础设施、办赛支持、周边配套等方面向世界展示了我国的智能化发展水平。在宏观层面，智能化是从人工智能发展的视角，强调电脑智能与人脑智能、工业社会与信息社会的有机融合过程。[①]它会带来技术更新换代、产业转型升级、社会结构深刻调整以及社会形态变革。在微观层面，智能化是以用户数据为核心、以多元产品为基础、以多个终端为平台、以业态创新为重点的过程。[②] 智能化不仅是科技的发展方向，也将对人类生活方式产生巨大影响。在场馆基础设施方面，亚运会场馆承载着各类智能设施设备的应用，其建设水平决定着场馆整体的智能程度。杭州奥体中心体育场可容纳 8 万人，为最大限度地满足观众的网络使用需求，在场馆内部使用了 5.5G 网络，不仅满足观众基本用网需求，更能满足高清直播等业务的需求。在办赛支持方面，杭州亚运会开发应用"赛事在线"指挥平台、数智气象平台、智能医疗急救保障系统平台等，实现了多平台智能化运营，以数字技术赋能活动筹办、气象精准预报、赛事医疗急救各项能力协作。此外，亚运会场馆与史上首个大型赛事一体化智能办赛平台——"亚运钉钉"的协同，能够使赛事官员、合作商、场地工作者等不同身份的人任意出入权限许可的赛事场所，从而协助 10 万多名办赛人员的筹备工作。[③] 此外，亚运会的智能设备不只局限在场馆内，也应用于场馆周边的生活场景。譬如，融合 L4 级无人驾驶、AI 和 5G 网络技术，在多传感器协同下，具备亚运元素的自动驾驶小巴，将作为特色交通工具穿梭在场馆周边，在进行接驳服务时，智能应对车辆并线、超车等各类交通场景。

---

① 耿亚东：《政府治理变革的技术基础——大数据驱动下的政府治理变革研究述评》，《公共管理与政策评论》2020 年第 4 期。

② 胡正荣：《智能化：未来媒体的发展方向》，《现代传播》（中国传媒大学学报）2017 年第 6 期。

③ 《钉钉，为杭州亚运会打造全球首个一体化数字办赛平台》，杭州市人民政府网站，2023 年 1 月 6 日，https://www.hangzhou.gov.cn/art/2023/1/6/art_1229633756_59071724.html。

专栏3　全息 AI 机器人赋能亚运场馆服务升级

搭载无介质全息技术的 AI 机器人，根据杭州亚运会特点和需求为观众提供了定制化服务，可将亚运会吉祥物宸宸的形象以全息影像的形式呈现，与观众进行面对面互动。在操作界面上，页面布局、排版、色调等都与整个亚运主题契合；在人机交互上，做到了更有亲和力，观众点击空中派遣、引领等功能，AI 机器人便可根据观众指令做出回应，为观众提供比赛场馆交通指引、餐饮信息等方面的内容。另外，无介质全息 AI 机器人还具备自动回充、避障功能，可自主返回充电站充电，以保持良好的工作状态；在移动过程中可检测和避开障碍物，以确保提供安全和顺畅的导览和指引服务。

像航科技全球首款无介质全息技术 AI 机器人在杭州亚运场馆（拱墅运河体育公园场馆）的落地应用，展示了科技对亚运会的赋能，以及杭州作为一个科技创新城市的实力。通过无介质全息技术的创新应用，杭州将成为全亚洲甚至全球的智慧城市典范，将向世界传递中国科技的温度和创新实力，彰显中国的"科技范儿"。

资料来源：《全球首款无介质全息 AI 机器人落地杭州亚运场馆》，中华网，2023 年 9 月 5 日，https：//hea. china. com/article/20230905/092023_1403021. html。

（四）用"文明"作为名片与诚意

现代体育赛事不仅是运动员竞技水平的较量，更是一场人文盛会，是不同国家、不同文明的深度交流互鉴。现代奥林匹克之父顾拜旦曾言，奥林匹克不是一场竞赛，而是一种源于内心的文化交流与融合。现代奥林匹克运动的举办初衷正是因为世界充斥着战争、冲突和对抗，希望通过创办奥林匹克运动来为不同民族提供互相交流、了解的桥梁，从而消除战争、维系世界团结。亚运会作为亚洲最高水平的综合运动会，是促进亚洲各国文化交流、增进友谊、消除偏见的平台。杭州作为亚运会举办地在做好比赛筹备工作的同时，也借此机会在场馆内外两个维度展示了杭州人文历史和中华文明。第一，亚运会场馆是城市文明的载体，建筑风格能够体现地域文化。不论是融合杭州西湖文化、丝绸文化和亚运文化等多元文化的钱塘轮滑中心，还是提炼江南丝绸产业文化符号蚕茧设计而成的柯桥羊山攀岩中心等，杭州亚运会场馆既展现了纯粹的传统文化，又做到了古为今用，实现了传统与时代的结合，使得国外友人从巨大的建筑中感受到中华文明的独特魅力。第二，亚运场馆是赛事文明的载体，包括观众观赛素质和场馆内爱心设施两方面。亚运会的筹办举办不仅是相关工作人员的一次大考，也是对观赛观众的考核。观赛过程中观众表现出的素质水平在一定程度上代表了国民素质水平，通过现场的各国运动员和比赛直播反馈到国外。为帮助大众更好观赏比赛，以及展示积极的国民形象，浙江省精神文明建设委员会办公室编写了《文明亚运市民手册》，该手册对入场退场礼仪、使用手机礼仪等进行详解，供杭州市民以及广大体育爱好者学习。① 场馆内部的爱心设施代表着人文关怀。亚运会56个竞赛场馆共计设置了约1万处无障碍设施和母婴室。其中，浙江塘栖盲人门球基地、杭州文汇学校草地掷球场等亚残运会场馆对标北京冬残奥会无障碍设施建设要求，实现专项设计、专题培训、专业审查、专家督查和专人验收，以体验检验建设成效，体现了对社会弱势群体的关怀。②

专栏4　将地区传统文化融入绍兴亚运会场馆设计

绍兴市位于浙江省中北部，具有超过2500年的建城历史，是著名的水乡、酒乡、书法之乡、名士之乡。亚运会期间，绍兴市承办棒球、垒球、攀岩、篮球、排球5项比赛。承办棒（垒）球项目的绍兴棒（垒）球体育文化中心、承办竞技攀岩项目的绍兴柯桥羊山攀岩中心是绍兴市为协办亚运盛会新建的两所场馆。绍兴棒（垒）球体育文化中心由浙江大学建筑设计研究院设计，场馆以绍兴远近闻名的纺织、绸缎、书卷、瓦顶等意涵为设计灵

① 《专为"东道主"准备〈文明亚运市民手册〉昨日首发》，杭州日报网，2023年7月15日，https://mdaily.hangzhou.com.cn/hzrb/2023/07/15/article_detail_1_20230715A0212.html。
② 《塘栖盲人门球基地改造提升、无障碍环境建设及赛事筹备情况介绍》，杭州市临平区人民政府网站，2023年8月10日，http://www.linping.gov.cn/art/2023/8/10/art_1229736551_25218.html。

感，运用曲线元素将建筑和平台与街道相互连接，展现江南水乡波光粼粼的特质，也唤起民众对于地域文化的集体记忆。绍兴柯桥羊山攀岩中心是目前国内最大的单体异形镂空 UHPC 挂板建筑，在亚运会"十大场馆"评选中获得了"建筑特色奖"。主体建筑的外形类似"蚕茧"，融合了纺织布料的飘逸灵动和攀岩运动的力量之美，体现了绍兴纺织业发达的产业特色。此外，承办篮球比赛的改造提升场馆绍兴奥体中心也在设计时融入了中国文化特色，具有椭圆的外壳和银灰色的流水造型，形似江南水乡常见的河蚌。"大河蚌"成为绍兴奥体中心的昵称，奥体中心成为绍兴这座历史文化名城的标志性建筑。

资料来源：《绍兴四大场馆办亚运来看"一座没有围墙的博物馆"》，杭州网，2023 年 9 月 15 日，https：//www.hangzhou.com.cn/hzyyh/content/content_8618844.html。

四 杭州亚运会场馆设施的前景展望

（一）推动多元主体运营

亚运会的大型体育场馆设施在赛后由服务竞赛需求向服务全民健身需求转变，对于提高浙江省城乡居民的体育参与度、构建更高水平的全民健身公共服务体系具有重要意义。如今，大型体育场馆的运营主体略显单一，虽然保证了群众使用场馆的公平性，有利于全民健身运动的开展，但有些场馆经营策略不当、民众参与体育运动意愿不强、场地维护费用高昂，场馆经营往往入不敷出，大型场馆的管理经营逐渐成为政府财政负担。而随着人民生活水平提高，城乡居民的高质量健身需求日益增长，公共体育场馆供需错配的问题逐渐突出。鉴于此，亚运会场馆作为杭州等地体育场馆的新供给，应积极响应群众日常的体育锻炼、体育消费需求，提高赛后体育场馆的利用效率。一是坚持政府引导，通过多种方式吸引社会资本参与亚运会场馆的改造运营，减轻国家公共财政负担。二是采取市场化运作方式，通过招标、协议、特许经营等方式对场馆进行委托经营，提高场馆经营效益，如阿里体育取得了杭州奥体中心体育场、网球中心及配套建筑物和设备、设施的15年经营管理权，迈出了大型体育场馆市场化经营的一大步。杭州亚运会场馆应以多元化的经营方式，高效利用各种功能，发挥经济、文化、社会价值，推动亚运成果由全民共享。

（二）拓展场馆功能用途

积极推动体育场馆功能拓展，优化体育场馆建筑空间和功能布局是提高场馆利用率、使用效益的有效方式。譬如，杭州亚运会大型体育场馆不应局限于承载体育比赛的本体功能，还应重视自身具备的教育文化、商业服务、娱乐休闲等多重功能特质。一方面，发挥好办赛和健身的体育场馆本体功能。杭州亚运会主要场馆可引入各类体育文化资源和品牌，搭建平台组织体育赛事。部分目前尚不具备市场化运营和全民健身条件的专用场馆，比如赛艇、皮划艇、马术、射击、自行车等专用运动场地，可作为训练基地引进相关专业队伍，磨合场馆设施设备，并对外适度举办体验活动；已建成的高校场馆，在满足日常教学需求后，可以承办各类体育赛事活动，倡导向社会开放，提高使用效率。另一方面，丰富场馆体育服务内容，促进亚运会体育场馆和相关产业融合发展。鼓励各地亚运会场馆进一步加强适应性改造，在以体育为主的基础上，成为设施安全、环境舒适、服务专业、功能多元的体育服务综合体。以公共需求为导向，完善餐饮、会务、住宿、停车、零售等场馆配套设施，实现全民健身、体育训练、体育竞赛、体育培训、会议会展、文艺演出等多元化功能，如国家体育场"鸟巢"除举办体育比赛外，还举办大型文化演出、文化交流与展演等活动。

（三）实施品牌发展战略

在综合性体育赛事的赛后阶段，大型体育场馆往往成为一个地区的标志性建筑，如位于北京市的国家体育场"鸟巢"、国家速滑馆"冰丝带"等。杭州亚运会的主场馆杭州奥体中心体育场和与其毗邻的网球中心，因造型酷似，被称为"大小莲花"，也逐渐演变成了杭州的新地标之一。在发挥体育场馆基本功能的同时，这些标志性体育场馆更是亚运会举办城市的名片与象征，对于赛后场馆和城市的发展具有重要意义。为利用好亚运会场馆作为地标性建筑的多重价值，一是树立场馆的品牌形象，从亚运会场馆的外观设计、赛事用途等特色出发，在场馆运营过程中结合亚运会举办/协办城市的发展定位，深入挖掘场馆资源禀赋，引入特色品牌赛事，打造特色品牌活动，建立竞争优势，从而实现场馆的特色化经营。二是发挥场馆的周边带动作用。阿里体育在获得"大小莲花"长达15年的运营管理权后，制定了充分发挥自身国内外渠道优势和阿里生态资源与技术优势，积极引入相关产业、商业资源进驻滨江区，进而实现"以馆养馆""以场养馆""以商养馆（场）"的经营策略。要重视亚运会场馆与周边区域的有机融合，让场馆成为周边社区体育、文化、休闲、娱乐的中心，发挥场馆辐射功能，充分利用场馆时空资源。三是通过品牌联名、文创产品开发等活动，推出具有纪念意义的场馆联名特许产品，以场馆专属文化支撑亚运会场馆品牌形象，使场馆的特色形象深入人心，进而提高场馆综合竞争力。

案例篇

Case Studies

B.16
借力赛事带动产业集群发展，
建设全球汽车运动之都

——以安亭国家体育产业示范基地为例

叶 俊[*]

摘 要： 2004 年上海国际赛车场在安亭镇东北角落成后，陆续承办了以
F1 中国大奖赛为代表的一系列国际顶级赛车赛事，带动区域赛
车产业资源进一步集聚。2022 年安亭成功获评国家体育产业示
范基地，基地以汽车运动产业为核心特色，集聚了多家汽车相关
企业、体育用品制造业企业、赛事运营企业、赛车场地管理及文
化产业企业，形成了健康、可持续的体育产业集聚生态圈，在推
动一流赛事中心建设、打造城市体育新地标、推动体育产业智慧
创新方面取得诸多进展，进一步助力上海建设全球赛事之都。

---

* 叶俊，安亭镇党委委员，研究方向为体育产业集聚、体育赛事等。

关键词： 体育产业集聚区　汽车运动　体育赛事

安亭因车而兴，汽车是安亭的产业底座，围绕汽车运动，安亭构建了"竞赛表演+休闲体验"发展模式。目前，安亭拥有 F1 赛车、卡丁车、新能源方程赛车、房车等 4 类汽车赛事，在相关汽车运动方面具有充足的办赛资源和丰富的办赛经验。同时，除传统的房车、卡丁车等项目外，安亭还引进了"保时捷赛道体验""古董老爷车巡游"等新颖独特的汽车休闲体验项目。汽车特色运动产业带动了安亭场馆运营、穿戴装备、线上赛车、电子竞技、培训指导、健身服务、赛事系统开发、金融保险等新业态的发展，这不仅推动安亭相关体育产业不断集聚、产业链不断完善，还为嘉定区乃至上海市体育产业链的完善以及体育产业的高质量发展做出了突出贡献。

一　项目优势

（一）政策扶持力度显著

安亭的汽车运动具有鲜明的产业特色，是助推上海构建国际赛事之都的重要力量。长期以来，安亭汽车运动的发展受到上海市各级部门关注，政策支持力度较大。早在 2017 年，《上海体育产业集聚区布局规划》就明确提出，构建"嘉定国际赛车场体育产业集聚区"，随后《嘉定区体育改革发展"十四五"规划》提出对安亭地区体育产业给予聚焦发展和重点扶持，并且在《嘉定区安亭镇国民经济和社会发展第十四个五年规划和二〇三五年远景目标纲要》中进一步细化了体育产业的发展方向、发展规模和保障措施。同年，嘉定区人民政府与上海久事（集团）有限公司签署战略合作框架协议，就围绕上海国际赛车场打造"一流赛事中心、大众体育乐园和城市体育地标"及"全国赛车运动产业集聚区"事宜达成战略合作，进一步提升安亭汽车运动产业的发展速度和发展质量。

（二）产业集群效应突出

21 世纪初，上海市委、市政府做出在嘉定建设上海国际汽车城的重大战略部署。经过 20 多年的建设，安亭已发展成为一座集聚汽车制造、汽车研发、汽车贸易、汽车博览、汽车教育、汽车运动等产业的国际汽车城，是国内相关产业链最完整的汽车产业基地之一。此外，安亭还拥有国际一流的赛车场地——上海国际赛车场，占地面积 2.5 平方公里，拥有国内首条通过FIA 国际一级认证的赛道，是全球顶级赛车场地，已连续承办 16 届 F1 中国大奖赛。同时，自 2020 年上海嘉定综合保税区揭牌成立以来，安亭已引进包括行业龙头企业——保时捷亚太赛车贸易（上海）有限公司在内的 20 家赛车产业链公司入驻，带动园区初步形成了汇聚赛车及零部件厂商、经销商、车队、赛事服务商的赛车产业链集群。

目前，安亭镇拥有体育产业企业 237 家，集聚了上海李宁体育用品电子商务公司、上海姚记科技股份有限公司、上海国际赛车场经营发展有限公司、宇晨房车（上海）有限公司、上海久事国际体育中心有限公司等 10 家上海市体育产业 500 强企业，2020 年体育产业营收超过 50 亿元。

二 发展经验

（一）依托先进场地设施，打造一流赛事中心

安亭镇拥有久体中心、上海国际赛车场等国际先进的场地设施，举办了众多具有国际影响力的重大赛事活动。如上海国际赛车场每年举办十余场国内外顶级汽车赛事，其中包括 F1 中国大奖赛、世界汽车耐力锦标赛（WEC）、Moto GP 等。以 F1 中国大奖赛为例，首届 F1 中国大奖赛比赛三天的现场观众累计达 26 万余人次，其中正赛日现场观众达 15 万余人次，创造了中国有史以来单场赛事现场观众人数最多的纪录。另外，上海市民体育公园足球公园开园当年即举办各类球类体育赛事活动 35 项共计 543 场次。

（二）赛事与旅游双重驱动，打造城市体育地标

安亭镇通过打造汽车文化旅游功能集聚区，打响"汽车文化"城市品牌。一是坚持"降本增效促发展"理念，聚焦存量空间利用，完善旅游产品升级。结合赛道稀有资源，将区域内参观游览、驾驶体验、纪念品销售等环节有机串联，不断打造情景式、体验式消费场景。二是深度挖掘"体育"和赛时休闲消费需求，研究布局主题餐饮、主题零售、主题住宿等休闲业态，坚持以集聚模式拓展优化现有空间资源，积极推进赛车文化体验中心、汽车文化主题精品酒店等项目建设，在区域文体旅产品打造、资源整合、品牌推广方面充分联动，建设全国赛车运动产业集聚区，打造城市体育地标。

（三）聚焦智慧创新驱动，树立新标杆

安亭镇以数字科技创新为战略支点，聚焦区域智慧化场馆顶层设计，让市民在感受体育运动魅力的同时体验无处不在的智慧化服务，打造面向未来的智慧场馆新标杆。例如，上海市民体育公园足球公园推出无人值守系统，由原来工作人员核销转变为市民自助核销，核销所需时间由原来的十几分钟缩减为30秒。安亭国家体育产业示范基地在"互联网+体育"道路上不断探索，以数字赋能实现创新转型，努力打造国际一流智慧体育场馆，树立产业发展新标杆。

B.17
践行体教融合发展理念，探索
体育育人新路径

——以上海优体青少年足球俱乐部为例

纪 斌[*]

摘　要： 从事青少年体育培训15年的上海优体青少年足球俱乐部是国家体育产业示范项目、全国社会足球品牌青训机构。俱乐部以"足球进课堂""普及兴趣课程""优体足球联赛""足球精英课程"金字塔式的四种运营模式全面开展青少年足球培训，持续深耕包含优质青训、精品赛事、文化传媒、社会公益、运动康复、电子商城六大主要板块的"优体大健康"项目，全方位、多维度、立体化地为我国青少年体育培训行业发展提供经验借鉴。

关键词： 足球俱乐部　青少年足球　足球赛事

青少年体育培训市场是我国体育培训市场的主要组成部分，是培育体育人口、壮大消费市场、普及体育项目和文化的重要力量。近年来，在"双减"政策的助推下，青少年体育培训市场迎来前所未有的发展机遇，课外体育培训受到来自学校、家长、学生等多方面的关注。在各类青少年体育俱乐部中，上海优体青少年足球俱乐部（以下简称"优体俱乐部"）凭借自身成熟、科学、规范的运营模式脱颖而出，入选国家体育产业示范项目、全国社

---

* 纪斌，上海优体足球俱乐部董事长，上海市闵行区足协主席，研究方向为青少年足球、足球俱乐部经营与管理。

会足球品牌青训机构、"人民足球"全国优秀培训机构、上海市青少年足球培训基地、上海市优秀体育俱乐部等，并获得上海市公益足球项目一等奖。

一 俱乐部基本情况

成立于 2004 年的优体俱乐部，自 2008 年起开始青少年足球培训业务，为 4~14 岁的青少年儿童提供优质的足球青训服务，至今已有 15 年时间。优体俱乐部拥有一支年轻化、专业化、高素养的优质教练员团队，外籍教练、明星教练、专职教练共计 60 名，其中 A 级教练员 1 名、B 级教练员 2 名、C 级教练员 3 名、D 级教练员 15 名、E 级教练员 21 名，8 名教练拥有中国青少年校园足球骨干师资国家级培训证书。同时，优体俱乐部拥有一支 10 多人的文化建设团队，在会员营销、自媒体运营、衍生品开发、商务合作等方面打造俱乐部品牌，落实俱乐部的"大健康"理念，推动足球运动普及。优体俱乐部还具有完善的管理机制，设有培训部、联赛部、市场部、财务部、文化部等多个部门，拥有足球、教育、医疗等多个领域的顾问团队，还有友邦保险、统一企业、361°、虎扑传媒等战略合作伙伴，确保俱乐部工作的稳定有序开展。

二 俱乐部运营模式

（一）践行足球进课堂

发展青少年校园足球是落实立德树人根本任务的育人工程，是提高中国足球普及程度和竞技水平的基础工程，是全面推进体教融合发展的探路工程。优体俱乐部以大力发展校园足球为己任，将"足球进课堂"作为俱乐部的主要运营板块。2015 年 10 月，优体俱乐部通过招投标率先成为上海市闵行区"足球进课堂"合作单位；截至 2018 年底，俱乐部已为上海市松江区、闵行区共 50 所学校、15000 名学生提供"足球进课堂"服务。

自 2018 年起，优体俱乐部与协和教育集团展开全面合作，提供多元化、人性化、国际化的足球课程服务。2019 年，优体俱乐部足球培训工作还延伸至高校校园，与上海师范大学合作开展了"魅力运动 活力青年 阳光校园"高校足球项目。通过专业、科学、系统的足球训练课程，优体俱乐部帮助各个年龄段的学生群体在绿茵场上强身健体、磨砺意志、交友沟通、施展才华。

（二）普及足球兴趣课程

优体俱乐部将足球培训、足球文化、健康生活有机整合，并在社区与学校中传播，不断提高大众对于足球运动的兴趣，培育更多足球体育人口。以足球为载体，让孩子们进行运动体验、文化体验、生活体验。优体俱乐部在闵行、松江、徐汇、青浦、长宁与 50 所学校合作开展课后足球兴趣培训，共计 3200 多名学生参与；在全市开设了 10 个社会培训点，共计 500 多名学生参与。足球兴趣的养成在学生身上反馈出积极的效果，学生的心智、体质都有了明显的变化与进步，获得服务单位和学生家长的一致肯定。除了完善专业的线下课程之外，优体俱乐部还尝试足球线上课程这一特色教学方式。2022年，优体俱乐部开发了"宅家健身强——优体寒假系列课程"，研发的"足球是我们的好朋友"优体足球线上课程上线，形成特色足球培训模式，帮助青少年群体通过"线上学习+随处锻炼"的形式提升运动技能和身体素质。

（三）打造优体足球联赛

比赛不仅能检验训练的效果、促进理解足球常识，同时能增强青少年的团队精神、协作能力，帮助青少年充分学习足球礼仪、感受足球文化、体验足球运动的魅力。3 座优体足球公园落成帮助俱乐部建立赛事主办场地，其中，优体杯青少年足球联赛是优体俱乐部举办的一项成熟赛事，自 2012 年起，优体俱乐部每年举办优体杯小学男子足球联赛，分为 U8、U9、U10、U11 四个组别。同时，优体俱乐部联合闵行区足协举办成人足球联赛，每年上下半年各举办一次。目前，优体杯青少年足球联赛、成人足球联赛已经形成一定的规模和影响力，成为闵行区乃至上海市的群众体育赛事品牌。此外，优体俱乐部还会定期举办公益赛事、嘉年华赛事等足球赛事，依托竞赛的挑战性和对抗性特点增强参赛者的成就感、获得感。

（四）构建足球精英课程

优体俱乐部在普及足球运动的基础上，通过多种手段发掘具有足球天赋的青少年并加以专业培养，为足球事业发展输送专业的足球运动员人才。优体俱乐部各合作学校会在普及培训的基础上挑选优秀人才入选提高班，每校组建 U8、U9、U10、U11 4 支梯队，提高班每周两练一赛。在各校提高班基础上选拔优秀学员组建俱乐部队伍，代表俱乐部参加市级、全国级比赛。目前，优体俱乐部培育的部分学员入选上海市青少年校园足球精英队、上海申花足球俱乐部预备队，赴法国欧塞尔足球俱乐部进行青训，并入选了上海市校园足球联盟初中男子组的最佳阵容。

三 俱乐部未来发展方向

一是提高青训质量，目前足球青训行业发展面临诸多问题，未来青训势必会成为中国足球运动产业的重要组成部分，优体俱乐部将在青少年及幼儿足球培训工作基础上，加强与上海市足球协会等单位的合作，培养更多青训教练，为足球运动普及和足球人才培养打下基础。

二是完善青少年赛事体系，未来优体俱乐部将进一步完善青少年足球联赛体系，将旗下赛事由区级向市级拓展，并进一步将优体足球联赛打造为自主特色品牌赛事，同时达到以赛促教、以赛促研的目的，构建良好校园足球教育教学生态。

三是传播足球文化，目前的足球青训市场更多是带给学员足球技能上的提升，但对足球文化的传播、心理的辅导、健康生活理念的树立缺乏关注。未来优体俱乐部将从足球冬/夏令营、看台文化、儿童足球装备、运动康复、俱乐部衍生品等多个角度为优体会员们提供更多的文化服务。

B.18
发挥龙头企业引领作用，带动区域
体育产业全面发展

——以江苏省体育产业集团为例

顾　晔*

摘　要： 国家体育总局发布的《"十四五"体育发展规划》明确指出，"引导国有体育企业通过资本金注入、股权投资、资产重组、融资担保等方式做大做强"。江苏省体育产业发展水平居全国前列，在国资国企改革中也取得一定成效。江苏省体育产业集团以落实全民健身国家战略为契机，以发展体育现代服务业为重点，以场馆运营管理、竞赛表演、体育设施建设、健身休闲等核心业务为抓手，加强各领域战略合作与资源整合，推进体育产业与旅游、文化、金融、养老、健康等业态融合发展，在推动江苏省体育产业规模、效益和竞争力全面提升中做出重要贡献。

关键词： 体育产业　地方国有企业　产业融合

江苏省体育产业集团（以下简称"集团"）成立于 2015 年 4 月 21 日，是由江苏省人民政府批准并出资设立的省属国有企业集团。集团下设场馆运营、竞赛表演、体育建设、健身休闲四大业务链条以及体育公共服务、体育基金、体育产业资源交易、协同发展与创新四大服务平台。同时，集团充分

---

* 顾晔，江苏省体育产业集团党委书记、董事长，正高级经济师，研究方向为体育产业经济。

发挥省级体育产业运营平台的效能，积极与省市各级行政机构、各单项体育协会、相关企业创新合作方式、建立合作关系、探索合作路径，当前集团已成为推动江苏省体育产业发展的重要经营主体和资源交流平台。

一 核心业务

（一）场馆运营

集团持续推进场馆运营标准化体系建设，积极开展场馆连锁经营、委托经营和代管理业务。截至 2021 年 8 月，集团运营管理的场馆包括宿迁奥体中心、淮安体育中心、泰州市姜堰区文体中心、泰州市医药城体育文创中心、深圳松岗体育中心等 10 家大型体育场馆，年均接待健身人数约 410 万人次，其中南京奥体中心入选国家体育产业示范单位。集团已成为国内具有较强示范效应和品牌影响力的体育服务综合体运营企业。

（二）竞赛表演

集团打造了一支集赛事拓展、宣传策划、市场招商、赛事执行等于一体的体育赛事运营团队。团队赛事运营能力居全国前列，业务覆盖全国 7 个省份，已承办运营国际级、国家级各类赛事近百场，涵盖世界击剑锦标赛、国际智力运动联盟智力运动精英赛、苏州吴中环太湖国际竞走等一批国际顶级体育赛事。

（三）体育设施建设

在体育设施建设领域，集团重点打造涵盖体育设施工艺咨询、开发、建设、运营的全产业链服务核心产品，建设了扬州南部体育公园、泰州姜堰文化与体育设施、浦口区水墨大埝综合体育馆等多个项目，综合实力逐年提升，处于江苏领先地位。同时，集团通过加大产品研发力度，完成 8 件二代智能健身路径设计开发，有效推动业务链完善，扩大业务范围。

（四）健身休闲

集团重点发展体医融合、体教融合、体旅融合等新业态，持续发展多样化健身健康服务，涵盖职工健身疗休养、青少年体育培训、团体定制化健身等项目。在多年培育中，集团逐步形成以凤凰泉健康村、天云湖运动村为载体的健身休闲品牌项目。

二　发展经验

（一）聚焦核心业务，提升市场竞争力

集团在发展中聚焦核心业务板块，不断提升企业市场竞争力。在场馆运营板块，集团积极顺应居民体育消费升级趋势，不断开拓多样化运营管理模式，提升场馆服务水平，深化场馆运营标准化、智慧化建设，推进场馆管理精细化与服务流程标准化，逐步建立场馆运营品牌化优势。在体育设施板块，集团充分利用现有专业优势，延伸产业链，开辟体育技术咨询、场馆运营、赛事组织、施工建设、健身健康服务、体育用品制造等板块业务，推动集团以业务组合模式向市场提供全方位、一体化服务，提升满足客户差异化需求、适应市场变化的能力。在竞赛表演板块，集团致力于构建多层次、多样化的体育赛事活动体系，并主动对接教育、国资等系统及地方政府等领域赛事需求，在全民健身赛事、自主IP赛事等方面全面拓展集团的办赛范围，积累办赛经验。此外，集团还成功进入中小型企业定制赛事业务市场，通过开发并运营企业定制赛事活动，进一步拓展集团赛事运营的广度和深度。在健身休闲板块，集团积极开发运营运动促进健康机构，全力打造体健、体医融合新载体，并成功入选江苏省战略性新兴产业和服务业标准化试点项目。同时，集团探索多样化体旅融合发展路径，如与泰州市大马村依托村企联建模式，深挖乡村自然资源和历史民俗文化资源，推动体育元素与乡村元素的深度融合。

（二）加强战略合作，推动产业融合发展

集团在立足场馆运营、竞赛表演等体育本体产业的同时，积极与多元主体建立战略合作关系，通过与省内各级政府部门、省市两级国企合作推动体育产业的纵深发展，开拓体育与传媒、金融等融合发展的新业态，扩大业务范围，开发和培育新的业务增长点。另外，集团还与体育社会组织和龙头企业开展实质性业务合作，推动企业在场馆建设和竞赛表演等细分领域的专业化、精细化发展。

（三）加快资源整合，优化资源配置

集团通过加大内部资源整合力度，集中优势资源扩大业务规模。同时，集团积极与省体育产业投资基金所投项目建立业务合作关系，加大对基金所投项目的战略性资源引入力度。截至 2021 年 7 月底，基金所投项目已有 2 家企业完成上市，1 家提交登陆科创板申请，基金累计回收资金 3360 万元，初步实现了投资效益与社会效益的较好结合。此外，集团不断推进江苏省体育产业资源交易平台建设，运用现代互联网信息技术，依托上海联交所文体旅资源交易中心为各类体育产业资源交易提供综合性一站式服务，不断促进江苏省体育产业资源交易市场化、透明化、规范化。截至 2021 年 8 月，平台已累计挂牌项目 43 个，成交项目 5 个。

三　未来发展

（一）持续贯彻落实重要战略

未来，集团将继续贯彻体育强国战略、健康中国战略和全民健身国家战略，参与构建更高水平的全民健身公共服务体系，着力推动体育服务业向高品质和多样化升级，加强公益性、基础性服务业供给，探索体育服务业标准化、品牌化建设路径。主动融入"一带一路"交汇点建设、长江经济带发

展、长三角区域一体化发展等，以长三角国际公路自行车穿越赛暨环太湖国际公路自行车赛等大型赛事提档升级为契机，加强与各级政府、体育主管部门的联动，实现区域内省市体育产业的深度合作，继续深挖城市人文底蕴，促进文化、旅游、体育融合发展，助力更多优质赛事落户江苏。

（二）持续增强核心业务竞争力

集团致力于打造一流体育场馆运营管理公司、体育赛事策划运营公司，未来集团将持续增强核心业务竞争力，保持在业内的领先地位，还将继续提升体育技术咨询服务水平，扩大业务影响力，推动省内体育产业与文化、教育、经济和健康产业的融合，形成体医融合、体旅融合、体教融合等特色产业形态。

（三）持续提升体育公共服务水平

未来，集团发展将继续聚焦场馆运营、竞赛表演、体育建设、健身休闲四大业务板块，充分发挥集团旗下大型体育场馆全民健身主阵地作用、群众性赛事活动引领带动作用、体育健身技能培训科学指导作用，积极融入体育强国、健康江苏建设，不断满足人民日益增长的多元化、多层次体育消费需求。

B.19
数字化赋能体育转型升级，开辟体育产业新增长点

——以天马集团为例

施晓晨[*]

摘　要： 天马集团深耕体育互联网消费市场，以数字化升级为核心，融
　　　　　入大数据、云计算等技术。当前天马集团已成为运动品行业专
　　　　　业服务平台，在体育产业新零售、产业互联网平台、产业互联
　　　　　网服务、品牌集群等方面全面发力，为运动品行业实现以国内
　　　　　市场为主体的"国内大循环"以及国内国际"双循环"奉献
　　　　　力量。

关键词： 数字化　体育互联网企业　体育用品

江苏天马网络科技集团（以下简称"天马集团"）成立于2005年，总
部位于江苏连云港，是集平台运作、线上电商零售、线下实体门店、软件研
发、智慧仓储、智慧物流、跨境贸易、电商培训于一体的体育产业互联网集
团公司。天马集团的业务服务运动户外用品消费者、品牌方、数字制造工
厂、中小零售企业、微商、企业网店、实体店、团购代理、电商平台等数十
个主体；涵盖阿迪达斯、耐克、彪马、Tourmark、李宁、安踏等70多个国
内外一线运动户外品牌；企业业务辐射至"一带一路"沿线部分国家，并

---

* 施晓晨，江苏天马网络科技集团董事长助理，研究方向为体育产业、体育数字化。

拥有 1 个技术研发中心、2 个自建电商平台、70 余家网上店铺、100 多家智慧门店和 17 万平方米智能仓储服务中心。2022 年，天马集团销售收入达到 100 亿元，贡献税收约 2.5 亿元，吸纳 2500 名员工就业，已成为中国最大的体育互联网集团之一。

一 基本情况

天马集团以打通全球体育用品供应链为己任，在多年发展中，实现了线上线下库存、订单、销售环节打通，具备多品牌多品类发展的特色，2020 年"双十一"期间更是实现了 5.68 亿元的销售额。天马集团主营业务包括四个板块：一是体育产业新零售线上板块，在天猫、京东、苏宁易购、抖音各大平台开设线上店铺，形成了 70 多个线上店铺的集群，销售量连续多年位居各平台前三；二是体育产业新零售线下板块，在北京、上海、天津等城市开设 100 多家智慧门店；三是产业互联网平台板块，于 2018 年上线的"天马运动"网站和 App，主要为中小企业提供运动品供应链服务，2020 年销售额达到 30 亿元；四是产业互联网服务板块，包括天之捷技术服务、天马云仓储服务、天马电商学院专业电子商务人才培训服务；四是品牌集群板块，目前已代理国内国际 70 多个运动户外品牌，并且建设自有品牌 2 个，收购国外品牌 3 个。

二 发展经验

（一）坚持数字化，以科技赋能企业

天马集团有 17 年的互联网基础和经验，对体育产品市场有深入洞察，以 5G、大数据、云计算技术为新型工具，有效协同整合研发、设计、采购、生产、销售等产品全生命周期各环节。以产业互联网平台模式为切入点，天马集团整合产业链上游 300 余家生产制造商及 100 余家国际知名运动品牌，联通下游网店、实体店、团购公司等多场景分销商，搭建智慧新零售服务平台，通过自主研发的数智化系统，实现了资金流、物流、库存信息流的全渠道打通。

（二）坚持精细化，以需求激发消费活力

市场需求的深度挖掘与开发是激活市场潜力、推动产业长足发展的重要依托。天马集团以线上店铺、线下智慧门店、产业互联网平台为用户消费数据获取的载体，引进大数据相关专业人才，构建全国首个运动品行业的大数据处理中心，通过大数据分析用户的消费行为，勾勒消费者群体画像，指导上游更加精准地设计产品，实现订单式生产，加快推动运动品行业的制造升级、销售升级、定制升级。

（三）坚持品牌化，提升企业市场占有率

天马集团十分重视自身品牌建设，着力打造自有品牌"幸运叶子"，2015 年推动国际最大的运动用品销售公司 Inter sport 与"幸运叶子"进行战略合作，并在北京前门大街开设第一家旗舰店，为"幸运叶子"品牌形象的塑造建立良好开端。随后，天马集团持续推动品牌从线上走到线下，不断增加线下体验店数量，进一步提升品牌影响力。截至 2021 年，"幸运叶子"已经在北京、上海、天津、南京等国内重要城市开设 100 余家旗舰店，积累消费者 2000 余万人，并计划在 5 年内将实体店数量增加至 1000 家，使其成为集团线上线下业务深度融合、平衡库销比、布局新零售赛道的重要依托。

三 未来规划

（一）持续推进数字化升级，服务产业链上下游企业

未来，天马集团将继续优化平台的各大板块功能，以数字赋能持续提升平台的专业化、精细化、规模化水平，打造具有全国影响力的"幸运叶子"

品牌和"天马运动"App，加强底层数据积累，为推动企业数字化转型提供数据支撑。

　　未来，天马集团将以天马电商产业园自建的"天马云仓"（连云港云仓+淮安云仓）基建项目为实体、以电子商务平台为枢纽、以运动行业大数据分析为核心，服务产业链上下游企业。通过 B2B、B2C 应用平台得出全景洞察的消费者画像模型，指导产业链实现定制化生产，同时强化物流、制造企业在供应链层面的深度协同，推动"物流业+制造业"深度融合。

（二）提升跨境贸易能力，服务共建"一带一路"

　　未来，天马集团将持续提升跨境贸易能力，在江苏自贸区连云港片区全力打造运营型商圈和国际跨境进出口商品集聚区，与政府部门合作，打通跨境电商海运物流通道，开通多条跨境运输线路，吸引共建"一带一路"国家商品入驻，线上为主、线下为辅，真正实现"买全球、卖全球"，带动中国体育用品"走出去"。

B.20

打造运动休闲旅游目的地，
推进体育助力乡村振兴

——以山川乡运动休闲乡镇创建工作为例

何海军*

摘　要： 2021年《中共中央 国务院关于支持浙江高质量发展建设共同富裕示范区的意见》发布，支持鼓励浙江先行探索建设共同富裕示范区。近年来，浙江省通过实践证明，运动休闲乡镇建设在乡村振兴过程中可以发挥积极作用，业已成为绿水青山向金山银山转换的重要通道。浙江省安吉县山川乡积极践行"绿水青山就是金山银山"发展理念，深挖自然资源优势，打造特色运动项目，激发龙头企业引领作用，推动政、企、村多方联动，不断培育体育产业新业态、丰富体旅融合发展内涵，为浙江省体旅融合、体育助力乡村振兴探索发展路径。

关键词： 乡村振兴　体旅融合　户外运动

安吉县山川乡位于浙江西北部丘陵地带，山水资源丰富，自2018年3月启动浙江省运动休闲乡镇创建以来，围绕打造"全国一流山地运动度假目的地"的目标，总体形成了涵盖高山滑雪、峡谷漂流、攀岩溯溪、山地骑行、户外拓展、品牌赛事、竹海观光等形式丰富、特色鲜明、

---

* 何海军，安吉县文化和广电旅游体育局党委委员、副局长，研究方向为户外运动产业、区域经济规划等。

品质精良的山地运动休闲生态区。运动休闲乡镇的建立有效带动了当地经济发展，经测算，2022年山川乡运动休闲产业经济贡献占当地农民人均可支配收入的68%、占村集体经营性收入的59.2%、占乡镇财政收入的52%。显然，运动休闲产业发展已经成为山川乡共同富裕示范区建设的核心载体。

一 基本情况

（一）市场活力显著增强

2018~2022年，山川乡累计接待体育旅游人数超700万人次，2022年体育旅游人数突破180万人次，实现营收超7亿元。抽样统计数据显示，对比2018年，2022年山川乡游客平均逗留天数从0.82天增至2.25天；游客平均年龄从40周岁降低到35周岁左右；游客来源地从浙江占主体向浙江、江苏、上海等来源地相对均衡状态转变；人均消费水平从200元左右提高到600元左右。2022年12月至2023年1月，云上草原接待滑雪主题游客超6万人次，实现营收5100万元，同比分别增长200%、195%。

（二）共富效益充分彰显

2018~2022年，山川乡财政收入从2403万元增加到4217万元，年均增长15%。2022年，涉及运动休闲产业的财政收入达2193万元，占比52%。村均集体经营性收入从127.5万元增加到270.5万元，年均增长21%。2022年村均运动休闲产业收入约177万元，运动休闲产业收入最高的村可达498.7万元；农民人均可支配收入从3.63万元增加到5.38万元，年均增长10.3%。2022年人均运动休闲产业收入约3.66万元，占比68%。

（三）品牌价值加快提升

2018~2022 年，山川乡运动休闲品牌日渐走红，到"云上草原去滑雪""不到井空里，不是户外人"等运动 IP 已经形成群众口碑。截至 2022 年底，山川乡已有民宿（农家乐）250 余家，房间均价 600 元/晚。其中，配套床位数 5000 余个，餐位 6000 余位。仙龙峡运动营地、云上草原入选省运动休闲旅游示范基地，"云上草原悬崖秋千"项目入选省运动休闲旅游项目，山川小学入选全国青少年冰雪体育特色学校。山川乡入选全国体育服务综合体，获评全省体育振兴乡村贡献奖。

二　主要举措

（一）聚焦特色、系统布局，构建体旅产业生态

山川乡以创建省运动休闲乡镇为契机，充分挖掘山区地理环境、资源优势，精准定位，专注发展以体育运动为核心的全域体旅产业。围绕打造"全国一流山地运动度假目的地"目标，因地制宜、高点谋划、系统布局，创新构建了"一山、一环、一谷、一体"（"一山"即"云上草原高山旅游度假区"、"一环"即"山地运动体验环线"、"一谷"即"井空里元气谷"、"一体"即"大里户外运动综合体"）的体旅产业发展布局。历经 5 年，总体形成了形式丰富、特色鲜明、品质精良的体旅产业生态。

（二）龙头引领、梯度引育，打造体旅产业集群

山川乡创新提出"一个大项目引领一个产业发展"理念，实现了体旅产业跨越式发展。全力攻坚龙头性、引领性项目，2019 年成功招引落地省重大产业项目"云上草原"。以云上草原为核心，持续放大龙头项目的吸引力和影响力，全方位撬动上下游产业及配套快速集聚，目前仙龙峡户外拓展、浪漫山川国际营地、中国金钱松森林公园等 13 个重点项目已

建成运营，总投资超 30 亿元；星空天文酒店、松鼠部落、野在山川酒店等 10 余家高端酒店和 250 余家精品民宿配套跟进，"1+N"体旅产业集群已基本形成。

（三）多方联动、完善配套，优化体旅产业服务

山川乡运动休闲乡镇通过政府、景区、酒店、民宿、百姓等多方联动，形成了覆盖全域、精细极致的服务体验。目前，乡镇累计改建鸬鸟溪慢行道等健身步道超 40 公里；改建古道 10 余条，登山更安全、体验感更佳；新建改建大小环线等彩虹环线 50 公里，全域串联"浪漫山川"网红骑线；加强"1+6+N"运动驿站布局，系统提升标识标牌建设；新建集散中心 1 个，运动小镇客厅 1 座，停车场 4 个、新增停车位 5000 余个，全面实施"饮用水达标提标"和"全域供电改善"工程，有效解决用水、用电、停车难题。同时，推进各主体创意营造体旅融合空间，嵌入体育设施、拓展运动时空，累计完成项目 50 余个。高标准建设百姓健身房、户外拓展基地等体育场地，建成省级体育公园 1 个、省级多功能运动场 2 个，全乡人均体育场地面积达 41.72 平方米，全方位提升体育旅游产业配套设施与服务水平。

（四）丰富内核、抢占风口，打响体旅产业品牌

山川乡推出"活动+赛事+教学"立体游玩模式，叠加流量密码优势，持续提升浪漫山川体旅品牌影响力。因时因地，创新推出四季旅游主题活动，春赏花、夏玩水、秋登山、冬滑雪极具体旅融合体验感。专业专项，积极举办体育健身活动，连续四年举办"全国山地户外运动多项赛"并成功列入省级品牌体育赛事。探索市场化办赛途径，邀约国际知名选手参赛，参考"私域流量"与"裂变营销"模式，借助各类网红博主、"大V"私域流量推广，放大赛事经济效益。利用高山草坪资源建成华东地区最大且唯一拥有中高级专业雪道的滑雪场，推出"冰雪+"系列旅游产品，掀起滑雪热潮。山川乡通过各种方式不断拓展业务范围，深入打造独特IP，持续扩大品牌影响力，打造体旅产业新标杆。

三　未来规划

（一）坚持深耕运动休闲赛道

一方面，做好运动时尚趋势研判。未来，山川乡运动休闲乡镇将持续加强运动时尚趋势研判，从需求结构、产业体系、空间分布、社交属性变化演绎中寻找消费新增长点，为地区发展蓝图锚定清晰主题定位。另一方面，突出生态山水资源转化。山川乡运动休闲乡镇将进一步创新体制机制，围绕丰富的地形地貌条件，建立可开发生态资源库，明晰做活产权、经营权、开发权，建立利益联结机制，让更多户外运动休闲产品与地方发展无缝衔接，创造更高的生态体育价值。

（二）持续创新产品与服务

未来，山川乡运动休闲乡镇将把创新四季运动产品和延伸现有主题服务列为重点任务，聚焦季节性、时令性运动休闲主题打造特色产品，持续推动运动休闲新业态的涌现，抓住消费热点和发展机遇，并将消费者的体验感作为服务延伸的关键指标，通过场景化消费需求和运动休闲业态紧密结合，不断提高消费者的运动休闲体验感和满意度。

（三）深入实施融合发展战略

运动休闲产业是跨领域、多元化发展的新型服务业综合体，涵盖体育、旅游、文化、环保等各个领域，集纳制造业、游戏游艺娱乐业、餐饮住宿业、文化艺术业等众多行业。未来山川乡会愈加重视与重点行业、品牌企业、媒体媒介的资源整合，实现区域自主运动品牌与企业个体品牌的良性互动。同时，山川乡还将重点依托地区资源禀赋条件，引进专业团队，积极开发山地、水上、溪流、丛林等户外赛事，规范安全保障措施，提升活动体验，通过赛事活动市场竞争力的提升拉动地区消费力增长，扩大市场影响。

B.21
擦亮城市赛事文化名片，激发产业发展活力

——以海宁国家体育产业示范基地为例

谢福成[*]

摘　要： 体育赛事对体育产业发展具有重要引领作用，海宁市通过实施培育品牌赛事、丰富赛事内涵、提升赛事价值等一系列措施丰富优质体育赛事供给，打造规则明晰、层次多样、群众喜爱的赛事活动体系，并以举办赛事活动为契机促进赛事与文化、旅游、教育、商贸、健康、科技、制造等领域多元融合发展，推动"体育"模式的构建，助力海宁体育产业转型升级。

关键词： 体育赛事　品牌赛事　体育产业

　　海宁市积极探索"体育"办赛模式，打造"轮滑""游泳""台球"等城市体育赛事名片，拥有省级以上体育赛事活动84项，国际级、国家级赛事23项，并培育出CBSA海宁斯诺克国际公开赛、中国·海宁国际速度轮滑公开赛、海宁国际追潮马拉松、长三角国际高尔夫精英邀请赛等一批本土赛事品牌。近年来，海宁因举办赛事获中央电视台报道累计时长119分钟、浙江电视台报道累计时长135小时，每年因赛事活动留宿海宁的人员达13000人，带动相关消费7590余万元。

---

　　* 谢福成，海宁市文化和广电旅游体育局体育科科长，研究方向为体育产业。

一　发展经验

（一）培养品牌赛事

通过积极引进大型赛事，不断承办大型赛事，海宁市培育发展了一大批具有丰富办赛经验的运营主体，最终推动一批品牌赛事在此长期落户。近年来，海宁市抓住机遇，先后引进了包括 CBSA 美式九球世界公开赛、世界杯轮滑公路马拉松赛、亚洲轮滑锦标赛、环太湖国际公路自行车赛等在内的 8 项国际级比赛以及 16 项国家级比赛和 54 项省级比赛，满足全市体育爱好者观赏和参与顶级赛事的需求。在此基础上，海宁市进一步推进赛事管办分离，着力发挥市轮滑、游泳、台球协会等体育组织在办赛中的积极作用，提升相关体育组织与人员的专业化水平。此外，海宁还十分注重赛事人才的引进和培育，这使得赛事的市场化运营主体在众多赛事承办经验的滋补下不断成熟壮大。最终，由于具备扎实充分的体育赛事软硬环境，促成了中国·海宁国际速度轮滑公开赛、CBSA 海宁斯诺克国际公开赛、海宁国际追潮马拉松等赛事的长期落户并成为海宁市的品牌赛事。

（二）提升赛事影响

海宁市在办赛过程中，巧妙借用体育明星效应吸引各类媒体关注，显著扩大赛事的影响范围。在举办高规格赛事期间，邀请体育明星参与推广活动，借助体育明星的吸引力吸引各类媒体，由此获得全国乃至全世界的广泛关注。以 CBSA 海宁斯诺克国际公开赛为例，世界排名第一的职业斯诺克选手马克·塞尔比连续两年参加该比赛，参观硖石灯彩，吸引央视报道 10 余次，世台联官方微博也关注宣传。

（三）融入本土文化

为进一步彰显海宁特色，海宁市将本土文化巧妙融入比赛的各个流程，打好赛事影响力与本土文化的组合牌。如第六届环太湖国际公路自行车赛赛道规划贯穿盐官观潮景区和百里长廊绿道，借助直播，向全世界 100 多个国家和地区大力推介、突出展示海宁潮文化。CBSA 海宁斯诺克国际公开赛期间，邀请世界排名第一的职业斯诺克选手马克·塞尔比参观皮革城灯展，让设计有潮宝、台球形象的国家级非遗硖石灯彩刺片亮相斯诺克公开赛颁奖仪式等，有力展示了海宁的特色灯文化，将海宁本土文化向全世界推介。

（四）创新"体育赛事+"融合

海宁市改变过往大型赛事一般都在体育馆内举办的传统，首度将举重国家级比赛放入皮革城和银泰城等城市综合体商场，"体育赛事+商业综合体"这一创新举措让市民在逛商城的同时免费欣赏高水平的体育赛事，赛事与商场的互相引流，既为赛事提高了曝光度又带动了商场的消费，这种创新双赢的新办赛模式得到了国家体育总局主要领导的充分肯定。另外，由于每年会有数万名市外运动员因赛事来到海宁，并在这里生活一段时间，海宁市关注到赛事期间"体育赛事+消费"的巨大潜力，每次赛事都会专门设计不同主题的"Sport Plus"城市卡，运动员在赛事期间只要出示身份证或城市卡就能在海宁免费游览景点，还能获得各种吃、住、行方面的优惠。正是这类创新的"体育赛事+"融合，让赛事经济逐渐成为海宁第三产业的新引擎。

二　未来举措

（一）持续激发社会力量

海宁市现有体育产业和体育事业的发展离不开社会力量的大力支持，正是社会力量在举办赛事、修建体育设施等方面的广泛参与，才有了如今海宁市的蓬勃发展。未来，海宁市将深化"社会力量办体育"改革，打通社会资本进入体育产业领域的信息堵点和壁垒，破解信息不对称难题，鼓励、引导更多社会资本进入体育产业，持续激发各类社会资本对办体育的参与热情，打造社会力量办体育的"海宁样本"。

（二）进一步扩大产业影响

未来，海宁市将立足现有体育产业基础，尤其是体育赛事资源，进一步扩大产业影响。在赛事领域，海宁市将继续提升现有品牌赛事的办赛质量，以更高水平、更专业的赛事获得更大的影响力，擦亮体育赛事的海宁名片。同时，努力发挥举办大型赛事的普惠价值，让群众共享办赛实惠，如通过免费或低收费开放体育场馆，满足全民健身需求，让广大市民真切感受到办赛给城市、给生活带来的价值。另外，还需要加强体育赛事与文化、旅游、健康、科技等领域的创新融合，写好"体育赛事+"文章，让体育赛事带来的经济效益不再局限于赛时，而是努力将"赛时经济"扩展延伸为"赛事经济"，实现可持续发展。

B.22

聚焦"智慧体育"细分赛道，提升产业发展硬实力

——以合肥高新区国家体育产业示范基地为例

徐 明[*]

摘 要： 2021年，合肥高新区入选国家体育产业示范基地。搭建"智慧体育"平台、成立体育产业基金、发挥产业集聚效应等工作，对当地的经济发展、企业发展起到了重要作用，合肥高新区已然成为合肥市体育产业和体育事业发展的辐射带动基地。未来，合肥高新区将从招商引资发展、培养产业和企业品牌、支持骨干企业和重点项目等方面持续发展区域体育产业，发挥好集聚效应，打造全国智慧体育产业发展样板。

关键词： 体育产业 智慧体育 国家体育产业示范基地

合肥高新区国家体育产业示范基地（以下简称"基地"）位于安徽省合肥市西侧，占地面积128平方公里，交通便利。基地内体育产业企业密集分布，科技创新要素集聚和综合生产成本优势明显。基地紧紧围绕"智慧体育"这一主题，力争打造集高科技体育产品制造、体育孵化器、体育赛事运营、体育场馆运营和体育生态公园于一体的国内重要、省内一流体育产业发展样板区。

---

* 徐明，合肥高新区社会发展局文体处处长，研究方向为智慧体育新场景应用。

一　基本情况

目前，基地已初步形成体育公共服务与市场服务相结合、体育制造业与体育服务业协同发展、体育事业与体育产业协调发展的良好局面，成为推动经济社会持续发展的重要力量。基地拥有自主知识产权国家专利 271 件、高新技术企业 37 家，共有体育产业企业 257 家，其中体育骨干企业 4 家，先后培育出以华米科技、波动体育、体育智谷、德仁体育等为代表的一批高新技术体育制造与服务企业，其中包括 1 家省级体育产业示范基地、1 家省级体育产业示范单位、2 项省级体育产业示范项目。另外，基地现有各类体育场馆 26 个，占地面积 38.88 万平方米，有国家级体育公园 1 处、各式足球场 8 处、全民健身苑 62 处、笼式多功能健身场 5 处、游泳场馆 1 个、社区体育俱乐部 5 处，人均体育场地面积约 1.39 平方米，全年举办大型赛事超过 50 场，参赛人数超过 50 万人次。

二　发展经验

（一）强有力的政策支撑

近年来，根据《体育强国建设纲要》和《关于促进全民健身和体育消费推动体育产业高质量发展的意见》文件精神，省市相关部门先后出台了《安徽省人民政府关于提升产业基础能力和产业链现代化水平的实施意见》《2020 年支持制造强省建设若干政策实施细则》《合肥高新区建设世界一流高科技园区若干政策措施》等各级支持政策文件。这些相关支持政策为基地的快速发展提供了强有力支撑。基地坚定不移地抓体育产业发展，大力实施创新驱动战略，加大对体育产业以及科技创新的投入，制定了一系列企业创新政策激励机制和服务引领机制，鼓励培育和发展体育产业。

（二）得天独厚的智力资源优势

基地拥有得天独厚的人才资源和技术资源优势。目前，基地拥有市级以上高层次人才 513 人、战新人才 142 人，累计汇集省级以上研发平台 189 家、国字号创新平台 21 家，聚焦人工智能、量子信息、集成电路、生物医药、新能源、先进制造等高端产业。同时，每年基地都积极引导和鼓励企业与高等院校、科研院所进行长期合作，共建研发机构、技术研究中心等各类研发平台，深化产学研合作。高精尖人才资源汇集于此，为基地体育产业的转型升级、数字赋能、科技创新等创造了优异条件。

三 未来举措

未来，基地将从智慧体育平台、体育产业基金、产业集聚效应等方面进一步招商引资，发展、培养产业和企业品牌，推动整个园区科技型体育产业的发展与壮大，发展区域体育产业。

（一）汇聚"脑力"，搭建智慧体育平台

基地将积极开展与安徽省软件协会、中国科学院智能所、中科大以及合工大等科研平台的深度合作，筹备数字体育实验室。以"形成数字体育产品体系和服务体系、打造数字体育合肥模式"的目标，针对数字跑道、智慧赛道、智能场馆、运动康复、虚拟现实及现实增强等数字体育的关键技术和共性技术进行攻关，大力培育数字体育人才，打造"产教融合"实践平台，用数字体育的技术方法支撑产业发展，力求全面拓展数字体育发展空间。

（二）发力"造血"，成立体育产业基金

基地现已成立规模达 5 亿元的体育产业基金，吸引了国内多家社会资本，由专业公司进行基金管理，优先投资基地内体育产业项目。基金围绕

"体育+科技""体育+健康""体育+医疗""体育+文旅""体育+消费""体育+教育"等产业，重点投资 A 轮之后商业模式通过验证的成长期体育产业项目，目标是形成城市体育新品牌、催生体育项目生态圈、建设体育产业综合体，最终铸造拉动基地体育产业发展的"三驾马车"。未来，还将通过创造良好的产业发展环境和制定优惠的招商引资政策，加大招商引资力度，把"招大商、引大资、引外资"作为招商引资的方向，力争引入优势科技型体育企业 100~150 家。

（三）强化"肌体"，发挥产业集聚效应

基地致力于打造"国内一流、国际知名"的体育智能制造与服务产业基地，通过深入谋划和推进"体育+旅游"、重点发展体育装备制造业、大力发展马拉松等体育赛事服务、加快发展青少年羽毛球教育与培训、积极抓好体育潜力产业等一系列重要举措，积极培养产业品牌和企业品牌，积极引导鼓励出口企业开展国际质量认证、产品认证和安全认证，以获取进入国际市场的通行证。未来，基地力争培育年产值亿元以上的龙头企业超过 3 家、年产值 5000 万元以上的优势企业超过 10 家、规上体育企业超过 30 家，智能制造、赛事服务和职业体育企业要争创中国驰名商标 1 枚、中国名牌产品 2 个、合肥市著名商标 5 枚以上，形成一批带动性强的产业骨干龙头企业。

B.23
发挥生态资源优势，发展
体旅融合特色产业
——以马仁奇峰森林高空体育旅游项目为例

孙修楷*

摘　要： 马仁奇峰景区的森林高空体育旅游项目是国家体育总局认定的国家体育产业示范项目。凭借境内丰富的体旅融合资源，马仁奇峰景区已经成为高空体验观景胜地。通过始终坚持绿色开发的原则以及不断探索新型旅游资源发展方式，马仁奇峰景区建设了玻璃栈道、森林滑道、高空漂流等王牌项目，为景区和周边带来了较好的经济和社会效益。未来，马仁奇峰景区将持续开发更高质量的户外体育旅游项目并组织更多体育赛事丰富体育旅游内容，给予游客独特的旅游体验。

关键词： 体育旅游　体旅融合　体育产业

体育旅游是体育产业与旅游产业深度融合的新兴产业形态，是丰富体育形式、传播体育文化、发展体育产业的有效方式。随着我国体育旅游消费不断走向大众化，体旅融合发展已经成为带动地方发展的有力引擎。具有丰富生态资源和坚实体育基础的安徽省芜湖市马仁奇峰森林高空体育旅游项目已成为国内与时俱进的体验式旅游精品景区，被国家体育总局认定为"国家体育产业示范项目"。

---

* 孙修楷，安徽省马仁奇峰文化旅游股份有限公司总经理，研究方向为体育产业、示范基地的产业创新。

一　基本情况

马仁奇峰景区位于安徽省芜湖市繁昌县孙村镇境内，总面积 3.3 平方公里，最高海拔 316 米，因有"奇峰""奇壁""奇柱""奇洞""奇屋""奇林"之景，被称为"马仁奇峰"。马仁奇峰景区山峦秀丽、植被良好，被评为国家 AAAA 级旅游景区、国家级森林公园、第七批国家地质公园、全国农业旅游示范点、芜湖市科普教育基地。近年来，马仁奇峰景区积极开发户外运动资源，建设徒步登山、丛林穿越、森林滑道、高空漂流、飞龙玻璃桥、绝壁天梯栈道等旅游项目，探索高空体育旅游发展方式。

二　发展经验

（一）坚持绿色开发原则

马仁奇峰景区自 2002 年开发之初便坚定把握生态底线，通过发展旅游来保护式开发绿色资源。在管理体制方面，马仁奇峰景区全面落实林长责任制，并设立专职护林员每天对景区进行巡逻和检查，建设天然楠木保护工作站，对景区内近千亩共计 6 万多株天然楠木林分三个等级进行挂牌保护，看护每一棵原始楠木。在开发规划方面，景区将森林景观资源融入自然生态开发，打造"竹海"、"槠海"、"楠海"和"梓海"四片休闲区，并在休闲区修建跷跷板、秋千、踏浪道等娱乐设施，在楠木林中安装石桌、石凳、吊伞、木屋等休闲设施，使游客在苍翠的树林中体验天然森林氧吧的快乐。在科技赋能方面，马仁奇峰景区在全国范围内首次提出"五位一体"概念，通过景区内 Wi-Fi、广播系统、监控的全覆盖以及一键报警系统和智慧导游系统的建设，在为来往游客提供便利的同时及时防范森林火情和乱砍滥伐现象。

（二）因地制宜创新开发

经过景区总体规划的调整和报批，马仁奇峰景区的开发部门因地制宜、巧妙设计，利用山上荒废的山石场地、被水流冲刷侵蚀的山沟等闲置场景建设各种体验项目，还建设了一批高空旅游项目，包括飞龙玻璃桥、高空玻璃栈道、玻璃滑道、高空滑索等，其中"绝壁天梯栈道"位于景区主峰的悬崖峭壁之上，是国内首座带有天梯的玻璃栈道。随着进一步开发，马仁奇峰景区完成了玻璃栈道的亮化工程，于2020年开放推出"森林祈福泼水节""大型灯光实景演出""森林奇妙夜""5000米沉浸式体验三玻"等夜间游玩项目。这些项目逐渐成为马仁奇峰的王牌体验项目，带动景区实现连续盈利，进一步提高了景区的吸引力和核心竞争力。

三 项目效益

（一）体旅融合，经济效益显著

2016年1月，安徽马仁奇峰文化旅游股份有限公司正式登陆新三板。但由于缺少旅游项目，马仁奇峰景区连年亏损，游客接待量停滞不前。不过随着观光索道、玻璃栈道、玻璃桥等项目的建成，马仁奇峰景区首次实现阶段性盈利，从2017年起，马仁奇峰景区实现连续盈利。2017年9月，长城影视收购安徽马仁奇峰文化旅游股份有限公司64.5%的股份，成为其控股股东。《长城影视股份有限公司2020年年度报告》显示，截至2020年12月31日，经具有证券期货从业资格的会计师事务所审计，马仁奇峰2017年度、2018年度、2019年度、2020年度累计实现扣非后的净利润14230.80万元。

（二）产业发展，社会效益突出

马仁奇峰景区成功带动了当地居民的直接和间接就业，吸引了诸多制造业下岗员工和外出返乡人员就业。据悉，目前马仁奇峰景区的直接就业人数为 200 余人，带动周边农民直接和间接就业近万人。尤其是在旅游旺季，繁昌县孙村镇以"慢调生活、健身休闲、农耕体验、美食养生"为理念，以马仁奇峰景区为核心辐射带动周边区域休闲度假和乡村旅游产业发展，建设了一大批有历史、有文化、有内涵的示范点，如"石雕农家"代亭村、"徽姑娘农家乐"楠溪农庄、"春谷民宿"长寺村、"英雄山村"中分村等。这些举措带动周边土特产店、农家乐以及民宿的收入大幅提升，助力繁昌县实现乡村振兴目标。

四　未来规划

依托本地生态资源，因地制宜地将特色体育项目融入旅游产业是马仁奇峰景区获得成功的关键。未来景区将继续坚持这一发展路径，坚持保护式开发生态资源，坚持多元特色化发展。

一是统筹生态环境保护与旅游资源开发，协调人与自然的关系，促进人与自然和谐发展。马仁奇峰景区将进一步运用数字化技术、互联网技术做好环境监管和旅游监管工作，推进本地体育旅游产业的可持续发展。

二是开发更多适合广大群众参与互动的户外体育旅游项目。除各项高空玻璃系体验项目外，马仁奇峰景区正计划推出更多惊险刺激的高空飞车表演项目，如在山峰之间表演骑摩托车、骑自行车、反转倒立等，满足游客在户外追求极限体验的诉求和愿望。

另外，景区将在保证安全的前提下组织相关体育赛事，吸引国内外运动员参与，并借此机会获得更多关注以吸引更多游客。在 2020 年劳动节期间，马仁奇峰景区就针对高空玻璃栈道推出挑战高空铁人三项的活动，组织运动爱好者挑战在玻璃桥上做高空俯卧撑、指压板跳绳、平板支撑等运动，取得了较好的市场效益。未来景区将利用森林资源组织定向跑、登山赛等运动项目，给体育爱好者带来更为独特的体验，打造属于马仁奇峰的品牌赛事。

Abstract

The integrated development of the Yangtze River Delta (YRD) region has entered a new stage, from an initial geographical concept to a later economic concept, and then upgraded to a national strategy. In 2018, General Secretary Xi Jinping pointed out in his speech at the opening ceremony of the first China International Import Expo that "the integrated development of the Yangtze River Delta region will be supported and upgraded to a national strategy, and will be coordinated with the 'Belt and Road' construction, Beijing-Tianjin-Hebei coordinated development, Yangtze River Economic Belt development, and Guangdong-Hong Kong-Macao Greater Bay Area construction, so as to improve the spatial layout of China's reform and opening up". In July 2019, led by the National Development and Reform Commission (NDRC), and formulated in conjunction with relevant state ministries and departments of three provinces and one city, the The Outline of the Plan for the Integrated Development of the YRD clearly defines the strategic positioning of the YRD region as "one pole, three zones and one highland": Through integrated development, the YRD region will become a strong and active growth pole for the national economic development, a model zone for the national high-quality economic development, a leading zone for taking the lead in the basic realization of modernization, and a regional integration and development zone. Through integrated development, the YRD will become a strong and active growth pole for national economic development, a model zone for high-quality development of the national economy, a leading zone for the first to achieve basic modernization, a demonstration zone for integrated regional development, and a new high ground for reform and opening up in the new era.

The YRD region is also the earliest region in China to carry out regional cooperation in the sports industry, and has gone through eleven years of development so far. The region has gathered rich sports industry resources such as professional sports, sports events, sports and leisure, sports training, sports equipment and e-sports, etc. Meanwhile, the circulation of industrial resources such as sports headquarters economy, sports financial market and sports trade transactions is convenient, which provides an important elemental foundation for the development of the sports industry. As a result, the overall development level of the sports industry in the YRD region is in the forefront of the country. 2021, the total scale of the sports industry in the YRD region will reach 1295. 61 billion yuan, accounting for 41. 6% of the country, and the added value will be 437. 18 billion yuan, accounting for 1. 58% of the GDP of the YRD in the same period, which is higher than the national average level. The development and growth of the overall scale of the sports industry has also driven the rapid development of market players and residents'sports consumption. On the one hand, there will be more than 115000 sports industry market players in the YRD region in 2021, accounting for more than 1/4 of the total number of sports industry market players in the country; and the advantages of the sports enterprises in the YRD region are not only embodied in the "quantity", but also in the "value" of the enterprises. The advantages of sports enterprises in the YRD region are not only reflected in "quantity", but also in "quality". At present, there are more than 20 main sports enterprises in the YRD region listed on the A-share or Hong Kong stock market, and there are 14 enterprises specializing in specialties and innovations in the field of sports, which are becoming the key factors for integrating regional resources and reshaping the regional industrial structure. These enterprises are becoming a key force in integrating regional resources, reshaping the regional industrial structure and changing the pattern of industrial competition; on the other hand, in 2022, the total sports consumption of residents in the 10 national sports consumption pilot cities (districts) in the YRD region will reach 194. 65 billion yuan, and the per capita consumption of sports in eight cities (districts) will exceed the 3000 yuan mark, which is the first echelon in the country.

In recent years, with "high quality" and "integration" as the core concepts, and from the height of grasping the new development stage, implementing the new development concept, and constructing the new development pattern, the integrated development of the industry has achieved stage-by-stage results, and in the following aspects Establishing a long-term cooperation mechanism to realize interconnection and intercommunication; leading regional cooperation with project implementation to realize mutual promotion and advancement of cooperation; establishing a cooperation mechanism for government, industry, academia and research to realize mutual reference and mutual reference of achievements; taking sports industry as a breakthrough to realize mutual enjoyment and mutual promotion of sports elements; and innovating ways of collaboration in practice to promote collaboration to high quality and other aspects to make substantial progress. The Report on the Development of the Sports Industry in the Yangtze River Delta Region (2022 - 2023) is an annual report reflecting the development of the sports industry in the YRD region organized by the YRD Regional Sports Industry Collaborative Association, and the sports bureaus of the three provinces and one city, the Shanghai University of Physical Education and other units have participated in writing some chapters of this report. This report comprehensively compiles the current situation of the development of the sports industry in the YRD region, analyzes the practical experience of regional sports industry collaboration, and the next step to continue to promote the integration and high-quality development of the sports industry, for reference and exchange.

Keywords: Sports Industry; Yangtze River Delta Region; High Quality Development

Contents

I General Report

Abstract: The implementation of the national strategy for the integrated development of the Yangtze River Delta (YRD) is a major deployment made by the CPC Central Committee with an eye to the overall situation of reform, opening up and modernization in the new era. The integration of sports industry in Yangtze River Delta is an important content of the integrated development of Yangtze River Delta, which is of great significance to lead the high-quality development of sports industry in the whole country and help the construction of a strong sports country. In recent years, under the guidance of the "Yangtze River Delta Regional Sports Industry Integration Development Plan (2021–2025)" and other policies, the three provinces and one city have actively responded to the challenges of the external environment, and pushed the development of the regional sports industry into the "integration" and "high quality". The development of regional sports industry has been pushed into a new stage of "integration" and "high quality". In the future, the sports industry in the Yangtze River Delta region should grasp the development opportunities brought by the restoration and expansion of consumption, the hosting of major events such as the Asian Games and the stepping into a new stage of integration and collaboration, and make efforts to seize the strategic high point of the global sports industry competition, and further build itself into a leading international modern sports industry cluster, a leading area for the construction of a new pattern of sports promotion and double-cycle development, a pioneer area of high-quality development of the national sports industry and a demonstration area for the integrated development of the regional sports industry. Integration Development Demonstration Zone.

Keywords: Yangtze River Delta Integration; Sports Industry; High Quality Development

Ⅱ   Regional Reports

B.2   2022−2023 Shanghai Sports Industry Development Report

Yu Shiping, *Qian Ruobing* / 027

Abstract: This report systematizes the basic situation of the development of Shanghai's sports industry in 2022−2023. Overall, Shanghai's sports industry has resumed its growth trend in recent years, and has achieved remarkable results in terms of industrial scale, market players, industrial foundation, sports consumption, and so on. A series of landmark achievements have been made in the fields of building a modern sports industry system, enhancing the competitiveness of market players, enriching the supply of products and services, highlighting the integration function of sports, and enhancing the effectiveness of management and other industrial work. In order to give better play to the positive role of sports industry in promoting high-quality development and creating high-quality life in Shanghai, efforts should be made to enhance the policy support of sports industry, fully release the potential of sports demand, support the innovation and development of sports enterprises, accelerate the energy level of the sports industry, improve the spatial pattern of the sports industry, and contribute to the construction of a globally famous sports city.

Keywords: Sports Industry; High Quality Development; Modern Sports Industry System

B . 3 2022－2023 Jiangsu Province Sports Industry Development

Report *Zhao Aiwu , Sun Haiyan and Wang Lili* / 056

Abstract: In recent years, with the in-depth implementation of the strategy of national fitness and the strategy of healthy China, China's sports industry has shown great market potential and strong development momentum. Jiangsu has been in the forefront of the development of sports industry in the country, and has created a lot of models and experiences in the integration and innovation of sports industry, which has certain reference value for the integrated development of sports industry in Yangtze River Delta. This report shares the work situation and experience from three sections, namely the integration of sports and tourism, the integration of sports and health, and the integration of sports and education respectively. In terms of sports and tourism integration, we have strengthened departmental coordination, carried out a new round of strategic cooperation on sports and tourism integration, vigorously developed the outdoor sports industry, specified four "focuses", and solidly promoted the high-quality development of sports and tourism in the 14th Five-Year Plan. In the integration of sports and health, highlighting the construction of carriers, actively integrating resources, and vigorously promoting the construction of provincial, municipal, county and village-level sports and health integration services and platforms; focusing on long-term development, adhering to the problem-oriented, and exploring to enhance the level of services for the integration of sports and health; perfecting the top-level design, strengthening the policy guarantee, and establishing and improving the development mechanism of departmental coordination and broad participation of the community. In terms of integration of sports and education, further optimize the supply of public services for youth sports; build a diversified talent cultivation position and improve the quality of reserve talents delivery. It is found that there are problems such as imbalance and insufficiency in the supply of public services for youth sports, obstacles in the system and mechanism for cultivating reserve talents in youth sports, and the depth and strength of the integration of sports and education needs to be expanded, etc. In the future, the construction of the public service system for youth sports will be further improved, the construction of the system for amateur training will be improved, and the construction of the system for the cultivation of coaches and physical education teachers will be improved.

Keywords: Sports Industry; Sports Consumption; Main Body of Sports Market; Sports Service Industry

B.4 2022~2023 Zhejiang Province Sports Industry

Development Report *Zhuang Shumin*, *Shu Dengpan* / 087

Abstract: At present, Zhejiang Province is constantly competing to build a modern sports powerhouse, and the province's sports industry is at an important node turning to high-quality development. Since the 20th National Congress of the Communist Party of China, the province's sports industry work has been anchored in creating a new highland for the trillion-dollar sports industry, accurately implementing the "five major projects", vigorously promoting sports consumption, strengthening supply innovation, and achieving remarkable results in promoting the high-quality development of the sports industry, highlights galore. This report systematically sorts out the development status of the sports industry in Zhejiang Province in recent years, summarizes and sorts out the work measures of Zhejiang Province in the fields of building a sports industry development carrier, promoting development level evaluation, and building a sports consumption center, further clarifying the development ideas of the sports industry in Zhejiang Province, and Propose development prospects in the fields of digital sports, smart sports manufacturing, sports venue facility construction, brand event cultivation and outdoor sports development.

Keywords: Sports Industry; High-quality Development; Outdoor Sports; Zhejiang Province

Abstract: In recent years, the overall development trend of sports industry in Anhui Province has been favorable, and the sports industry continues to help economic development. At present, the scale of sports industry in Anhui Province continues to expand, the structure tends to be reasonable, and the depth of industrial integration is promoted; at the same time, the development of various subsectors in the industry is thriving, with the sporting goods manufacturing industry reaching a new record high, the sports fitness and leisure industry growing steadily, the momentum of the sporting goods sales industry being strong, the sports venues service industry being steadily improved, and the sports media and information service industry developing rapidly; moreover, the regional integration of the provincial sports industry is becoming more and more obvious, and has formed a more comprehensive sports industry. In addition, the regional integration of sports industry in the province is becoming more and more obvious, and has formed a better agglomeration and radiation effect. In the next stage, the sports industry in Anhui Province will mainly focus on growing the market main body, deepening industrial integration, optimizing industrial layout, and improving the talent cultivation system, etc. , to steadily promote the construction of a strong sports province, and help the high-quality development of the sports industry in the province.

Keywords: Sports Industry; Regional Development; Industrial Integration

Ⅲ   Industry Reports

Abstract: At present, the Yangtze River Delta Economic Zone outdoor sports industry is developing vigorously, the system of outdoor sports forms is becoming more and more perfect, the concentration of outdoor sports industry is becoming more and more prominent, the development of outdoor sports tourism is continuing, and the events of outdoor sports brands are becoming more mature, the main body of the outdoor sports market has been growing, the outdoor sports infrastructure has been gradually consolidated, and the outdoor sports industry, such as mountain outdoor sports industry, water sports industry, motor sports industry and so on, has been continuously developed. At the same time, the rapid development of the outdoor sports industry in the Yangtze River Delta has also exposed some problems: the shortage of outdoor sports facilities, the lack of effective supply of services; The outdoor rescue needs to be improved, the industry supervision needs to be strengthened, the standard system needs to be improved, and the legal protection needs to be strengthened. Facing these problems, the Yangtze River Delta Economic Zone outdoor sports industry urgently needs to strengthen the construction of outdoor sports venues and facilities, speed up the transformation and upgrading of the outdoor products manufacturing industry, and promote the integrated development of outdoor sports and other industries, to enrich the supply of outdoor sports products, cultivate the main outdoor sports market, release the potential of outdoor sports consumption, and strengthen the support of outdoor sports services.

Keywords: Outdoor Sports Industry; Sports Tourism; Outdoor Project

B.7 2022−2023 Sports Goods Manufacturing Development Report in the Yangtze River Delta Region

Xu Kaijuan, Wang Shiman / 143

Abstract: Sporting goods manufacturing industry is an important part of the sports industry and the foundation of sports industry development. The sporting goods manufacturing industry in the Yangtze River Delta region has a grand scale and a large number of market players, with outstanding industrial contribution and industrial influence. In recent years, the development of the sporting goods manufacturing industry in the Yangtze River Delta region has shown an obvious trend of agglomeration and development, the highlighting of the characteristics of high-end products, the continuous improvement of the level of intelligent manufact-uring, and the remarkable results of green transformation. At this stage, the sporting goods manufacturing industry in the Yangtze River Delta region exists in the industry set but not clusters, high-end supply is insufficient, the innovation drive is not strong, the transformation of power is insufficient and other issues. In view of this, it is proposed to strengthen support and guidance, build advanced industrial set, promote enterprise transformation and upgrading, enrich high-end product supply, promote product technology innovation, accelerate the intelligent upgrading of enterprises, promote the construction of green system, enhance the level of industrial greening and other initiatives to promote the sustainable development of sporting goods manufacturing industry in Yangtze River Delta region.

Keywords: Yangtze River Delta Region; Sporting Goods Manufacturing Industry; Isted Companies

B.8 2022-2023 Development Report on Cooperation in Organizing Competitions in the Yangtze River Delta Region

Zeng Xinfeng / 169

Abstract: This report systematically combs through the current development status of cooperative tournament hosting in the Yangtze River Delta (YRD) region, benchmarking against key domestic and international regions such as the Beijing-Tianjin-Hebei region, the London Metropolitan Area, and the Great Lakes region of the U.S. This report profoundly summarizes the experience of regional cooperation in hosting tournaments, and identifies the shortcomings and room for improvement in the YRD's cooperative tournament hosting. This report focuses on the core problems of the Yangtze River Delta, such as the low level of events, the unsound mechanism of cooperation in organizing tournaments, and the insufficient participation of local municipalities, with a clear problem orientation of breaking down the regional administrative barriers. And based on the above problems and experiences, it proposes a structural system of sports events led by co-hosting major events, supported by the creation of the Yangtze River Delta City League, and based on the Yangtze River Delta branded events, as well as the guarantee of cooperation mechanisms, such as the mechanism of event investment and benefit sharing, coordination and cooperation mechanism, the mechanism of joint supervision of regional events, and the mechanism of responsibility sharing. This study not only puts forward the development path from the macro level of system design and strategy selection, but also takes the key grips such as the Yangtze River Delta City League and the Yangtze River Delta brand events as the entry point, and takes Shanghai as the main leading city, trying to form a set of effective and operative implementation, management, organization, and supervision schemes, so as to carry out pilot tests and provide the basis of practical innovation for the truly sound regional cooperation in organizing tournaments.

Keywords: Sports Events; Brand Events; Event System; Yangtze River Delta Regional Cooperation

B.9 2022−2023 Survey Report on Sports Consumption of Residents in Sports Consumption Pilot Cities in the Yangtze River Delta Region

Qian Ruobing / 186

Abstract: Consumption is the first driving force of economic growth, along with the current stage of economic and social gradually entered the stage of restorative growth, activate consumption, expanding domestic demand has become the main impetus to promote China's economic development of high quality, sports consumption is green consumption, health consumption, is an important increment and focus on the promotion of consumption at this stage. Since 2020, ten cities (districts) in the Yangtze River Delta region were selected as national sports consumption pilot cities (districts), the supply capacity of the sports consumption market in the Yangtze River Delta region has been significantly improved, and the scale of residents'sports consumption has been steadily expanding. This paper analyzes the basic situation of residents'sports consumption in the pilot cities (districts) based on the survey report on the residents'sports consumption in national sports consumption pilot cities in the Yangtze River Delta region and relevant data from 2021 to 2022 The paper analyzes the basic situation of sports consumption of residents in the pilot cities (districts), the development of key consumption segments, and further analyzes and researches the specific initiatives and relevant experience highlights of the relevant cities (districts) in the work of promoting the quality and expansion of sports consumption.

Keywords: Sports Consumption; National Sports Consumption Pilot Cities (Districts); Yangtze River Delta Region

B.10 2022−2023 Development Report of "Specialized, and New" Enterprises in the Sports Field in the Yangtze River Delta Region

Xu Kaijuan, Feng Shujie / 218

Abstract: Promoting the development of small and medium-sized sports enterprises (SMEs) in the Yangtze River Delta (YRD) region towards "specialization, precision and innovation" is of great significance in enhancing the competitive strength of sports enterprises and promoting the high-quality development of the sports industry. In recent years, three provinces and one city in the Yangtze River Delta have orderly carried out the cultivation and statistical work of "specialized and new" enterprises in the field of sports, and there are 14 national "specialized and new" enterprises, which initially show the characteristics of spatial agglomeration, and have strong core competitiveness and development resilience. The core competitiveness and development resilience of these enterprises are relatively strong. Further analysis reveals that the development of "specialized and new" enterprises in the field of sports in the Yangtze River Delta region contains the successful experience of adhering to the innovation drive, focusing on the main business of deep cultivation, extending the industrial chain, and promoting the internal and external markets, but it also faces the challenges of the quality of the policy supply yet to be optimized, the long-standing problems of enterprise financing, the weak ability of synergistic cooperation among enterprises, and the increasing uncertainty of the external environment. However, it also faces the challenges of policy supply quality to be optimized, long-term enterprise financing problems, weak inter-enterprise synergy, and increased uncertainty in the external environment.

Keywords: Sports Enterprises; Special and New; Sporting Goods Manufacturing Industry; Small and Medium-sized Enterprises

Ⅳ Experience Reports

B. 11　Shanghai's Experience of "Responsive Regulation"
in the Sports Market　　　　　　*Liu Weiyu, Zhang Cui* / 240

Abstract: "Responsive regulation" is an innovative measure of market supervision. Strengthening the "responsive regulation" of the sports market helps to link the public's demands for sports with the relevant work of the sports sector, and is an important embodiment of the "people-centered" concept of sports development, which can further enhance the agility of the sports market supervision work, and continue to improve the quality of the supply of various types of sports industries and services. It can further enhance the agility of sports market supervision and continuously improve the supply quality of various sports industries and services. Since the end of 2019, Shanghai's sports citizen service hotline has been integrated into the "12345" citizen service hotline, and the sports department has used it as a carrier to actively carry out "responsive supervision" of the sports market, which has achieved certain results and has certain reference value for improving the effectiveness of sports market supervision in the Yangtze River Delta. It has achieved certain results and has certain reference value for improving the effectiveness of sports market supervision in the Yangtze River Delta. The research on the "responsive supervision" of Shanghai's sports market from 2020 to 2022 finds that the mechanism of "responsive supervision" of Shanghai's sports market has been gradually improved, with the establishment of a standardized process for handling hotlines, the application of laws and regulations and standardized documents, and the implementation of on-site verification and confirmation of work. The mechanism of "responsive supervision" of Shanghai's sports market has been gradually improved, and effective practices have been formed in establishing a standardized process for handling hotline work orders, applying laws, regulations and standardized documents, implementing on-site verification and confirmation, carrying out multi-party communication and coordination, carrying out adminis-trative law enforcement in accordance with the law, and providing citizens with professional advice. In the future, the establishment of a regular mechanism for statistical analysis of hotline work orders, strengthening the training of service personnel at relevant venues, sorting out the standardized response process for work orders, exploring the construction of a performance evaluation system for work order handling by district sports departments, and optimizing the whole process of work order handling by private trainers will be the key directions for the enhancement of the level of "responsive supervision" of the sports market.

Keywords: Sports Market Regulation; Responsive Regulation; Sports Hotline; Fitness Personal Trainer

B.12 Jiangsu Sports Industry Integration and Innovative Development Experience

Zhao Aiwu, Sun Haiyan and Wang Lili / 257

Abstract: In recent years, China's sports industry has been characterized by comprehensive, integration and innovation, and the integration and innovation will become a key task for the development of sports industry in the future. Jiangsu has been in the forefront of the development of sports industry in the country, and has created a lot of models and experiences in the integration and innovation of sports industry, which has certain reference value for the integrated development of sports industry in Yangtze River Delta. This article shares the work situation and experience from three sections, namely the integration of sports and tourism, the integration of sports and health, and the integration of sports and education respectively. In terms of sports and tourism integration, we have strengthened departmental coordination, carried out a new round of strategic cooperation on sports and tourism integration, vigorously developed the outdoor sports industry, specified four "focuses", and solidly promoted the high-quality development of sports and tourism in the 14th Five-Year Plan. In the integration of sports and health, highlighting the construction of carriers, actively integrating resources, and vigorously promoting the construction of provincial, municipal, county and village-level sports and health integration services and platforms; focusing on long-term development, adhering to the problem-oriented, and exploring to enhance the level of services for the integration of sports and health; perfecting the top-level design, strengthening the policy guarantee, and establishing and improving the development mechanism of departmental coordination and broad participation of the community. In terms of integration of sports and education, further optimize the supply of public services for youth sports; build a diversified talent cultivation position and improve the quality of reserve talents delivery. It is found that there are problems such as unbalanced and insufficient supply of public services in youth sports, obstacles in the system and mechanism of youth sports reserve talents training, and the depth and breadth of the integration of sports and education needs to be expanded, etc. In the future, the construction of public service system for youth sports will be further improved, the construction of the system of amateur training will be perfected, and the construction of the system of training coaches and physical education teachers will be perfected.

Keywords: Sports Industry; Sports Tourism Integration; Sports and Health Integration; Sports Education Integration

B.13 The Sports and Leisure Township Development Experience of Zhejiang Province   *Zhu Jiabin* / 278

Abstract: Sports industry is the core industry, leading industry and characteristic industry of sports and leisure townships in Zhejiang Province. Generally speaking, the biggest feature of sports and leisure townships in Zhejiang Province is that they implant the sports industry according to local conditions based on the location, natural resources, human resources, special industries and communities, and make it interact with the driving community, tourism area and stock resources. In this paper, on the basis of reviewing the effectiveness of sports and leisure townships in Zhejiang Province in recent years, we systematically analyze the advantages and disadvantages in the process of development, and then put forward five suggestions for the development of sports and leisure townships in Zhejiang Province. We hope to analyze the "Zhejiang Sample" of sports empowering rural revitalization, and to provide a solution for the construction of a healthy China and a strong sports country.

Keywords: Sports and Leisure Townships; Zhejiang Province; Sports Industry; Rural Revitalization

B.14 Development Experience of Residents' Sports

Consumption in Hefei City   *Li Shuai*, *Xie Jinfeng* / 291

Abstract: Sports consumption is the cornerstone of the high-quality development of sports industry, an important new increment of consumption in the context of economic internal circulation, and an entry point for sports industry to integrate into the new development pattern. In recent years, Hefei City has comprehensively promoted sports consumption innovation, expanded residents' sports consumption, condensed and formed successful experiences and practices of national sports consumption pilot cities construction, and made positive contributions to accelerating the construction of a strong sports city and boosting the high-quality development of the economy and society. The survey on the current situation of residents'sports consumption found that, in Hefei the overall level of sports consumption has been steadily increasing, the residents'willingness to consume sports is strong, the physical type of consumption occupies a dominant position, the per capita sports consumption regional differences are significant, and there is a continuous expansion of the sports shoes and clothing market, the online purchasing channel has become the mainstream, the sports spectator and sports tourism consumption has great potential, the post-85 male is the main force of sports consumption and the foundation of sports consumption needs to be solidified features. Four points of experience are summarized: to adhere to the leading role of policy demonstration, to improve the sports service supply system, to guide and standardize the development of the sports industry and to strengthen the scientific and technological innovation of the sports industry. In the future, it is necessary to narrow the gap between urban and rural areas to increase sports consumption per capita; gather high-quality resources to enhance new consumption supply; strengthen digital empowerment to expand diversified consumption scenarios and improve factor protection to provide strong consumption support.

Keywords: Sports Consumption of Residents; Physical Sports Consumption; National Sports Consumption Pilot City

B.15 Experiences in Construction and Application of Venue
Facilities for Hangzhou Asian Games

Chang Fangjin, *Feng Shujie* / 313

Abstract: There are 56 competition venues built in Hangzhou, Ningbo, Wenzhou, Huzhou, Shaoxing and Jinhua. To "Hangzhou-based, the province to share", "can change not build, the old and new combination", "operation and take into account, return to the museum in the people" for the Asian Games venues and facilities for the construction and use of the principle of the Asian Games in Hangzhou, Hangzhou Asian Games of the various The venues of the Asian Games in Hangzhou make full use of the opportunity of the Asian Games to promote the construction of local stadium facilities and the surrounding environment as a whole, so as to welcome the Asian Games with a unique city image. By integrating the concept of "green, intelligent, thrifty and civilized" into the construction of venues for the Hangzhou Asian Games, the Hangzhou Asian Games innovated the green transformation and intelligent upgrading of large stadiums and related infrastructure, saved many resources required for hosting large-scale events, and demonstrated Hangzhou's unique urban culture and civilization of the stadiums. After the Asian Games, the competition venues of the Asian Games and their related facilities will be utilized in a sustainable way by promoting the operation of diversified main bodies, expanding the functional use of the venues and implementing the brand development strategy.

Keywords: Hangzhou Asian Games; Asian Games Heritage; Sports Event Venues and Facilities; Venue Management

V Case Studies

B. 16 Leveraging Competitions to Drive the Development
of Industrial Clusters, to Build a Global Motor
Sports Capital
—*A Case Study of Anting National Sports*
Industry Demonstration   *Ye Jun* / 330

Abstract: At the beginning of the new era, Shanghai proposed the "Southeast and Northwest Strategy", of which the "west" is the construction of the Shanghai International Automobile City in Anting. After the Shanghai International Circuit was completed in the northeast corner of Anting Town in 2004, it successively hosted F1 events. A series of top international racing events represented by the China Grand Prix have driven the further gathering of regional racing industry resources. In 2022, Anting was successfully awarded the National Sports Industry Demonstration Base. With the motor sports industry as its core feature, the base has gathered a number of automobile-related companies, sporting goods manufacturing companies, event operation companies, racing venue management and cultural industry companies, forming a The healthy and sustainable sports industry gathering ecosystem has made a lot of progress in promoting the construction of first-class event centers, creating new urban sports landmarks, and promoting smart innovation in the sports industry, further helping Shanghai to build a global event capital.

Keywords: Sports Industry Cluster; Motor Sports; Sports Events

Abstract: Shanghai Youti Youth Football Club, which has been engaged in youth sports training for 15 years, is a national sports industry demonstration project and a national social football brand youth training institution. The club comprehensively carries out youth football training with four pyramid-like operating models: "Football in the Classroom", "Popular Interest Courses", "Excellent Sports Football League" and "Football Elite Courses". It proposes and will continue to develop high-quality youth training, high-quality events, and cultural media The "Excellent Body and Great Health" project has six main sections: social welfare, sports rehabilitation, and electronic shopping malls. It provides experience and reference for the development of my country's youth sports training industry in an all-round, multi-dimensional and three-dimensional way.

Keywords: Football Club; Youth Football; Football Events

Abstract: The "14th Five-Year Plan for Sports Development" issued by the State Sports General Administration clearly states that "guiding state-owned sports enterprises to become bigger and stronger through capital injection, equity investment, asset restructuring, financing guarantees, etc. " The development of the sports industry in Jiangsu Province ranks among It is at the forefront of the country and has achieved certain results in the reform of state-owned assets and state-owned enterprises. Jiangsu Sports Industry Group takes the opportunity of implementing the national fitness strategy for all, focuses on the modern sports service industry, and focuses on core businesses such as venue operation and management, competition performances, sports facility construction, fitness and leisure, etc., to strengthen strategic cooperation and resources in various fields Integrate and promote the integrated development of the sports industry with tourism, culture, finance, elderly care, health and other industries, and make important contributions to promoting the comprehensive improvement of the scale, efficiency and competitiveness of the sports industry in Jiangsu Province.

Keywords: Sports Industry; local State-owned Enterprises; Industrial Integration

B.19 Digitalization Empowers Sports Transformation and Upgrading, Explore New Growth Points in the Sports Industry
—A Case Study of the Tianma Group　　　　　*Shi Xiaochen* / 343

Abstract: Tianma Group is deeply involved in the sports Internet consumer market, focusing on digital upgrading and integrating future Internet technologies such as big data and cloud computing. At present, Tianma Group has become a professional service platform for the sports goods industry, making full efforts in new retail in the sports industry, industrial Internet platforms, industrial Internet services, brand clusters, etc., to achieve a "domestic cycle" for the sports goods industry with the domestic market as the main body. As well as domestic and international dual cycle dedication.

Keywords: Digitalization; Sports Internet Enterprise; Sporting Goods

Abstract: In 2021, the "Opinions of the Central Committee of the Communist Party of China and the State Council on Supporting Zhejiang's High-Quality Development and Construction of a Common Prosperity Demonstration Zone" was released, supporting and encouraging Zhejiang to take the lead in exploring the construction of a common prosperity demonstration zone. In recent years, Zhejiang Province has proven through practice that the construction of sports and leisure towns can play a positive role in the process of rural revitalization and has become an important channel for transforming green waters and lush mountains into gold and silver mountains. Shanchuan Township, Anji County, Zhejiang Province actively implements the development concept of "lucid waters and lush mountains are invaluable assets", digs deep into natural resources, creates characteristic sports projects, inspires leading enterprises to take the lead, promotes multi-party linkage between governments, enterprises and villages, and continuously cultivates new sports industry business formats, enrich the connotation of integrated sports and tourism development, and explore development paths for the integrated development of sports and tourism in Zhejiang Province to support rural revitalization.

Keywords: Rural Revitalization; Sports Tourism Integration; Outdoor Sports

B . 21   Polish the Cultural Business Card of City Events， Stimulate
the Vitality of Industrial Development
—*A Case Study of Haining National Sports*
Industry Demonstration   *Xie Fucheng* / 352

Abstract：Sports events play an important leading role in the development of the sports industry. Haining City has implemented a series of measures such as cultivating brand events， enriching the connotation of events， and enhancing the value of events to expand the supply of high-quality sports events and create events with clear rules， diverse levels， and popular favorites. system， and take the opportunity of hosting events to promote the diversified integrated development of events and culture， tourism， education， commerce， health， technology， manufacturing and other fields， promote the construction of a "sports" model， and help the transformation and upgrading of Haining's sports industry.

Keywords：Sports Events；Brand Events；Sports Industry

B . 22   Focus on "Smart Sports" Segmented Tracks， Enhance
the Hard Power of Industrial Development
—*A Case Study of Hefei High-tech Zone National*
Sports Industry Demonstration   *Xu Ming* / 356

Abstract：In 2021， the Hefei High-tech Zone National Sports Industry Demonstration Base has been selected to become a national sports industry demonstration base. By building a "smart sports" platform， establishing sports industry funds， and exerting industrial agglomeration effects， it has played an important role in local economic development and enterprise development. The district has become a radiation and driving base for the development of Hefei's sports industry and sports undertakings. In the future， Hefei High-tech Zone will continue to develop the regional sports industry in terms of attracting investment and development, cultivating industry and corporate brands, and supporting key enterprises and key projects, giving full play to the agglomeration effect and creating a model for the development of the national smart sports industry.

Keywords: Sports Industry; Smart Sports; National Sports Industry Demonstration Base

B.23   Stimulate the Advantages of Ecological Resources, Developing
Sports and Tourism Integrated Industries
—*A Case Study of the Marenqifeng Forest High-altitude*
Sports Tourism Project   *Sun Xiukai* / 360

Abstract: The forest high-altitude sports tourism project in Marenqifeng Scenic Area is a national sports industry demonstration project recognized by the State Sports General Administration. With the rich sports and tourism integration resources in the territory, Marenqifeng Scenic Area has become a high-altitude experience and viewing destination. By always adhering to the principle of green development and constantly exploring new ways of developing tourism resources, Marenqifeng Scenic Area has built flagship projects such as glass plank roads, forest slides, and high-altitude rafting, which have brought good economic and social benefits to the scenic area and surrounding areas. In the future, Marenqifeng Scenic Spot will continue to develop higher quality outdoor sports tourism projects and organize more sports events to enrich the sports tourism content and give tourists a unique experiential tourism experience.

Keywords: Sports Tourism; Sports and Tourism Integration; Sports Industry

社会科学文献出版社

皮 书

智库成果出版与传播平台

❖ 皮书定义 ❖

皮书是对中国与世界发展状况和热点问题进行年度监测，以专业的角度、专家的视野和实证研究方法，针对某一领域或区域现状与发展态势展开分析和预测，具备前沿性、原创性、实证性、连续性、时效性等特点的公开出版物，由一系列权威研究报告组成。

❖ 皮书作者 ❖

皮书系列报告作者以国内外一流研究机构、知名高校等重点智库的研究人员为主，多为相关领域一流专家学者，他们的观点代表了当下学界对中国与世界的现实和未来最高水平的解读与分析。截至2022年底，皮书研创机构逾千家，报告作者累计超过10万人。

❖ 皮书荣誉 ❖

皮书作为中国社会科学院基础理论研究与应用对策研究融合发展的代表性成果，不仅是哲学社会科学工作者服务中国特色社会主义现代化建设的重要成果，更是助力中国特色新型智库建设、构建中国特色哲学社会科学"三大体系"的重要平台。皮书系列先后被列入"十二五""十三五""十四五"时期国家重点出版物出版专项规划项目；2013~2023年，重点皮书列入中国社会科学院国家哲学社会科学创新工程项目。

皮书网

（网址：www.pishu.cn）

发布皮书研创资讯，传播皮书精彩内容
引领皮书出版潮流，打造皮书服务平台

栏目设置

◆ **关于皮书**

何谓皮书、皮书分类、皮书大事记、
皮书荣誉、皮书出版第一人、皮书编辑部

◆ **最新资讯**

通知公告、新闻动态、媒体聚焦、
网站专题、视频直播、下载专区

◆ **皮书研创**

皮书规范、皮书选题、皮书出版、
皮书研究、研创团队

◆ **皮书评奖评价**

指标体系、皮书评价、皮书评奖

◆ **皮书研究院理事会**

理事会章程、理事单位、个人理事、高级
研究员、理事会秘书处、入会指南

所获荣誉

◆ 2008 年、2011 年、2014 年，皮书网均
在全国新闻出版业网站荣誉评选中获得
"最具商业价值网站"称号；
◆ 2012 年，获得"出版业网站百强"称号。

网库合一

2014 年，皮书网与皮书数据库端口合
一，实现资源共享，搭建智库成果融合创
新平台。

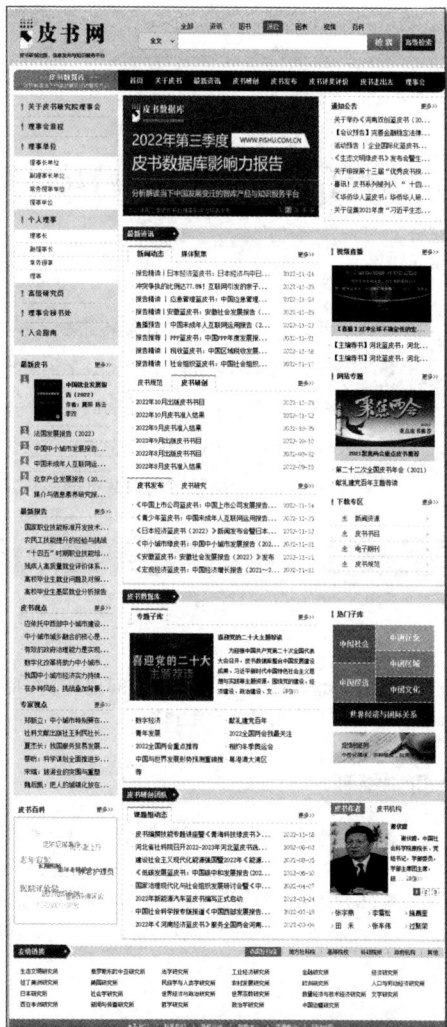

皮书网

"皮书说"
微信公众号

皮书微博

S 基本子库
SUB DATABASE

中国社会发展数据库（下设 12 个专题子库）

　　紧扣人口、政治、外交、法律、教育、医疗卫生、资源环境等 12 个社会发展领域的前沿和热点，全面整合专业著作、智库报告、学术资讯、调研数据等类型资源，帮助用户追踪中国社会发展动态、研究社会发展战略与政策、了解社会热点问题、分析社会发展趋势。

中国经济发展数据库（下设 12 专题子库）

　　内容涵盖宏观经济、产业经济、工业经济、农业经济、财政金融、房地产经济、城市经济、商业贸易等 12 个重点经济领域，为把握经济运行态势、洞察经济发展规律、研判经济发展趋势、进行经济调控决策提供参考和依据。

中国行业发展数据库（下设 17 个专题子库）

　　以中国国民经济行业分类为依据，覆盖金融业、旅游业、交通运输业、能源矿产业、制造业等 100 多个行业，跟踪分析国民经济相关行业市场运行状况和政策导向，汇集行业发展前沿资讯，为投资、从业及各种经济决策提供理论支撑和实践指导。

中国区域发展数据库（下设 4 个专题子库）

　　对中国特定区域内的经济、社会、文化等领域现状与发展情况进行深度分析和预测，涉及省级行政区、城市群、城市、农村等不同维度，研究层级至县及县以下行政区，为学者研究地方经济社会宏观态势、经验模式、发展案例提供支撑，为地方政府决策提供参考。

中国文化传媒数据库（下设 18 个专题子库）

　　内容覆盖文化产业、新闻传播、电影娱乐、文学艺术、群众文化、图书情报等 18 个重点研究领域，聚焦文化传媒领域发展前沿、热点话题、行业实践，服务用户的教学科研、文化投资、企业规划等需要。

世界经济与国际关系数据库（下设 6 个专题子库）

　　整合世界经济、国际政治、世界文化与科技、全球性问题、国际组织与国际法、区域研究 6 大领域研究成果，对世界经济形势、国际形势进行连续性深度分析，对年度热点问题进行专题解读，为研判全球发展趋势提供事实和数据支持。

法律声明

"皮书系列"（含蓝皮书、绿皮书、黄皮书）之品牌由社会科学文献出版社最早使用并持续至今，现已被中国图书行业所熟知。"皮书系列"的相关商标已在国家商标管理部门商标局注册，包括但不限于 LOGO（ ）、皮书、Pishu、经济蓝皮书、社会蓝皮书等。"皮书系列"图书的注册商标专用权及封面设计、版式设计的著作权均为社会科学文献出版社所有。未经社会科学文献出版社书面授权许可，任何使用与"皮书系列"图书注册商标、封面设计、版式设计相同或者近似的文字、图形或其组合的行为均系侵权行为。

经作者授权，本书的专有出版权及信息网络传播权等为社会科学文献出版社享有。未经社会科学文献出版社书面授权许可，任何就本书内容的复制、发行或以数字形式进行网络传播的行为均系侵权行为。

社会科学文献出版社将通过法律途径追究上述侵权行为的法律责任，维护自身合法权益。

欢迎社会各界人士对侵犯社会科学文献出版社上述权利的侵权行为进行举报。电话：010-59367121，电子邮箱：fawubu@ssap.cn。

社会科学文献出版社

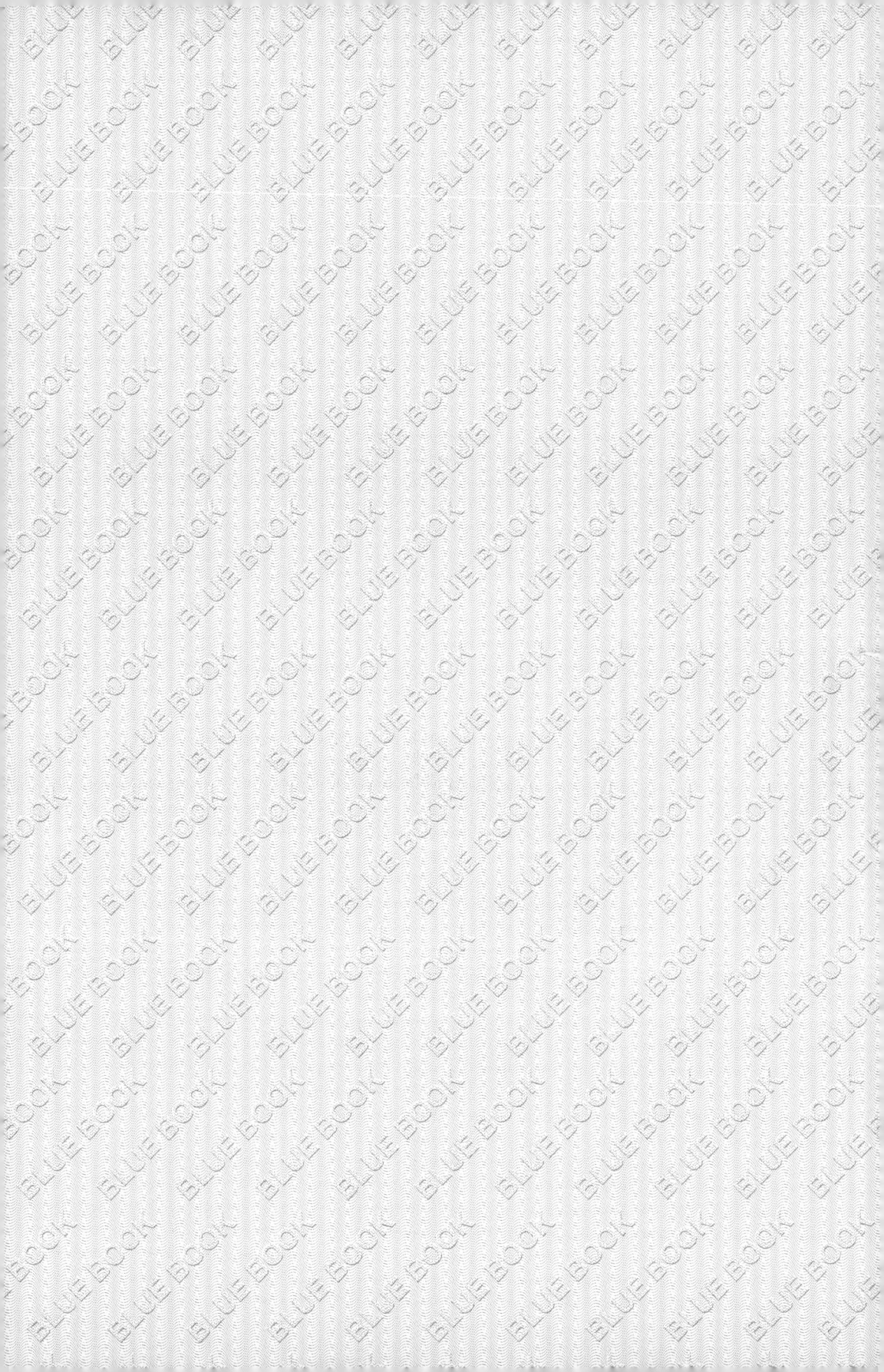